ジョン・ボッシー著
浜林正夫・鏡ますみ・葛山初音訳

ジョルダーノ・ブルーノと大使館のミステリー

影書房

GIORDANO BRUNO AND THE EMBASSY AFFAIR by John Bossy

Copyright © 1991 by John Bossy

Japanese translation published by arrangement with

Yale University Press through The English Agency (Japan) Ltd

ピートとベリンダへ
愛と感謝をこめて

目次

序文 …… 一一
日付について …… 一四
略号一覧 …… 一六
読者の皆さんへ …… 一九

第一部 夜の犬

1 ソールズベリー・コート …… 三三
2 河の上で …… 五一
3 告白 …… 五九
4 対話篇と騒動 …… 七四
5 アルカディアでの最後の日々 …… 九四
6 火山のもとで …… 一〇四

第二部 時の娘、真理

1 反対の一致 …… 一三三
　i 大使館の司祭 ……
　ii 敵とのコミュニケーション …… 一二五
2 彷徨するブルーノ ……
　i ロンドン …… 一七二

目次

- ii 不平家 ………………………………………………………… 一七
- iii パリ ……………………………………………………………… 一二三
- 3 ブルーノ再び捕わる ……………………………………………… 一三四
  - i 人 ……………………………………………………………… 一四五
  - ii 犬 ……………………………………………………………… 一六五
  - iii 政治活動 ……………………………………………………… 一八〇
  - iv 司祭 …………………………………………………………… 二〇〇
- 終章 火刑台のファゴット ………………………………………… 三一一

第三部 テキストと覚え書

- テキスト ……………………………………………………………… 四〇九
- カステルノー邸について …………………………………………… 四一五
- ジョヴァンニ・カヴァルカンティとそのローマ便りについて … 四二六
- ファゴットの筆跡とブルーノの筆跡について …………………… 四三六
- ブルーノの筆跡の資料 ……………………………………………… 四五一

- 訳者解説 ……………………………………………………………… 巻末 xv
- 参考文献 ……………………………………………………………… 巻末 i
- 索引 ……………………………………………………………………… 巻末 i

図目次

1 ソールズベリー・コートとその周辺、一五六〇年頃……………三二
2 ミシェル・ドゥ・カステルノーの肖像画……………三六
3 ウィンザーからグレーブゼンドまでのテムズ河の地図……………五四〜五五
4 ウェストミンスターからロンドン・ブリッジまでのテムズ河の地図……………七六
5 ジョルダーノ・ブルーノの肖像画……………一三二
6 一五八三年十一月―八四年五月までの出来事の経過表……………一八二
7 ヘンリー・ハワード卿……………二〇〇
8 『聖灰日の晩餐』初版本の「序文書簡」第一ページ……………二三二
9―11 ソールズベリー・コートとその周辺、一六四七年、一六六七年、一九八九年……………四三二〜四

図版Ⅰ―Ⅹは書体の実例で、四三九―四九頁に掲載。

Melior est canis vivens leone mortuo.

生ける犬は死せるししにまさる。

「伝道の書」九の四

Pazzo sarrebe l'istorico, che, trattando la sua materia, volesse ordinar vocaboli stimati novi e riformar i vecchi, e far di modo che il lettore sii più trattenuto a osservarlo e interpretarlo come gramatico, che intenderlo come istorico.

研究主題を詳説する際に、真新しい用語を作りだし、古い用語を捨てるような歴史家は馬鹿者であろう。そんなことをすれば、読者は歴史家としてよりも、文法学者としての彼を見失わないよう骨を折ることになってしまおうから。

ジョルダーノ・ブルーノ、『聖灰日の晩餐』

(*DI*, p. 121)

凡例

一、本書は、John Bossy,*Giordano Bruno and the Embassy Affair*,Yale University Press, 1991の全訳である。ただし、「読者の皆さんへ」では、著者の意向により、内容の一部に変更がある。一九頁最後の一行目から二〇頁三行目までは差し替えた。二一頁一行目では、原著の最後の一文を削除して訳した。二三頁六行目から二四頁一行目までは差し替えた。

二、原文引用符部分並びにイタリック部分は「 」、書名・作品名については『 』を使用した。（ ）、[ ]は原則として原文通り、訳者による補足は[…、訳者注]と記した。

三、原注は本文中に数字を付し、第一部は一括して、第二部は各章の後に置いた。

ジョルダーノ・ブルーノと大使館のミステリー

序　文

今から思えば随分以前のことであるが、私は歴史家としてのキャリアの始まりとして、フランスとエリザベス朝カトリック教徒との間の政治を始めとする諸関係について博士論文を書いた。これは歴史学の最先端に立つ研究者が一九六〇年代に書いていた類の論題ではなかったので、私はその論文を仕上げると他の論題へと目を向けてしまった。一九八三年の春、私は研究休暇をロンドンで過ごし、以前の論題に戻るかどうか考えていたが、結局戻ることに決めた。少なくとも可能性として、その論題に対して十分な知識を身につけたと思ったからである。ただしそれはその間に書いてきた他の論題については当てはまらないことだったのだが。そしてこの本の主要テーマとなったのも、私の知識が不十分だと思われる人物の一人であった。私は一九五〇年代にこの人物と出会っていたが、二十年程忘れてしまっていた。論文を書きながら私が歩んできた道を辿り直すと、思いもよらなかった問題と共に、彼は再び私の前に現れたのである。

その問題の答えらしきものがようやく見え始めたのは、一五八〇年代のロンドンにおけるミシェル・ドゥ・カステルノーの活動について調査していた時で、すでにかれこれ四年ほどたってからのことだった。解答がどうなるのか分からない段階ではあったが、この問題をテーマに本を書く気が湧いてきていた。言い換えれば私は私に挑戦状をたたきつけたのであった。答えを探るうちに、私は「物語」という方法が他の種類の歴史記述よりも卓越している点は、我々は──読者も著者も交えてのことだが──読み始める前に必ずしも結末を知らない、おそ

らく原則的には知らなくてもよいことにあるという見解に興味を覚えてきていた。よって、今回はこの考えを試すには、そこそこのテスト方法のように思えたのである。そういった事情のもとで、一九八七年十一月にこの本を執筆し始めた。第一部を書き上げてからほぼ六カ月後には、私は解答をつかんでいただけではなく、懐疑を抱く裁判官の前でそれを証明出来るとも言い切れるに至っていた。もし私が別の解答を出していたならば、またはまったく解答を導けなかったら、この本はどうなっていたのかは興味はあるが、今となっては不要な憶測となってしまった。

第二部の始めに記したような「発見」をしたので、第一部の本文に若干の変更を加えてしまったことをご了解いただきたい。しかし、先に述べたように、語りについての原則を維持したい——おそらくむだ骨だったと言えようが——と思い、出来得る限り変更は最小限にとどめた。この本の残りの部分では、更なる再考と再整理を加える必要があったし、私が予期してもいなかったテーマにも取り組まなければならなかったのだが、執筆はきわめてスムースに進んだ。二度の研究休暇にも助けられ——ヨーク大学歴史学部の同僚に感謝する——この本は一九九〇年三月に概ね完成した。

イングリッド・ヘーゼルタインは、私の考えを本として纏めるように励ましてくれた。スルヴァノ・カヴァッツァ、サイモン・ディッチフィールド、ジョン・フィッシャー、メアリー・フラネリー、トマス・ツェルマン、ドナルド・ローガン、グレアム・パリー、ジョナサン・ポウイズ、ビル・シールズ、リタ・ストゥアレーゼは執筆中に種々の助言を与えてくれた。ニック・ファーバンク、イェール大学出版局の方々、クレア・カリー、サイモン・ディッチフィールド、メアリー・ハイマン、ヘレン・ワインシュタインは原稿を読み、忌憚ない批評をくれた。アンジェラ・ベイレーには原稿のタイプの、ヨーク大学J・B・モレル図書館のデビッド・ウィトレーに

は見事な写真の、アマンダ・リリーにはヴァールブルク研究所の素晴らしい図書館の紹介の世話になった。以上の皆さんに感謝の意を表したい。

更に、英国図書館には、テキスト2、5、6—8、11、11a、13、14、17、図2、5、8、図版IV—VI、第二部の扉絵としたエンブレムの出版許可のお礼を申し上げる。英国用度局の担当者にはテキスト3、4、9、10、15、16、18、図版I—IIIへの感謝を述べたい。特に図版は公立記録保管所の王室版権所有物であった。パリの国立図書館にはカステルノーを始めとする人物による報告書への、ノートルダム大学の中世研究所にはコルビネッリの報告書へのマイクロフィルムへの、ロンドンのギルドホール・ライブラリーとジョン・フィッシャーにはウェンシスロース・ホラーの版画──裏表紙のイラストはそれを基にしている──と、図1、9—10への、ロンドンの織物商組合には図7への、ジュネーブ大学公文図書館には図版VIIaへの、ユニバーシティ・コレッジ・ロンドン・ライブラリーとスーザン・ステッドには図版VIIbへの、シュットガルトのヴュルテンベルク地区図書館には図版VIIcへの、ヴォルフェンヴュッテルのアウグスト公図書館には図版VIIIへの、とりわけロシアのモスクワにあるV・I・レーニン国立図書館とV・Y・デリヤギン教授には図版IX、Xと、それらの手稿の写真を寛大にも用意していただいたことへの深謝を申し述べる。

最後に、図3、4の地図、図11の表、索引などを作成し、パートナーとしていろいろ手助けをしてくれたクレア・カリーに感謝を捧げたい。

ヨーク、一九九一年二月

ジョン・ボッシー

日付について

一五八二年グレゴリウスXIII世は新しい暦を採用した。グレゴリオ暦（新暦）と呼ばれ、既存のユリウス暦（旧暦）に代わるものであった。一五八二年十月十五日から、グレゴリオ暦はユリウス暦よりも十日早い日付をとった。イースターのような年によって変わる祝祭日については二つの暦はそれぞれ別の時期のクリスマスからすぐ、ヨーロッパのカトリック国ではようやく使われはじめた。従って、私の作品が扱っている期間には、イングランドで使われていた日付との間に十日のずれ──があり、それは年によって変わる祝祭日に使われていたヨーロッパ諸国の多くで使われたヨーロッパ人であろうと外国人であろうと、国外在住のイングランド代表者は旧暦を用いた。イングランドは先に書かれた手紙に新暦の日付を用いたが、イングランドのカトリック教徒は、イングランド人であろうと外国人であろうと、多くの場合グレゴリオ暦の日付である──イングランドのカトリック勢力代表者は、イングランドの日付と、作品に関連する出来事の起きた日付に関して、使われている暦が問題になる場合や、疑わしい場合には両方の暦を記した（例えば一五八四年四月一／十一日と書いた）。これは特に七九一八四頁に該当する。

本書の「本文」では、一五八二年十月五／十五日以降に起きたイングランドでの出来事には、イングランド駐在のカトリック教徒の外交官が書いた手紙などのような、書き手や関係者自身が新暦を使用した場合も含めて、旧暦の日付だけを用いた。一五八三年十月以降、神聖ローマ帝国での出来事と、その時期からパリに駐在したイングランド大使サー・エドワード・スタフォードが本国に宛てた手紙には新旧両方の日付を用いた。私が別のやり方で日付を明示した場合を除いて、当該国でグレゴリオ暦が採用された後に、海峡の向こうで起きた出来事全てに新暦のみを用いた。一五八二年十月五／十五日以降に書かれた全ての日付を新旧両暦で記した（例えば一五八四年四月一／十一日）。

「脚注」、カステルノー邸などについての「解説」、「テキスト」の部分においては、「〔〕」の報告の日付を新旧両暦で記した全て一年の始まりは全て一月一日とした。

15　日付について

グレゴリオ暦採用についての A. Cappelli, *Cronologia, cronografia e calendario perpetuo* (Milan, 1929; 5th edn, 1983), pp.28-31 における記述は *CSP Foreign 1582*, p. xlviii を併読した結果、いくらか修正を要すると思う。

略号一覧

伝記に関する事項の詳細は、巻末の「参考文献」にあげてある。

- BA　Biblioteca Ambrosiana, ミラノ
- BL　British Library(英国図書館), Department of Manuscripts, BL の後に、コレクションのタイトルを付してある
- BN　Bibliothèque Nationale, パリ, Département des Manuscrits: ff-fonds français; V°C–Cinq Cents de Colbert
- Blet, *Ragazzoni*　Girolamo Ragazzoni, évêque de Bergame, nonce en France... 1583-1586, ed. Pierre Blet
- *Cabala*　Giordano Bruno, *Cabala del cavallo pegaseo*『天馬のカバラ』. *DI*, pp. 833-923
- *Candelaio*　Giordano Bruno, *Il candelaio*『燈火を掲げる者』, ed. I. Guerrini Angrisani, 1976
- *Causa*　Giordano Bruno, *De la causa, principio e uno*『原因、原理、一者について』. *DI*, pp. 172-342. 後の方は、一九七三年の Giovanni Aquilecchia 版のページである
- *Cena*　Giordano Bruno, *La cena de le Ceneri*『聖灰日の晩餐』. 注に記された二種類のページのうち、最初の方は、*DI*, pp. 1-171. 後の方は、一九五五年の Giovanni Aquilecchia 版のページである
- Chéruel　A. Chéruel, *Marie Stuart et Catherine de Médicis*
- CSP　*Calendars of State Papers of the Reign of Queen Elizabeth*, CSP の後に、各巻に収録されている文書類のタイトルと年次を付してある
- DBI　*Dizionario biografico degli Italiani*
- DI　Giordano Bruno, *Dialoghi italiani*, ed. Giovanni Gentile: Giovanni Aquilecchia による、一九五八年の第三版

略号一覧

Documenti	*Documenti della vita di Giordano Bruno*
DNB	*Dictionary of National Biography*
Eroici furori	Giordano Bruno, *De gli eroici furori*『英雄的狂気』. *DI*, pp. 925–1178
Firpo, 'Processo'	Luigi Firpo, 'Il processo di Giordano Bruno', parts i and ii「審問記録」(ⅰ) (ⅱ)
Florio	John Florio, *Queen Anna's New World of Words*
HMC	Historical Manuscripts Commission, HMC の後に、コレクションのタイトルを付してある
Infinito	Giordano Bruno, *De l'infinito universo e mondi*『無限、宇宙と諸世界について』. *DI*, pp. 343–537
Leicester's Commonwealth	*Leicester's Commonwealth: the Copy of a Letter written by a Master of Art of Cambridge*, ed. D. C. Peck, 1985『レスターズ・コモンウェルス』
Murdin	*A Collection of State Papers ... left by William Cecill Lord Burghley*, ed. William Murdin
NS	新暦
ODCC	F. L. Cross, *Oxford Dictionary of the Christian Church*
OL	*Jordani Bruni Nolani opera latine conscripta*, 第何巻、第何部と明記する
OS	旧暦
Pastor, *History*	Ludwig von Pastor, *History of the Popes*
Philip Howard	*The Ven. Philip Howard Earl of Arundel, 1557–1595*, ed. J. H. Pollen and W. MacMahon
PRO	Public Record Office, London: SP-State Papers, PRO SP の後に、収録されている文書類のコール・ナンバーと巻数を付してある
Sigillus	Giordano Bruno, *Ars reminiscendi: Triginta sigilla et... Sigillus sigillorum*『想起術』『三十の印』『印の解明』. *OL* ii², 67–217
Sommario	*Il sommario del processo di Giordano Bruno*『摘要』, ed. Angelo Mercati. 事項には番号が付けられ、その番号により引用される

Spaccio　　　　　Giordano Bruno, *Spaccio della bestia trionfante*『傲れる野獣の追放』。*DI*, pp. 547–831
Texts　　　　　三二三―四〇九頁の Texts『テキスト』のことで、番号で引用する
Yates, *Bruno*　　Frances Yates, *Giordano Bruno and the Hermetic Tradition*
Yates, *Florio*　　Frances Yates, *John Florio: the Life of an Italian in Shakespeare's England*
Yates,
'New Documents'　Frances Yates, 'Giordano Bruno: some New Documents'
Yates,
'Religious Policy'　Frances Yates, 'The Religious Policy of Giordano Bruno'

読者の皆さんへ

この本はあるストーリーを物語っている。そのため読者の皆さんには内容を今この場で明かすことは出来ない。どんな話か知りたいと思われるのなら、この本を始めから終わりまで読んでいただきたい。それ程長い作品ではないので楽にお読みになれるだろう。しかしこの作品に関して一つ、二つ申し上げておきたいことがある。場所は大半がロンドンであるが、数度のテムズの河旅も含まれ、時には舞台がパリに移ることもある。そして話はパリで終結する。時はエリザベスI世女王治世中期の数年、正確には一五八三年春から一五八六年秋までである。

その主要登場人物は、地位の高い順に、イングランド国務卿、イングランド駐在フランス大使、信仰のため焚刑を受けることになる有名な哲学者でスパイでもあったイタリア人である。エリザベス女王、フランスのアンリⅢ世の二君主も少ないながら関わりを持つ。更に他の顧問官、大使、召し使いなども端役を演じ、二、三の詩人、多数のイタリア人、幾人かの陰謀家、多数の大使館住込召し使いなども登場する。私はこの作品を悲喜劇として分類したいと思う。内容は国家の重要問題、すなわち公的かつ私的な救済に関わる問題である。

また、この話には一つの教訓が込められているとも言えると思う。

この物語は何年か後にブラックフライアーズやバンクサイドで劇として上演されるにふさわしい程、このように多くの特徴を備えているのだが、内容が真である、あるいは真たらんとする点で『ハムレット』や『尺には尺を』とは異なっている。初版本で私は迂闊にも、無条件で真だと書いた。私は早速、真であるには厳密にはどん

な条件が揃わねばならないのか述べたいと思う。とは言え、私は真だという仮定でもってこの話を進めてきたのであるが、それが許されるものかどうかは時がたてば自ずと分かってこよう。この本は『ハムレット』の話の類ではないのである。私は歴史家であり、小説家ではない。歴史家の義務は、過去について真の物語を語ることだという確信のもとにこの本を書いてきた。歴史家ならばこんな方法は取れないとか、もっとましなやり方があるという意見をしばしば耳にする。私がこの作品を書いた動機の一つは、こういった意見は両方とも誤りであると暗に示すことにあった。これらの意見は二つのタイプの研究者が唱えている。中にはレーニン主義者も少なからず含まれているのだが、彼らはコンパスのちょうど反対側の地点から、同じ場所へ辿り着いたのだ。歴史家が書いた解説劇の舞台上で演技する俳優という、レーニン主義者的見解に同調した人たちである。歴史家にとって事実とは歴史上の事実であり、事実と歴史上の事実は別物であるとE・H・カーが三十年前に喧伝した、「化粧を施す」という意味ではないにしろ、「でっちあげる」という意味で事実を"make up"して自分の仕事を完成させるのである。だから、せいぜい、歴史上の事実とは共同プロジェクトの研究者のようなもので、歴史家が創造的な仕事をする場合、必要で大事なのだが、現実的には報われない縁の下の力持ちなのである。謝辞で有り難くも名前をあげてもらうには値するが、表題紙に名前が載る程でもなく、印税の分け前にあずかる程でもない。このカーの解釈もままたディスクールでソビエト連邦は支えられていたが、そのソビエトが崩壊した今となっては、平穏無事で錆ついてしまっていたかもしれない。ディスクールという旗を振る保護論者に引き継がれ磨きをかけられなかったならば、大きな収容力をもつ箱であり、第三者がそれを開けると、その中には種々の無害なものや便利なものに混じって、力関係があらかじめ調整されたことを確証する修辞学の法則や潜在的なメッセージのような可燃性物質が入っているのである。それに火がつくと、ディスクールは全ての伝達材

料に生命を吹き込む秘密の意味がこもった燃素を放出する。歴史家の場合には、ディスクールは事実とされ得るものを決定したり、記している対象の構成要素となるのである。歴史家がペンを置く時、ディスクールは書かれた事柄を書き手に話し出す。カーに言わせるなら大体こんな感じであろう。(1)

ケンブリッジのパトリック・コリンソンは、カーによる事実と歴史上の事実との区別は「有り難いことに無意味」だと言う。エクサンプロヴァンスのポール・ヴェインはディスクールを敵にしていないのだが、それでもやはり、歴史とは真の出来事を語ることだと言っている。(2) この問題をそのままにしておいても、話をうまく進められるだろうが、その前に、事実について私自身の考えを言っておきたい。事実を、実の事実——現在ある、もしくは現在までずっとそうあり続けた出来事の事態の全て——と真の事実——どのみちそれが真かどうかの疑問が上がってくる事実——に区別する余地が残されていると思うのだ。真理とは説が積もって出来るものであるから、説が発表されてこそ実の事実が真の事実となる。しかし自説を述べた者は事実を真の事実とは出来ず、その助けも出来ない。ただ、事実はそういうことだと認めるだけしか出来ないのである。

探偵小説の読者ならば、今述べたことはすでに御存知だろうが、私がこれから述べる話も探偵小説であるということを知っておいていただきたい。たった一つの事実を扱っているという意味でそういった小説全てに類似しているのである。皆さんは探偵小説がいかなるものか分かっておられようが、歴史書を書くには一つの事実だけでは不十分であることもお分かりであろう。また皆さんはサルトルの『嘔吐』にある、ある存在物は別の存在物の存在を決して正当化出来ないというような意味の言葉に同意なさるかもしれない。ここで意味されるところは、私のつかんだ事実は、真な人間であり事実ではないが、要点は変わるものではない。これに関連付けて言うと、絶対で幾分神聖ささえ帯びているのである。それを事実とみなすかどうかを決定したり、それについて

かにふさわしい言葉を使って記述するかをコインを投げて決めるのは私にまかされるところではない。それは私が見つけ出す前からそこにあり、皆さんや私が死んでしまった後でも依然としてそこに存在するだろう。もしそれが真ならばだが。もし真でない場合、そもそもずっとそこにあり続けることなどなかろう。我々がどう考えようと、我々の中でも独創力にかけては一番の人物が、これまで、また将来どう考えようと、その事実にとってはまったく変わりのないことであろう。どの場合であろうと絶対的なものを帯びているからである。

もし私の述べる事実が、これから述べる範疇の第一に属するのかと尋ねられた場合、現状では絶対的にそうだという確信は持てないとしか私にはお答え出来ない。過去四年間、お偉い批評家の先生方が疑いの目を向けておられる。いただいたご忠告の筋は通っている——しかしやや弱腰のものも無きにしはあらずだが。私の話はほぼ真実に近いと思えるが、確信を持って真であるとはおおよそ考えられようもないとの評がある。こんな絶望的な考え方をする必要はないと思う。私の考えが立証されない理由がまったく理解出来ないからである。いくつもの証拠があるではないか。と言っても、私のつかんだ事実が真ではなくろ勝れた仮説にすぎず、その卓越性を示す特徴の一つはいともたやすく覆されるという立場を、おそらくは最後の拠り所とすべきなのだろう。しかし私への反証として挙げられた点を顧みると、私は今述べたことよりずっと手厳しいことを言いたい思いにかられる。私が引用した証拠類の一つ（テキスト4、書き出し）の日付をもって私は話をでっちあげているとの批判を受けている。そのクレームはどうしても受け入れなければならない程のものではないと思う。私が決定的主張だとしたものは、論理的にまっとうではないとの批判もある。これは一三四——八頁で私が分析した証拠を字義通りにとるか否かによるのだが、これは様々な意見が出て来て当然の論点であ

る。私は、正体不明の人物を別の人物と結びつけるような作業は驚異的な難しさを伴う考察であるとする否定的議論より、読んでいただければ分かるように肯定的議論に重点を置いて論を進めたのだが、実際はそのウェイトを少し控えるべきだったのだろう。しかし、さまざまな証拠を基に人物像の構成を試みると、ほとんど区別がつかない人物しか浮かび上がってこないのである。もし私の話を真とするなら、おおよそ本当とは思えない、考えられようもない帰結を導いているのだとは言えないからである。その帰結が単に信じ難いだけであるのなら、私は何ら動じない。怪しげなるものが真たり得ないなどとは言えない。更に、得られた結果は実のところはとてもあり得ないのだという意見もあるが、まだそれを納得するには至っていない。また、私のつかんだ事実と話は仮定にすぎないという意見もあるが、その意見の重みにはなるほど頭を下げよう。とは言っても、私にはその事実や話は特殊な類の仮説を作り上げているように思えるのである。実質的にはまったく代案がないような仮説をである。「実質的には」という表現が、現在私が必要と感じている譲歩の限界点を記す言葉である。(3)

もし、私の言う事実が真ならば、重要な事実であるかどうかは見解の問題となって当然だろう。私はその事実を確証したり、誤りを立証するような大きな歴史仮説はまったく思い出せないのだが、ここで、私なりに簡単に纏めてみたい。事実が真であれば重要かどうかを決定する基準なら即座にいくつか思いつく。私は三点述べたいと思う。(1)事実が重要人物に関わっているかどうか。(2)事実を見つけ出すのがいかに難しいか。(3)長い間人々に信じられてきた別の事実とその事実が矛盾しないか……である。第一番目のテストだけでは十分とは言えないようだ。シェイクスピアに関する事実とその事実の多くはおそらく取るに足らないものであるからだ。そして、ジャーナリストに根掘り葉掘り聞かれても、彼らにあまり多く協力したくないものであるから。とは言っても、それら全てのテストをクリアするものがあり、私個人の感想とり頼りになると思った方がよい。

して、皆さんは私が語る事実は三点全部に合格するとそのうちお分かりになると思うのである。

ひょっとすると、最近の読者の皆さんには、私の本が扱う時代の世界情勢をあらかじめ頭に入れておいていただいた方が良いかもしれない。慎重に言う必要があるが、一五八〇年代半ばのヨーロッパは一九三〇年代後半のヨーロッパの如き状況を呈していたと考えられる。プロテスタント宗教改革によって救いについて相容れない教義を信奉する人たちの燃え上がった敵意は、西側諸国の大部分の国で、実際にせよその可能性にせよ戦争状態を引き起こしたのだった。それが、当時は大規模な軍事衝突に至る途上にあり、中でも最も忘れ難い事件は一五八八年に起きたスペインのフェリペ王がイングランドのエリザベス女王に向けて派遣した無敵艦隊であった。一五八三年の春、正式布告された戦いはオランダをさほど拡大していなかった。当時オランダでは、スペイン軍はプロテスタント教徒の反乱を後退させるのにかなり成功を納めていた。結局のところ、反乱は特に無敵艦隊の失敗に助けられて、やがてオランダ共和国という形をとりその合法性を証明するに及んだ。世界の海のあちこちで、多くの戦いが繰り広げられていた。スペイン領アメリカの太平洋沿岸から——そこからサー・フランシス・ドレイクは略奪品を持ち帰った——大西洋のアゾレス諸島まで——一五八〇年にアゾレス諸島を手に入れたフェリペ王から島々を取り戻すため、フランスから派遣された遠征部隊はスペイン軍に粉砕されたばかりだった。更にイングランドとヨーロッパ大陸の間の小さな海峡までも——そこでは多少とも海賊であることを自認した行為がはびこっていたのである。

私がこれから語る話の要点に更に付け加えたいのは、プロテスタントとカトリック間の宗教戦争が、すでに布告されていたオランダを除いて、北西ヨーロッパ中に未布告の戦争状態としてで存在したことである。フランスでは、当座は公式には留保されていたものの、ほぼ過去二十年間その状態が公然と進展していた。そして南部地方

には州の中に若きナヴァル王アンリが統治するプロテスタント州が存在していた。イングランドでは、エリザベス女王とその政府は極度に警戒を行ない、何事にも慎重に構える政治家の資質を発揮して宗教戦争を地下に押し込んだにすぎなかった。女王の抱えていた問題はフランスのアンリⅢ世の場合よりもある点では危険を帯びていた。まず第一に、フランスのユグノーが力尽きたようだと見ると、イングランドは突如としてまったく思いもよらずに全面的なカトリック復興の場と化したからだ。第二に、エリザベスはスコットランド女王メアリーというカトリック側の反対勢力の長をイングランドに居住させていたからである。メアリーはナヴァル王アンリが一五八四年アンリⅢ世の後継者となったように、エリザベスの玉座を継ぐ人物であるとみなされていた。彼女が幽閉されていたという事実と（エリザベスを狙い）内密に進行していた抵抗活動のために、政治が絡んだ暗殺事件がごくありふれたものとなりつつあった当時においては、ナヴァル王アンリがアンリⅢ世にとって危険な人物であった以上に、エリザベスにとってメアリーは危険な人物だったのである。メアリーがスコットランド女王、厳密には前女王であり、彼女がプロテスタント教徒の反乱で十五年前に追放されていたにもかかわらず（そのため彼女はイングランドで幽閉されていた）、スコットランドは、突然の不可解な種々の変転を被る国情にあったため、彼女が何らかの方法をとって揚々と復位することはあり得ないと言い切れる者は一人もいなかったという違いもあったのである。メアリーの息子ジェイムズは当時十七歳ながらも、スコットランドをかろうじて治めていた。貴族間の確執が巣くう蛇穴のごときこの国では、次々と政変が繰り返され、プロテスタント国イングランドの方向に舵を取るのか、カトリック国フランスの方向に舵を取るのかを巡って次々と事件が続いていた。もしスコットランドで、メアリーか、カトリックか、歴史的に重要な親フランス派が政権に復帰すれば、その場合イングランドが依然としてプロテスタント国であり続けられるとは思われなかったのである。

なるほど、当時のフランスの国内事情を考えれば、イングランド人やスコットランドのプロテスタントの影響などに対する干渉が成功するとは思われなかったが、そんな状況は永久に継続するはずもなく、いつ、どんな方向で決断が下されるかもはっきりしない状態であった。一五八三年当時、アンリⅢ世はフランスのプロテスタント教徒とは比較的うまくやってはいたものの、そのためにギーズ公と彼に従うロレーヌ家のメンバーの指導下にあった大勢の頑固なカトリック教徒との関係はぎくしゃくしていた。ロレーヌ家の中でギーズに従った者たちは、何らかの理由があって王をカトリック信仰の弁護者としては問題を抱えた人物であるとみなしていたからである。その後の三年間にこの動きは徐々に王冠の打倒を目指した完全な内戦へと移行し、ついに一五八八年初夏にパリでその火ぶたが切って落とされたのである。その直後にギーズ公と国王の暗殺事件が起こり、少なくとも以後五年間、この国は完全な混沌状態に陥ったのである。

この一団は一五八五年の春にカトリック同盟もしくは神聖同盟として正式な政治組織に発展する。

一五八三年春、北西ヨーロッパの空気には、大虐殺や殉教の犠牲者の叫び声がそこかしこから聞こえて来るまでではなくても、そういったことが起こりそうな気配が深く漂っていた。フランスのカトリック教徒は、フランスの王冠をプロテスタント教徒の王が継承するのを許せばどんなことになるか示そうと、イングランドで四肢を切断された司祭の絵をさし示していた。イングランドのプロテスタント教徒は、同じ程度の、もしくは更なる正義をもって、もしカトリック教徒のメアリー・チューダーが燃やした迫害の炎が再び燃え上がることを予期していた。抽象的に言えばこの二つの状況はごく接近した平行線であったが、具体的な意味では両者は絡み合ってもいたのである。すなわち、メアリーはギーズ公の従姉妹であり、ロレーヌ家の飾り物であった。また、彼女に追従するイン

グランド人のうち、かなり多くの者が、ロレーヌ家の勢力が非常に強い地方に集まりつつあったが、それは偶然にも、イングランド侵略にきわめて好都合な場所でもあった。これらの地で、彼らは海峡を渡りイングランドに決定的介入を行なう戦力を集結させるため、ギーズ公、教皇、フェリペ王をしびれを切らせながら待っていたのである。その介入はメアリーのため、カトリック主義のため、そして自分たちのためにイングランドを回復することを目指していた。オランダ、フランス、大西洋の島々での戦果は彼らに有利に働いていた。その潮流がプロテスタント国イングランドの堀をえぐり始めるまでさほど時間はかからないはずだったのである。

フランスにイングランド人カトリック教徒やスコットランド人カトリック教徒がいたように、イングランドにはオランダ人プロテスタント教徒やフランス人プロテスタント教徒がいた。イタリアのプロテスタント主義は教皇下の宗教裁判所が潰す苦労がなかった程の徒花であったにもかかわらず、プロテスタント教徒や反体制派の知識人、ハプスブルク家や当時イベリア半島を支配していたスペイン勢力に倒された政治派閥のメンバーたちは、アルプス山脈の北方で続々と数を増やしつつあった。芸術家や商人などのような昔ながらの渡り鳥と共に、彼らはオックスフォードからモスクワまで、至る所で見かけられた。その中でも、イタリア人は伝統的にフランスに逃げ場所を求めていた。その一人ピエロ・ストロッツィはアゾレス諸島を壊滅させた侵略の指揮を取っていたのである。

こういった難民について述べると、一九三〇年代の記憶がイングランドではいっそう生々しくよみがえるのであろう。この国にはしばしば難民が流れ込み、スパイ活動が渦巻き、反逆事件が企てられる風土が綿々と築かれ

ていたのである。未布告ながらもすでにカトリックとプロテスタントの宗教教義を巡る争いが広がり、重々しい空気が立ち込める中で、ついには稲妻が走ろうとする状況にあって、諸政府にとっていつもながらの頼みの綱は反逆者、陰謀家、スパイ、二重スパイ、「工作員」などであった。例のごとく、理想家や観念論者、ペテン師や才能ある専門家などがスパイ活動に従事した。例のごとく、彼らの活動と日常的な表立った行動との関係は、時には密接で時には相反していた。そんな者が溢れていたとは思えないし、互いに相殺していたとも思えない。特にエリザベス女王政府は他国のどの政府よりも、そんな者を操る能力に長けていたとの印象がある。それは主として国務卿サー・フランシス・ウォルシンガムがその仕事に傾注した直感と献身のお蔭であった。彼の尽力はむしろ当然のことと言えた。と言うのも当時の危機的状況を解決するには、伝統的に諜報分野に長けた二大国［イングランドとフランス、訳者注］の一方に究極的には頼らねばならなかったのだが、イングランド国内のフランス諜報基盤は揺らいでいたからである。

以上、私の語る物語にまつわる議論を紹介した。この話は、あるイタリア人遍歴者がロンドンのフランス大使館の扉をノックするところから始まる。

（1）　E. H. Carr, *What is History?* (1961; 2 edn by R. W. Davies, London, 1987), ch. i; Hayden White, *Tropics of Discourse* (Baltimore, 1978), chs. ii & iii; J.-M. Adam, *Le Texte narratif : traité d'analyse textuelle des récits* (? Paris, 1985), especially pp. 186-203.

（2）　Patrick Collinson, *De Republica Anglorum: or, History with the Politics Put Back* (Cambridge, 1990), p. 10; Paul Veyne, *Comment on écrit l'histoire* (1971; abridged edn, Paris, 1979), pp. 10, 18f, 35.

（3）　私はこういった点を、本書イタリア語版 *Giordano Bruno e il mistero dell'ambasciata* (Garzanti, Milan, 1992), pp.

29 読者の皆さんへ

333-45)で更に詳しく論じた。

第一部 夜の犬

「そのほか何か、私の注意すべき点はないでしょうか」
「あの夜の、犬のふしぎな行動ですな」
「犬はあの夜何にもしなかったんだが」
「それがふしぎな行動だというのです」とシャーロック・ホームズはいった。
アーサー・コナン・ドイル作「銀星号事件」
『回想のシャーロック・ホームズ』所収（阿部知二訳）

図：1。ソールズベリー・コートとその周辺。1560年頃。Ralph Agas によるとされた（誤りであったが）地図より。ソールズベリー・コートは右上に位置する。コートの南側に位置し、ソールズベリー／バックハースト・ハウスに間違いない背の高い四角形の建物に隣接している建物が、カステルノー邸らしい。パジェット・プレイスがレスター・ハウスとなった。「アランデル・プレイス」は左端の大邸宅をさすようである。

1 ソールズベリー・コート

ロンドン、一五八三年、四月―五月

 一五八三年の春、トゥーレーヌのモヴィスィエール侯ミシェル・ドゥ・カステルノーは、フランス王アンリⅢ世からエリザベス女王に派遣された大使として、八年間近くロンドンに暮していた。彼は六十代の温厚な教養人で、フランソワⅠ世の治世下で成人し、おそらくは外交よりも文学のほうに関心を持っていた。彼自身いくらか翻訳も手掛け、僅かではあるが舞台経験もあった。宗教戦争の初期に、政治及び戦争に関わるようになり、その中でカトリーヌ・ド・メディチの助言者として、また、国王に反旗を翻したユグノーたちの企てをうまく頓挫させた功労者として素晴しい実績をあげた。一五七五年に大使としてイングランドに派遣される前にも、何度か外国への使節になっている。英語は話せなかったが、イングランド国民に深い関心を抱いていたことから、同職者中でも稀有な存在だった。政治的、私的な災難にもかかわらず、明らかに彼は長期にわたるイングランド滞在を大いに楽しんでいた。

カステルノーは、エリザベス女王やその側近たちと大過なくやって行けそうな人物としてイングランドに派遣され、彼らの中のプロテスタント寄りの者たちとしばしばかなり難しいカトリック教に立ち至りこそしたものの、概して期待された役割を果たし続けた。関係がこじれたのは、彼に熱狂的なカトリック教徒として目立った点がいささかなりともあったからというわけではない。それにしては、彼は一般的な道楽にあまりに引きつけられていたし、知的好奇心にあまりに満ち溢れていたし、おそらくは占星術に関心を持ちすぎていたし、反宗教改革という強い信念を期待するにはおよそ年を取りすぎた「人物」だった。時として、彼はカトリック信者として欠ける所が多いという印象を与えたが、それでも攻撃に走り勝ちな政治的プロテスタント主義の形態をひどく嫌悪するようになっていた。そうした感情を持ったことにより、さもなくば隠れたままだったかもしれない心の奥底にあるカトリックへの忠誠心が自覚されたのである。結婚もまた自覚を助けた。彼はロンドン駐在ということもあって、着任と同時に妻を娶った。妻のマリー・ボシュテルは彼より少なくとも三十歳は若く、宮廷に仕えることを仕事とする著名で裕福な心底からのカトリック一族の相続人だった。

十六世紀の外交官の家庭にしては異例のことと思うが、彼女は夫の大使在任の最初の六年間のほとんどをロンドンで共に過し、そこで男女それぞれ二人の四人の子供をもうけた。その後の二年を彼女はフランスで過ごした。女子の方は、年少のエリザベトは母親がフランスに帰国する際、リッチモンド近くのカトリックの友人のもとに預けられて、ずっとそこに留まっていた。母と一緒にフランスに帰っていた年長のカトリーヌ・マリーはその時五歳になっており、共にイングランドに戻り、その後の二年間、家庭生活を活気溢れるものとした。悲しいことに、モヴィスィエール侯夫

第一部　夜の犬

人は違った。と言うのは、これまで流産と不幸な妊娠が何度か続き、ほとんどいつも床についていたからである。一五八六年十二月、フランス帰国直後、彼女は出産で落命した。この女性の運命には、並々ならぬ程暗澹たるものが感じられる。若く活気に満ちた人で、自分だけの友人もあり、経済的な、時には政治的な方面でも自力で取り仕切ったからである。彼女は家代々のカトリック教徒だったが、イングランドでは、私が思うに、ロマンティックな性向によりカトリックたることを選んだのだ。この点では夫と異なっていたが、そのせいで互いの愛情が損なわれることもなく、互いの差異も時と共に解消していった。しかし明らかに、彼らの多人数からなる所帯の中に並外れて多岐にわたる意見が広まっていたことを説明する一助となる。

彼らはシティの西端の、ソールズベリー・コートと呼ばれる家に暮していた。コートそれ自体は、フリート街とテムズ河の間の建物密集地の中でおおよそその四角形をなしていた。短い路地でフリート街に繋がっていて、そこから更に向い側にあるシュー・レインに入っている。南西の角のもう一つの出口を通れば、ウォーター・レインへ抜け、そこから傾斜地を下って、更に五十ヤード離れた河に出ることが出来る。ソールズベリー・コートはその名を南東の角の主塔のような大きな建物からとっていた。その建物は所有者の称号からバックハーストのものだったが、当時はソールズベリーの司教のものだった。一五六四年にサー・リチャード・サックヴィルの手に渡り、当時はまだ改築中だったが、その作業も十七世紀には完成した。一五八〇年代には、敷地の河側は変貌を遂げた。また、そこには河まで下り広がっていく素晴らしい庭があった。一五八三年にはバックハースト・ハウスと呼ばれていた。それは河辺に出る所には河へ下りる桟橋があり、その名をバックハースト・ハウスからとっていた。その桟橋は我々の物語に関係があるが、家の方は無関係である。ソールズベリー・コートの東方には、聖ブライド教会と教会墓地と昔日のブライドウェル宮殿があり、当時は感化院となっていた。西方に

は、河沿いにテンプル法学院の建物が群がり広がっており、更にストランド街と河の間には、ホワイトホール宮殿までずっと庭付きの豪邸が連なっていた。

大使カステルノーが住居とした部分は、実際にコートに面した一番広い家だったに違いない。おそらくリチャード・ニューコートによる一六四〇年代の地図（図9）では、コートの北側の大部分を占めている長くて入り組んだような建物がそれだと思う。描き方は粗雑だが、もしそれが正しい家をさしているのならば、その家の外観については手持ちの証拠はそれだけしかない。その家は描き方からするとせいぜい中二階建てだが、大使館には

図：2。ミシェル・ドゥ・カステルノーの肖像画。
Les Mémoires de Messire Michel de Castelnau, seigneur de Mauvissière (Paris, 1621) より。カステルノーの回想録を綴った原稿は、カステルノーの息子のジャックから出版社に渡されたのだから、この肖像画は実物をほぼ正確に伝えているとみて差し支えない。

回廊があったのだからこれでは低すぎる。それにはまた、アーチ型の出入り口が描かれているが、それが表口で、そこからずっと奥まで通じているようだ。ニューコートの地図は、地理的に正確ではない。一六六六年のロンドン大火（その火事で建物は焼失した）の直後実施されたその地域の精密調査から、もしそれが彼の言わんとする建物だったならば、彼はそれをコートの間違った側に置いたということが明らかになる。大火の後の調査書では、それは南側に沿った正しい位置に、ウォーター・レインに向かう通路とバックハースト・ハウスの間のスペースを占めるように書き表わされている。この両者はそのスペースを間に挟んで繋がっていたのだ。カステルノーが女家主を『侯爵夫人』と呼んでいることから、その家がソールズベリー・ハウスの一部だったことも明らかになる。一五六六年にサー・リチャード・サックヴィルが死去した時、それは寡婦用住居として未亡人のものとなったが、彼女はすぐにチューダー王朝初期の大黒柱で当時九十歳になる、あのウィンチェスター侯ウィリアム・ポーレットと再婚したので、そこを必要とした期間は長くはなかった。そこで、それは一五六八年よりフランス大使館として使われており、侯爵夫人かカステルノーの前任者のいずれかが西へ拡張した可能性がある。と言うのは、一五八〇年までに、コートに面した側に柱廊かアーケードのようなものを取り付けたようである。ある時、カステルノーがコートで「屋根の下を歩いている」のを見られているからである。一六六六年の地図には姿を見せており、家と河の間の隔たりのおよそ半分を占めている。その片側には河へ下りる路地があり、もう片側には河へ下りる路地があった。路地から家へ、たぶん、庭を取り囲む塀に設けられた戸口を通って入ることが出来た。正面の入口から入るところを見られては具合の悪い人もあるので、それは非常に好都合だった。特に壮麗というのではないが、その家は広々として快適なように思われ、見たところもそのようである。カステルノーは古い建物だと言ったが、地図上でもそのように見える。それは、

単にソールズベリー・コートとして知られ、我々の物語の主役の一つである。

一五八三年までに、カステルノーはイングランドの地にしっかりと根をおろし、多くの友人や政治関係、文学関係の知人もあり、それらの人々を豪勢な食事で歓待していた。政界の実力者としては、エリザベス女王とフランス王弟のアランソン・アンジュー公フランソワとの婚姻が検討されていた二、三年前と比べて、女王や側近たちとかなり疎遠になっていた。彼はその計画に一切合財を賭していたので、その失敗以来、今度はエリザベス女王の虜囚であり、その後継者とも目されているスコットランド女王メアリーの覚えをめでたくしようと最善を尽くしていた。最近では、シェフィールドに幽閉されたメアリーとの連絡手段を作り上げることに精力の大半を傾注しており、当時その作業はかなり円滑に進んでいた。公的には、諸条件合意の上でのメアリー解放へと繋がるメアリー、エリザベス間の調停をやってのけようとしていたが、実際は、ロレーヌ家一族により開始されるかもしれない武力による救出計画も含め、自由確保のためメアリーが腹案していた計画なら、およそどのようなものでも推し進める覚悟をしていた。カステルノーはイングランド人の手からメアリーを奪い取りたかったが、それは、彼女の解放がイングランドに及ぼす影響のためというよりも、そうなればフランスはスコットランドに対する影響力や支配力を取り戻す見込みが生じるからだった。彼はこうした復権や、それを遂行するために必要とされる活動は、当時、母国フランスを苦しめ、キリスト教諸国の中での正当な威光を取り上げてしまった内憂外患を解決するための正しい方策だと信じていた。彼がメアリーと組んで何を企んでいるのかということは、エリザベス女王の廷臣たち、特にサー・フランシス・ウォルシンガムにとっては非常な関心事だった。それを知るために、彼は多くの情報提供者に報酬を払っていた。(3)

第一部　夜の犬

三月二十八日、またはその年の初めからフランスで採用されていた、教皇による新しい暦によれば一五八三年四月七日に、パリ駐在のイングランド大使は、「哲学教授で……その宗旨については推薦しかねる」ジョルダーノ・ブルーノ・ノラーノ博士という人物の訪問を受けたことを報告している。ジョルダーノ・ブルーノは、イングランドでは近代文明の創始者としての評判を、イタリアでは「十九世紀イタリア統一運動」(*Risorgimento*)に際し、明けの明星というその先駆的存在として、イングランドのそれとは別の評判を有する男だが、モンテーニュやシェイクスピアの時代のヨーロッパの知的世界で群を抜く光の一つだった。彼はナポリ王国から逃亡したドミニコ会の修道士で、これまでの数年間をフランスで教師をしたり哲学を研究したりして過ごし、今やイングランドへ向けて発とうとしていた。彼はたいした学者ではなかった。と言うのは、大学で、教養部以上の学部では教えたことがなかったからである。しかし、馴染みのない方面では手を抜く傾向があるものの、トマス・アクィナスの衣鉢を継ぐ経歴からも明らかなように、いささか旧弊ながらも紛れもなく教養が高かった。専門としては、天文学とアリストテレスの自然学を教えた。また、詩も書き、近頃は喜劇も出版していた。会話においては多弁で、才気煥発、因習打破精神旺盛で独善的だった。その時点では、一般には記憶術の専門家として知られていたが、それを技術としてよりもオカルト・サイエンスとして教えていた。しかし彼の一生涯の仕事は、そのほとんどがまだこれから先のことだった。ブルーノは歳は三十五、小柄な黒髪黒目の浅黒い男で、少々顎鬚を生やし、肖像画のうち最もそれらしきもの (**図5**) によれば、うっすらと口髭もおいていた。⁽⁴⁾

彼がイングランドに行こうとしていた理由はあまりはっきりしない。彼はアンリⅢ世と私的な関係があり、それが正確には何を意味するにせよ、「講師」('reader') として彼から俸給を受けていた。パリ大学では人気がなく、また逃亡修道士であるため、窮境にあったとしても至極当然ではあるが、いずれの点についても迫害を受け

39　第一部　夜の犬

ていた形跡は見られない。彼は、「騒乱のせいで」王にいとまごいを願い出たと言っているが、一五八三年のパリには、何ら深刻な市民蜂起も宗教騒動もなかった。また、どこで有給休暇を過ごすかについて何か申し出たかどうかは分からないが、フランス王はブルーノをソールズベリー・コートに住まわせるようはっきりと依頼するカステルノー宛ての親書を持たせた。これはブルーノには理想的で、ひょっとするとアンリⅢ世にも好都合だったかもしれない。王が何らかの政治的、宗教的使命を与えてブルーノをロンドンに送り込んだと考える理由は見当たらない。ブルーノがパリにいるのはまずいと国王が考え、そうした情勢が一掃されるまでイングランドに行っているよう勧めたというほうが無難なようだ。王は他のイタリア人亡命者たちにもこうした処遇を与えたのだから。しかしなぜブルーノに対しても同様にすべきだったのか、何らかの理由を見い出すまでは、ブルーノ自身の言葉、すなわち自分のほうから言い出したのだという言葉を受け入れねばならない。確かに、彼はイングランドを見ることが出来て嬉しかっただろうし、講義をする必要がないため執筆の時間を持つことが出来るという見込みは、他のどんな学者にとっても同じだが、彼にとっても大歓迎だった。それでも彼はまだフランス王の僕であり、駐仏イングランド大使の別れ際の推測から、カトリック教徒としてイングランドに渡ろうとしていたと述べてもよかろう。

アンリⅢ世の親書に何が書かれていたにせよ、ブルーノがソールズベリー・コートでそれを出して見せた時、カステルノーは喜んで彼をそこに住まわせた。ブルーノは彼と似た人柄のようで、彼に笑いを提供し、詩や星について教え、更には晩餐の席に大変な魅力を添えることも出来た。後になってブルーノの友人の一人が述べたように、彼は気の置けない仲間で、人生を享受する人間だったのだ。彼は四月のどこかでその家に腰を落ちつけ、執筆に取掛った。

＊　＊　＊

　当時ソールズベリー・コートにいた客人はブルーノだけではなかった。四月二十日頃、そこから出された幾多の興味深いメッセージの最初のものがサー・フランシス・ウォルシンガムの机上に届いた。それはヘンリー・ファゴットという人物からのもので、六項目からなっていた。そのそれぞれに日付、サインが付され、四月十八、十九日に書かれており、館内での出来事を報告していた。以下はその内容である。十四日に、ギーズ公からカステルノーに宛てた手紙を携えたフランスからの急使が到着した。その文面は、スコットランド女王のための秘密工作を積極的に遂行するよう激励し、その返礼としてフランスの豊かな聖職禄の収入を授けるというものだった。四月十九日に、ピエールと呼ばれる老人が某氏からカステルノーのもとにまた別の手紙を持ってきた。スコットランド王ジェームズに、カトリックの援軍がそちらへ向かう途上にあるのでもうしばらく辛抱するようにというメッセージを伝えるよう依頼し、明らかにピストルを二丁要求する手紙だった。私が思うに、その筆者はレノックス公であろう。この人物は、近頃は、スコットランドにおける短命に終った反イングランド体制の指導者をしていたのだが、フランスに退却することを余儀なくされていた。四月十八日に、ウィリアム・ファウラーというスコットランド人が、いつものように、スコットランド教会の主だった牧師たちの行状に関する情報を持って現われた。ファウラーはプロテスタントのふりをしているが、実のところはフランスに雇われている。十九日に、スロックモートンが晩餐に訪れた。この人物は近頃、かなりの額の金をカステルノーの所からメアリーの所に運んでいた。真夜中には、ヘンリー・ハワード卿が、明らかに庭を通って姿を見せ、大使官邸に住んでいるあるスコットランド人がカトリック教徒だとして投獄寸前だとカステルノーに語った。(6)

　一週間後、ファゴットは同種の手紙をもう一通送ってきた。その内容は、四月二十二日にウィリアム・ハール

という男が訪ねて来て、フランスに対するイングランドの政策が不誠実であることや、アンリⅢ世とフェリペⅡ世がエリザベス女王に対抗して手を組む可能性について、見るからに打ち解けた様子で、カステルノーと語り合ったというものだった。ファゴットが言うには、彼が四年前のある夏の日、河を経由してやって来て屋外のコートでカステルノーを信用してはいない。注意深い読者なら、ハールはカステルノーのために仕事をしているが、カステルノーと会っているのにすでに気づいているかもしれない。一人のフランドル人が、アンジュー公とフェリペⅡ世の間に協定が結ばれようとしているという噂を確認するために、スペイン大使メンドーサの所から出向いて来ていた。(アンジュー公はオランダに介入していたがうまく行かなかった。彼は、オランダ独立を目指す反乱者たちの立場を見捨てることになろうと、この噂は暗に示している。)四月二十四日には、ファウラーが再び現われたが、レノックス公がメアリー女王に贈るつもりの二個の見事な指輪を携えていた。カステルノーはまた、パリにいる妻からも手紙を受け取っていた。彼女はまもなくイングランドに渡って来るつもりで、ギーズ公と話もしていた。ギーズ公曰く、すぐにもスコットランド行を望んでいるが、その間カステルノーはメアリーとの関係を極秘にしておかねばならないし、また出来る限り元気づけて差し上げねばならないとのことである。カステルノーは、ファゴットには誰だか分からないイングランド貴族と話をしていたが、その時に、ギーズ公とレノックス公に率いられて、カトリック教徒たちがすぐにもスコットランドに急襲をかけるだろうと予言した。二十五日には、アンジュー公の使者デュ・ベクスがフランドルに向けて出発した。彼の言葉によれば、アンジュー公はエリザベスから何か得るものがあるという希望を捨てて、スペイン王フェリペⅡ世の娘に求婚した。⑺

ファゴットがしばらく情報を途絶えさせたので、少し間を置いてそのメッセージの重要性について考えることが出来る。我々が十六世紀の大使官邸での人の出入りをこれ程詳細に観察出来るのはそうよくあることではない

し、これこそ明らかにファゴットが依頼された仕事なのだから、優秀な仕事ぶりだということになる。全ての情報が新しいというわけではなかったが、内容的にはきわめて価値の高いものだった。雇主であるウォルシンガムがそもそも関心を持っていたスコットランドについては、ウォルシンガムがすでに配下のファウラーから聞き知っていたことの正確な出所を知らせてきた。その他の情報はもっと新しいものであった。スペイン人とアンジュー公が接触したという報告については、一月のアントワープでの一斉蜂起の企てが失敗に帰した後にはアンジュー公はそのような行動に出るだろうと誰もが予測していたのだが、アンジュー公に関しては誤りだったものの、メンドーサとカステルノーが連絡を取り合っていることについては関心を引いた。それはエリザベス女王とその側近たちにとっては、神経過敏な憶測を生む問題だった。カステルノーがハワードやスロックモートンのようなイングランド人カトリック教徒と会っており、後者を通してメアリーと連絡を取り合っているという情報は、ウォルシンガムは当面スコットランドに心を奪われているのでそれ程たいしたことは出来ないものの、彼にはまったくの初耳できわめて貴重なものだったと思う。ファゴットが主としてどこからこうしたことを知り得たかというと、晩餐の席か晩餐後の会話がそれらしく思われる。しかし彼はかなり内密の会談にも何度か同席していたし、カステルノーの最も私的な手紙の何通かについてはその中身も知ることが出来たのである。スコットランドでは絶対に、イングランドでは可能ならば、カトリック主義を復活させるという計画に、カステルノーが積極的に協力しているというファゴットの報告の主旨は、驚く程自信に満ちている。イングランド人の観点から言えば、ファゴットは適時適材適所だったのだ。

　厳密に言って、ファゴットとは誰だったのだろう。今しばらくは証拠物件である手紙そのもので満足せねばならない。と言うのはカステルノーの当時の手紙にも、ファウラーやその他の者たちからウォルシンガムの執務室

に毎日届いていた、カステルノーの動向に関するおびただしい報告書にも、このような人物のことを述べた箇所がないからである。ファゴットの手紙から彼について四つのことが推論出来る。[8] 第一は、ファゴットはフランス語で書いているものの、それが母国語ではなかったということだ。その手紙を初めて読むと、彼は読み書きが少々おぼつかないように思われるかもしれないが、そうではなく、単にフランス人ではなかったということなのだ。彼のフランス語はそれ程ひどいわけではないが、主として会話から聞き覚えたものなので、十六世紀のフランス人でさえも書いたはずのない書き方で、不正確なフランス語を書いている。ファゴットは動詞の単数・複数と人称を取り違えている。これは彼が動詞に難儀していることから分かる。発音が区別できない時に、しばしば時制の一致を間違える。'ii' connoissoit qui pense ce faire' ; 'deulx bagues... dont je ne connoist les pierres'. 'ceulx fort bien que son Altesse ne requert aultre chosse' ; 'pour avoir esté en une maison... apres que ledit Irlandois estoit mis en prison'. また、'le ve Monsieur du Boys parla de Londres' のように、動詞の活用を誤る。代名動詞の代わりに他動詞の能動態を使う。'et [se] contoit cela entre luy et ung lord'. これらの言回しのほとんどは、教育を受けたフランス人なら書いたはずはないし、またいくつかは教育を受けていないフランス人でさえも、書いたはずはない。

ファゴットがイタリア人だったと示すのはかなり簡単だと思う。確かに彼はイタリア語が分かった。イタリア語で行なわれた会話を報告しているからだ。また、ほぼ常に、italien を italian と綴った。後にフランスで、知人を 'de mon pays'〔同国人〕の意味、訳者注〕だと述べた。また、ウォルシンガムに Monseigneur と呼び掛けているが、フランス人ならばサー・フランシスよりはるかに高位な人以外にはそのような呼び掛けはしなかっただろう。また、vostre exelence という呼称も用いているが、これはまったくのイタリア式である。イタリア人ならばフラ

ンス語の語尾の黙字のeに苦労すると予測されよう。実はファゴットはこれはとてもよく出来た。が、彼の耳にはeのように聞こえる語尾の母音が、実際には何か別のものである場合に間違える。ただその母音がeの時には問題はない。テキスト16以外の全てのテキストで、アクセント記号はほぼ全て脱け落ちているからである。本当に問題なのは母音がaiの時で、いつも決まってこれに引っ掛かる。j'aiの代わりにjeと五度も書いているし、一度はn'aïの代わりにneと書いている。また動詞の語尾ではaiやaisの代わりに八度もeやesと書いている。（テキスト15の一例を除いては全ての場合にである。）彼は、livreの綴りはvかbかをいつも覚えているというわけではないし、十六世紀のフランス語にないとは言えないが、イタリア式をよく用いる。例えば、patrie（paysの代わりに）、trionfe, monopole（陰謀工作の意味で）。彼が何らかの影響を受けたことが示される他の言語はスペイン語だけである。彼がかなり頻繁にaの代わりにenを用いるのは、そのことで説明出来ると思う。彼のフランス語は時と共に少し上達したように思われる。後に見るように、一五八三年秋からその家に第一級の語学教師がいたのである。[9]

全てがこれら初期の手紙からというわけではないが、ファゴットについて更に三つのことを容易に示すことが出来る。それらを思いつくまま、ありのままに書こう。まず最初に、これまで述べてきた点から、彼の名がファゴットではなかったということになる。おそらくそれは偽名のようで、アナグラムだとすれば、私にはそれが解けなかった。ファゴットの最初の二通の手紙でサインする時に、洗礼名を省略なしで使うことは滅多になかった。彼を書いた人が徹底的に試し書きをしていたことが示返し記されていることから、それを書いた人が徹底的に試し書きをしていたことが示唆される。二番目は、彼が司祭だったことだ。後の手紙で、彼が告解を聴いたり、後任の大使とロンドンでの司祭としての体験について議

論したり、フランス貴族の施物分配係として活動しているのが分かる。三番目は、教皇その人、及び彼が教皇絶対主義者とみなしたカトリック教徒に対して極度の敵意を持っていたことである。教皇絶対主義者というのは、彼の語彙のうちでも手厳しい言葉である。テキスト2は、グレゴリオ暦使用に対する不満らしきもので始まり('les jours qui se content par le commandement du pape')、「カトリック教会」を見下すように語っている。テキスト13では「カトリックの中傷的な書物」のようにいっそう凝った表現になっている。ここではまた「カトリック教会」であるとの言葉で終っている。テキスト4には「カトリックの書物」への攻撃が含まれていて、それはヘンリー・ハワード卿が「カトリック教徒で教皇絶対主義者」であると思われた方があるかもしれないが、ファゴットは、この線で行くことでウォルシンガムに媚びへつらっているのだと思われた方があるかもしれないが、ファゴットはエリザベス女王のさほど信仰心の厚くない廷臣たちに手紙を書く時でも同じ調子だった。ファゴットが誰だったにせよ、実に強烈な自発的反教皇主義者だったのだ。

後一つ、最後の推論が出来る。手紙を書き始めた時、ファゴットはソールズベリー・コートに来てまだ日が浅かったということがかなり明白なようだ。二人の定期的な訪問者、ウィリアム・ファウラーとウィリアム・ハールのことを、まさしく初対面であるかのように書き記しているのだ。ただしファゴットはすぐにも、ハールのことをかなりよく知るようになるのだが。また、ファゴットは人の名を知らない。更に、最初の二通の手紙の日記風の形式——これは後には使わなくなった——や、テキスト2の最初の項目に学を街った書き方で日付を付けていることから、これらが彼のスパイとしての最初の成果だったということもまたかなり明らかである。彼は、大使館にも、またスパイという仕事にも新参者で、スパイとしてその館内に入り込んだか、そこに着いてすぐにスパイになったか、そのどちらかだと推測する。この結果、随分以前から時折述べられていた、チャプレン「大使館付き司祭」の意味、訳者注」というのがファゴットのことをさしているのだと解釈するのは難しくなる。この点がな

ければ、一五八一年に、おそらくエリザベス女王に宛てた手紙の中で、アンジュー公が「モヴィスィエール殿のところの若い司祭」のことを述べた部分は、ファゴットのことを言っているのだと解釈したいところだ[10]。私の結論は以下のとおりである。ファゴットは反教皇という信念を持ったイタリア人司祭で、一五八三年の四月中旬少し前にソールズベリー・コートで暮すためにやって来て、偽名で書いていた。

四月二十五日以降しばらくの間、ファゴットは何も書いていないが、次に書いた時には、これまでより筋道のとおった、聡明な書き方をした。手紙に日付は付いていない。書くのは久し振りだと言っているが、これまでのところ一週間足らずのうちに二度も書いていたので、テキスト4の日付を五月の中旬または下旬よりも後だとする必要はないようだ[11]。書くだけの価値のあることが何もなかったので書かなかったのだと言った後で、我々はその名を後になって知るのだが、カステルノーの酒倉番のジロー・ドゥ・ラ・シャサーニュとコックのルネ・ルデュックによって取り仕切られている活動について詳細に報告した。これにはフランスからイングランドへのカトリック関係の書物の密輸入と、ロンドンで只同然に拾い集めたカトリック教会の装飾品の余り物の密輸出も含まれていた。ファゴットはその取引に手を染めている者のことを述べている。運び屋のピエール・ピトゥ、「マスター・ハーソンという名の」一目でイングランド人と分かる男で、イングランドで書物を売り捌く人物、そして門番の「ジャン・フォルク（Jehan Folk, Folk ルナール（Renard, 狐）のことである、訳者注）[英語の Foxe は、「狐」Foxe または Fucks の可能性がある）、フランス語で通称ルナール（Renard, 狐）のことである、訳者注）」。ファゴットの主張によると、それはもうけの多い大掛かりな仕事で、ロンドンで教会の物品を探し歩いている。今のところそれに関わっている者たちは政府の捜査員がサザークの対岸にあるハーフ・ムーンという宿屋を捜査するのではないかとひどく心配している。また、彼らは、まもなく到着する書物の大きな積み荷をその宿屋に陸

揚げするよう手筈を整えているとのことである。更に、この男たちは、ハーフ・ムーンの亭主やライ及びその他の地区の捜査員を買収するため大金を使っており、イングランドでその書物を売り込んでくれる人間を探しているると言うのだ。大使館経由の書物の取引は、ファゴットの報告書の十八番となることになった。半ば政治的な理由で、半ばとてつもない大ばくちのように思われたので、彼は明らかにそれをひどく嫌悪していた。そして酒倉番のジローは、彼にとって特別の恐怖の種となった。

これは貴重な情報だったが、ウォルシンガムにとってはファゴットの次の貢献の半分の価値もなかった。ファゴットはカステルノーの秘書と親しくなり、その秘書はそうすることが自分の利益になるなら、主人カステルノーのことでウォルシンガムが知りたがっていることは何でも、特にカステルノーのメアリーとの秘密の文通やそのために使う暗号を喜んで教えるつもりだと打ち明けたのだ。ファゴットのフランス語がとりわけ不明瞭な部分ではまた、ウォルシンガムがメアリー宛ての小荷物の中身を検分し、適当だと考えるものなら何でも追加したり抜き取ったり出来るように、更にはまた小荷物の中身が見られているとメアリーに悟られないようにきちんと封をし直すのを確認出来るよう取り計らうことが出来る、と秘書が打ち明けたと述べているようだ。理想を言えば、このあたりで一度休憩をとって、この報告を受けた側の拍手喝采を書き記すべきであろう。と言うのは、これはファゴットの地位は、スパイ見習いから最重要なスパイへと一挙に昇格した(12)のだ。しかし、手紙を読み終えてしまおう。ファゴットはヘンリー・ハワード卿とフランシス・スロックモートンがカステルノーとメアリーの間のパイプ役をしているということと、ハワード卿やスロックモートンがカステルノーを、また、カステルノーがハワード卿やスロックモートンを訪問するのは夜であるということを繰り返して手紙を結び、また、アンジュー公がスペイン王女と結婚するという情報をメンドーサ本人から確認したことを述べ──

秘書の問題に関しては、ファゴットが真実を述べていることに何の疑いもあり得ない。カステルノーの秘書は、確かにこの時期に、ウォルシンガムに仕える「スパイ」になったのだ。この男をスカウトしたのはファゴットの手柄と言ってよい。最初の頃の手紙から見れば、ファゴットがソールズベリー・コートに入るとほぼすぐに、この秘書はファゴットに秘密情報を漏らしていたかのように見えるし、また、ここで彼の述べている会話は、いくつかあるもののうちで最もはっきりしたものだけのようである。「スパイ」としての彼の仕事とその成果は、ここでは特に我々に関係するものではないが、二、三のことを言っておく必要がある。まず第一に、この人物は、これまで考えられてきた人物とは別人だということだ。と言うのは、一五〇年前、プリンス・アレクサンダー・ラバノフが、彼自身の編集によるメアリー女王の書簡集の中で、カステルノーの秘書の一人がスパイだったと暴露しているが、このスパイとは、カステルノーの大使時代の最初の六年間秘書を勤め、後任の大使のためにも同じ職を勤めることになったシェレル侯ジャン・アルノーではなかったのだ。アルノーは、しばしば不名誉な行ないを非難されてはいるが、この件に関してはまったくの潔白だった。彼は一五八一年から一五八五年の間はロンドンにいなかったのだ。罪を負うべきは、その間の大半、秘書を勤めたクルセル侯ニコラ・ルクレールだったのである。二番目は、クルセルはただの秘書ではなかったということだ。彼は、メアリーとイングランドのカトリック教徒に関するカステルノーの工作をほとんど完全に把握していた。ただ、クルセルは熱狂的カトリック信者だとの評判があり、個人的に極力関わり合いたくないと考えていたのだが。その上、クルセルをエリザベス朝の政策にとって計り知れない価値のある戦略上の
人的に極力関わり合いたくないと考えていたのだが。それゆえ、クルセルを寝返らせたことは、エリザベス朝の政策にとって計り知れない価値のある戦略上のった。

49　第一部　夜の犬

メンドーサが官邸を訪問した際に報告していた――ファウラーが裏切っているという、秘書からウォルシンガムへの伝言を伝えた。

成果だった。それによってフランシス・スロックモートンが逮捕され、更にはカトリック教徒たちによるメアリー擁立の企てのための勝算ある計略を挫折させることとなったのだ。一五八八年の無敵艦隊の実際の襲来を除けば、エリザベス女王は自らの治世下で起きた他の何よりもこの事件に驚愕を示したのである。こうした独断的見解を述べて申し訳なく思っているが、それについては別の機会に弁明しよう。ファゴットのスパイとしての仕事がきわめて重大な意味を帯びていたということの裏付けとなるので、我々の話を進めていく上でこうしたことを避けては通れない。(14)

この大仕事を首尾よくやり遂げた後、ファゴットは一五八三年五月から同年十一月までのおよそ六ヵ月間は、もう何も書いて寄こさなかった。さしあたり自分の任務は果たしたので、きままに他の事柄に心を傾注出来たのである。

2　河の上で

ロンドン、及びオックスフォード、一五八三年の春、夏

　四月末に、アルベルト・ラスキ卿として知られるポーランド王子がイングランドに到着した。カステルノーは、この人物はロシア人に武器を売るのをやめるようイングランド人を説得しているが報告しているが、実際は、主として見聞を広めるための、フランスも含まれるヨーロッパ旅行の一環としてやって来たようである。ラスキは十年前にも、ポーランドからアンリⅢ世に遣わされた代表使節団の一員として滞仏経験があった。アンリⅢ世は当時アンジュー公で、ポーランド王に選出されたばかりだった。ラスキが何を企んでいるのか分からず困りはしたものの、エリザベス女王は宮廷で彼を歓待した。アンリⅢ世は短期間のポーランド統治の間にラスキと揉め事を起こし、彼を馬鹿者だと思っていたこともあって、今回は絶対にフランスの土は踏ませなかった。この時カステルノーは、もっぱらスコットランド情勢に心を奪われていて、彼を避けておきたかった。ラスキはカトリック教徒で、エリザベス女王が彼に貸し与えた、サザークのウィンチェスター・ハウスで、そこに住む多くのイタリア人と共に、カトリック教徒として暮しを続けた。カステルノーはラスキの所にいるイタリア人を使っ

て、彼がフランスでは歓迎されないだろうということを知らせたと述べている。この両者は六月初旬頃にグリニッジで催された馬上槍試合でついに顔を合わせ、ポーランド問題について儀礼的な話し合いをした。(15)
ジョルダーノ・ブルーノにとって——この男がソールズベリ・コートにいるのを読者の皆さんは思い出す必要があるかもしれない——ラスキの訪問は一大事だった。と言うのはこの訪問のせいでブルーノはソールズベリー・コートでの隠遁生活から引き出され、イングランド人に知られるようになったからである。私が思うに、おそらくカステルノーはブルーノに、ラスキの相手を務めるよう申し付けている。また、ファゴットを除けばブルーノが官邸にいる唯一のイタリア人なので、ラスキの所にいるイタリア人にメッセージを伝えるために彼を使ったのだと思う。ブルーノがグリニッジでの謁見に同席したことはほぼ確実だとしてよい。と言うのは、後になってブルーノは、カステルノーが自分を彼の「御付き」('gentilhuomo') としてよく宮廷に同行させてくれたと述べているし、謁見したとすればこの時が最も可能性が高いと思われるからである。私の推理が当たっていれば、彼がエリザベス女王に拝謁したのも、その専門家兼権威となったエリザベス朝騎士道ロマンスの世界への手ほどきを受けたのもこの時が初めてだったのだ。その後すぐに、エリザベス女王は更なる歓待を尽くすために、洗練を極めた廷臣のサー・フィリップ・シドニーを付き添いに、ブルーノをオックスフォードへと送り出した。(16)カステルノーは異議を差し挟まなかった。一行は女王の御座船に乗り楽の音と共に河旅をした。シドニーが一切をまかされており、ブルーノはこの時、彼とかなり親密な関係を持ち始め、最終的にはイングランドで書かれた著作のうちでカステルノーに献呈されなかったものを彼に献呈することになった。シドニーがメアリー女王やカトリック主義に対して同情的な態度を示していると、八月に

カステルノーがメアリー女王に伝えているが、カステルノーがそのような報告を送るに至った責任はブルーノが負うべきであろう。(17)シドニーに限ってそのようなことはありそうもないと思われるが、ひょっとすると、陶然たる心持ちに浸っていたのだろう。

一行がオックスフォードに着いた時、ブルーノは教授連と議論を戦わせたり、ハイ・テーブル[英国の大学食堂における教官用の食卓、訳者注]での食事を誰の目にも活気に溢れるものにしたりで、うまい具合に脚光をほぼ独り占めした。リンカーンの法学院院長と公開討論を行ない、労せずしてその名を知られるところとなった。また、詩人のサミュエル・ダニエルのような聡明な学部生や、他にも民法教授のアルベリコ・ジェンティリや語学教師のジョン・フロリオという二人の傑出したイタリア人に出会った。彼とフロリオは腹心の友となり、八月頃にモヴィスィエール侯夫人がソールズベリー・コートに戻った時、フロリオもまた五歳の娘カトリーヌ・マリーの家庭教師としてそこに居を定めた。(18)一行がロンドンに戻る途中の六月十五日に、非常に学識の深い哲学者で降霊術の主催者であるジョン・ディーに会うためモートレイクに立ち寄った時、たぶんブルーノはまだその一行に加わっていたであろう。ディーは、少なくとも表面上はブルーノの意中の人物だった。彼はシドニーの教師をしたこともあり、国で最高の蔵書を持っているとの評判だった。カステルノーの予想通り、九月にラスキがディーを海路でポーランドに連れ帰った時、ブルーノが落胆したか否かは分からない。とにかくブルーノはオックスフォードでも、またそこへの行き帰りでも、とても楽しい時を過ごしたのだ。彼はまた、オックスフォードに戻っていくつか講義をするようにと招かれてもいた。正確にはいつだったのかはっきりしないが、実際にそこを再訪し、一つは天文学、もう一つは魂の不滅についての二つの講義を始めた。彼がラテン語をナポリなまりで発音したこと(chentrum, chirculus, circumferencia の発音がそれを引き起こした。

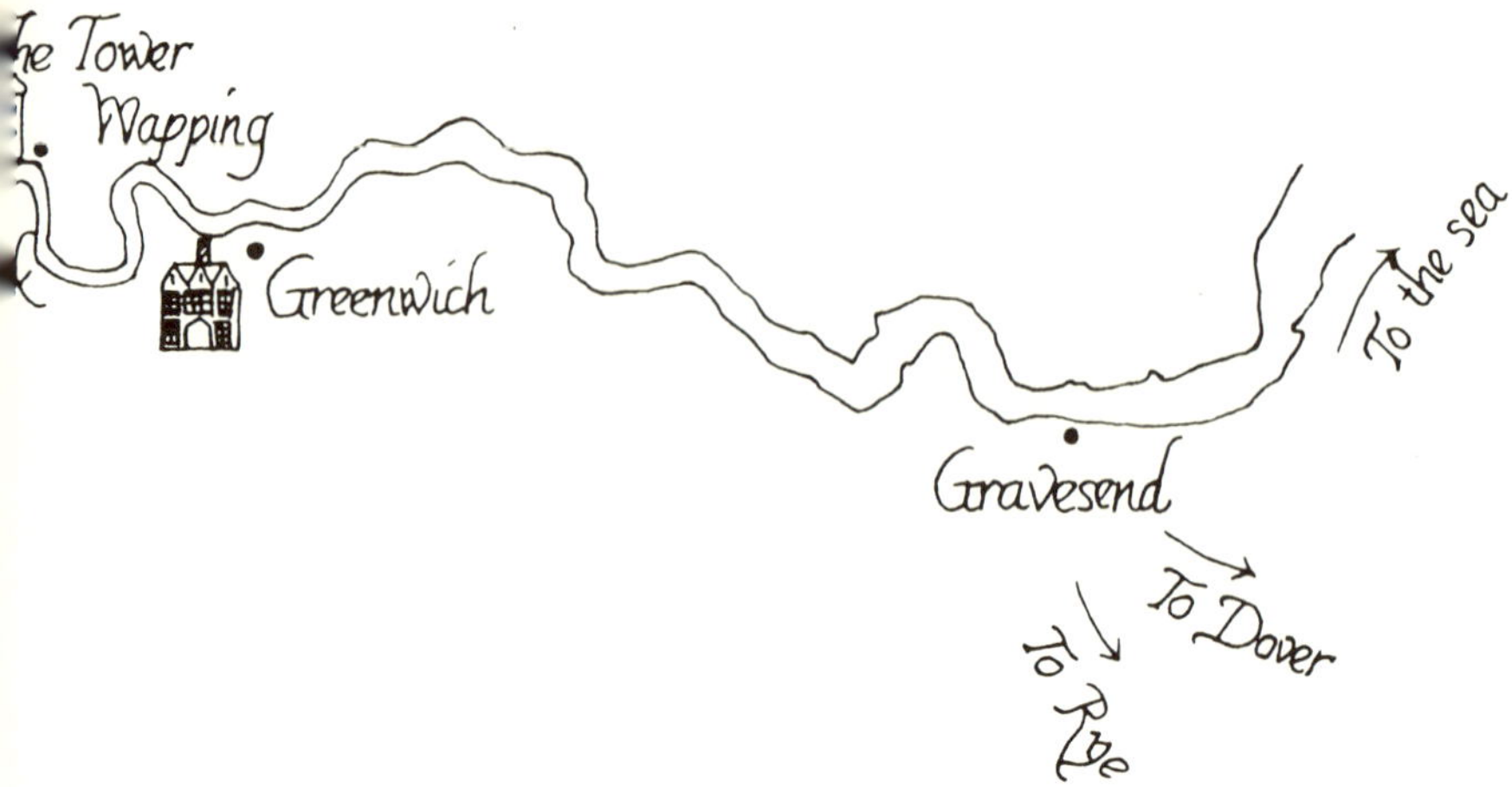
he Tower
Wapping
Greenwich
Gravesend
To the sea
To Dover
To Rye

であると、ある出席者で後の大司教ジョージ・アボットが報告している）、コペルニクスの地動説を解説したこと、そしてルネサンス期の大家であるマルシリオ・フィチーノから広範囲に及ぶ剽窃をしたことである。これらが発覚した時、彼は講義を中止するよう促され、オックスフォードの杓子定規に憤慨してロンドンに戻った。[19]

ブルーノはこの先しばらくの間オックスフォードとの確執を話の種にして人々を楽しませた。その争いの原因は主に、狂信的聖書崇拝主義者やアリストテレス学派の学者たちに対抗して、コペルニクスを擁護したことにあったと彼自身が主張しているが、これは本当だと思う。しかしそれだけではなく、彼はまた、貴族や郷紳たちが大学になだれ込んで来たことに対する、大学内にあった悪感情とも衝突したのだと思う。そうした貴族や郷紳たちの中にイタリア人も多数いたからだ。そこで、彼はロンドンという異なった知的風土でなら歓迎されるだろうと確信出来たのだ。しかもロンドンでは、オックスフォードから追放されたということで、彼はちょっとした英雄になっていたようである。シドニーやその友人たちから

第一部　夜の犬

図：3。ウィンザーからグレーブゼンドまでのテムズ河の地図。

手引きを受けて、彼は広く交際し始めた。もはや、日々の食事先はカステルノーの所に限られなくなった。また、彼は新しい読者のために本を書こうと考え始めたに違いない。これまでのところ、イングランドで書かれた唯一の著書は、これをフランスから持ち込んだのでなければならない話だが、*Sigillus sigillorum*、すなわち『印の印』（以下『印』）と呼ばれる難解な書だった。これは記憶術、ある種の観想の魔術、そして当時のキリスト教思想についての荒削りではあるが深遠な見解を組み合わせて、自分がその大家であるともっともらしく主張している「いっそう晦渋な神学」に纏め上げたものだった。彼はロンドンに帰り着くとすぐ出版したに違いない。それはラテン語で書かれていて、カステルノーに捧げられており、またかりにそのようなものがいるとすれば、教養を積んだ大衆を対象としていた。それはオックスフォードの副総長宛ての自己宣伝の手紙を付けて世に送り出された。[20] それが片付いたので、彼は意のままに真の天職である社会的、哲学的、半戯曲風対話に着手することが出来た。それはイタリア語で書かれていて、詩を解する大衆を対象とするもので、似非学

者や無教育者をその対象から除外して、ジョークをふんだんに盛り込んでいた。書き始めるには少し手間どった。おそらくすぐには着想が得られなかっただろうし、クリスマスから新年にかけての時期は、交際に多忙だったこともあろう。だが一旦著述に取掛かれば、永久にイングランドを立ち去ってしまった時まで、筆を置くことはなかった。

　ラスキ卿による訪問のもう一つの結果、あるいは結果と言えそうな事柄を書き記すことが出来る。エリザベス女王は、ラスキ卿の行動を確実に把握するために、ある処置を講じていた。彼をサザークに住まわせた時、有能な従者を付けておいたのだ。その男とは、すなわち、ソールズベリー・コートでカステルノーと話をしていたという報告が最近ファゴットから寄せられた、あのウィリアム・ハールだった。彼については、少々言っておく必要がある。ハールはノーサンバランド家と繋がりのあるウェールズ人紳士で、カトリック側の策謀家に対抗する囮として、一五七一年に役人としての勤めに就いた。更に、オラニエ公ウィレムとの仲介者で、ドイツ王子たちへの使節で、女王の僕で、プロテスタント主義の主柱であるバーリー卿のスパイの地位に昇格する途上にあった。一五八三年には、彼は相当な身分にまで昇りつめていた。五月二十日、ハールは、ラスキ卿が次にどこに行こうと提案しているかを探るため、その前の晩にウィンチェスター・ハウスに行って来たこと、そして蔵書を見るためにラスキが日中モートレイクにあるディーの家に行っていたのが分かったことを、廷臣のサー・クリストファー・ハットン経由で女王に知らせてきた。フランスに来ることはまかりならぬというアンリⅢ世からラスキに宛てたメッセージを、ラスキ本人に伝えたことを知らせるカステルノーからアンリⅢ世への手紙は、その翌日に書かれた。そこで私は、ラスキ卿

のことで、カステルノーとハールの間に何か共謀があったのではないかと想像する。ラスキのイングランド訪問が契機となって、ブルーノとシドニーは互いを知るところとなったわけだが、ハールとファゴットところの経緯についても同じだったのではないかと思われる。四月以来ファゴットは、ハールがどちら側の人間か判断しかねて、ハールとカステルノーとの関係を観察していたと考えてよかろう。ちょうどこの頃、つまり五月の下旬頃かもう少し後くらいに、ハールが自分と同じ側の人間だということを、はっきりと知ったに違いない。彼はハールと真剣な話し合いをし、この時点から、両者の間柄は非常に緊密となった。十一月中旬頃までには、ハールはファゴットの情報をバーリー卿やウォルシンガムに伝えるパイプ役となっていた。このことはすぐにも分かるだろう。また、ハールの言葉から、この関係が先の夏の間に始まっていたことが明らかなようだ。ファゴットは四月二十二日に初めてハールと出会ったのだから、その真剣な話し合いというのは五月から、そう、八月の間のどこかで行なわれたはずだ。私の考えでは、ファゴットが三通目の手紙――クルセルについての情報が含まれていて、五月下旬に書かれたと推定したもの――を書くまでは、おそらくそのような関係ではなかったと思う。そうでなければファゴットは、後になってしたように、ハール経由で、という対策を講じたのはなく、ハールから直に文書で送るのではなく、口頭でハールに情報を伝えることが出来たはずだからだ。ファゴットがハールと真剣な話し合いをしたのは、その真剣な話し合いが六月中旬に行われて、情報が重大だからこそ、ファゴットはこれまでよりいっそう注意深い隠れ蓑が必要になったのだ。それゆえ、その真剣な話し合いが六月中旬に行われて、情報が重大だからこそ、ファゴットはこれまでよりいっそう注意深い隠れ蓑が必要になったのだ。ハールは五月二十日の――この時にはラスキの動向に関しては仕事を完了していた――ハットン宛ての手紙の中で、「次にお目にかかりました折りに、口頭でお伝え申し上げたいことがこちらにあると言っている。ハールが伝えようとしたことというのは、ファゴットと交した話の内容だったと考えざるを

得ない。ただし、ハールには、たとえその手紙が最終的には女王のもとへ届けられることになるにせよ、その話のことを一言なりともハットンに漏らさないだけの分別があったので、ファゴットとの真剣な話し合いそのものではなく、自分はウォルシンガムではなくバーリーの臣下ではあるが、ファゴットとの間のパイプ役として働くには最適の男であると、ウォルシンガムにそれとなく分かってもらえるような、秘密事項に関する刺激的な会話の方だっただろう。彼はスパイ見習いに進むにふさわしい豊かな経験を積んでいた。もしこのような経緯だったとすれば、この話し合いはラスキがディーに会いにモートレイクへ出かけた日に、アンリⅢ世がウィンチェスター・ハウスで行なわれたと結論してもよいだろう。ファゴットはイタリア人なので、同じくイタリア人のブルーノがカステルノーを通してラスキに宛てたメッセージを運んだ可能性は、ほぼ正確にこの時期に、ラスキのイタリア人秘書のもとに届いたに違いない。(24)

3 告　白

ロンドン、一五八三年十一月―一五八四年イースター

一五八三年から四年にかけての冬は、カステルノーの妻と娘がフランスから帰って来たこともあって、ソールズベリー・コートの人たちには幸先のよい出だしだったのだが、結局のところ悲惨な大変動の連続する時となった。十一月二十日頃のフランシス・スロックモートンの逮捕に端を発し、ロンドン塔での拷問を使った取調べと自白が続き、一月にはメンドーサがイングランドから追放されるに至り、その後カステルノーはかろうじて国外追放を免れたものの、スロックモートンは結局五月に裁判を受け、七月には処刑された。これは直接的にも間接的にもファゴットによる摘発の成果だった。そこで彼もウォルシンガムも気を良くしたに違いない。一方エリザベス女王は、自分を廃位させるということでスペインとフランスが合意しているという悪夢に直面しているのを知り、大いに機嫌を損ねた。ほぼ一カ月間、宮廷の雰囲気はパニックに近かった。今度は、スロックモートンの逮捕を手助けするためもあったが、主に潜めていたのだが、再び任務に就いていた。

として、差し迫っていると思われる対決に際し、カステルノーがどちら側に飛び込むつもりなのか知るためだった。

先に説明したように、ファゴットは今では文書ではなくハールを通して口頭で情報を伝えることになっていた。幸運なことに、ファゴットのつかんだ情報を伝えるハールからの報告書が三、四通ある。これらのうち最初のものは、十一月十五日金曜日に、「テンプル・バーを出た所のブルズ・ヘッドにある私の住まい」(25)で書かれている。ハールとファゴットがそこでたっぷりと食事をしたばかりだと想像出来る。その報告書には五項目の情報が記されていた。第一は、ウォルシンガムの所もカステルノーの所も頻繁に訪れていた、アーチボルド・ダグラスというハールがここしばらく目を付けていた男についてだった。ダグラスは測り知れぬ疑惑に満ちたスコットランド人で、一五六五年にはメアリー女王の夫のダーンリー卿を爆死させる手助けをしていた。カステルノーは、この男はスコットランドに関する素晴らしい情報源だと考えて、メアリー女王側の人間だと主張した。ハールは、カステルノーの方が騙されていると考えていたが。ファゴットはダグラスについては何も述べたことがなかったからだ。しばらく後で、ファゴットがダグラスについて述べた時、彼の下した判断はハールと同じだった。それは誤った判断だった。(26)

報告書の第二番目の項目は、スロックモートン事件として知られるようになった陰謀のかなり正確な概略だった。それは、スペインの援助を受けてギーズ公が攻め込み、それと時を一にしてイングランドのカトリック貴族

とジェントリーが一斉蜂起することでギーズ公に手を貸し、メアリーを王位につけ、暗殺によりエリザベスを廃位するというものだ。スロックモートンの陰謀に関してイングランド枢密院が得た具体的な情報はこれが最初だったのであろう。ただし、ハールはスロックモートンの陰謀に関してイングランド枢密院が得た具体的な情報はこれが最初だったのであろう。ただし、ハールはスロックモートンがその計画に関わっているとは言っておらず、それを組織しているのはダグラスだと考えていたようだった。その情報の出所が、実際はファゴットだったのは確かだと思う。ファゴットはまた、イングランド侵攻計画が成功したならば、ヴァロワ家は今にも絶えそうだから、それが現実のものとなる時には、ギーズ公が次のフランス王になると思うとハールに語っていた。

第三番目の項目は明らかにファゴットが出所で、ヘンリー・ハワード卿を攻撃する十分練り上げられた論争だった。ハワードは、実際にはスロックモートンがメアリーやカステルノーと関わっている程も、この二人とは関わっていなかったが、ファゴット、ハールの両者とも、ハワードについては神経を尖らせる理由があった。彼はいくつかの点で、十六世紀イングランドの最も強大な、伝統主義を標榜する一族の当主だった。この地位は、一五七二年、兄の第四代ノフォーク公が処刑されたことにより彼にもたらされたものだった。兄はメアリーに求婚していたのだが、そのメアリーと共にカトリックの権利のためにクーデターを起こそうと反逆的陰謀を画策したという罪状だった。(ハールは、ノフォーク公失墜に至った秘密工作の中で、人目に立ち、あまり自慢の出来ない役割を演じていた。)その時以来、ヘンリー卿は独身で貧しい親族ではあったが、公の子供たちの父親代わりを務めた。彼は一般に、エリザベス朝貴族の中で最も学識が深いとみなされていたが、それは誰しもが認めることで、政治、宗教問題に関して多くの著作があった。彼はエリザベス女王の寵愛がたまに与えられるだけの廷臣で、教皇が政治に口出しすることには理論的にも実際的にも懐疑的ではあるものの、ゆるぎないカトリック教徒だった。ヘンリー卿はプロテスタント主義の支持者全てから忌み嫌われていたため、ファゴットの報告はソール

ズベリー・コートでのゴシップばかりでなく、そうした人々の意見も反映している。ファゴットが言うには、ヘンリー・ハワードはカトリック司祭で、しかも教皇により秘かに枢機卿候補と目された男だと噂されている。更に口さがないことには、エリザベスとアンジュー公の結婚話が持ち上がった際のハワードの言動を詳しく述べると言い張ったが、実際ハワードは、この件に深く関わっていたのだ。ファゴットによれば、彼はアンジュー公の代理人であるジャン・シミエに次の忠告をした。この二人をうまく結び付ける策略は、結婚に賛成している教皇絶対主義者たちを組織することと、条件の一つとして、エリザベスが「未だどの宗教を信仰すべきか決めかねておられる」という理由で、イングランドにおける信仰の自由を要求することであると。そしてそれがうまく運べば、彼らは、プロテスタント貴族の虐殺により、カトリシズムの勝利を確実なものとするだろうと。ファゴットまたはハールは、エリザベス女王についてのハワードの言葉にひどく立腹した。その言葉は冒瀆であり、彼の品性が下劣な証拠だと受け取ったのである。その翌日に送られた二通目の報告書では、その夏にハワードが出版した、予言についての書物のことを述べており、その書物中に異端と反逆に関する事柄が含まれているという理由で、公的な検閲に付されるべきだと示唆していた。ファゴットは、以下の情報を知らせて、ハワードに対する痛烈な攻撃を締めくくった。すなわち、ハワードの親類の一人が——明らかに、最年長の甥、アランデル伯フィリップを意味している——国外のカトリック教徒と通じていたこと、そして今、イエズス会伝道団の団長を自分の屋敷に匿っていることを知らせたのだ。ファゴットは出来る限り早く一部始終を詳しく伝えると約束し、ハールにはエリザベス女王が全幅の信頼を寄せている顧問官のうちの一人を除いては「告解の印(27)のもと」でなければ、誰にもその情報を漏らさないように命じた。(28)

フランシス・スロックモートンについては、近頃大使館邸付近でその姿が見られないため、ハールは、彼とカ

ステルノーとが親密なのは不穏だと、すでに夏の間にファゴットから聞いて報告したことを繰り返し伝え、カステルノーは「陰謀に荷担して、活発な動きを示しており、現在の国家に敵対している」と主張することしか出来なかった。ハールがアーチボルド・ダグラスに、ファゴットがハワードにかかりきりになっていたため、その狭間に立ったスロックモートンは、ファゴットがたいして重要でもなさそうな情報を二つ寄せていなければ、疑いをかけられることなどまったくなかったかもしれない。その情報の最初のものは、カステルノーが前の日曜日に、スロックモートンのプロテスタントの従兄弟アーサーを酒と料理でもてなしたというものだった。この従兄弟は少しも尊大な所のない正直な男で、宮廷ではエリザベス女王の騎士団としての役職を持ち、近くのストランド街に暮していた。この時期にカステルノーが彼を招いたのには、様々な理由があった。互いに宗教は異なっていても、アーサーは従兄弟と仲が良かったし、ラスキのオックスフォード滞在の一行にも加わっていたのだ。その一族についてのもう一つの情報は、後になって重要だと判明したものだが、スロックモートンのカトリックの兄弟トマスが、その翌日か翌々日に、「リンカーンズ・インのディグビー・某」と共に、こっそりとイングランドを出ようと計画しているという情報だった。トマスはフランスにいると考えられていたのだが、実は八月頃からずっとイングランドにいたのだ。⑵

ハールの報告による最後の情報は、エリザベス女王との問題解決のチャンスを探るためパルマ公によりオランダから派遣されたシチリア人貴族のドン・ガストン・デ・スピノーラがイングランドに到着したというものだった。これは極秘情報というのではなかったし、それについて話す必要はない。もし翌日のファゴットの手紙に、ドン・ガストンのことがジェノヴァ人を父、スペイン人を母として生をうけ、シチリア島の育ちで、「これまでで最悪の混血」と書かれているのでなければ、ハールがファゴット以外の別の情報源からそれを知ったと考えた

かもしれない。だが確かにこの一文は、自らはジェノヴァ人でもシチリア人でもないイタリア人情報提供者の言葉である。

ソールズベリー・コート発のこの一連のかなり重要な情報により、ファゴットがすでにこの頃には最初の報告書の頃よりも、政治情勢をしっかり把握していたことが分かる。またファゴットは、ヘンリー・ハワードを集中的にマークしたが、裏付けを得て、情報に客観性を持たせるにはさほど役立たなかったことも示されている。スロックモートンとハワードの逮捕にその情報がどの程度まで関与したのか——逮捕は十一月十六日か十八日から二十日の間に行なわれた（十七日はエリザベス女王の戴冠記念日で祝日なので、この日ではないと思う）——という点については、しかるべき時に検討すべく残しておこう。とりあえずは、その成果がファゴットとクルセル二人のものだと言っておけば十分であろう。しかもファゴットが、そもそもクルセルをスカウトしたのだから、どちらの貢献についてもそれが自分の手柄だと主張出来るし、また彼がいなければハワードが逮捕されるようなことなどなかっただろう。

スロックモートン、ハワード両者が拘留された時、政府の関心はカステルノーがこの事件をどう受け止めているかを探る方に移った。この問題に関しては、二十三日の土曜日に、ハールが更なるソールズベリー・コート情勢についての記述が含まれていた。二十一日木曜日の朝、カステルノーはダグラスを連れて来るようにとクルセルを送り出した。そしてカステルノーは自室でダグラスと長時間にわたる密談を行なったということで、ファゴットによれば、ファゴットもクルセルもウォルシンガムが途中でその手紙を開封したのを確信していたという。

第一部　夜の犬

この手紙はメアリーの公式書簡の一部だったに違いないので、秘密事項は何も含まれていそうにないのだが、ファゴットの報告書から判断すると、カステルノーはまるでこの手紙を盗まれたせいでスロックモートンの逮捕が早まったと考えているかのようだ。おそらく彼が勘違いをしたか、ひょっとするとクルセルがこの時期に逮捕されたのか分からなかったはずで、むしろカステルノーには、はっきり言ってなぜスロックモートンが何かそれに関係しているのかと疑ったかもしれない。とにかくダグラスが追い払われた後、カステルノーとクルセルはどうするべきか思案投げ首のままだったのだろうかと彼らは思い悩んだのだが、それがカステルノーの腹案にとっての障害だったようだ。その手紙には一体何が書かれていたのだろうか、カステルノーはエリザベス女王に拝謁を願い出て、「何らかの脅迫手段を用いて、突如として起こったそれらの事件を調査する際、手心を加えてもらい、未だ明らかにされていない大物の友人を割り出すことを容赦してもらう方向に話を持って行く」ことを考えていたのだ。また、ハールが言わんとしたのは、カステルノーは、もしイングランド人たちが証拠不十分のままスロックモートンを明らかにレスター伯とウォルシンガムにより吹込まれた、自分とアンリⅢ世とハワードを逮捕したのならば、その逮捕はもしエリザベス女王が彼らの拷問に移るだろうと、エリザベス女王に対抗するためにアンリⅢ世はフェリペⅡ世とカトリック同士の同盟を結ばざるを得なくなるだろうと、女王に強く苦情を申し立てるつもりだということだったに違いない。カステルノーが懸命になって守ろうとした「大物の友人」とはアランデル伯とノーサンバランド伯だったのだろう。この両者はまもなくスロックモートンとの関係について尋問を受けた。ところが現実においては、カステルノーは隠忍自重し目立たぬようにしていた。ということは、ファゴットの情報が誤りだったか

（そんなことはないと思う）、エリザベスが自分に不利な証拠を持ちすぎているというカステルノーの判断が的確だったかどうかのどちらかだったのかもしれない。ハールはまた、自分の気持ちなのかファゴットの気持ちの代弁なのか分からないが、女王陛下がとうとうヘンリー・ハワード卿を絞首刑にする理由を手に入れたのが嬉しい、彼は険悪で危険な人物だから、とも言った。また、ファゴットからの情報だと思うが、エリザベス女王暗殺計画が成功したとの先走った知らせを受けて、スペインでは皆が喜びのあまり狂乱状態である、とも述べている。教皇に急き立てられて、カトリック勢は今や自分たちの主義主張を実現する手段として殺人と裏切りに訴えていた。宮廷に出入りする有名な香料商の所で見かけて（二人が逮捕されたという知らせを聞いて、アランデルはフランスへ逃げてしまっていたのだが、「女王陛下は嗅覚がたいそう肥えておられる」ということから、ハールはすぐさま、良い香りを利用して女王を毒殺する計画に思い至った。

一週間前の報告書と同様、この報告書も内容の大半はファゴットから出たものなので、カステルノーに関する正確で貴重な（と私は思う）情報を明らかにしつつも、感情が想像力を過度に刺激するにまかせる傾向を示している。確かにスペインでの「祝勝騒動」は彼の作り話だった。エリザベス女王がカステルノーに接見した際、その話を引用したことからして、よほど強烈な印象を受けていたに違いない。ファゴットはアランデルやノーサンバランドについては、何の情報も提供出来なかった。十二月にハールが証拠を探していた。イエズス会に関する情報も虚報だと判明した。また、明らかにレスター伯とその友人たちに向けられた「中傷詩」の一部も、入手可能のはずだったのに、私の知る限りでは、ハールは実際には手に入れていなかった。逮捕直後の騒ぎが収まった後、イングランド国民が知らねばならなかったこと——アンリⅢ世がその問題にどの程

度関与していたか——は、ファゴットよりも専門的な情報源から出てこなければならないだろう。しかしながら、その後数カ月間、断続的ではあるが、ファゴットは情報を寄せ続けた。一五八三年のクリスマスから一五八四年のイースターに至るまでに寄せられた報告が三通残っている。そのうち二通はその中で新年の贈り物を要求しているからだ。たぶんこれを書いたので、この時には伝言を送らず手紙にしたのだろう。ここではサインは一度しかされていないが、内容は最初の頃の報告書と同様、断片的な書き方がされている。その中で彼は、王室財務顧問官 (Controller of the Queen's Household) でカトリック教徒だということをかろうじて隠しているジェイムズ・クロフト卿の所に、エドワード・モリスと称するカトリック教徒の召し使いがおり、この者はカステルノーに雇われていて、エリザベスの宮廷の情報を流していると述べている。また、ファゴットはフリート監獄にいるあるアイルランド紳士を司祭としての立場で訪問していたらしいのだが、その紳士が、スロックモートンが知っていることをあらいざらい白状してしまわなかったのは有り難い、もしそんなことをしていたらカトリック教徒全員が苦境に陥っているだろうから、と語ったとも報告している。また、アンソニー・バビントンが販売することになっている新たな書物の積荷と共に、ジローが到着したことを告げ、更に、ダグラスやピトゥ、大使館員のローラン・フェロンに注意するようウォルシンガムに警告している。そして自分はちょっとした情報を持っているが、それは後で伝えるとも書いている。(33) 二月中か三月初旬に、ファゴットはハール経由で、大使官邸の常連のリストを送って来た。一月にイングランドを去ったメンドーサのかつての召し使いの男、「ノエル某に仕えるフランス人修道僧のヴィクトール」という男、そしてシルヴァーヌス・スコーリーという、クリスマス前からソールズベリー・コートに始終出入りしていたのを我々も知っている男である。スコーリーは国教会で最も尊敬

されていない主教ヘリフォードのジョン・スコーリーの息子で、レスター伯に仕えていた。この男は大陸でカトリックに宗旨変えしていた。ファゴットは、スコーリーがカステルノーと「長時間にわたって密談」をしたと言っているし、父親が亡くなって相続を済ませたら、すぐにもまた海外へ出ると言っているのも耳にしている。ファゴットは、また、クルセルが夜間にグリニッジの宮殿を何度も非公式に訪問していたとも書いている。これはハールが自分の責任で報告しているのかもしれない。

アンソニー・バビントンについての報告のように、後になって役立つものもあったが、かなり瑣末な情報だった。この期間中の大使官邸で見られた秘密の動きのうち最も興味深いもの、すなわち暗殺の容疑者ウィリアム・パリーの一回または数回の訪問については報告すべきことが何もなかった。パリーについてはもう少し後で語ることになろう。こうした細かい情報を寄せた後の、ファゴットの次の成果であり、またほぼこの一年間での彼の最後の報告から見ると、彼は再び評判を取り戻そうと努力しているようだ。ある意味において、その報告は少なくともセンセーショナルではあったが、一つの情報として私はそれが真実を伝えているとと保証するつもりはない。(35)

それが三月十六日に書かれたのはほぼ確実で、他の全ての報告書とは異なり、女王自身に宛てられていた。ファゴットは女王のことを、イングランド、フランス、及びアイルランド女王と述べている。この内容は、ペドロ・デ・スビアウルというスペイン商人に関するものだった。このスビアウルはメンドーサが一月にイングランドから国外追放になってイングランドに残されてイングランドに残ったようだ。ファゴットによれば、スビアウルは告解を聴いてくれと言って、たぶん二月初旬にレント【四旬節、聖灰水曜日からイースター(復活祭)の前日までの日曜日を除く四十日間、訳者注】が始まってから、数回彼のもとを訪ねて来たということだ。

ファゴットは、十五日まで、つまり新暦のパーム・サンデー［イースターの直前の日曜日、訳者注］までだと思うが、彼を待たせ、それから告解を聴いた。スビアウルの告解の内容とは、自分はメンドーサにより、他の四人——と共に、考え出せるどのような手口を用いてもよいから女王を暗殺せよとの仕事を命じられているというものだった。ファゴットは、おそらくハールから出たものであろう、想像力溢れる手口のリストを加えたが、その中には、女王の下着や気付瓶に毒を仕込むというものもあった。女王が自分の情報を信じないかもしれないのを恐れて、彼は枢密院に問合わせるよう勧めた。そこならば、信頼のおける情報源として自分の素姓を保証してくれるだろうし、嘘偽りのないまったくの真実を語るくらいなら自分は死んだほうがましなのだ、と述べた。それについては詳しい報告書を添付しているが、他でもないこのようなものが稀有であるという理由で、きわめて興味をそそる。ファゴットはスビアウルと共に十戒をチェックした。ところが、ファゴットがどれほど弁舌を尽くしても、全ての戒めに申し分のない受け答えをした。スビアウルは「汝、殺すなかれ」以外は、決意を曲げることを拒み、女王暗殺は真のカトリック信仰と数え切れぬほど多くの魂の救済のためなのであり、「それさえ果たせば」彼自身の魂もまっすぐに昇天すると確信していると語った。それについて話していると、スビアウルは女王に対して激怒し、ついには歯ぎしりをしてファゴットを大いに怖がらせた。彼は他の者たちも連れて来ると約束はしたが、ただファゴットは彼らのうちの二人がスペインから到着するまで待たねばならないだろう、もうすぐやって来ると思うのだが（添付された告解の報告書では、あと三人いて、オランダで

(36)

パルマ公と一緒にいると述べられている）ということだった。また、スビアウルの聖体拝領を受けに来て、「和解する」つもりだということだ。これはファゴットとクルトワは、次の水曜にイースターの聖体拝領を与えるのを引き伸ばしたという意味にもとるル赦免を与えるのを引き伸ばしたという意味にもとる「「教会と和睦する」という解釈も出来るので、訳者注〕。しかし私は、それは彼らが聖体拝領を共にし、聖なる企てに関わった印として、お互いの罪禍を赦し合おうと提案したことを意味するのだと考える。

エリザベスに対して、ファゴットは自分のことを「陛下を御敬愛申し上げ、卑しき僕」と署名している。告解の報告書に、いつものサインを特に大胆な書き方で使っているので、その文面からも分かるように、ファゴットがすでにエリザベスに会って話をしていることだけでなく、女王はこれまでファゴットを誰とも結び付けていなかったかもしれないが、この時にはファゴットとは誰のことなのか分かっていたと必然的に推論出来る。サインをした後、彼は祝福と秘密厳守の訴え（「どうぞ私の秘密をお守りいただきますように。私は陛下に忠誠をお誓い申し上げ、また他のことも見つけ出すつもりでございますので。」）と、もう少し「金銭的な御配慮」がいただきたい（「私の謙虚さと尽力を御考慮くださいますように。そして私をお認めくださいますように。私はいたらぬ者ではありますが、忠実なのですから。」）という品のよい要求を書き加えた。この最後の一節は、「詩篇」二四〔ママ、二五 訳者注〕の一六—一八から巧みに選び出したものだった。ファゴットのペンは、もとは「詩篇」二四一八節の後半（「私のすべての罪をお赦しください。」）まで走っていたが、その部分を慌てて消している〔「詩篇」の訳については、本書三五九頁の訳者注を参照、訳者注〕。ファゴットでさえも、いくら何でもエリザベスに罪の赦しを求めることまでは出来かねたのだ。

この報告書の内容をどう理解すればよかろうか？ スビアウルがファゴットにイースターの告解をしたと解釈

してよいと思う。メンドーサが国外追放となった後では、明らかに、ファゴットが最も近づきやすいカトリック司祭だったからである。この記録の細部には、でっちあげとは思えない所がある。例えばスビアウルが最後の告解をしてから五カ月を少し超えて言ったことだとか、より良い解決を計るつもりがあったからだ」と答えた所である。ところが陰謀の方は別問題で、すぐに分かる難点が一つある。すなわち、もしファゴットが赦免を与えていなかったならば、スビアウルがその水曜日にイースターの聖体拝領を受けると申し出たはずがないし、もしスビアウルの気持ちがこれまで述べたとおりだとすれば、ファゴットは赦免を与えたはずがないという点である。告解のこの部分に関して、ファゴットは書くのを控えているが、それでもその話にひめかしている。それゆえ聖体拝領の話が疑わしくなってくる。杓子定規な判断を下すべき問題ではないと思うが、あまりに荒唐無稽だということである。陰謀に加担しているスペイン人の一味が、たとえ告解という秘密保持義務のもとでのことであっても、フランス大使官邸で、暗殺という目論見を話し合うなど、信用出来るか否か定かでない一司祭と、文字通りには到底受け入れ難い。たぶんウォルシンガムは鵜呑みにしなかったのだ。と言うのは、女王にその情報を伝えなかったようだし、女王も枢密院も陰謀には未だに極度に神経質になっている時なのに、スビアウルについて何の調査もなされなかったからである。

どうしてファゴットは、その作り話——作り話とすればだが——が、どことなくうさんくさいのにもかかわらず信じてもらえると考えたのかということに対して、私には二つの理由が考えられる。まず第一は、女王暗殺成功と信じて、スペインは喜びのあまり狂乱状態だったという話（それがでっちあげで、ファゴットによるもの

と仮定してのことだが)で、自分がエリザベス女王にどのような印象を与えたかを、カステルノーから聞いたに違いないという理由だ。この手で行けばよいと考えたのだろう。二番目は、皆の記憶に新しいモデル・ケース、(おそらくは)偽の陰謀家ウィリアム・パリー事件を参考に話をでっちあげていたという理由だ。パリーは、どうして自分が女王を暗殺するというカトリックに与する誓いをたて、二人の枢機卿を後盾に告解に行き聖体拝領を受けることで、パリのイエズス会派クレルモン学寮でその誓いを厳粛なものとしたかという話を持って、一月のある時期にロンドンに到着していた。ファゴットには特によく知られていただろう。ファゴットは年明け後の手紙で秘密事項を報告すると約束していたが、これがその秘密事項であるという仮定に基づいては、何も構築できない。しかし、彼はその報告が急を要するものだと考え、更に、告解を聴聞した司祭のふりをしてこうした計画を暴くことは、ユニークな方法だと受け止めてもらえると考えたのだと無理なく推測出来る。(38)

なるほど、スビアウルは逮捕されロンドン塔に入れられたが、それは一年後で、別の嫌疑によるものだった。(39) こうしたことは、スビアウルに関するファゴットの情報が捏造だったことに私はかなりの自信を持っている。

ビアウルやメンドーサの名誉のためではなく、ファゴットが奔放な想像力を持ち合わせた男だったということを示しているがゆえに知っておく価値があるのだ。ファゴットはウォルシンガムから叱責をうけただろうか。ウォルシンガムは、実を言えば、当面、ファゴットが必要ではなかった。いずれにせよ、彼はこの後一年間情報を途絶えさせた。

4 対話篇と騒動

ロンドン、一五八四年初頭―一五八五年初頭

この時期ブルーノは多作をきわめた。彼の作品の中で最も有名な対話篇、『聖灰日の晩餐』(以下『晩餐』)と『傲れる野獣の追放』(以下『傲れる』)を書き、出版した。更に『晩餐』の内容を詳述し宇宙に関する対話を押し進めた『原因、原理、一者について』(以下『原因』)と『無限、宇宙と諸世界について』(以下『無限』)を、そして『傲れる』の補遺と思われる『天馬のカバラ』(以下『天馬』)なども書いたのである。この五冊全てにはイタリア語が使われており、ジョン・チャールウッドによってロンドンで出版された。この人物は、前年ブルーノの『印』やヘンリー・ハワードの反予言の本も出版している。宇宙に関する三冊の対話篇はヴェネツィアでの、残り二冊はパリでの印刷と記されて世に出た。それは単に検閲を逃れたり、外国の奥付の方が売れ行きが良くなるとの出版元の忠告に従ったためばかりでなく、後にブルーノが述べているように、カステルノーの立場が悪くなるのを避けたためでもあった。(40) これら作品は『晩餐』の「スミト」という登場人物に巧妙に具体化されているイングランドの一般大衆に、ブルーノと、彼の物理的、道徳的宇宙についての急進的な諸見解を語るもので、作品を大

第一部　夜の犬

に喜劇化したり、疑似劇化して、その理論を嚙み砕いて説明している。

この相当量の著作で、今のところ私の興味は、主にそれを構成しているブルーノの思想を抽象的かつ象徴的に解説することにではなく、何であれ、対話の中でそれらが書かれた状況を想起するような事柄に置かれている。このようにすると、そんな状況を思い出させてくれるものの中では最も手掛りが多く、ロンドン滞在中最初に書かれ、ヨーロッパ文学の傑作の一つとして一般的に認容されている『晩餐』に絞り込めるという利点もあるからである。[41] 構造的には、『晩餐』は三層から成る入れ子細工の箱である。まずカステルノーに捧げた「序文書簡」から始まる。そこでは、この作品がどういったものであり、どういったものでないかについての修辞的な解説と、題名の説明が施される。次に、作品を構成する五対話の要旨が続く。そして、カステルノーの便宜を図って、作品に認められる、特徴（軽妙さ、多様性）、意図（馬鹿者や意地悪い者に教訓を垂れる）、欠点（対象に接近し過ぎておりうまく描けない）などがいくつか記される。最後には、このともすれば野蛮な国で、ブルーノにとってカステルノーが唯一の支えであることを感謝し、控えめながらも現金を要求し、最後にアンリⅢ世への讃辞を書き送っている。

対話1は序言のようなものである。それは作品の第二層を構成するが、真面目で詮索好きなイングランド人スミト、古典主義者で衒学者プルデンツィオ、無礼な召し使いフルラ、語り手テオフィロらによるテトラローグ、すなわち四人の会談が始まる。テオフィロはブルーノの「第二の自我」を表す人物で、ブルーノは対話1には直接自ら現れはしない。テオフィロは（やや挑発的に）イングランドのミューズを呼び出した後、すでに終わったことになっている、作品の第三層を成す、題名にある「晩餐」が行なわれた経緯を物語る。彼はその発端からずっとその場に居合わせたのだが、発言はせず、四人の会談でのみその次第を語る。まず、ブルーノの友人で同居

作品の第三層まで至る対話2は、「晩餐」へのドラマチックな、あるいは叙事詩的とも言える序章である。グレヴィルとブルーノとの間で約束が整った経過が述べられ、ソールズベリー・コートから、更に影の語り手のテオフィロを加えて行なわれた、テムズの河旅の不可思議な話が始まる。彼らは暗闇の中を、沈みそうな船にブルーノ、フロリオ、更に影の語り手のテオフィロを加えて行く。その船頭は彼らを乗せるやすぐ岸辺に降ろす。引き潮の時で、彼らは深いぬかるみに足を取られ泥まみれになる。裏通りを通ってようやくストランド街に出、夕暮れ時のそよ風を楽しんでいるロンドン庶民をかき分けながら歩いて行くが、途中ひどく小突き回される。この部分の後、エリザベス、枢密院、レスター、ウォルシンガム、フィリップ・シドニーなどへの讃歌が続くが、ロンドン庶民には罵り言葉を繰り返し浴びせかける。彼らは宮殿にあるグレヴィルの住居にようやく到着する。酒杯を回し飲むことについて奇妙でややうんざりさせられるくだりがあり、その後一同ようやくテーブルにつく。

対話3は「晩餐」の場面である。ブルーノに対し二人いる学問上の論敵のうち最初の人物、イングランド人ヌ

人の仲間ジョン・フロリオとその友人の医者で音楽家のマシュー・グウィンが、ソールズベリー・コートに到着したところから語り始める。彼らは、詩人で宮廷人であるフルク・グレヴィルからのブルーノへの招待状を携えている。グレヴィルはホワイトホールにある住まいにブルーノを招き、食事を共にしながらコペルニクス説を論じたいと思ったのである。四人の対話でテオフィロは、誰もが伝統的な知恵に固執するばかりに引き起こされる、悪徳、葛藤、盲目的論争、虐殺などから救われる必要のある世界という文脈の中に、新しい真理と古来の誤謬についての論争を差し挟む。彼はブルーノをその救い主と述べる。ブルーノの言うことに耳を傾けるのであればだが。

第一部　夜の犬

ンディニオがコペルニクス説に対して哲学的、アリストテレス的反対論を述べるが、彼の意見は議論が交わされた後に却下される。この話題からの唯一の逸脱は、初めの一一二ページで取り上げられている、英語は有用であるかどうかと、ブルーノが英語を理解していたかどうかについての論議である。この問題が生じたのは、ヌンディニオの叙述は明らかに英語でなされていたのに、テオフィロは英語で記録していなかったからである。テオフィロはヌンディニオの主張の要旨をラテン語で語っているように思われる。

対話4は、四人の会談に多くの挿入事項を加えながら、「晩餐」についての語りを継続させている。その主題はコペルニクス説への神学的反対論だが、もう一人のイングランド人学者トークァトが持ち出したのでも、「晩餐」の席で論じられたのでもない。四人の会談でスミトがきっかけを作り、テオフィロが解答する。彼は聖書は哲学書ではない、無限宇宙説は――これはブルーノによるものでコペルニクスの主張ではないが――有限もしくはアリストテレス的宇宙説よりキリスト教神学にはふさわしいなどと述べる。そして「晩餐」の話に戻り、テオフィロはトークァトが言った多くの無礼な個人的所見ばかりを語るが、それをきっかけに、迫害を受けた真理の探究者としてブルーノが登場する機会が与えられる。ブルーノは特にオックスフォードで糾弾されていたので、その地への二度目の訪問のことを晩餐の席で語る。これで「晩餐」は終わり、一同家路につき、ソールズベリー・コートに無事戻る。

対話5は、テオフィロがブルーノの哲学である宇宙の普遍的な運動と、全ての質料は保存されるものの地上では普遍的に非常であることなどについて長々と説明して対話を締めくくる。スミトへの説明という形をとっているが、それは彼がその反対意見を言えるように意図してなされたものである。この対話は、地球の様々な動きに関する話題をもって終了する。しかし、ブルーノはそれについて明確な考えを引き出せないままである。

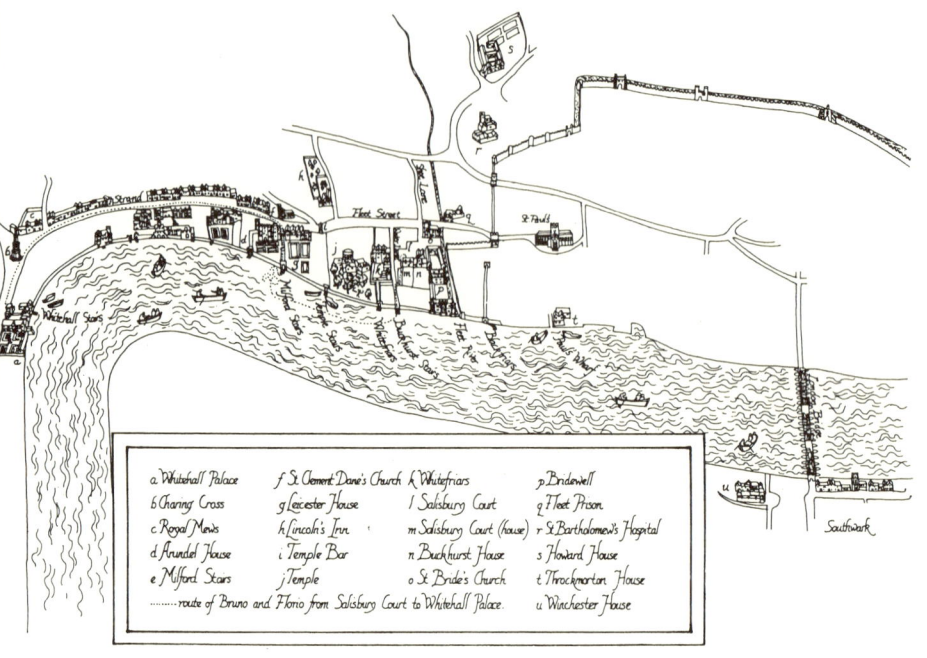

図：4。ウェストミンスターからロンドン・ブリッジまでのテムズ河の地図（ソールズベリー・コートからホワイトホール宮殿までブルーノとフロリオの順路も記す）。

a　ホワイトホール宮殿
b　チャリング・クロス
c　王室廐舎
d　アランデル・ハウス
e　ミルフォード桟橋
f　セント・クレメント・デーンズ教会
g　レスター・ハウス
h　リンカーンズ・イン
i　テンプル・バー
j　テンプル
k　ホワイトフライアーズ
l　ソールズベリー・コート
m　ソールズベリー・コート（建物）
n　バックハースト・ハウス
o　セント・ブライド教会
p　ブライドウェル
q　フリート監獄
r　セント・バーソロミュー病院
s　ハワード・ハウス
t　スロックモートン・ハウス
u　ウィンチェスター・ハウス

この時点で、人文主義者プルデンツィオは請われて終章を締めくくるが、それには「序文書簡」とバランスをとる役割がある。この部分は一連の懇願から成立する。ブルーノに対しては、その天才を追求し、浅ましいつき合いを盛んにして自己堕落しないように。——望むべきは彼はブルーノが作品を書く上で資金を調達し続けてくれるだろうから。カステルノーから離れないように。イングランドの貴族には、ブルーノを手厚くもてなし、彼がソールズベリー・コートに帰る際には、松明持ちか、少なくともランプ持ちを同行させて暗闇の中を案内するように。衒学者たちには、無能教師から金を取り返すように。テムズの船頭には、きちんと仕事をするように。ロンドン庶民連中には、外国人叩きをやめるようにと。そして出席者一同に、次回の対話をより良くするために漠然と思い出させるような疑似典礼的な特色が認められる。そうでなければ黙っているように。この部分にはカトリック式の洗礼式での悪魔払いを漠然と思い出させるような疑似典礼的な特色が認められる。そして、この作品の中で時々がけが現れていた一連の聖餐式や典礼についての言及の最後として、カトリック式の埋葬にふれ、『晩餐』は完了する。

　　　＊　　　＊　　　＊

　真実の話を語る時に最初に要求されるのは、真実の経過表を作成することであり、私は今『晩餐』についての経過表を作るのに少し時間を費やしたい。それは種々の意味の経過表である。対話で語られた架空の出来事（晩餐）の経過表であり、これら架空の出来事が、模倣したり、思い当たらせるような、何であれ実生活上の出来事の経過表であり、対話を実際に構成する経過表でもある。その中で暗示されているような仮空の出来事を実生活上の出来事に構成する経過表である。これらを順序立てるのは、たとえこのかなり単純な場合であっても、手のかかる、おそらくは退屈きわまりない作業となろう。それをどうして私はしなければならないのか。大

まかに答えれば、ちょうど述べたばかりの方針に合わせると、それは私がこれまでずっと行なってきたことであり、系統的に行ない続ける必要があるからだということになる。この表がいつ必要となるかは決して分からないが、いつかはきっと必要となるものだ。また執筆している時のすぐ前の時という意味の現実世界をも模している。ブルーノは現実の世界を模倣しているだけではなく、実際執筆している場手掛りに従わなければならない時である。ブルーノは特別な答を言うと、ブルーノの『晩餐』と、それを執筆しているのはこの上なく独り善がりな読み方になってしまうだろうが、この作品に特有の複雑な時間構造を考えると、更にその気分は倍加されることは認めざるを得ない。しかし、ブルーノが『晩餐』で一段と現実を模倣した場面で自ら言っているように、やりがいのあることはいずれも困難を伴うものなのである。

最初に、ブルーノは架空の出来事が起きる順序については、細心の注意を払っていたことに注目したい。フロリオとグウィンは、グレヴィルがブルーノにコペルニクス説についての見解を話して欲しいと書いた書状を携えてソールズベリー・コートに到着する。ブルーノはグレヴィルに会い、その日の——食事を取りながら学識を交わす日の——手筈を整える。食事は「八日後の水曜日」に行なわれることになるが、翌週の水曜日を意味するとみて差し支えなかろう。この日は、レントの最初の日である聖灰水曜日の夕刻、やや遅い時間に始まった。おそらく、招待客である彼らはスミトの家に集まり会談する。そしてテオフィロに戻ったのであろう。その後程なくして、ブルーノを除く四人が招待状を持ってきたのは「ほぼで会合を持つ。初版によると、第一日目にテオフィロは、フロリオとグウィンが招待状を持ってきたのは「ほぼ

第一部　夜の犬

二週間前」のことだと言う。第二版では「数日前」と変更されているが、私は初版に従いたい。⑷

これで、以下のような明快な経過表が得られる。招待状は聖灰水曜日の十日程前、おおよそセクサジェシマ・サンデー（四旬節から二週間前の日の日曜日、訳者注）あたりに届いた。ブルーノはその一日か、二日後にグレヴィルに会うが、それは聖灰水曜日の前の水曜日か、それより数日前である（『晩餐』の編集者ジョヴァンニ・アクイレッキアは先の説をとるが、後の方が素直な読み方であると思うのだが）。晩餐は聖灰水曜日の宵から、おそらく木曜日の夜更けまで続いたのであろう。スミト宅での四人の会談は、おおよそ次の日曜に始まり、その週末に終わった。一連の出来事全てがほぼ三週間以内に起きたことになる。最後の対談も含めて架空の出来事であるレントの二度目の日曜あたりまでである。これら全ての出来事は、セクサジェシマ・サンデー頃からこの対話篇が書かれた時期を正確に突き止めるのには役立つだろう。確かに我々は、ジョルダーノ・ブルーノが実際にレントの第二番目の日曜日に『晩餐』を書き始めたとか、四人の対談が終わった日はどの日であっても良いとは言えない。彼はレントの二回目の日曜以前には書き始めてはいないと言えると考えるべきだったのだ。まったそれ以降かなりの時間がたってから書き出したとも言い難いようだと思う。『晩餐』は一五八四年、程よく早い時期に出版されたに違いない。そうでなければ、その年の間に、他の作品の出版の余地を見つけられないからである。その本文は桁外れに長いものではなく、ブルーノは遅筆の作家でもないので、イースターまでに『晩餐』を脱稿していたのは事実上確かであろう。⑷

読者の皆さんは、これで対話で語られた出来事の時期と、この本文が書かれた実際の時期を示す完璧に明確で、絶対的な経過表が出来あがったと思っていらっしゃるかもしれないが、実は完璧には程遠いのである。全てのことが一五八四年の聖灰水曜日によって定まるからである。そして、私の知る限り、一五八四年イングランドでは

聖灰水曜日が二度あり、その日付は使っている暦によって定められるなどと述べた人は誰もいないのだ。ユリウス暦、すなわち旧暦は、ジョン・ディーの尽力にもかかわらず、イングランドでは尚も公式暦だった。それによると聖灰水曜日は三月四日で、イースターは四月十九日である。グレゴリオ暦、すなわち新暦によると──すでに大部分のヨーロッパ諸国やカトリック教徒に広まっていたが──前者が二月十五日、後者が四月一日である。新暦の二月十五日は旧暦の二月五日に当たるので、対話で語られた出来事の日と実際に執筆された期間は丸々一カ月の開きがある。もしブルーノの言う聖灰水曜日を旧暦と考えると、それはほぼ二月二十三日／三月四日あたりから四月十九日／四月二十九日あたりとなる。それを新暦でいうと一月二十六日／二月五日から、三月二十二日／四月一日あたりである。
(44)

皆さんは、ブルーノが新暦で考えていらっしゃるようだが、ファゴットが最初の手紙で明かしているように、確かに大使館では新暦が使われていた。しかし、晩餐の日を決めたのはブルーノではなくグレヴィルで（「八日後の水曜日、すなわち聖灰水曜日」）、架空の人物としてのグレヴィルもきっと望んでいたのだ。従って、私は二組の日付のうち必要なのは最初の旧暦の方だと考える。晩餐も四人の対話もイングランド人の家で行なわれた。ゆえに旧暦で読まれるように彼はきっと望んでいたのだ。二月十五日／二十五日の一週間後にしか起こり得ない一連の出来事が二月十五日／二十五日あたりに始まると自ら述べるなどブルーノにはナンセンスきわまりなかろう。確かにヴェネツィアでの審問で、プロテスタントの国にいた時はどの日が断食の日か思い出せなかったと言ったが、それは彼のイングランド滞在時には当てはまらない。カトリック教徒が多い住居に滞在し、少なくともイングランドでは断食は廃止されていなかったからだ。レントの祝いは教会が定めた義務ではなかったが、一五六三年、議会で

断食の義務が制定されており、理屈では政府の許可を取ればその義務は免除された。実際のところ、フランス大使館は一五八一年にその申請をしている。聖灰水曜日はイングランドの暦からは消えていなかったのである。

従って、私はブルーノは「晩餐」が一五八四年三月四日／十四日に行なわれたこととしたいと望んでいたのではない。と言っても、そういった出来事、またはそれに類似したことがその日に実際に行なわれたというのではなく、審問におけるブルーノの陳述を根拠として、我々はその日には「晩餐」は実際には催されなかったと想定出来るのである。更にその内容に注目すると、今我々が直面している問題は解明されると思う。ヴェネツィアの異端審問官はブルーノにその本の題名の意味を尋ねている。審問官たちはそれが挑発的な程に反カトリック的だと思ったのだった。彼は聖灰水曜日に、大使官邸の晩餐の席で、こういった論議を数人の医者を交えて行なったので『聖灰日の晩餐』という題名を付けたと述べた。もしそうならば二月五日／十五日であったのだろう。この日付をあげる理由として、カステルノーへ行なわれた日が聖灰水曜日であったことを意味していたのだ──'nel primo giorno de la quarantana, detto da nostri preti DIES CINERUM, et talvolta giorno del MEMENTO'(レントの第一日目、聖灰水曜日と我らが司祭の呼ぶ日、また時には記念唱の日と呼ばれる日に)。'Memento' とは、その日の儀式で司祭が参列者に呼びかける最初の指示語である。その時、司祭は額に灰をこすりつける。「晩餐」という語をこうして典礼という文脈の中に置くと、二月五日／十五日にソールズベリー・コートでのみ行なわれ得た聖灰水曜日の儀式にブルーノ

は「晩餐」を結びつけていると考えてしまうかもしれない。推論というものは確かに強制的なものではないのだが、ここではどちらかといえば対話の内容が二月五日／十五日にソールズベリー・コートで起きた何かをきっかけにして生まれたと私は考えたい。これは執筆中の彼の頭の中にあった、新暦の一五八四年の聖灰水曜日のソールズベリー・コートでの実際の出来事としての対話と、旧暦の一五八四年の聖灰水曜日、すなわち新暦の四週間後のホワイトホールでの架空の対話が存在することになる。ブルーノが『晩餐』を三月十五日／二十五日と四月十九日／二十九日までの間に書いたという結論はこれで一応確証されたと思う。これからは、それを前提にする。

私の推理では五月に『晩餐』は出版されたが、ブルーノはまだその完成には達していなかった。と言うのも、連続した二つの版が存在するからである。それら二版の間で、彼は対話1の始めと対話2の大部分を書き改めた。その結果、この作品はより詩的になり歴史的な意味が薄まり（いくつかの詳細な語りを除き、イングランドのミューズへの祈りを加えて）、いっそう装飾的になり痛烈さが抑えられ（フルラに与えられていた部分を減らし）、いっそうプロテスタント的になりカトリック的要素が減った（両宗派の聖餐式に対する風刺であったらしい酒を飲む場面を取り除き、カトリックの告解方法についての冗談のような部分が加えられた）。改訂を政治的な意味合いで説明するやり方もあろうが、私にはそれが説得力を持つとは思えない。初版に認められた諸問題は政治的と言うよりむしろ文学的なものであった。と言うのも、この作品が対象とする知的な一般人にとって、様々な意味で初版は強烈な内容であったからである。従って、私は改訂の主たる要因はフィリップ・シドニー——彼には両版共に讃辞を贈っている——だと考える。我々は当時ブルーノがどの程度シドニーと会っていたか知る由もないが、シドニーは七月にソールズベリー・コートを訪問したことだけは確実である。その時おそらく書き直しは

終わっていただろう。[51] とは言え、彼らは別に連絡し合う方法を持っていたこと、改訂された部分の全般的な特徴、また次に書かれた対話篇などからもシドニーの貢献は想像出来ると思う。もし改訂に政治的な意味合いが含まれているとすれば、カステルノーがシドニーに劣らず影響を及ぼしたように思われる。第二版がいつ出版されたのかまったく分からないが、『原因』と『無限』は素早く片付けられよう。と言うのも彼はそれらではブルーノの二番目、三番目の対話篇、『原因』の後、おそらく七月に出版されたという推理は成り立つだろう。

これは主としての高度な宇宙論を展開しているからである。彼はここで初めて積極的にその宇宙概念を説いている。これは超コペルニクス主義と言われ、ブルーノ『晩餐』で、アリストテレス的でもなくコペルニクス的でもない幾多の刺激的な思弁的主張への出発点として弁護した太陽中心論の立場を取っていたことを裏付けている。宇宙は無限で、均質で、その中の全ての空間的な位置は相対的であるとする主張に特徴づけられる宇宙観である。ブルーノはここではアリストテレスと比較的形どおりの行儀の良い議論を行ない、アリストテレスの形相と質料の二重性という原則を覆そうと狙っていたのである。アクイレッキアによる編集の『原因』で解説されているように、ブルーノ『原因』で解説されているように、ブルーノ『原因』の対話1は喜劇調に戻っている。『原因』は四つの理論的な対話に続いて書かれた。[53] この作品の大部分は、ブルーノ曰く、『晩餐』に向けられた非難を取り扱っているということなので、この作品が六月下旬よりずっと以前に書かれたとは思えない。先の対話四篇は五月か六月の初めに『晩餐』のすぐ後に難なく書かれたようであるが。そうなると、『無限』は七月か八月あたりに書かれたと考えられる。ブルーノは一五八四年の夏は執筆に追われていたということであろう。

『原因』の対話1を除いた対話の本文から、一五八四年のブルーノの社交面に関し浮かび上がる事柄が二点ある。彼がソールズベリー・コートでどのように暮らしていたかについては、カステルノーへの二つの献辞が参考になる。その中で、彼は、カステルノーのもてなしと敵からの保護をもどおりの讃辞をも挟み込んでいる。彼は『原因』の中に、モヴィシィエール侯夫人とフロリオの生徒カトリーヌ・マリーへの讃辞をも挟み込んでいる。カステルノーへの『無限』の献呈は、ブルーノを奉仕するのではなく奉仕される人として、大使館の他のメンバーによる名前である。そしてカステルノー自身の職務上の成功や立派な家柄よりも、ブルーノの名声のお蔭で彼は永遠に忘れられることがないと言われるようになった。讃辞などというものからは——もしそう呼べるなら——実質的に引き出せるものはほんの僅かであるが、最近多くのことが分かってきた。彼の名前は最初の対話篇『晩餐』の人物たちの上品な名前とは異なる。ディクソンという名は『晩餐』のスミトという名と同様に、この作品の四人組の中ではひときわ異質である。しかし、スミトとは違い、私の知る限りではディクソンとはアレクサンダー・ディクソンという実在の人物による名前である。

ディクソンは、若いスコットランド人で七年前にセント・アンドリュース大学を終え、ロンドンにやって来て、シドニーに心酔した。彼はオックスフォード滞在にも同行したようである。と言うのも、一五八四年初頭にはブルーノの弟子になり、シドニーの記憶についての教義を説いた『理性の影』を出版しているからだ。それはレスター伯に捧げられ、ディクソンは伯の信奉者の中で何らかの地位を獲得した。しかし、彼は伯の多数の学問的アドバイザーと反目した。それは本の中で、ユグノーの論理学者ピーター・ラムスを攻撃したからだった。ラムスは、精神的陶冶論というライバル関係にある考えの立案者で、多くのイングランド人プロテスタ

ント教徒の支持を得ていたばかりでなく、信仰の殉教者でバーソロミューの虐殺で殺されたからだ。大物たちがケンブリッジからディクソンに狙いを定め、その年を通して公開討論が続いたが、ブルーノはラムスを「大衒学者」と記し、その論争に僅かながら貢献した。論争は精神的イメージの道徳的、知的価値を巡って行なわれたが——それはまったく取るに足らない論争とは言えなかったが——ブルーノにとっては、このテーマはその時には副次的な問題となっていた。そういう次第から、彼はディクソンにその問題を一任したのである。

ノラびと哲学の弟子としてディクソンが『原因』の主要な対話に登場することは次の二点を暗示している。第一に前年夏のオックスフォードへの旅以来、ブルーノとシドニーの関係は、ブルーノの後の作品をシドニーに献ずるのがふさわしい程に熟していたこと。第二にブルーノはイングランドの社会的事件について非常に一貫した見解を形成していたことである。私の考えでは、ブルーノは何であれ政治的、宗教的和解は求めず、レスターやウォルシンガムが主張したプロテスタント政策が押し進められることを望んでやまなかった。彼はレスターやウォルシンガムが信奉していたプロテスタント神学をエリザベスが踏みにじっていたのであるが。私はそのうち、ブルーノのその考えを少し潤色しながら述べてみたい。

ラムスを巻き込んだ騒ぎは、『原因』の対話1が立証することを目的とした、ブルーノに向けられた公然の敵意とはそれ程深く関わっていないようである。対話1にディクソンはまだ現われず、ブルーノ、フロリオ、シドニーと見当がつく三名の人物が登場し、『晩餐』の受容を主題として語り合うからである。アルメッソという三番目の人物は、『晩餐』に寄せたシドニーの意見であるとまったく同じ内容の不満を述べる。彼はこの作品を、気高いものとそうでないものが混交し、見境なく復讐するような野蛮な空気に満ち溢れ、毛を逆立

たせる程にイングランド人に対して漠然とした中傷をしていると評する。ブルーノは自身へのいやがらせを嘆く。それは、悪意に満ちたある女性による根も葉もない中傷も含めてのことだが、そのせいで社交上の食事を断念し、隠忍自重せざるを得ないと言う。大使館の使用人たちは彼にぶつぶつ不平を漏らすのである。彼は、十三世紀にオックスフォード大学が知的に傑出していたことについて、皮肉を帯びたお世辞を並べたて和解を申し入れる。そして最後にもう一度女王に讃辞を贈っている。今回の事件では、女王は敵による邪悪な中傷や陰謀をうまく守ったが、その結果、セーヌ川に血が流れ、ヨーロッパ中の川が沸き立っている間も、テムズ河は潮の干満に従って平和に満ち干しながら、静かに海に流れ続けていると讃えている。これは明らかにスロックモートンにふれたもので、この一節はスロックモートンが丁度処刑されたあたりに書かれたとみて間違いなかろう。

『晩餐』の出版によって生まれた副産物についてのブルーノの説明がどれ程本当なのか、または宣伝技法なのかなどということは、皆さんの推測におまかせする。ディクソンのラムスに対する論争の結果として、好ましくない反応が少しでも上がってこなければ、彼は書き直しはしなかっただろう。ディクソンに主要な役割を与えたり、『原因』の対話1の中に『晩餐』から削除された酒を飲む場面の代わりになるような、ほとんど同様につまらない部分を加えたり、『無限』には、彼の後の作品の特徴となる予定説について大衆に説教した結果への非難の一部を加えたりしているが、彼は自分の意向からそれをわざわざプロテスタントの神学者たちにすり寄っていたわけではない。彼のプロテスタント政治への感情は、スロックモートンやその事件を考えると推測出来るように完全に別問題である。彼はそのことについてシドニーと論議する理由をまったく持たなかった。

彼はプロテスタント側からいくらか非難を受けたと考えてよかろう。非難が上がったので、彼は大部分を書き直したと思うのだ。彼は新しい著作で、「比喩的な表現」

ここで、我々は話を少し中断して、資産家には時として起きる問題にふれる。カステルノーは大使館の建物の所有者ウィンチェスター侯爵夫人と家屋の老朽について、隣人ドクター・ベイレーとカステルノーの言うところの馬小屋の一部についてそれぞれ問題を抱えていた。これらの問題は、ソールズベリー街の端にある王室厩舎の書記ウィリアム・コートの周辺にちょっとした騒ぎを引き起こしたが、別の隣人でストランド街の端にある王室厩舎の書記ウィリアム・コートの周辺にちょっとした騒ぎを引き起こしたが、別の隣人でストランド街の端にある王室厩舎の書記ウィリアム・コートの周辺にちょっとした建て増しを始めた時には、もはや大した問題ではなくなってしまった。建築作業ほど、隣近所との関係を気まずくさせるものはないが、グライスとその作業員たちは傍若無人の限りを尽くした。彼らはカステルノー方の排水溝を壊し、窓に汚物を塗り付け光が差し込くさせないようにした。(私はカステルノーの側からの話をしている。それが唯一の資料であるからだ。)大使館員たちは彼らに不平を鳴らしたが、逆にフランスの犬と罵られ、カタをつけようとしかけられた。館員らも同じく汚物を投げたり、足場を崩したのではなかろうか。群衆が通りに集まった。八月九日に、グライスは王室関係に働く者としてフランス人に教訓を垂れる女王の権限があると主張し、棒、石、(カステルノーによると) 武器を持った与太者を連れてきた。おそらく彼らは煉瓦積み工で、手に手に思い思いの物を持ってやって来た。ある「少年」(カステルノーによると) 太矢で大使館の窓を壊し、台所の使用人たちを攻めたてた。群衆が大使館内に押し入り上を下へと暴れ回り、クルセルやフロリオを私室から追い出し、パーラーを壊し、床に就いていた夫人を怯えさせたのだった。

彼らが去った後、カステルノーは怒りを綴った手紙を書き、フロリオに持たせウォルシンガムのもとへ遣った。おそらく、カステル枢密院はすぐさまグライスの雇った建設作業員を逮捕し、役人を送り近隣を平穏に戻した。

ノーが仄めかしているように、周辺にはグライスの鼻柱が挫かれるのを見て喜んだ者もいただろう。一、二日後、ウォルシンガムがカステルノーに作業員らを釈放する請願を出すようにとの手紙を寄こし、彼は喜んで同意した。ソールズベリー・コートに平和が戻った。グライスは増築を終えた。下水管が通り、窓が修繕され、パーラーは元通りになった。フロリオとカトリーヌ・マリーは勉強に戻った。クルセルは情報収集や交換、そしてすでにたびたびやっていた裏切りへと戻った。ジローは騒動の原因に何らかの関係があると思うが、地下活動へ、儲け仕事へと戻った。モヴィスィエール侯夫人は数回の流産がその年の運命であったがそれを冷静に切り抜けた。ウォルシンガムの娘レディ・シドニーへの訪問が可能となった。彼女は郊外のバーン・エルムズに住む友人でウォルシンガムのおとなしいロバを借り受けたお蔭で、カステルノー自身の取った素早い処置に納得し、騒動は政府が引き起こしたのではないかとの疑惑を解消した。彼は枢密院の職務は、スロックモートンの逮捕以降はかばかしくなく、任期の終わりも近づいてきていた。彼に多くの楽しみごとの機会が与えられた。それにはウィンザーへの狩猟旅行も含まれ、その際エリザベス女王、レスター、シドニーらは殊の外彼に親切を尽くした。ファゴットは人目につかないように自重していた。ブルーノは、この騒動に何ら影響を受けず、無限宇宙に関する思索にふけっていたようである。しかしイングランド人の非道さや、彼らに信仰義認説を認めさせるという愚かさについて、夕食の席で繰り返し説いていたことだけは疑いの余地はない。だがどうしてそう言い切れようか。

は、この事件はかつて述べたことを、我々の話にはまったく重要性を持たない。

この事件からしばらくして、ブルーノは彼の対話篇の中でも最長の『傲れる』を書き始めた。シドニーに献呈されていることから考えれば、この本もまた彼への敬意を表して書かれていると思われる。ここではある程度

『晩餐』の会話形式に戻っているが、雰囲気においては『晩餐』よりいっそう気高さを感じさせる。この作品はこの年の秋に執筆されたに違いない。と言うのも一番最後に書かれたと思われる献辞で、ブルーノは間もなくイングランドを離れると書いているが、それはカステルノーがフランス帰国の指示を受け取った十一月四日以降に献辞が書かれたことを示すからである。この作品もまた入れ子細工式になっており、トレント公会議を思い出させるような、神々自身と天を改革し、過去の邪悪な行為のせいで「神々のたそがれ」が迫るのを防ぐための神々の会議の様子を語っている。その多くは徹底した星座アレゴリーで、星座を表す伝説的人物たちがその悪徳行為のため星座から追放され、星座にふさわしい美徳の持ち主と交代する。天から追われた者たちは、この世において漠然としながらも黙示録的なものが暗示されているが、それが体現されているさまざまな悪徳を除けば、「野獣」は具体的な現実性をまったく欠いている。題名の中の「野獣」という語は様々な意味に解釈されてきた。何か邪悪で敵意を持った力と戦い自らを償う。この作品は、実際の古代エジプト宗教を思い起こさせることで有名で、ユダヤ教やキリスト教をエジプト宗教を堕落とし、古代ローマの宗教をエジプト宗教を引き出そうとしても困難だが、大体のところは、近代ローマの破綻をものともせず、イタリアでこそ真の宗教、道徳、政治などが回復されるということのようだ。作品で厳密な抽象化が施されているため、何か特殊な教訓を引き出そうとしても困難だが、大体のところは、近代ローマの破綻をものともせず、イタリアでこそ真の宗教、道徳、政治などが回復されるということのようだ。最近の批評家はその点を強調している。とは言え、確かに、ブルーノの宗教改革の神学に対する敵意で満ちており、最近の批評家はその点を強調している。しかしシドニーの場合、彼のプロテスタント神学に関する見解は、幾分不可解に感じられるため、彼もそれらが相容れないと考えていたとはきっぱりと言い切れないのである。ともあれ、ブルーノは書物を献呈した人たちが、必ずそれに書かれている内容全てに賛成するとは露ほども考えてい

なかったのである。

文学的観点から見ると、『傲れる』はまとまりのない構成で、それを活気づけるような努力は十分なされてはいない。入れ子細工の外側を成すソフィアを始めとする三人の会話は曖昧で、神々の会議からそれ程明確に区別されておらず、本文の邪魔をしているようである。神々でも、特にモマスは風刺的な間投詞を挟み込んで内容を比較的生き生きさせているし、ジョーブは最も愛想の良い教皇のように振るまっている。もし『晩餐』への非難の一つに答えて、口調の統一をしようとしていると言うのであれば、彼は確かにここではそれを成し遂げていると言える。しかし、大部分の読者にとって、その代償はどうしようもない退屈さである。エジプト宗教と改革神学について述べる部分のように、ブルーノが語っていることが程よく明確である時や、真理の擁護者として偽善の価値について述べる部分のように、彼の真意が表面の文に程よく近接している時に限り、『傲れる』が唯一活気づくと思えるのだが、こんな読み方は最早時勢に遅れているのだろうか。要旨で詳説されている構想では、全ての星座がその対象となるとあるが、実際は予定通りにはならなかった。最後のアンリⅢ世への讃辞は、最初に予定されていたものに代えて書かれたようだ。これは、一つには彼の疲労によるためであり、また一つには、近い将来フランスへ帰る見通しによるためであると思う。

もしそうであれば『天馬のカバラ』(翼の生えた馬からの信託のような意味だが)という題名のついた二つの——またはそのうちの一つの——短く取り急いだような対話篇は、彼の出発が思いがけなく延びた期間に書かれたものであろう。それら二冊は、併せて一五八五年の初頭に出版されたが、時期的には別々に書かれた可能性もある。序文でブルーノは、『傲れる』の原稿の表紙として使った紙に第一番目の対話の概略が記されているのを見つけたと書いているので、先の作品の神学的な補遺のような役割を果しているのだろう。『天馬』は、真理と

いう最高位にある星座の隣で、天の改革後空席のままになっている大熊座に取って代わりたいという聖なる無垢のロバによる要求から始まる（真理は北極星を含めた小熊座の場所と入れ替わった）。神学的「否定」に対して取られたこのおおよそ風刺的といえる姿勢や、霊魂輪廻説の体現を除いて、『天馬』はブルーノがずっと無視してきた喜劇的な傾向への回帰として記憶されるべきである。からかい気味の献呈書簡、優雅だが皮肉を帯びた「敬虔な読者への宣言」、そしてブルーノがオックスフォードやソルボンヌの一員になりたいと望んだように、聖なるロバがピタゴラス派のアカデミーに入ろうとするさまを描く対話2は、『晩餐』の対話2以降に書かれたどの作品にも増して滑稽である。背後には、たぶん真面目な意図があったのだろうが、それが十分述べられないままに終わってしまっている。対話1はすぐに終了するが、それはあたかもブルーノが何か他のことをするように突然呼び出されたかのような終わり方であり、作品全体は『傲れる』よりももっと売れるものを求めた出版元の要求に応じて急いで書かれたように解釈出来る。ロバには数え切れない程意味があろうが、その一つは、ペルセウスがアンドロメダを海獣から助けた時に乗った天馬ペガサスと関係すると解釈する説である。ロバにはキリストのエルサレム入城とも多少関わっていないし、霊魂輪廻にも多少関連付けて読めも出来よう。霊魂輪廻という考えは、煉獄に代わるものとしてブルーノの興味をそそったものである。もし、これら全てのことを、十分な長さの会話で説明したら、どんなものになるかは到底分からないほど莫大なものになっていただろう。後年、ブルーノはこの作品は十分満足出来るものではないと述べ、自作とは認めなかったのである。

(71)

5 アルカディアでの最後の日々

パリとロンドン、一五八五年二月―九月

ブルーノが『天馬』を纏め上げていたおそらく二月の終わり近く、ファゴットはついに沈黙を破った。彼はパリから、新しい優雅な書体でフランス駐在イングランド大使サー・エドワード・スタフォード宛てに手紙を書いた。(72)内容の大部分は、すでに二年前に知らせた、ジローやルデュックによるカトリック関係の扇動的な内容の書籍の輸出についてである。この話題はスパイのウィリアム・パリーが逮捕されて、ちょうどニュースとしての価値が出てきていた。パリーは、いろいろと手を広げていたが、そんな類の本の配給も行なっていたのである。彼は反逆罪に問われ、裁判にかけられた末、三月二日に処刑された。その時、ファゴットはパリでの陰謀発覚についてさらに多くの情報を流した。彼が言うには、トマス・モーガンは、サン・チレール・デュモン教会のそばの住まいから、たぶん別のイングランド人で最近亡命してきたチャールズ・アランデルに助けられて陰謀の指揮を取っていた。ファゴットはそこでジローの妻と一緒に部屋を借り、資金調達を行なっていた。取り持っていたのは、フラン彼はまた、カステルノーとその小荷物を使ってイングランドと連絡を取っていた。

ス国務卿ヴィルロワの秘書官の一人だったが、それはジャン・アルノーを意味するようだ。カステルノーはロンドンで、シャトーヌフ男爵ギョーム・ドゥ・ロベピーヌとの交代を間近に控えていた。ジローもパリにいたが、シャトーヌフに雇われ家政を取り仕切ることになった。ジローはソールズベリー・コートと同じ、「河に沿った区域」に新大使のための新しい家を探すべく、すぐさまイングランドに向かう予定になっていた。ファゴットは、この区域では人間や品物が人目につかずに行き来するのはいとも容易なので、政府はここに大使館を置くことを禁止することを提案した。シャトーヌフは自分のような熱心なカトリック信者で官邸を一杯にする腹づもりであった。ファゴットは、この区域では人間や品物が人目につかずに行き来するのはいとも容易なので、政府はここに大使館を置くことを禁止することを提案した。シャトーヌフは自分のような熱心なカトリック信者で官邸を一杯にする腹づもりであった。カレーを経由してイングランドに行こうとしていたジローを捕えることをそれぞれ提案した。どんなものでも調べなしで大使館を経由するものは禁ずるべきだと主張したのだ。ファゴットは最初と最後にスタフォードとウォルシンガムに感情的に訴え、彼の情報に基づきながら、女王の敵や国の敵が扇動する宗教戦争が起こるような由々しき事態から「国の平和」を守って欲しいと述べている。彼はうまい具合にやっていたようだ。

我々の知る限りではスパイとして登場する一五八三年四月以来、ファゴットはパリに住んでいない。彼は、パリをよく知っているように感じられもするが、以前ここにいたかどうかは知る由もない。よって、彼がその地で何をしていたか考えたい。分かりきった答えを言うと、カステルノーの帰国が切迫していたところから、彼はシャトーヌフに再び大使館で雇われるチャンスがあるか、そしてもしチャンスがないようなら何か別の仕事を見つけるために探りに来ていたのだ。これは、明らかにジローがしていたことと同じで、彼らは一緒にパリにやって来たのかも知れない。クルセルもまた同時期に同じ用件でパリに来ていた。実際、アルノーはシャトーヌフの秘書の仕事を手に入れたが、クルセルは二月末にロンドンに戻った[73]。カステルノーは大部分のスタッフを欠いてどのように生活していたのだろう。実際のところ、彼は妻の出産が済むのを待っており、ほとんどすることもなく、

これがおそらくファゴットのパリ滞在の主目的だったのである。しかし、まだ他の目的もあると考えたくなる。ファゴットが報告に新たに書いたのは、トマス・モーガンに関する情報である。彼がその時活動していた世界では、モーガンは重要人物であった。モーガンはフランスに亡命中、パリ在住のスコットランド女王公式代表グラスゴウ大司教ジェイムズ・ビートンをも凌ぐ程であったようだ。彼はエリザベスを狙った陰謀の首謀者で、長い間ソールズベリー・コートを郵便箱として使っていたが、ファゴットはこれまで彼のことについて述べる機会がなかった。(74) ウィリアム・パリーの自白によると、モーガンはパリーによる女王暗殺計画の黒幕だったという。そして、二月八日にパリーが逮捕されるや、エリザベスはモーガンの身柄返還を求めてアンリⅢ世に公式の手紙を書いた。ファゴットは一年余り金を得る仕事をしていなかったし、おそらく、とにかくパリに行こうとしていたので、ウォルシンガムはモーガンの返還要求が認められるまで、彼から目を離さないようファゴットに依頼したのだと思う。ファゴットが知らせる前にモーガンの居場所をスタフォードは大使として、ファゴットがスタフォードに出した手紙とモーガンの逮捕とは、たいそう緊密に結びついていたようである。彼は、三月九日の夜、国王衛士により収監されたが、イングランドに返されず、バスチューユに収監されたままだった。(75) ファゴットの報告には日付はないが、三月六日あたりのモーガン逮捕の準備として、彼の家に見張り番を置いた日でもあった。

このように考えると、これ以外の考え方では謎になってしまう、どうして報告がスタフォードに出されたかが説明出来よう。ファゴットがこれを自分から率先して行なったとは思えない。彼はウォルシンガムに雇われてお

り、二人は身の安全について細心の注意を払っていた。ウォルシンガムは一般的に、部下のスパイがパリにいる時には、スタフォードに正体を明かすべきではないと頑強に主張していた。彼はスタフォードに強い不信感を持っていたからだ。彼は後にファゴットとスタフォードがお互い通じ合っていたのを知り、後悔することになる。しかし、スタフォードだけがモーガンを逮捕させることが出来たのだ。ゆえに、ウォルシンガムはもしファゴットが役に立つと考えたら、この場合例外を作らねばならなかったことになる。新しい筆跡はファゴットのちらつく影を隠すのに役立ったろうし、実際フルサインは付されていないからだ。スタフォードは報告を転送し、明らかに三月八日／十八日にウォルシンガムの執務室に届けられた。報告にはファゴット逮捕を報告した三月一日／十一日付の手紙と一緒に、その報告は裏書きされている。

これが、もしファゴットのパリ旅行の裏面であれば──確実ではないが大いにあり得ることで──、表面では彼はいつもの行動力を発揮して仕事を済ませた後、しばらくパリでリラックスしていたのだろう。この時期、彼はフランス人からジャンヌ・ガルナックと呼ばれたカトリック教徒の娘の話を仕入れ、その写しもスタフォードに送ったようだ。この娘は少年の格好をして、イングランドを逃れ、船員としてアイルランドからボルドーに渡り、そこでイエズス会の管区長にその事情を明かした。彼女はたいそう丁寧な扱いを受け修道院へ送られた。この話はボルドーから、おそらくパリのイエズス会士の学寮かトマス・モーガンの所へ、カトリック教徒の啓発と宣伝に役立つだろうとのことで伝えられたようだ。筆写をした者が、少しは略した部分があるかもしれないが、本文を書き換えたとは考えられない。またその内容に関するコメントもまったく書き加えていない。私は、かなりの自信を持って、筆写した人物はファゴットであると思っている。大英図書館に収蔵されている場所と書体か

ら判断するもので、両方ともファゴットが以前スタフォードに宛てた連絡文の収蔵場所や書体にきわめて近いからである。彼はこの話をジローから仕入れたのではなかろうか。

ブルーノがイングランドで書いた最後の作品で、イタリア語で書かれた主作品の最後となるのが『英雄的狂気』（以下『狂気』）である。この作品で彼は、数多くのソネット——最新作が大部分を占めるようだが——へのコメントの形をとって、ダンテの『新生』のようなプラトニックな愛と知的な愛についての弁護を述べている。これは一五八五年の春か初夏に書かれ、八月頃までにロンドンで出版されたようで、詩人としてのシドニーに献呈されている。その中には、ブルーノの英語はうまくはないが、自分ではそのことを直接知ったというよりむしろ、フロリオを通して知ったに違いないと想像出来る箇所がある。正式の主題は『傲れる』の主題と同様、眠気を誘うが、ブルーノはこのジャンルではダンテ程の才能を持っていなかったと言える。しかし多数光っている部分もある。彼は女性が愚かで退屈なところや、女性への肉体的嫌悪感などに対する意地の悪い論争をふっかけたり、この作品をソロモンの歌をモデルにした「讃歌」と呼ぼうと思い立ったが、司祭という職に対する彼の「誠実さ」を疑う人たちに攻撃の機会を与えてしまったようで、そう呼ぶことを断念させられたというような少し矛盾する告白をしている箇所などである。作品は言外に政治的、個人的な配慮を施したために、より好ましくなっている。それは、ブルーノが献辞で、イングランドの婦人を全般的な女性軽蔑の対象から除いているところに窺える。『晩餐』ではイングランドのミューズを呼び出したので、除かなければつじつまが合わないと考えたのだろう。彼の説明によると、彼のミューズとの経験は変化に富んでいた。イタリアでは、恨みを持っている人、無知の人、悪意を持っている人から彼自身を弁護するため、そして、彼の知性を「たいそう不愉快で無分別な偽善

の支配の下に〕拘束した検閲官のために、ミューズを無視するように強いられていた。このスピーチはナポリ人の詩人ルイジ・タンスィッロによるものとされているが、明らかにブルーノの伝記にのっとっており、ドミニコ会士としての彼の体験を物語っている。タンスィッロはミューズがイタリアから北方へ移動し、そこでダイアナ／エリザベスが介在し、キルケ／ローマに負わされた盲目が癒される次第を物語る。エリザベスは真理と美の器を開け、ミューズにその中の水を振りかける。ブルーノはここでは率直に、本当の詩情を込め場面に応じている。

エリザベスは、最後には、海、天、そして、地を治める神聖な統治の道具に、ローマの無知、奴隷制度、悪意に対する神聖な審判の媒体になる。テムズ河は女王のダイアナに対して、アクタエオンを演じ知的な美の殉教者になる。テムズ河は女王がニンフの合唱隊と共に神の方から流れ出るばかりでなく、神の方へも流れる超自然的な河であり、知恵の谷であり、永遠の生命の河でもある。ブルーノのこの河に対する執着は『晩餐』にまで戻り、私にはスペンサーの『プロサレイミオン』を思い出させる。彼はすぐにもテムズを離れねばならなかった。シドニーもまったく同様で、彼はフランシス・ドレイクに同行し西インド諸島に遠征する計画だったが、エリザベスによってオランダに遣られ、スペイン軍と戦い一五八六年十月に死亡した。

カステルノーのフランスへの帰国は一五八四年十月と決まったが、翌年九月まで引き延ばされた。彼は妻の健康上の理由から（彼女は再び妊娠していた）、帰国が六カ月延長されたのだった。一五八五年六月に女の子が生まれたがすぐに亡くなったようだ。後任のシャトーヌフは七月二十八日にロンドンに到着した。カステルノーは妻の具合と、払い終えていない莫大な借金のせいで足止めされていたが、九月二十三日か、少し後にようやくイングランドを離れた。彼とシャトーヌフの足並みは終始乱れたままであった。カステルノーはその夏の大半を、離任の挨拶と回想録執筆に費やして過ごした。

ファゴットはパリ旅行の後、イースター（四月十一日／二十一日、両暦共同じ日）あたりにソールズベリー・コートに戻り、以降もそこに居住していた模様である。彼がシャトーヌフのもとにずっと居続けること自体まったく問題はないが、シャトーヌフの到着と九月の初旬の間に、ファゴットはやや神経質になっていたはずで、その会話もまったく噛み合わないものだった――もっとも、もっとひどくなっていた可能性もあったのだが。彼はウォルシンガムにきわめて詳しい状況を綴った手紙を書き送ったが、ここで多少とも「そのまま」再現してみたい。（以下「C」はシャトーヌフ、「F」はファゴット、「B」はブランカレオーヌを指す。）

C：カトリック教徒はイングランドで迫害されている。特に司祭たちが。君が司祭だということは周知だ。通りを歩いていて怖いと感じたことはないか。

F：難儀なことだとは思いませんが。

C：そうか。（間をおいて）裏切り者かスパイだと思われるような者が大使館を頻繁に訪ねていないか。

F：そんな人は知りません。私の仕事ではありませんから。

C：そうだな。だが、君に何か心当たりはないか、何か聞いたことはないか。

F：ちっとも。

C：君の良心にかけて、アーチボルド（ダグラス）氏は裏切者ではないか。

F：もしそうであっても、何も承知しておりません。

C：どうして、ダグラス氏はモヴィスィエール殿と親密なのか。

F：まったく分かりません。

C：知っていても言わんのだな。（間をおく、シャトーヌフは拷問を考えている。）分かった。よろしい。ジョフロワ［ル・ブルーメン］なる［ユグノーの］医者はどうだ。フロリオもそんなに信頼されていない。フランスでは、二重スパイだと噂している。ユグノーと教皇のな。ローラン［フェロン］とフロリオもそんなに信頼されていない。（ブランカレオーヌというイタリア人はおそらく司祭で、ずっと側に立っていたが、シャトーヌフの方にやって来る。）

B：イングランドの女王はモヴィスィエール殿が離任するのをたいそう残念がられているとの噂をこの家で聞きました。彼の後任にあなた様を来させないよう金を出されるおつもりだろうと。

C：黙れ。話の腰を折るな。私が連れて来た二人の司祭に、君の経験から教えてやってほしい。一人はフランス人で、もう一人はイタリア人だ。このイタリア人は、フランス語、イタリア語で素晴らしい説教をする。そろそろここで説教をやり始めてもいい時期だ。

［ファゴットはこれに対する返事を書いていないが、ウォルシンガムには、イタリア人の方と話をしたが、ことを起こしかねない人物で、イングランドでの経験を基にベストセラーを書くつもりだと言っていたことを伝えている。これはひょっとすれば、ブランカレオーヌのことをさしているのだろう。］

C：神にかけて、私はモヴィスィエール殿がやったように、官邸にプロテスタント教徒を雇うというようなことは一切しない。やつらは、モヴィスィエール殿をスパイしていたが、ともかくも、それは不名誉で破廉恥なことだ。王はこれに関して全て承知しておられるし、モヴィスィエール殿は帰国したら大目玉を食らうだろう。王は私にプロテスタント教徒を雇うことをことごとく禁じられた。らうだろう。王は私にプロテスタント教徒を雇うことになったとお前もやがて耳にするだろう。（ファゴットは何も言わなかっの回復を言明する布告をお出しになったとお前もやがて耳にするだろう。

たようだが、モヴィスィエールを裏切っていたのは、彼の雇っていたプロテスタントの使用人ではないと言いたい思いに駆られたに違いない。

C：ロンドンのどこかで教会の備品が安くたくさん出回っていると思う。フランスの貧しい教会に寄付するのに少し買いたいのだが。

F：月曜日にご案内致します。

C：君はジローのように書籍輸入の仕事をすべきだったな。やつは大儲けしたぞ。

F：私はジローとは違いますので。

ファゴットはジローへの非難を更に加え（「フランスの厄介者」）、ウォルシンガムに結びの言葉を述べて手紙を終えている。ファゴットはこれまでも、そして死ぬ時までずっと彼の忠実な召し使いであり、イングランドよりもフランスでいっそう彼に仕えたいと望んでいた。と言うのも、彼は王の顧問官たちと親しく付き合うつもりでいたからである。「この件について、ご指示願います。イングランドの女王と枢密院を救い給え。よろしく思し召しを。ヘンリー・ファゴット。」
(82)

シャトーヌフの最初の質問には皮肉な響きが含まれ、明らかに彼は司祭としてのファゴットの仕事にそれ程興味を覚えていなかったのだが、ファゴットがスパイであると実際には思ってもいなかったようである。ファゴットは一安心したに違いない。彼が記した内容より、明らかに会話ではもっと話されていたはずだが（シャトーヌフはきっとファゴットの謎めいた背景を調べていたはずで）、ファゴットはどうにかシャトーヌフに、自分は世俗的なタイプではなく、カステルノーへの忠義心ゆえに非協力的で、程よく善良なカトリック教徒であるとの印象を与えたようである。

第一部　夜の犬

ファゴットはウォルシンガムに、また、彼を通してエリザベスにも別れを告げたが、これが、彼が出発する前に出した最後の報告とはならなかった。カステルノーはロンドンで莫大な借金を背負っていたが、フランス政府は頑固にもその支払いを拒否していた。そして、彼自身にはまだ外交特権が与えられていたものの、使用人たちは逮捕される恐れがあった。フロリオには委任状が与えられ、シャトーヌフとの申し合わせによって保護された。それにより彼はシャトーヌフの使用人として取り立てられたが、大使館内での居住は免除された。フロリオはプロテスタントだったので、シャトーヌフは彼を追い出したくなかったのである。一方、ジローはグレーブゼンドで、カステルノーの荷物をフランス船に積み込んでいたが、ロンドンにいるカステルノーの出発を中止させる宮廷命令を受け取った。[83] ウォルシンガムは、彼が釈放されるように使いを送ったが、ロンドン市長は、房から連れてこられたファゴットと、彼を取り戻そうにもうまく行かず激怒するカステルノーの同意なしには釈放出来ないと言い切った。市長公邸では、ファゴットは意外にも捕えられ、留置された。更に、ファゴットは枢密院が勝手に使うか、原告を買収するまでもう一晩程留置場で過ごしたに違いない。ジローはグレーブゼンドから早々に逃げ、船は九月十四日火曜日にドーバー沖を通過した。しかし、ルアーブル沖でオランダ海賊の襲撃に遭った。ファゴットはソールズベリー・コートで最後の週を過ごした。そしてカステルノーとその妻、残りの者と共にフランスへ出立した。[84]

6　火山のもとで

パリ、一五八五年十一月—一五八六年十一月

ロンドンで上流社会を楽しんだ後、パリに戻って過ごした約八カ月は、ブルーノにはやや期待はずれだったにちがいない。[85] カトリック根本主義派の次の爆発を前に、町も宮廷も極端に神経を張りつめた状態にあり、いずれも特にブルーノを歓迎したわけではなかった。ナポリ人として彼はポンペイ最後の日のような匂いをかぎ取っていたのだろう。カステルノーの仕事はシャトーヌフが予想したように下り坂で、ブルーノはパリに戻るとすぐ、彼のもとを去ったらしい。ヴェネツィアでの審問では、その時期は次に起きる事態を考えながら静かに暮らし、「知人」と一緒に過ごして、ほとんど自分の金で生活していたと答えている。彼はセーヌ川の左岸にあるカンブレイ学寮の近くに間借りし、ラブレーで有名になったサン・ヴィクトワール修道院の蔵書室で、冬の間盛んに読書し、少なくとも係員と大いに語り合って過ごした。その係員は彼との会話の記録を残しているのである。[86] 春には同国人でサレルノ出身のファブリジィオ・モルデンテとの馬鹿げた論争に巻き込まれた。彼は数学家で円を正方形にすることに興味を持ち、それを描くためのコンパスの発明者であった。五月にはブルーノはカンブレイ学寮にお

第一部　夜の犬

いて討論することを、ソルボンヌ大学から許可された。その際ブルーノの反アリストテレス的な宇宙観を一人の弟子が弁護した。しかし著名な聴衆が反対意見を述べると、ブルーノはその場から逃げ去ったようである。また、ある時、彼はローマ教皇大使とスペイン大使に接近した。ドミニコ会の法衣を捨て、教区付き司祭として生きるという許可を遡って得て、ローマでの自分の地位を正規のものに回復したいと考えていたのだ。その一方で彼はイタリア人の友人仲間と共に楽しく交際して過ごしていた。彼らが宮廷上層部と繋がっていたため、ブルーノは時勢に敏感になった。その中には「修道院から得る収入で裕福な」政治家のピエロ・デルベーネがいたが、当時彼は王とナヴァル王アンリとの仲立ち役として働いており、ナヴァル王の在パリの準公式代理人であった。また、学識に富むフィレンツェ人の「亡命者」ジャコポ・コルビネッリも含まれていた。彼はかつてアンリⅢ世とすでに亡き王弟アンジュー公の家庭教師を務めたが、今でもお抱え「学者」、文学上の助言者として王に雇われており、宮廷や知識人の動きをすぐさま察知出来た。彼は最近ダンテの『俗語論』の初版を出版したばかりだった。(88)

ブルーノは論争の失敗、ローマ教皇大使への接近の失敗で意気消沈し、火山の鳴動で不安になったようで、一五八六年六月にフランスを去った。ドイツに向かい、フランクフルトのホレーシオ・パラヴィッチーノのもとを目指した模様である。パラヴィチーノはすでにイングランドの住人となっていたが、もともとジェノバ人亡命者で、その地で、エリザベスのスパイとして、ナヴァルとユグノーを支援してフランスを侵攻するドイツ・プロテスタント軍の徴兵を遂行していた。ブルーノは、マインツやウィスバーデンなどカトリック都市で職を得ようとしたと言っている。その後マールブルクのルター系の大学の教養学部に志願したが、その一カ月後、七月二十五日に講師として講義許可が出たものの、宗教上の理由から学長に許可を取り消された。彼はその後、よりによってヴィッテンベルクにある、かつてルターが教えていた大学に受け入れられたが、それはオックスフォードの知人ア

ルベリコ・ジェンティリがその大学で法学を教えており、彼の紹介が効を奏したからであった。この時期ジェンティリはパラヴィッチーノの秘書として働き、おそらくは一緒にドイツに来たので、私はブルーノがドイツのプロテスタント系の諸大学へ志願した背景にはパラヴィッチーノの力添えがあったとみている。パラヴィッチーノはザクセン選帝侯とヘッセ伯爵という、問題の両大学の長をつい最近訪ねたばかりで、彼ら両人と親しく交際していたからである。ブルーノはヴィッテンベルクでアリストテレスやライムンドゥス・ルルスを講義したり、彼の哲学をラテン語の六歩格に訳す準備に専念していたが、ここではそれ以降については述べない。五年後、彼はドイツを離れてヴェネツィアに旅立つ。その旅が彼を裁判と死に至らしめたのだった。

ファゴットも十一月の初旬にカステルノーと共にパリに到着し、カステルノーが「たいそう残念がった」ことに、彼もまた職務を離れることを余儀なくされた。しかし次の働き口を見つけるのには長くはかからなかった。多分一月頃に書かれたと思われる報告文に、ファゴットはギーズ公爵の施物分配係長に面接を受けたと書いている。その人物はイタリア人仲間であったが、当時影響力を持っていたゴンディ家の一員であった可能性もある。彼はファゴットをギーズ公爵の甥のモンパンシェール公爵に推薦した。こういう次第からファゴットはモンパンシェールの施物分配係の一人となったのである。もし、ファゴットに諜報活動を続ける意図があったのならこれはたいそう戦略的に重要な状況と言える。公爵はカトリック教徒のブルボン家の一員で、ナヴァル王アンリの従兄弟で、エドワード・スタフォードと親しい中道の人であった。公爵の母親はパリの神聖同盟の最も精力的な組織者で、公爵が住んでいたモンパンシェール邸は神聖同盟に公認された中心の一つだったのである。ファゴットはウォルシンガムに手紙を書いたが、その目的は自分の存在を彼に思い出させ、その新しい状況

によって与えられる好機を気づかせることにあった。手紙はスタフォードを経由して送られたに違いないが、内容的には、ウォルシンガムが彼に給料を未だ支払っているような含みを除けば、有益な情報はあまり多く盛り込まれていない。ファゴットはアントワープ人でアレクサンダーという、ブルーノと同じ家に住み、当時パリ駐在のスペイン大使メンドーサとオランダのパルマ公の急使として活動していた男について報告している。そして、フランス在住のイングランド人カトリック教徒の会計係としてのジローの活動であるいる。この中で最も愉快なことは、名前は明記されていないが、イタリア人説教師についての馬鹿げた報告である。ファゴットはこのイタリア人がシャトーヌフと共にロンドンに到着したことを以前に知らせていた。ファゴットによると彼は、教皇に情報を送るために暗号を作り出したが、それは不出来な代物だった。ファゴットは暗号の説明をして（各母音にアルファベットの次の字を入れる）、それを使ってウォルシンガムの宛て名を書いたが、受け取った側の執務室では笑いが起こったことであろう。他にいつものようにエリザベスへの忠誠を誓い、報酬の前払いも求めている。(90)

ウォルシンガムへの報告によりその後どのように立ち至ったかは不明である。また、ファゴットが何か書いていたとしてもそれ以降のものは何も残っていない。しかし、書面にあるように、彼は未だイングランドから報酬を受け取っていたのなら、パリにいる間もずっとそれに見合う何かをしていたに違いないし、イングランドのフランス駐在大使サー・エドワード・スタフォードのためにもそれにも仕事をしていたと考えるのが当然であろう。彼はスタフォードを経由して、ウォルシンガムへ連絡を取ったようで、施物分配係を職というためにファゴットは使われることになったのだと言える。スタフォードはブルボン一族と親しい関係にあった。一五八六年の彼は一族のある家で小姓をしていたことがあり、モンパンシェール公爵はよく知っていたようだ。

序盤、スタフォードは公爵とそのカトリック教徒の従兄弟の一人に賄賂を贈りアンリⅢ世の宮廷を見捨てさせ、親戚ナヴァル王を神聖同盟に対立する諸教派的な一族連合に加わらせるという計略に深く荷担していた。彼の企みは宗教戦争時にはごくごくありふれたタイプのものだったが瀬戸際でその計略には及ばなかった。アンリⅢ世への忠誠から、あるいは単なる尻込みからか、モンパンシェールは瀬戸際でその計画から離脱してしまったのである。ファゴットの地位がまったくの名ばかりのものでないならば——それは彼がウォルシンガムに言ったことではないが——彼は少しでもそのどこかで一枚噛んでいたはずだ。もしそうだとするなら、彼はブルーノの友人の政治家デルベーネと出会っていたことだろう。デルベーネはスタフォードと共にこの計画の主な推進者だったのである。

しかしながら、この部分で唯一、かなり歴然とした事実は、一五八六年を通してファゴットはスタフォードのために働いていたという絶対的に報告を送ったということだけで、スタフォードを通じウォルシンガムに受け取った一通の報告だけだが、ファゴットから来たものかどうか、いずれ考察せねばなるまい。残っているものは、すでにない筆跡で、新暦の九月中旬から十一月中旬の間に書かれたようで、十一月の始めにスタフォードに到着したことは紛れもない事実である。現在それは、大英図書館のコットニアン手稿のファゴットからスタフォードへの以前の手紙——先の二通といっても差し支えないが（テキスト13、14）——と同じ巻に納められている。ただし別々で、離れて納められているのだが。これは、報告はウォルシンガムの執務室に届き、「フランスからの秘密報告」と裏書きされたことを意味する。この報告書はきわめて珍しいものである。私はその数年間に、ヨーロッパの政治機構を埋め尽くした同様の書類の山の中に、これによく似たものをまったく見い出せない。ファゴットが書いた手紙を基準として判断すれば、やや長いと言えようが、この知らせは「証拠書類」として三種の異なった忠言や諜報を組

み込んでいるのである。そのうちの一つは、もとはフランス語で書かれていたもので、はっきりした理由は分からないが、苦心の跡が見えるものの正確なイタリア語に翻訳されていない。大部分の内容は聞き古しのニュースや不要な忠言である。しかし、最後に最新のホットな情報が伝えられている。この報告に対し、短い解説的な題名を思いつくのは困難なので、必要な場合はテキスト17と呼ぶことにする。

テキスト17には前口上に当たるものがなく、フランス語とイタリア語による助言で始まる。フランドルとブラバントという二つの王党派、つまり「不満派」の地方に軍隊を送り、収穫物を焼き払い、オランダでの戦争に勝つという途方もない計画を明かしている。書き手は、敵を混乱に陥れる計画を他に二つ提案している。一つは、アントワープにある兵器庫への放火で、書き手はその計画にユグノーの紳士が乗り気であることを承知している。もう一つは、イタリア侵攻の開始である。それによると、この作戦は思うよりも容易である。と言うのも、スペイン人はミラノからシチリア島までこの国を支配していたが、オランダでの戦争に勝ちドレイクから西インド諸島を防衛するため、イタリアから守備隊を引き上げたからである。更に書き手はスペイン軍の動きについて最新ニュースを入手したと断言する。必要となるのは、フランスに向かう新兵を補充するというパラヴィッチーノの任務に乗じて、ドイツで臨時兵を募り、その代わり彼らをアルプス越えでイタリアに南下させることである。書き手は半信半疑ながらも、この作戦は費用も時間もそれ程かからないだろうし、それ以外の暴政と拷問の政体のもとで生きる人たちは反乱を起こすだろうと続ける。そしてちょうどイタリアを回ってきたばかりで、この企てを主導しそうなフランス人の有力者がいると言う。彼は最近、ローマに小旅行をしたばかりだったからだ。[93] 手紙の書き手の頭の中には、一五二七年のカールV

世のローマ劫掠に似たようなことがよぎっていたようである。更に二種類の内容が続く。最初は、リヨンのイタリア人商人が書いた、ドレイクによる西インド諸島の略奪やスペインの政策に及ぼした影響について述べた手紙からの抜粋である。次は、完全な手紙でラテン語で書かれているが、おそらく報告者自身宛ての手紙からで、教皇による侵略計画について述べたローマからの手紙の内容を詳述している。これによると、教皇シクスツスⅤ世は、ジュネーブを集中攻撃しているサヴォイ公を支援した場合の利点と、エリザベスへの侵略と暗殺計画に乗り出す利点を秤にかけているとのことへは、政治的に攻撃的な教皇特使を送ったばかりでもあるという。書き手が先に述べた意見への支持を意図して書かれたらしい。最初の抜粋はスペイン軍があまりにも戦争を拡大しすぎている現状について、すでにサヴォイ公がジュネーブと合意に達したという最新重大ニュースが最後の最後に明かされたように、次に続くラテン語の手紙でも重大事項は一番最後に書かれている。そしてその一節だけが手紙の中で本当に言える情報である。最後の部分では、エリザベスへの陰謀「計画」にふれ、書き手は一年半たっても未だバスチーユ監獄に繋がれたままのトマス・モーガンを、メアリー女王に仕えていた者をこれまで訪ねていた「高潔な男」と書いている。モーガンは、訪問者であるその男に、スペインの資金援助を受けてギーズ公とパリにいるメアリー側のだろう。モーガンは、訪問者であるその男に、スペインの資金援助を受けてギーズ公とパリにいるメアリー側の大使グラスゴウ大司教が指揮する、女王を狙った大陰謀について語った。書き手が認めているように、この話自体はまったくニュースとは言えなかった。と言うのもその陰謀は別の方面から吹っ飛んでしまっていたからである。しかし対エリザベス陰謀の主要人物であるモーガンは、説得を受ければ立場を変える気になり得るのなら、知っていることを示していた。彼は監獄に嫌気がさしているので、もしエリザベスが彼を獄から出してくれるのなら、知っている

ことを全て吐くつもりのようだった。ギーズやグラスゴウが彼を監獄に閉じ込めたままにしたことに怒りを感じていたのだ。そして、長期間にわたる獄中生活で、「カトリックへの情熱が冷めてしまった」のだった。モーガンはユグノーの紳士で同じようにバスチーユに繋がれていたマニャーヌ伯爵とも話していた。伯爵は女王への敵意を和げつつあった。

さしあたり、その文面の残りの部分を無視し、トマス・モーガンに関する情報を我々が真剣に受け止める理由を二つ述べる。彼を適当な機会を見計らって出獄させるというのは、おそらく真実か、真実に十分近い考えであろう。モーガンはパリのカトリック教徒にとって、殉教者めいていたものの、彼の釈放を求めアンリⅢ世に圧力をかけるなどして腐心する権威者はカトリック側には皆無だった。ギーズとグラスゴウはモーガンの裏切りを疑い、教皇庁はウィリアム・パリーの陰謀の件でグレゴリウスⅩⅢ世がモーガンに関与していたことが暴露されるのを恐れたため、モーガン釈放への介入を差し控えていたのである。パリのイングランド人カトリック教徒亡命者の中では、モーガンの支援者と敵対者との間に反目が認められたが、それはウォルシンガムやスタフォードが悪感情を募らせるよう彼らに仕掛けていたからであった。一五八六年を通し、モーガンとウォルシンガムを通じてお互い腹の中を探り合っていた。その第三者にモーガンはバーリー卿との接触に興味があると述べた。しかしそれは、彼がその時すでにスコットランド女王メアリーを裏切っていたとか、また別の機会に裏切る心づもりをしていたということを意味しているのではない。

モーガンは、こんな内容の誘いをずっと待っていたようだと十分に考えられる。

この報告はスタフォードにも深刻に受け止められ、それを機に宗教戦争による国内急分裂のニュースを隅に置いてしまうほどの大事件が一五八六年九月中旬から幕を開けた。この時点で到着していた知らせは、イングラ

ドで起きた、メアリーを解放しおそらくエリザベスを暗殺するというアンソニー・バビントンによる陰謀の発覚であった。私の見解では、それによってスコットランドの女王メアリーを正当に処刑するか、残酷にも殉死させるかの決定が早まったようである。依然としてバスチューに繋がれていたモーガンは再び陰謀に意欲を示したが、彼は他にもそのような計画を温めていたようである。エリザベスは彼の送還を求めて新たな使者を遣わした。従って、モーガンに関するスタフォードの情報は時期的に合致する。十一月十六日にスタフォードはバーリー卿に報告書を転送し、この件について画策していることがあると書いた手紙も添えた。「モーガンと親しく、時には彼をバスチューに訪ねる人物がおって、彼に口先だけの約束を取り付け、自由になれるという望みを持たせて(彼は獄中生活に疲れ切っておりますので)何か引き出せないか試みるという方策が、私の手元にはそれを取り持つ者がおります。」テキスト17の書き手が問題の人物で、スタフォードはその知らせを受け取り、すぐさまバーリーに知らせたと思われる。ロンドンでも深刻に受けとめられ、バーリー卿は内容を女王に伝えたが、僅か数週間後、彼女はアンリⅢ世の顧問官ベリェーブルとの会談でそのことについてふれている。彼はエリザベスが要求するモーガン引き渡しを拒みながらメアリーを救うという任務を帯びて、ロンドンに現れたのだった。女王はどちらかといえばスタフォードの提案にそそられて動いていたかのようにも感じられる。

ファゴットがこの風変わりな報告を纏めたかも知れないと考える根拠を持たなければ、私はこんなに長い記述を行なわない。だが、その書き手を追求するとやや本題を逸してしまうので、読者の皆さんには、書き手について我々が知り得ることで、さしあたりは好奇心を満足させていただきたい。モーガンに関する計画に対して、自分の考えをバーリー卿に述べた後、スタフォードは続けて、ウォルシンガムからの反対を予期していると書く。

しかし、国務卿は、私の申しました方法を取りましても、役立つ情報を何も引き出せなかった場合を見越し

て、私の計画に反対され、更にそれに関係している顔見知りの人物を私から遠ざけられると思います。私はこれを恐れるのです。と言いますのも、過去二、三回、他ならぬこの人物や他の用件で私に関わった者などを同様に私から引き離されたことがございましたので。

ウォルシンガムは、パリにいるスパイの幾人かがスタフォードと接触していると言った時、「決してこれからはお前たちを使うつもりはない」と表情で示している[99]。当座はスタフォードとウォルシンガムとの確執を無視し、記録された事実だけを扱うことにする。スタフォードはテキスト17の書き手はウォルシンガムに通じており、スタフォードのもとで働き始める以前は、ウォルシンガムのスパイだったと言っている。この発言は書き手が誰かとの予想範囲を一段と狭くする。と言うのも彼が鞍替えはよくあるものではなかったのである。また、明らかにモーガンについて「熟知して」いて、あたかも彼がバスチーユに投獄される前に直接知り合っていたかのようでもある。この二つの事実はスパイとしてのファゴットの経歴に非常にうまく合致する。

書状自体から窺えるこの書き手に関する更なる事実はやや矛盾したものである。フランス語もすこぶる堪能だったが、イタリア語はそれ程得意ではなかった。そして、ファゴットが使ったと分かっている書体のどれでもない新しい書体を使っている。更に、ファゴットがローマからの極秘情報を──やや古い極秘情報さえ──利用したと考える理由もまったく見当たらない。従って、私はファゴットの件をこのままにしておく。と言うのも彼から再び連絡は来なかったからだ。シャトーヌフの連れて来た司祭と暗号のことを書いたジョークのある一五八六年一月頃の報告や、次に出されたモーガンをバスチーユから出獄させる計画を書いた十一月の報告のどちらからも、ファゴットはメルキゼデクのように消え失せてしまっている。ちょうど一五八三年四月

その間のブルーノの行跡は分かっている。彼は六月にドイツに行った。そして我々が知る限り、それで「彼」の話は終りである。彼のドイツでの活動については詳しい研究書がある。そこで、我々は彼の最後のパリ滞在の期間に戻り、その間に起きた一つの事項に目を向けて差し支えなかろう。そうすれば、ブルーノとファゴットの人生は別個であるものの、同じステージで同時に演じられていることが明らかになってこよう。ロンドンではステージはソールズベリー・コートで、二人の行動はカステルノーという人物で結びつけられていた。パリではその町自体より狭い場面へとは限定出来ないが、ブルーノとファゴットの人生を知るカステルノーのような役割を果たしているらしい人物につき当たる。その人物とはピエロ・デルベーネである。フランセス・イェイツの研究から当時ブルーノとデルベーネがどの位親しい関係にあったか分かっている。彼らは共に、ジャコポ・コルビネッリというフィレンツェ人の文学研究者で、アンリⅢ世に仕えた人物を中心とした、親密で学識に富んだ者から成るサークルのメンバーだった。ブルーノは裁判の時、そのサークルでパリ滞在中の「大方の時間」を過ごしたと言った。ブルーノとデルベーネは二つの作品を献呈するような人物ではない。その一つは実に膨大な作品でデルベーネに献呈されている。デルベーネは、少なくとも彼の一族は、裕福だった。ブルーノはカステルノーのもとを離れてすぐに彼の軌道に引き寄せられたようである。

デルベーネは文学的興味を持った人物であると同時に、政治的地位をも持った人物であった。彼はパリの状況とアンリⅢ世の宮廷を探るナヴァル王アンリの準公式代理人であった。両王が宗教上反目していたので、彼は微妙な状況に立っていたが、デルベーネの才能にはふさわしかったようである。役目上彼はスタフォードと近しく

していたが、それは起伏はあっても一貫した関係だった。一方、デルベーネとウォルシンガムの間はいっそう疎遠となっていたが、ウォルシンガムにいるナヴァルのスパイとの連絡は取っていた。そういう次第から、ファゴットがちょうどモンパンシェール公爵に仕え始めた頃に、デルベーネがスタフォードと共謀して仕組んだ公爵の立場を変えさせるという計画において、ファゴットと関わっていたと指摘しても何ら驚くことはない。[102] それはファゴットが喜んで手を貸したような類の計略だった。

同様に、デルベーネがテキスト17の書き手とその内容に何か関係があると推理する理由、おそらくはずっと説得力を持つ理由がある。一つは、政治的事情からバスチューユに入獄させられていたプロテスタントの紳士はむしろデルベーネの責任下にあったからである。更なる理由として、一五八六年十一月六日／十六日のバーリー卿宛ての手紙の中で、デルベーネがテキスト17に関して二点述べた部分のちょうど真ん中に挟まれて、スタフォードはフランスのプロテスタント主義にそれ程熱意を感じていないため、モンパンシェールの計画が頓挫して以来、スタフォードがモーガンを獄から解放する計画とその立案者について唯一言及している部分が見い出せることである。まず、ひときわ熱を込めながら、デルベーネは彼の信用を無くすことを意図した情報を密かにウォルシンガムに送っているると嘆いている。後の部分では、ずっと好意的に、その年の秋にデルベーネが、スタフォードとその手紙の相手であるバーリー卿に対して請け負った任務の進行具合について報告している。[103]

バーリー卿にはウィリアム・セシルという孫がいた。この気難しい若者は前年から大陸旅行に出ていた。その途中で彼はローマへ予定外の旅行をした。その時ローマで、彼は聖務省の枢機卿の世話を受けた。それは歴史的にも有名なローマ人の一族の一人で、政治的にはフランスと結びついていたサヴェリ枢機卿であった。サヴェリ枢機卿は何かと物事を取り計らい、セシル青年は一五八六年の夏に無傷のままで――さまざまな憶測があったもののプ

ロテスタントのままで——帰国した。都合の悪いことが起こらなかったので、バーリーは非常に安堵し感謝した。そしてその枢機卿にバーリーの感謝の念を伝えるため、スタフォードに彼のパリのカトリック教徒との関係を利用するよう求めた。デルベーネはそれを行なうにふさわしい人物であった。と言うのも彼のプロテスタントとの関係や、（私の想像だが）彼自身の中立性にもかかわらず、彼の出はフィレンツェのカトリックで、母方の家系はローマに傍系を持っていたからである。デルベーネは明らかに適度に回りくどく、その従兄弟はサヴェリに申し伝えた。サヴェリはたいそう丁寧な礼状を寄こしたが、彼はそうすることを、たとえ破門された王女エリザベスの主要顧問官に対してさえも、はっきりと、まったく隠し立てする必要はないと感じていた。彼は若いウィリアムの世話が出来たことを嬉しく思っていると述べ、特に「誰よりも増して崇める」バーリーへの賞讃を示す機会が持てるように願った。彼は更に広くイングランド人への賞讃をもきっと眼中に置いていたのである。アレンはバーリーをカトリックの世界に公に告発していた。彼はウォルシンガムのようなイングランド人のカトリック・コロニーの者をもい廷臣たちばかりでなく、ウィリアム・アレンのようなローマのイングランド人のカトリック・コロニーの者をもきっと眼中に置いていたのである。アレンはバーリーをカトリックの世界に公に告発していた。[104]

スタフォードがバーリーに先の手紙を書いた二日後にパリに手紙が届いた。とある者がスタフォードに届け、彼とその使者は一緒に楽しく夕べを過ごしたようだった。二人は、サヴェリは次のコンクラーベでエリザベス女王の支援を得ようと、そして教皇と一緒になった暁には、教皇政治に根本的な新機軸を打ち立てるという目論見でイングランド人を教化しているのだと結論を下した。スタフォードに書いたテキスト17の書き手が、手紙を運んだ人物にデルベーネその人であったとは思えないため、ローマからの極秘事項をスタフォードに書いたテキスト17の書き手が、手紙を運んだ人物に相当すると考えて差し支えないかもしれない。[105] スタフォードは、自由主義的な教皇が生まれる見込みが彼の計画していた侵略の

助けになると考えていたのか、妨害になると考えていたのかは分からない。しかし、その見解はさしあたりは冗談としては許されたのであった。

注

(1) J. le Laboureur (ed.), *Mémoires de Michel de Castelnau*, 3rd edn by J. Godefroy (3 vols; Brussels, 1731), iii, 67–171; G. Hubault, *Michel de Castelnau, ambassadeur en Angleterre* (Paris, 1859; repr. Geneva, 1970), pp. 1–26. カステルノーの政治能力に関しては、A. Chéruel, *Marie Stuart et Catherine de Médicis* (Paris, 1858) で、高く評価されている。私は随所でカステルノーの大使職に関する私の未発表の論文を引き合いに出したが、それはこの後執筆を予定している、宗教戦争時のフランスとイングランド人カトリックの間の関係を扱う拙著の前半となろう。必要な所では、'Castelnau in London' として、それに言及することにする。

(2) 「カステルノー邸について」を見よ。本書、四〇九—一一頁、及び図1と9—11。

(3) 'Castelnau in London'; Conyers Read, *Mr Secretary Walsingham* (3vols; Oxford, 1925–7), ii, 366–99.

(4) 英語での主なブルーノ研究は、Yates, *Bruno* と *The Art of Memory* (London, 1966), Dorothea Waley Singer, *Giordano Bruno, his Life and Work* [ママ、*Work* ではなく *Thought* 訳者注] (New York, 1950) である。*DBI*, xiv のブルーノに関する論文 (G・アクイレッキア、一九七二) は、現時点で、事実に基づいてどのようなことが分かっているかを述べている。M. Ciliberto, *Giordano Bruno* (Rome-Bari, 1990) は、哲学的論考で、ある貴重な伝記的事項が述べられ、また参考文献も充実している。ブルーノのイングランド行きについては、テキスト1と Yates, *Bruno* の pp. 203-4 を参照。ブルーノの外見については、*Documenti* の pp. 69, 76 と、おそらく図5も参考になるだろう。

(5) テキスト1. Yates, 'Religious Policy' pp. 192-7 とは相反し、Ciliberto, *Giordano Bruno*, p. 28 とは合致する。私は、ブルーノとアンリⅢ世の関係を、しかるべき時が来れば論ずるつもりである。もしアンリⅢ世がブルーノを排斥しなかったのだとすれば、トスカーナのコジモ大公爵の敵で、一五七六年にイングランドに行くよう促された、フィレンツェ人のピエロ・カッポーニの場合にその先例がある。Castelnau to Henri III, 14-iv-1576 (BN V°C 337, p. 629).

(6) テキスト2。

(7) テキスト3。ハールが「カステルノー邸について」に登場する。本書、四〇九—一一頁参照。

(8) 報告書へ言及する際には、全て後述の「テキスト」に印刷されている版により、またそこで用いられている番号に基づくものとする。

(9) ジョン・フロリオ:本書、五三頁参照。

(10) HMC *Hatfield*, ii. 476: Anjou to Elizabeth, 日付はなし。アンジュー公は、「アンリⅢ世陛下は、その司祭の御言葉によって貴公 [アンジュー公、訳者注] をエリザベスと結婚させようとして、モヴィスィエールの所にいる司祭を遣わした」という希望を抱いて、自分の肖像画をエリザベスに送っている。この手紙が一五八二年以降に書かれたとは考えられない。カステルノーの大使在任期間中に、ミサが行なわれたことはきわめて頻繁に述べられているが、チャプレンについての言及は稀有で、散見されるのみである。

(11) テキスト4と、その日付に関する留意事項。ハーフ・ムーン亭については、同、注2 [ママ、注1、訳者注]。

(12) 意味不明瞭な文はこう続く。'et fault que vous sachiez qu'après que votre exelence a visité auchun pacquet pour adresser vers Icelle [Mary] qui ne laissera a faillira [下線は訳者によるか、<u>remectre</u> [ママ、ママ、ひょっとするとy laissera か faillira の意味] a y remectre [下線は訳者による] d'autre dans ledit pacquet et que cela n'est congneu nullement'. ウォルシンガムは、調べたなどの包みへでも、手紙を追加するのと同様に、そこから手紙を抜き取ったりもしたかったのだろうと私はあえて仮定する。しかし、ファゴットが言ったのはこういうことではなく、もっと込み入ったことの一つだったのかもしれない。秘書がファゴットにそれとなく話していたのは、その筋からの内意を受けてメアリーの内輪の手紙を歪曲し改ざんしたというようなことだった可能性がある。一五八六年のバビントン事件中に、ウォルシンガムは、そうした改ざんを拠り所にしたと、しばしば申し立てられた。'remectre' は、「追加する」「戻す」「届ける」など、複数の解釈が可能である。この解釈如何で、前述の引用文の意味が変わり得る、訳者注]。

(13) クルセルの話については、私は 'Castelnau in London' に依拠する。

(14) A. Labanoff (ed.), *Lettres, instructions et mémoires de Marie Stuart* (7 vols; London, 1844), v. 429; vi. 26, 150n. 1.

(15) キャムデンとアンソニー・ウッドの訪問に関する短い記述は、Singer, *Giordano Bruno*, p. 32 と Yates, *Bruno*, p. 206 に使われているが、5/15-v-1583 より 3/13-vii-1583 の Castelnau to Henri III and Catherine de Médicis の五通の手紙 (Chéruel, pp. 239, 244, 248, 255, 262-3) と、7/17-v-1583 より 15/25-vii-1583 の Henri III to Castelnau の三通の手紙 (BN V°C 473, pp. 409, 415, 433) を基にして、詳細な補足説明を加えることが出来る。ウェンシスロース・ホラーの一六四七年の 'Long View of London' 中に、ウィンチェスター・ハウスの見事な図版がある。それは確かに、カステルノーの言葉通り(本章、注24)「非常に立派な館」だった。

(16) テキスト1°。Yates, *Bruno*, pp. 204, 288-92.

(17) Yates, *Bruno*, pp. 206-11. Castelnau to Mary、おおよそ 6/16-viii-1583 (Hatfield House, Cecil Papers, 162, ff. 21-2; HMC *Hatfield*, iii, 9, Chéruel, p. 282 より日付を定めた)。J. O. Halliwell (ed.), *The Private Diary of John Dee* (Camden Society, xix, 1842), p. 20.

(18) Yates, *Florio*, pp. 87ff; Joan Rees, *Samuel Daniel* (Liverpool, 1964), pp. 2-5.

(19) Yates, *Bruno*, pp. 207-9; P. J. French, *John Dee: the World of an Elizabethan Magus* (London, 1972), pp. 27, 97f, 127ff, 151n. 4. ディーの *Diary*, p. 20.

(20) Yates, *Art of Memory*, 239-59. 『印』は、OL iii², pp. 67-217 に収録。

(21) 本書、四一-二頁参照。Read, *Lord Burghley and Queen Elizabeth* の Herle, William の索引と、*CSP Foreign 1583-1584* から 1586-1587 (Holland and Flanders) の p. 84 及び随所。Read, *Queen Elizabeth and the Netherlands* (London, 1970) の p. 45 の記述、索引で、リードはハールのことを「スパイ扇動者」と述べているが、これは手厳しい言葉かもしれない。ウィルソンは、彼のことを「巧妙な陰謀家」と称しているが、実際、彼は一五八五年にバーリーを脅迫しようとしていたようである。Sir Harris Nicolas, *Memoirs of the Life of Times of Christopher Hatton* [ママ、*Life and Times*、訳者注] (London, 1847), pp. 324ff, 331. Castelnau to Henri III, 21/31-v-1583 (Chéruel, p. 255)。ディーの *Diary*, p. 20 によれば、ラスキは五月十八/二十八日に彼を訪問している。

(22) テキスト5°。

(23) Nicolas, *Hatton*, p. 331.

(24) Castelnau to Henri III, 5/15-v-1583 (Chéruel, p. 240) の示唆するところによれば、カステルノー邸から誰かがウィンチェスター・ハウスを訪れ、ラスキについてハールに話をした。「ある人が、このラスキに非常に立派なお屋敷を貸し与え、彼はこれまでのところ手厚いもてなしを受け、世話役の人たちから愛されていた。」ファゴットとハールの初めての会話は、明らかにところ人目を避けて行なわれた。テキスト3を参照。「この男は大使のことを信用していないことに注目せよ。」

(25) テキスト5。テキスト5は、テキスト6と共に、その翌日に書かれていると思う。

(26) テキスト9。

(27) Linda Levy Peck, *Northampton: Patronage and Politics at the Court of James I* (London, 1982) は、ハワードの見事な政治活動歴伝で、ハワードの権勢期の後半に的を絞り、彼がいかにしてそれをなし得たかを説明している。ペックは、我々の扱う時代におけるハワードの行状を、うまく簡潔に纏め上げている (pp. 6-13)。ハワードと教皇制度については、pp. 111-13。また、*DNB*, Neville Williams, *Thomas Howard Fourth Duke of Norfolk* (London, 1964), 拙論 'English Catholics and the French Marriage', *Recusant History*, v (1959), 2-16 も参照。ここで述べられている書物は、*A Defensative against the Poyson of supposed Prophecies*(『有毒偽予言の予防』以下『予防』)(London: John Charlewood, 1583) である。Peck, *Northampton*, p. 12.

(28) J. H. Pollen and W. MacMahon (ed.), *The Ven. Philip Howard, Earl of Arundel, 1557-1595* (Catholic Record Society, xxi, 1919) は、知識の総目録であるが、それ程はっきりした印象は残していない。伯爵は一五八四年九月まではカトリックに改宗していなかった。また、その当時は、ソールズベリー・コートに近い、ストランド街のアランデル・ハウスに暮らしていた。しかし、ファゴットが言わんとしたのはこのことであるはずがない。と言うのは、ハールは、調査のため人を「地方へ」送り込んだと言っているからである。それはおそらくアランデル・ハウスは、約一年後に司祭を確保し (*Philip Howard*, p. 67)、その二年後に、そこはイエズス会士のロバート・サウスウェルの住居となった。C. Devlin, *Robert Southwell* (London, 1956), pp. 132ff.

(29) フランシス・スロックモートンに関しては、我々はかなり知識不足だが、A. L. Rowse, *Ralegh and the Throckmortons* (London, 1962)に少々記載がある。この著書は、主としてプロテスタント側から見た、十六世紀のある一族の生気溢れる歴史である。陰謀に関しては、Read, *Walsingham*, ii, pp. 380-90. アーサーとフランシスに関しては、Rowse, pp. 71, 73. アーサーとオックスフォードへの旅に関しては、pp. 79f. 宮廷におけるアーサーに関しては、pp. 77, 79.

(30) テキスト7。アランデルに関しては、拙論 'English Catholics and the French Marriage'（本章、注27）。アランデル伯のフィリップ・ハワードは、後には疎遠になったようだが、ヘンリー・ハワードと非常に懇意にしていた。アランデル伯のフィリップ・ハワードと混同してはならない。

(31) Castelnau to Henri III, 9/19-xii-1583; to Mary, およそ 10/20-xii-1583 (BL Harleian 1582, ff. 329-31, 377f).

(32) テキスト8。

(33) テキスト9。「モリス氏」は、*CSP Foreign 1585-1586*, p. 543 で、エドワード・モリスのこととされている。フェロンは、Castelnau to Queen Mary, [iv]-1585 (BL Harleian 1582, f. 371 v の「私の前で、全てを記したローラン (Leurant [ママ、あるいは Laurant])」) で、大使館員だと認められている。ジローがフランスにいる妻に宛てたローランに途中で盗られたことがあったが、ひょっとするとファゴットもまた、この件に関係があったかもしれない。24-i/3-ii-1584 (PRO SP 12/168, no. 5). この手紙は主として、靴下とシャツの取引についてであった。もしそうだとすれば、手紙はおそらくトマス・モーガン宛てだったはずである。

(34) テキスト10。ヘンリー・ノエルについては、テキスト3を参照。スコーリーのカステルノーとの関係は、14/24-ii-1585 (PRO SP 12/176, no. 53) の彼の取調べ、Castelnau to Walsingham, 21-vi/1-vii-1585, 5/15-i-1587 (BN V°C 472, p. 249) そして、Scory to Castelnau, 5/15-i-1587, 5/15-vii-1585 と 8/18-vii-1585 (*CSP Foreign 1584-85*, pp. 547, 584, 589) を参照すれば、更によく分かる。ジョン・オーブリーには、スコーリーの生涯についての短い著述がある：*Brief Lives*, ed. R. Barber (Woodbridge, Suffolk, 1982), pp. 280f. スコーリーは、*Leicester's Commonwealth*, pp. 234f と n. p. 245 で、かなり手厳しい扱いを受けている。

(35) テキスト11、11a とテキスト11の日付に関する留意事項。

(36) クルトワというのは、ファゴットが先の情報で、大使館を頻繁に訪れていると述べたスペイン人の名前だとハールは考えていた。

(37) 本書六六頁以下。テキスト 10。

(38) W. Cobbett (ed.), *State Trials* (2 vols; London, 1809), i, 1095ff; L. Hicks, 'The Strange Case of Dr William Parry', *Studies* (Dublin), xxxvii (1948), 343-62 にあるパリーの裁判記録参照。パリーとファゴットについての推察は、'Parry to Thomas Morgan, 12/22-ii-1584 (*CSP Domestic Addenda 1580-1625*, p. 113) の「皆のためになるように、その場合に良心の名において出来そうなことを余す所なく知ろうと、私は力を尽くし、我々の側のある特別な男に相談を持ちかけた。私は彼の学識に威圧され、良きキリスト教徒なら、そのようなことを考えるはずがないということがはっきり分かった。」による。Hicks (p. 356) は、この一節をもう少し広い意味に解釈している。私は、'Castelnau in London' で、パリーがこの頃ソールズベリー・コートを訪れたことを示している。

(39) *CSP Domestic 1581-1590*, pp. 240, 284, 305; *Philip Howard*, pp. 130, 131, 137. ポレンはここで (p. 130n)、一五八四年六月頃に逮捕されたと言っているが、私はこれの証拠が見つけられない。後の告白によると、彼は自分が反イングランド強硬派であると示しはしたが、女王暗殺を企んだことで告発されたのではなかった。

(40) *Documenti*, p. 91.

(41) *DI*, pp. 1-171. アクイレッキア版の『晩餐』(Turin, 1955) も参照する。『晩餐』の第二参考文献とし、必要な場合は *DI* のページ数／アクイレッキア版のページ数として示す。単独で言及する場合には、『晩餐』(アクイレッキア)と記す。「テトラローグ」という語はジョークだが (『晩餐』p. 24/87)、便利な語だと思う。

(42) 『晩餐』, pp. 26, 544/90, 279, 281. 第二版には経過にごまかしがあるばかりでなく、カステルノー邸でのブルーノの所在や、テオフィロによる語りの史実性をプルデンツィオが賞讃する部分などが削られている。'Ab origine, ab ovo: a tempore, loco et personis optime exorditum.' (「生まれつき、初めから。環境から、つまり場所と人々によって、たいそう立派に織られたもの。」)

(43) アクイレッキアは自ら編集した『晩餐』、p. 115 の注でより詳しい日付を特定した経過表を作成し、招待状がきた

(44) 実際それぞれの日付には――そのようには思えないものの――ちょうど四週間の隔たりがある。これは一五八四年はうるう年だったからなのだが、二月二九日は旧暦ではレントに入っていなかった、新暦では入っていた。

(45) アクイレッキアは晩餐の日を二月四/十四日としているが、彼はその年がうるう年だったことを忘れていたため、実は一日先の日付だったのである。しかし、全ての研究者が彼の説に追随しているようである。Documenti, pp. 115f (ブルーノと物忌み)、Acts of the Privy Council, new series, ed. J. R. Dasent (London, 1890–), xii (1896), 329.

(46) Documenti, p. 121.

(47) 『晩餐』、pp. 9/69-7–. 本文は 'Memento homo quia pulvis es, et ad pulverem reverteris' (「人間よ、汝は塵であり、塵に帰ることを忘れるなかれ」) で「創世記」、三の一九による。「伝道の書」、三の二〇参照、この章はブルーノが特に偏好した部分である。

(48) 私は、『晩餐』は二月十一/二十一日か十二/二十二日に 'composto o iniziato' (「書かれた、もしくは着手された」) とするアクイレッキアの下した結論に反対する。

(49) 『晩餐』(アクイレッキア) 補遺 I と II pp.275-305、アクイレッキアの 'La lezione definitiva della "Cena de le Ceneri" di Giordano Bruno', Atti della Accademia nazionale dei Lincei: Memorie, Classe di scienze morali, etc.⁸, iii (1950), 207–43 に基づく。アクイレッキアによる経過表はあまりにも独断的だとする感じも拭いきれない。Giornale storico della letteratura italiana. cxxxvi (1959), 558–63 の R. Tissoni を参照。

(50) 『晩餐』（アクイレッキア）、p. 49, 'La lezione definitiva', pp. 224f より。ミケーレ・チリベルト版の『傲れる』(Milan, 1985), p. 17 の序文参照。この問題については本書、二七七頁以下で論じる。

(51) Castelnau to Henri III, 18/28-vii-1584 (Chéruel, p. 317).

(52) 『原因』については DL, pp. 172-342 とアクイレッキア版 (Turin, 1973) にもよる。『無限』については DL, pp. 343-537 による。ジェンティーレは題名中の 'infinito' の後にコンマを付け、その語を名詞に変えるという間違いを確かに犯している。『原因』の内容と形式についてはアクイレッキア版の序文 (pp. xi f, xxxix f) を見よ。

(53) 同書、pp. xii, 8.

(54) 『原因』、pp. 175-7/5-8.『無限』、pp. 345-7, 359-63. カステルノーの妻と娘については『原因』、pp. 295/122f.

(55) ディクソンの履歴は John Durkan, The Bibliotheck (Glasgow), iii (1962), 183-90 で概説されている。更に Yates, Art of Memory, pp. 260-78 とアクイレッキア版の『原因』pp. xliii-xlvi. ディクソンの敵方を、エリザベス朝カルヴァン派神学者の中で最も名高いウィリアム・パーキンズだとする説は首肯するに足りると思う。Rita Sturlese は 'Un nuovo autografo del Bruno', Rinascimento², xxvii (1987), 387-91 でブルーノからディクソンへの直筆の献辞が書かれた『理性の影』を彼女自ら発見したと報告している。

(56) 『原因』、p. 260/92. カステルノーは若い頃 Ramus, De moribus veterum Gallorum をフランス語訳した (Hubault, Castelnau, p. 2 による)。

(57) アクイレッキア版の『原因』、pp. xliff. これは Yates, 'The Religious Policy of Giordano Bruno' による。

(58) 『原因』, pp. 191-224/29-59.

(59) 『原因』, pp. 197, 199, 204-5, 214/35, 37, 41-3, 49（文学的な異論）, 176/6（女性、アクイレッキアは性的な含みがあるとは思っていない）, 194/32f（大使館への引き籠もり）, 176/6（大使館の使用人）, 209f/46（中世のオックスフォード）, 222-3/58-9（エリザベスとテムズ河）。Emile Namer, pp. 76f と Sidney Greenberg, p. 107（参考文献 3 を見よ）は、Yates, Bruno, p. 288 とアクイレッキア版の『原因』p. 58 注とは異なり、'desmetterla'（やめさせる）

(60) のためにエリザベスの敵方が行った骨折りを、道徳的な意味だけでなく、政治的な意味にも（'atteindre'―私権剝奪、'dethrone'―退位させる）解釈しているが正しいと思う。

(61) 七月十／二十日。*Holinshed's Chronicles* (6 vols; London, 1807–8), iv, 548.

(62) 『原因』、p. 198/36（スープの中の毛、他）、『無限』、pp. 385–6.

(63) Castelnau to Walsingham and the Council, 7/17–16/26-viii-1584 (*CSP Foreign* 1584–85, pp. 11–24; Yates, *Florio*, pp. 63–5) に記されている。

(64) 私はこの男を "Mr. William Hou!" とするカステルノーの記述 (to the Council, 16/26-viii-1584) からハールだと思っていたが、この時期ハールは任務を与えられエムデンにいた (*CSP Foreign* 1583–84, pp. 546, 626; 1584–85, pp. 88, 155)。

(65) Castelnau to Burghley, 29-viii/8-ix-1584, to Walsingham, 30-viii/9-ix-1584 (*CSP Foreign* 1584–85, pp. 36, 38); to Henri III, 8/18-ix-1584 (Chéruel, pp. 327–31).

(66) *DI*, pp. 547–831. ブルーノの差し迫った帰国については、p. 549. Henri III to Castelnau, 19/29-x-1584 (BN ff 3305, f. 56). Castelnau to Henri III, 4/14-xi-1584 (Chéruel, p. 347) を参照。

チリベルト版の『傲れる』の序文 pp. 7–59. *La sommersa nave della religione* (Naples, 1984), p. 33 で、この本を 'una sorta di anti-Evangelo'（「一種の反福音書」）だとする A. Ingegno の説明はそのとおりであるが、明確さに欠ける。

(67) 『傲れる』、pp. 622 ff, 707 f.

(68) 『傲れる』の主題を述べた p. 570 と pp. 823–9 を比較せよ。チリベルトも *La ruota del tempo* (Rome, 1986), p. 145 で指摘している。

(69) 『天馬』と『キッラのろば』、*DI*, pp. 833–923.

(70) 献呈書簡……いとも尊いサパティーノ神父様に……、p. 836. 'al fine, non avendo altro da ispedire, più per caso che per consiglio, ho volti gli occhi ad un cartaccio che avevo altre volte spreggiato e messo per copertura di que' scritti (*Spaccio*): trovai che conteneva in parte quel tanto che vi vederete presentato.'（「ついに、御忠告のためよりはむしろ

(71) *De comparatione imaginum*, OL ii³, 237-8, and *DL*, p. 835n. 1: 'Nos particulari stylo de illo (sc. asino) scripsimus, quod, quia vulgo displicuit et sapientibus propter sinistrum sensum non placuit, opus est suppressum.' (「私たちはそれ（すなわち、ロバ）について独特の文体で書きました。なぜなら、ロバは愚者には嫌われ、賢者には不吉な意味のために好まれないので韜晦する必要があります。」) この文の意味するところは、キリスト教の風刺だとすぐに分かるだろう。N. Ordine, *La cabala dell'Asino* (Naples, 1987) は、ロバという登場人物にみるプラス面とマイナス面の区分を試みている。区別はなされるべきだと思うが、ブルーノはそのヒントとなるようなことをさほど多く提供していない。

(72) テキスト13。サインは「ヘンリー」で、内容からファゴットが書いたのが明白である。

(73) クルセルの話については 'Castelnau in London' を参照している。Arnault to Walsingham, 16/26-ii-1585, 4/14-iii-1585 (PRO SP 78/13, nos. 31, 49 bis; *CSP Foreign 1584-85*, pp. 285, 323); Thomas Morgan to Mary, 5/15-i-1585 (Murdin, p. 456, misdated to 1586) を見よ。

(74) Leo Hicks, *An Elizabethan Problem* (London, 1964) は、モーガンとその友人チャールズ・パジェットに関する情報を納めているが、この本はイエズス会士による情報に頼り過ぎていたり、モーガンはイングランド側のスパイだと信じ込んだ上で論じているなどの問題点を含む。私がカステルノーの秘書について新たな見解を述べたため（本書、四九頁）彼の論旨は大きく損なわれてしまった。Hicks, pp. 177-84（本書、一〇-二頁を見よ）を参照。Mark Greengrass, 'Mary, Dowager Queen of France', *The Innes Review*, xxxviii (1987), 171-88 はこの点で新たな口火を切っている。

(75) Walsingham to Stafford, 12/22-ii-1585, Stafford to Walsingham, 24-ii/6-iii-1585, 1/11-iii-1585 (*CSP Foreign 1584-85*, pp. 277, 301, 309).

(76) テキスト14。

(77) *DL*, pp. 925-1178. ブルーノとシドニーについては同書、pp. 947-8; John Buxton, *Sir Philip Sidney and the English*

(78) 『狂気』、pp. 927-30, 932. Yates, 'Religious Policy', p. 185 はこれら「偽善」聖職者とはイングランドのプロテスタント教徒だと考えている。私には主にローマ教会に属する人たちのように思われる。

(79) 『狂気』、pp. 955-7, 1165-78（この作品の始めと終わり）。ジェンティーレはキルケをローマとみなしているが(p. 1171) まったくそのとおりである。

(80) 『狂気』、pp. 946, 1168 ff.

(81) 前出、注65°. Jean de Vulcob to Castelnau, Paris, 15/25-vii-1585 (BN V°C 472, p. 141) はカステルノーの「愛娘」の誕生を祝している。シャトーヌフのイングランド到着については A. Teulet (ed.), *Relations politiques de la France et de l'Espagne avec l'Écosse au XVIe siècle* (5 vols; Paris, 1862), iv. 79 に書かれているが、年代を一年誤っている。Castelnau to Archibald Douglas, London, 22-ix/2-x-1585 (HMC *Hatfield*, iii, 110) から出発の日が特定出来るが、その遅れの原因をカステルノーの妻の具合としている。

(82) テキスト15と日付についての注。アンリⅢ世は自身の宮廷にプロテスタント教徒を雇い入れなかったが、ファゴットはそれにふれているため、彼の手紙には信憑性がある。Jacqueline Boucher, *La Cour de Henri III* (n. p., 1986), p. 180. フロリオ同様フェロンもプロテスタント教徒だということである。

(83) ジローについては Castelnau to Florio, [13/23]-ix-1585, to Walsingham, 14/24-ix-1585 (Yates, *Florio*, pp. 68-70; *CSP Foreign* 1585-86, pp. 260, 24). フロリオへの手紙には日付は付されてないが、その週の月曜日に書かれたに違いない。ファゴットについては Thomas Pullison, Lord Mayor of London, to Walsingham, 9/19-ix-1585 (PRO SP 12/182, f.18). ファゴットは「モヴィスィエールに仕える司祭」と記されている。ロンドン市記録保管所の市長法廷の記録には、この事件の痕跡があってよいはずだが、その年の書類は非常に不完全でまったく跡形もない。

(84) ドーバーで降ろされたイングランド人青年への審問は、一五八五年九月十四／二十四日と十五／二十五日に行なわれたが、それを基にジローと船の離英の日が特定出来る (PRO SP 12/182, nos. 15-19)。カステルノーの帰国の旅については、Yates, *Florio*, p.71; Castelnau to Douglas, 22-ix/2-x-1585), to Burghley, St Leu-la-Forêt, 20/30-x-1585

(85) (HMC *Hatfield*, iii, 110; *CSP Foreign 1585–86*, p. 97)。カステルノーの辿ったパリへの行程を見ると、彼はライからジェップに渡ったようである。

(86) テキスト1、Yates, *Bruno*, pp. 291–305 及び 'New Documents,' 後者は Rita Calderini De-Marchi, *Jacopo Corbinelli et les érudits français* (Milan, 1914) を更に詳説している。これら両方共コルビネッリの Gianvincenzo Pinelli, BA T 167 sup への手紙を基にしたもので、私もこれを後に使用するつもりである。

(87) 蔵書室係員コタンの日記からの抜粋が *Documenti*, pp. 39–46 に所収。私はそのオリジナルを見ていないが BN ff 20309 に収められている。

(88) *Documenti*, pp. 104, 133.

(89) この年、ブルーノの生活のこの方面に関しては Yates, 'New Documents,' を見よ。コルビネッリは一五八六年五月二十七日／六月六日の手紙でブルーノを「気の置けない仲間で、人生を享受する人間だ」(本書、四〇頁)と評している。

(90) *Documenti*, p. 85. ブルーノはマールブルクでの試みについては陳述していない。それについては Singer, *Giordano Bruno*, pp. 139–41 を見よ。ジェンティリとパラヴィッチーノについては *CSP Foreign 1585–86*, p. 652 を見よ。パラヴィッチーノは一五八六年三月三十一日／四月十日から一五八七年四月七日／十七日までの間、一五八六年六月にかの選帝侯を訪ねた旅行以外はフランクフルトに滞在した。彼はヘッセ伯爵にフランクフルトへの往復それぞれの途上で合計二度会った(同書、pp. 515, 652; 1586–88, pp. 14, 41, 274, 281 他)。ブルーノはこの時期フランクフルトにいたことを認めなかったが、マインツ、ウィスバーデン、マールブルクへの旅は彼のフランクフルト滞在を暗示している。彼は数年後、この町に長期間滞在した。ブルーノにとってはパラヴィッチーノとの関係を白状するのは危険だったのだろう。と言うのもパラヴィッチーノは異端者として正式に破門されていたので彼との接触は一五八七年初頭には禁じられていたからである。Lawrence Stone, *An Elizabethan: Sir Horatio Palavicino* (Oxford, 1956), pp. 8–10; *CSP Foreign 1585–86*, pp. 222, 224.

テキスト16。

(91) *CSP Foreign* 1585–86, pp. 554, 575, 587 (April 1586) と以後随所。スタフォードはコンデ公アンリと共に養育されたが、それについては同書、1586–88, p. 129.

(92) テキスト17。

(93) 一五八五年六月。A. Lynn Martin, *Henri III and the Jesuit Politicians* (Geneva, 1973), pp. 135, 140 f.

(94) Charles Paget to Mary, Paris, 5/15-ii, 31-iii/10-iv-1586 (Murdin, pp. 463–7, 506–10; also pp. 479, 503). ローマ側についてはBlet, *Ragazzoni*, pp. 379 ff; Hicks, *An Elizabethan Problem*, pp. 151–6.

(95) ギルバート・ギフォード——問題になっている第三者——の告白、Paris, 4/14-viii-1588 (HMC *Hatfield*, iii, 347, 349; cf. *CSP Domestic Addenda 1580–1625*, pp. 221 ff). この件全体に関する最上の概説はCuthbert Butler and J. H. Pollen, 'Dr Gifford in 1586', *The Month*, ciii (1904), 243–258, 348–366 である。

(96) J. H. Pollen (ed.), *Mary, Queen of Scots, and the Babington Plot* (Scottish History Society', iii; Edinburgh, 1922).

(97) テキスト18。

(98) '...et quant a Morgand que depuis troys moys il luy [Elizabeth] a mandé que si il luy plairoit accorder sa grace, qu'il luy descouvriroit toute la conspiration de la Royne d'Escosse'. (「……モーガンに関しては、彼は三カ月前から彼女 (エリザベス) に手紙で知らせていた、彼女が自分の思いを喜んで聞き届けてくれれば、彼女にスコットランド女王の陰謀を全て暴露すると。」) Bellièvre and Châteauneuf to Henri III, London, 8/18-xii-1586 (BN ff 15892, ff. 44–6). この一節はそもそも一八四三年にAgnes Stricklandが活字にしたものである。それがHicks, *An Elizabethan Problem*, p. 151 に引用されている。私は一九八九年五月にパリでこれを見つけた時には欣喜した。

(99) テキスト18。

(100) 私は'Su Bruno e Tycho Brahe'とブルーノの作品の早期の版の現存本に関する *Bibliografia e censimento* の著者であるDr Rita Sturleseによる研究を念頭に述べている。それについては参考文献4を見よ。

(101) Yates, 'New Documents'と本書、一〇五頁。Lauro A. Colliard, *Un dottore dell'Ateneo patavino alla Corte di Francia: Pierre d'Elbène (1550–1590)* (Verona, 1972) は、文学的たしなみのある有閑紳士としてのデルベーネを確証するには

(102) 本書、一〇六-八頁。

(103) Stafford to Burghley, 6/16-xi-1586 (*CSP Foreign 1586-88*, p. 125), テキスト18。

(104) Conyers Read, *Lord Burghley and Queen Elizabeth* (London, 1960), pp. 350-1 and nn. 43 and 46; Burghley to Stafford, 2/12-x-1586 (Murdin, p. 56); Stafford to Burghley, 29-vii/8-viii-1586, 9/19-xi-1586 (*CSP Domestic Addenda 1580-1625*, p. 183; *CSP Foreign 1586-88*, pp. 136f.).

(105) 先に引用したスタフォードの手紙の、この事件についての記述から、デルベーネ自ら手紙を持ってこなかったことがうかがえる。「昨日、アルベーネの僧院長が知らせを寄こした……私はその手紙を見た……最後の要点を読んだ我々は……。」（ジャコポ）サヴェリ枢機卿は一五八五年グレゴリウスXIII世の死に際しては、「教皇として選ばれるにふさわしい」人物であり、イングランドに対して独立した態度をとっていた。しかし彼はほぼその三週間後に死亡した。Pastor, *History*, xix, 13; xx, 515; xxi, 235; Hicks, 'An Elizabethan Propagandist', p. 186.

130

第二部　時の娘、真理

「時の娘、真理」のエンブレム。Geffrey Whitney, *A Choice of Emblems and Other Devises* (Leyden: Plantin, 1586), p. 4 より。

1　反対の一致

i　大使館の司祭

我々はこれまで、一五八〇年代のほぼ三年間、ロンドンにおける二人の男の経歴を追ってきた。その二人には、かなり多くの共通点があった。彼らは二人共イタリア人で、カトリック司祭だった。二人共一五八三年の四月頃に、ロンドンのカステルノー邸を訪れ、それ以降、そこに住んでカステルノーに仕えた。二人共ローマ教皇、スペイン、そしてイングランドのカトリック教徒の陰謀に激しい敵意を持っていた。二人共一五八五年九月にカステルノーと一緒にイングランドを離れてパリに向かい、到着後すぐにカステルノーに仕えるのをやめた。二人共一五八五年にエリザベス女王自身に拝謁し、途方もない忠誠心をもって女王のことを記した。一五八六年の間に、一人は永遠にパリを離れ、もう一人は消え失せた。

この完璧な符合について、二種の説明が可能のようである。すなわち、素姓も感情も経歴も態度も互いに非常によく似た二人の男がいて、二年半にわたって同じ所に暮していたか、それともその二人の男が同一人物だったかの二種である。前者の場合、二人はきわめて親しくなったか、互いに神経を逆撫でしたかのどちらかだったに

違いない。

記録類という証拠からすれば、概ね最初の仮説を選ばねばならない。なぜなら、二種類の記録類があるため、二人の人間がいたことが示され、それらがはっきりとした形で交錯する所はどこにもないからだ。ところが単純に考えれば二番目の仮説を選ぶ際に、半ば記録類に基づき、半ば合理性に基づく、四つのことを考慮に入れておかねばならないと考える。

（一）二人のうち一人については名前がない。「ヘンリー・ファゴット」は偽名で、その名で書いていた人物に付けるべき実名がないのだ。イギリスを離れて後、その名を使うのをやめたようで、彼に付けるべき名が全然分からないのだ。もし、このような人物がいたのだとすれば、実際には二つではなく三つの経歴を追跡することになるが、それらのうちの一つについては、何の証拠も現れていない。名がないだけではなく、ファゴットはこれまでどのような人生を歩んできたのかも分からない。どこからともなく現れ、宙に消え失せ、自分のことは（少なくとも直接には）何も話さず、情報を伝えて報酬を要求する男の役割でしか存在しない。彼が実在したことを示す証拠が出現する可能性は確かにあるが、しかし、今現在の手持ちの資料に基づけば、ファゴットという人物は実在しなかったようである。

（二）カステルノーがロンドンを離れるその前夜、その邸には司祭が一人しかいなかった。このことは、後任の大使、シャトーヌフと面会したという、ファゴットの報告から明らかになる。シャトーヌフは、彼に、ロンドンの町を歩き回るのは怖くないかと尋ねた、「と言うのは、私は他の全ての者たちの中でも、とりわけ知られていて当然の人間〔大使館の住人〕だから」。ファゴットの返答からは——その中で、彼は、誰からも「職務のために」危害を加えられたことはなかったと語った——その回りくどい言回しの裏に彼が隠していたものは「司祭」

だったということが明白である。実際、我々が推理するまでもないことなのだ。と言うのは、ファゴットは、'le pr [estre]' (司祭) と書き始めてしまってから、これを認めるのは不注意だと気づき、途中で消しているからである。「司祭」こそシャトーヌフの使った言葉だった。彼はファゴットに、一人はイタリア人、もう一人は明らかにフランス人の二人の司祭を同行して来たと話を続けた。そして新しい司祭たちにも彼ら自身はどのようにして状況に対処してきたか教えてくれるように、そして新しい司祭たちにも彼ら自身はどのようにして状況に対処するか助言してやってくれるように頼んだ。このことから、大使館内には司祭が一人しかいなかったこと、そしてそれがファゴットだったことが明らかなようだ。従って、ファゴットが、しばらくの間そこで唯一の司祭だったと結論しても至極当然だろうが、必ずしもそういう結論になるわけではない。明言出来るのは、カステルノーが母国に戻った時、司祭は一人しか連れて行かなかったということである。ブルーノとファゴットの両方が彼と一緒に帰国したのだから、この二人は同じ人間だったに違いないのだ。

一五八五年の夏、大使館内には司祭がもう一人（すなわちブルーノ）いたが、シャトーヌフはその男のことを知らなかったか、またはその男が司祭だということを知らなかったのだと考えられるかもしれない。その可能性を考えてみよう。シャトーヌフは、その前任者カステルノーの大使館の管理、監督について深い疑惑を持ってロンドンに到着した。彼は、館内に、プロテスタントや、スパイ、裏切り者が多数存在すると確信していたのだ。それで、どの人間を雇い続けておくか——そのような者がいればの話だが——を見極めるためにも、そこにいる者たちを徹底的に調べる必要があったのだ。また、自分の裁量で——それともひょっとするとヴィルロワか母国にいる他の誰かから指示を受けたのかもしれないが——好奇心を満足させるためにも、カステルノーの帰国後、シャトーヌフは、妻を経由して、カトリックの観点から、カステルノーの行状について手厳し

い非難の言葉を国に書き送ったが、その手紙は残っていない。不運なことに、シャトーヌフが着任した時、カステルノーは大使館関係者及び使用人のリストを渡したに違いないが、そこからブルーノを抜いておいたか、後になってブルーノ本人が主張したように、御付きに姿を変えていたということが考えられる。しかし、宗教的にも政治的にも激しく分裂している館内で、神聖同盟のメンバーの一人がシャトーヌフに真実を教えなかったということは考えられない。ジローはこの春以来シャトーヌフと親しい付き合いがあり、明らかに彼に大使館のことをかいつまんで話していた。きっとブルーノのことも教えていただろう。ファゴットがウォルシンガムにジローについて教えたのと同じ位、ジローはシャトーヌフにブルーノについて教えたと思う。いずれにせよ、たとえ隠したかったとしても、カステルノーにはブルーノをシャトーヌフから隠しきれたはずがない。丸々二年間、ブルーノは、自分がカステルノーとどんなに親しい関係にあるかを、住んでいた屋根のてっぺんから吹聴していたのだから。もし気づいていなかったとすれば、シャトーヌフは耳と目が不自由だったということになるだろう。もしそのことをシャトーヌフに教えてやらなかったのだとすれば、アンリⅢ世、カトリーヌ・ド・メディチ、ヴィルロワ、ベリエーヴル、そしてその他のフランス枢密顧問官たちもやはり耳と目が不自由なのと同然だし、もしファゴットがブルーノでなかったのなら、シャトーヌフは、ダグラスやル・ブルーメン、フェロン、フロリオについても同様、ブルーノについても知っていることを話してくれるようにファゴットに頼んだだろう。ブルーノ本人が目の前にいたから、ブルーノのことを尋ねなかったのだ。実際、ファゴットから届いた面接の報告を読めば、慎重な書き方ではあるが、シャトーヌフが自分は誰に向かって話をしているのか完全に分かっており、しかもそれがブルーノだったことも分かっていたと示唆しているように思われる。最初にファゴットに尋ねたのは、名の知られたカトリック司祭の身なのに、ロンドンの町を歩き回るのは怖くはないかということだった。そ

の質問の枠組から見て、シャトーヌフかブランカレオーヌか誰かが、ブルーノとフロリオがストランド街を歩いている時にロンドンの庶民に酷い目に遭わされたという芝居がかった記述のある、『晩餐』の対話2か、イングランド一般大衆の残虐さを思い起こさせるブルーノの何か別の記述を読んでいたことが推察されるかもしれない。後になってファゴットに、ロンドンでの処世術を新着の司祭たちに教示するよう頼んだ時、シャトーヌフは、こうして協力すれば、ファゴットにも少々は身のためになるだろうと加えた。この言葉に仄めかされているのは、ファゴットが何かの窮地にはまり込んでいて、シャトーヌフはそこから救い出してやることも、それにうまくけ込むことも出来たということである。逃亡ドミニコ会士には、フランスに戻った時に、アンリⅢ世──シャトーヌフはアンリⅢ世の顧問官なのだ──の庇護を続けて受けられないならば、尚いっそう困ったことになると予測出来たのだ。

ファゴットの書いたこの面談についての報告書の含みに私の与えた解釈に、無理に賛成する必要もなければ、ましてや、実際の質問にはブルーノの行状に関する問いがもっと多数あったが、自分がブルーノであると分かるようなことは一切文書には書き加えずにおいたのだという私の意見に、無理に同意する必要もない。一旦ファゴットを同一人物だと確定してしまえば、ファゴットは非常に用心深かったので、これを確定するのは報告書中のこれらの部分を私がどう解釈するかによるのではない。この解釈も説得力を持つと思えるのだが、これを確定するのは報告書中のこれらの部分を私がどう解釈するかによるのだ。

（三）もし、ファゴットが大使館でただ一人の司祭だったということを明らかにしている箇所がもし、その証拠がきわめて信憑性に欠けると考えたとしても、シャトーヌフが、そこには司祭が一人しかいないと信じており、彼が間違っていたなどとは考えようもないということにより、このことは確定される。もし、ファゴットとブルーノが我々が知っているとおりの人物で、二年半という期間にわたって同じ大使

館内に住んでいた二人の別人だったとすれば、彼らのどちらもこの期間中に、もう一人の存在を述べたことがないというのは考えられない。いや、むしろ、ブルーノなら、我々に残された全てである彼の著書の中で、考えが自分とよく似たイタリア人司祭がもう一人大使館にいると述べる機会がなかったということも考えられなくもない。ひょっとすると、彼はブルーノの対話篇のうちの一つで、ほんの僅かしか出番のない端役、暗闇の中でバックハースト桟橋から出る船におそらく席が一つあるだけの人間でしかなかったのだから、と誰もが考えるかもしれない。それでも、きっとブルーノには、彼のことを言わない理由があったはずだ。他方では、ファゴットは、ソールズベリー・コートで起きていることや、おそらくはパリにいる知人同士の間で起きていることをも報告するようにと雇われていたにもかかわらず、いついかなる時にも決してブルーノのことを言わなかったし、彼から得た情報を伝えたことも、彼をスパイにスカウトしようとしたことも決してなかったし、その時代の最も忘れ難い雑談の名人の言葉一つですら決して記録していない。こんなことは、まったく信じ難い。純粋に合理的な可能性に基づくならば、おそらくこのことがファゴットとブルーノが同一人物だったということの最有力の論証となるだろう。しかしその性質から言って、それには記録に残った根拠が皆無なので、歴史家の観点から見れば、先述のものよりは劣った論証だと思う。

（四）もし、ファゴットとブルーノが同一人物だと証明すれば、ブルーノがファゴットの全ての報告書を書いたのだと証明することになる。だが、彼がテキスト17を書いたと証明することにはならない。なぜかと言えば、17がファゴットによって書かれたということをまだ証明していないからである。これを証明しなければ、彼ら二人で一つの経歴――もし、本当にそうだったのならばだが――について、彼らがパリに戻った後は、あまりたいした知識は得られない。

前記㈣は、細部に関わる事柄なので、今この時点では扱う必要はない。私は次のように考える。㈡──シャトーヌフとの面談からの論証──は、ブルーノとファゴットが同一人物だったことを十分に立証している。㈢──ファゴットがブルーノに関して沈黙を保ったこと──は、致命的になり得る反論を片付け、㈡の確証を絶対的なものとする。これらを総合すれば決定的だと思う。㈠──偽名について──は、証明それ自体には何ら決定的なものを加えはしない。それは、ファゴットと呼ばれる人間が実在しなかったことは証明するが、ファゴットという偽名を使った人間の実名がブルーノだったということの証明とはならないのである。が、別個の記録証拠類が存在するから別人だとされた二人の男が、実は同一人物だったとすることの障害を、㈠によって片付けられるのだ。と言うのは、偽名を用いて、自分とは別の人間がいると偽り、そうし続けたのかも判明する。また、㈠により、ブルーノが自分一人しかいないのに、ファゴットという偽名を使い、書き手がブルーノだと分かるようなものは、偽名を使って書くのを終始避けることによって、なぜ──イングランド側のスパイという仕事を選び、首尾よくそれをやり遂げることと、正体が見破られないことを願ったから。我々は史実に基づく証拠を扱っているのだから、それにまつわる経緯が必要なのである。

ブルーノとファゴットが同一人物だったということは、序文の中で読者の皆さんに申し上げたことである。それで今私は、それが本当だったと確証されたという仮定に基づいて、話を進めたい。これまで辿ってきた二つの物語を、一人の人間についての二つの物語として再考することがすぐにも必要となるだろうが、それが私にとっても、また忍耐強い読者の皆さんにとっても喜びとなることを望んでいる。さて、その作業を始める前に、私の出した結論に対する反論を片付けておきたい。実際のところ、証拠には障害となる難点はごく僅かしかない。大

体において、二つの別個の資料は実にぴったり符合するが、実際的な問題が一つ、記録上の問題が一つ考えられる。

ブルーノとファゴットとを同一人物だとすることから生じる、ブルーノの経歴上のより大きな問題点の一つは、彼がソールズベリー・コートにいた間、司祭としての役割を果たしていたどころか、チャプレンだったということだ。彼はミサを執り行ない、告解を聴き、囚人を訪れ、たぶん施し物を配り、必要に応じてその他の儀式（聖灰水曜日の儀式のような）も執り行なったと考えられよう。一五八四年の春から、その十五カ月後にロンドンを離れるまでの期間に、絶対にこうしたことをしただろうし、たぶんロンドンにいた間は常にしていたといってもよいだろう。ただ説教だけはしなかったことを後でよく考える必要がある。現時点で問題となるのは、ヴェネツィアでの尋問で、ブルーノはこれらのことをしていないとはっきりと否定したことである。自分はカステルノーの所では御付きとして仕える以外に仕事はなかったと申し開きをしたのだ。イタリアを離れた後あたりには、自らの意志による聖職離脱者として破門されたのが分かっていたから、ミサには出なかったと言うのである。イングランドにいた間も、「大使館でミサは執り行なわれていたが」自分はそのような理由でミサには出なかったし、ソールズベリー・コートの外へミサや説教を聴きに出掛けたこともなかったと言う。

予想通り、ブルーノの教会法の知識はこの点に関し、正確だった。背教ドミニコ会士は、「ラタエ・センテンティアエ」(latae sententiae) で、すなわち何ら特別の手続きを経ずして無式破門となり、それに基づき、秘蹟を施したり受けたりするのを禁じられ、また説教以外にはどのような礼拝に出ることも禁じられる。それゆえブルーノは自らの判断で、宗教生活の規律は我慢出来ないが、それ以外の点では忠実で法を尊ぶ誠実なカトリッ

司祭が当然すべきことを常にしてきたと言い張ったのである。そのような司祭なら、少々運がよければ還俗して、在俗司祭として暮す許可を得ることで済むかもしれなかったから。実際、この迎合的な話がまったくの嘘だったということで驚く必要は全然ない。ブルーノが審問官に語ったことの大半は嘘だと判明したが、誰が彼を責められようか。彼の弁舌に命がかかっていたのだ。ブルーノの「審問記録」に関する歴史家、ルイジ・フィルポは、教理に関する彼の弁明について、彼の方法は「否定出来るものは否定し、少々拡大解釈すればカトリックの教理と調和させ得るものは何でも適当に修正して正当化し、自分に不利な証拠となる取り返しのつかない過ちはどんなものでも否認する」ものだったと述べた。ブルーノにすれば、イタリア国外での生活について語るのは、いっそう容易だった。審問のまさに最終段階を除いては、おそらくはロンドンでのシャトーヌフにしたように)ただ単に嘘をつったため、何でも言いたい放題が言えたのだ。時には(ロンドンでシャトーヌフにしたように)ただ単に嘘をついた。また、時には言葉を濁した。ソールズベリー・コートについて話す時、自分はミサを執り行なうことがないとは言わなかったが、そこでミサが行なわれていたにもかかわらず、ミサに出たことはないと言った。また、告解に行くことについては非常に多弁なのに、告解聴聞については完全に口を閉ざした。ミサに出なかった理由は、明らかに偽りだった。しかし、書記らの言葉は両方共、厳密な意味で正しいと考えることが出来る。また、告解に使った言葉程も慎重きわまるものでなかったのかもしれない。要するに、書記が書き留めた言葉は、ブルーノが実際に使った言葉程も慎重きわまるものではない。ブルーノは真実を語らなかっただけなのだ。

ブルーノ自身の証言の難点は、難点などではない。

記録上の問題は、ファゴットとブルーノがまったく違った筆跡だったということである。最初の手紙は執務室での写ししか残っていないが、ブルーノの筆跡よりもファゴットの方をむしろよく知っている。

それ以外は、現存する彼の手紙全てが自筆であり、その大部分が署名されているからである。ブルーノ本人につ

いてはそれ程幸運ではない。彼は大量に執筆したが、衝動的な「走り書き」という貴重でささやかな証拠しか残っていない。彼の自筆で、比較的量のあるものとしては、一五八九年から一五九一年の間にドイツやパドゥアで書かれたノート約十二枚の手稿が現存するだけである。この半分は、*De vinculo spiritus* と呼ばれるテキストの走り書きの草稿で、残りの半分は、ルルスの医学に関する著作の一部である (図版Ⅸ—Ⅹ)。これを別とすれば、現存するのは断片にすぎず、しかもその大半はドイツ時代の日付のものである。実際、一五七九年五月二十日付の、ジュネーブ・アカデミー学長訪問客名簿のサイン、㈡一五八三年から一五八八年に書かれた書物それぞれの中の四つの献辞、㈢友人の来客人名簿に書きつけられた同じ詩行のもう一種の訳 (ヴィッテンベルク、一五八七—八)、そして㈣一五八九年十月六／十六日の日付のあるヘルムシュテット大学の副学長へ宛てた正式の手紙である (図版Ⅶ〜Ⅷ)。私は、献辞の一つを除いて、これら全ての写しを見た。

その生まれから予想されたかもしれないが、ブルーノの書体には、ローマン体かイタリック体を好む傾向が見られる。先述のノートの手稿は、ジュネーブのサインや献辞、ノラの方の詩行と同じ書体で書かれたとかなりはっきり認められる。こうした公の場合には、通常のいが、それらを書いたのと同じ人物によるものだとかなりはっきり認められる。こうした公の場合には、通常の筆記体の走り書きよりも、碑文体風で活字のような書体を用いたが、明らかに『ルルスの医学』の原稿中の幾多の小見出しの書体と同じものだった。公用の書体では a の代わりに α を用いるといったような例外はあるが、書体は走り書きをしている時でもイタリック体である。ｒの代わりに筆記体の ɾ や筆記体ではない ʈ を用いる例は、両方でかなり頻繁に見られる。ブルーノの筆跡で現存するもののほとんど全てがラテン語で書かれてい

るが、De vinculo spiritus の数節はイタリア語で書かれているので、どちらの言語でも私用の書体を使ったし、また、対話篇の遺失原稿はそれを何らかの形で変形したものと考えねばならない。これは全て単純明快だ。しかし、ブルーノの筆跡で現存するもの全てが、必ずしもこれらの書体のどちらかで書かれているというわけではない。ヘルムシュテットの副学長に宛てた手紙——これもまたラテン語で書かれている——の書き方は、(主としてrを基準にすると)私用に使った書体を優美な形に変形したものか公用の書体を筆記体に変形したものに分類されるかもしれない。しかし、筆跡という根拠のみでそれがブルーノの書いたものだと認知出来ると主張した人などおよそ信用出来ない。今では彼がその手紙を書いたということで意見が一致しており、私も確かにそのとおりだと思うのだが、実際にそうなのか否か、一抹の疑いがあったのだ。サインは、字を大きくし、続け字の部分を多くし、明らかに本文の文字をイタリア風に変形したものである。書式は正式だが、手紙の本文、特にサインは、彼が通常使った公用の書体の、直立か後方へ傾いた書き方とはかけ離れている。その書体については、それ以前、以降いずれの日付のものにも実例がある。来客人名簿の方の詩行は、また別物である。その書体のサインは通常の公用の書体だが、詩それ自体の文字は尖った感じで、前傾し、苦労して筆記体にしており、現存する彼のその他のどんな筆跡とも少しも似ていない。

そこで、この限られた資料からでさえも、ブルーノが少なくとも三種類の異なる書体で書いたことが分かるし、また、ファゴットとして書いている時には、その書体がこれらのどれとも違っていたとしてもさほど驚く必要はない。実を言えば、ファゴットとして、彼は二種類の異なる書体を持っていた。この本の終わりに印刷されたテキストについて言うと、3、4、9、11、11a、15、16(図版Ⅰ〜Ⅳ)がその一方の書体で、13と(私の考えでは)14(図版Ⅴ)がもう一方である。これらをFA, FBと呼ぶことにしよう。FAは、昔からイタリック体の代わり

に用いられてきたものを、セクレタリー（書記）風にかなり粗雑に変形したもので、「セクレタリー」書体（'secretary' hand）として知られており **(図版I)** 字が拡がる傾向がある。この書体は、ブルーノの筆跡と認められたものの中にはどこにも存在しない。FBは、優雅で、明らかにフレンチ書体（French hand）で、大使館員の伝統的なフランス語文字から学びとったのではないかと思う。文字の形は主にローマン体だが、時々ファゴットはフランス語風ではなく、テキスト13の形を使い、eを ℯ、sを ℐ のように書いた。テキスト14はこれ程もフランス語風ではなく、テキスト13の文字とは異なる様々な形の文字がある。例えばpやqの伸びた部分であるが、それは細かい部分を意識的に変えただけで、同じ書体だと思う。ただ、私の意見が正しいとしても、それを基にして、そうたいしたことが分かるわけではない。

これら六種類の書体を使ったこと全体をカバーする包括的な理論を見つけることは出来ないが、ファゴットに問題を絞れば、彼は宛て先に応じて書体を使い分けていたという仮説を提示出来る。ウォルシンガム宛ての報告書は全てFA、また、エリザベス女王宛ての報告書もウォルシンガム宛てで送られたので、それらも含めるならば、FAで書かれた報告書は全てウォルシンガム宛てである。FBで書かれたいくつかの報告書、または、テキスト14を除外すれば唯一のFBで書かれた報告書はスタフォード宛てに送られた。これはまったく筋が通っているように思われる。ところで、ブルーノには決まった書体があって、それには二種類の変形した書体が存在した。違った書き方がしたい時にはそうした。決まった書体以外にも、日常用には筆記体、特別な場合には活字体だった。FBで書かれた報告書は、それ用の書体が用いられていたかのようである。ブルーノは自分の正体についてもそうだったように、まるで書体についても実験を楽しんでいたかのようである。ファゴットになった時には、それ用の書体を用いた。スタフォードと情報のやり取りを始めた時には、新しい書体を作り出した。ウォルシンガム宛てのおどけた手紙が示すように、そうしたければ

暗号を使って書くことも出来た。(7) 書くことがあまりにも危険だと判断した時には、自分自身の方式の方が性分に合い、安全だと考えていたのだ。しかし、明らかに彼は、自分自身の方式の方が性分に合い、安全だと考えていた。書くことがあまりにも危険だと判断した時には、ハールを通じて口頭で報告を送った。彼は、フランシス・スロックモートンからヒントを得たかもしれないと思われる。スロックモートンは、中傷文書をセクレタリー書体で書いたりローマン体で書いたりして、訴追者たちをいささか苦労させた。しかし、これを知る前に、ブルーノは自分自身の方式を編み出していたに違いない。(8) 我々が彼の正体を見破るのに四世紀もかかったのだから、その方式は大変優秀だったと認めねばならない。彼はきわめて有能なスパイだったというのが私の結論である。

ii 敵とのコミュニケーション

ブルーノとファゴットが同一人物だからと言って、ブルーノがテキスト17という、一五八六年十一月にスタフォードにより報告された不可解な手紙（図版Ⅵ）の筆者だということにはならない。実を言えば、彼がそれを書いたはずはないという結果になるようだ。と言うのは、彼は六月からずっとドイツにいたからである。しかしながら、彼がそれを書いたかもしれないという証拠も少しはあるので、それを追及する必要がある。一五八六年時点で、ブルーノが、自分の国を教皇から解放するためのプロテスタントの侵攻を予期していたかどうか、また、エリザベス女王のためにトマス・モーガンをバスチーユから出獄させる計画に関係していたかどうかが分かれば有り難い。(9) そこで、少々時間がかかっても、その問題を調査するのが我々の仕事であろう。

これまでは、17を書いたのがファゴットだったかどうかを知ろうとしてきて、賛否それぞれを示すものを見

出した。今度は、それを書いたのがジョルダーノ・ブルーノだったかどうかを知ろうとしているのだから、事情が変わり、最初から考え直さねばならない。発端は一五八六年十一月六／十六日のスタフォードの手紙だった。もう一度それを見ると、スタフォードがファゴットのことを言っているのを示しているとした部分（ウォルシンガムの「知り合い」、ウォルシンガムからスタフォードへの情報路、モーガンへ近づく手段）は、ブルーノのことを言っているのだとしてもっと役に立つ。この事項は、スタフォードの手紙の中で、彼とピエロ・デルベーネとの関係についての二つの異なる事項の間に挟まっているとすでに述べた。この位置関係から、スタフォードの頭の中では、17を書いた人物がデルベーネと何らかの関わりがあったことが示唆されるし、バスチーユ監獄にいるユグノーの紳士から得たモーガンに関する知らせについても同じことが言える。それと言うのは、これらの人たちは、ナヴァル王アンリのパリにおける代理人としてのデルベーネの担当範囲内にいたからである。二番目の点は、それ自体はあまり説得力がないように思われるかもしれないがごたごたが生じ、一年後に、同じようにバスチーユ監獄、ユグノーの囚人、そしてトマス・モーガンが主役となったごたごたが生じ、その際、デルベーネがスタフォードと関わり合っていたということがある。大いに説得力が増す。(11)
　もし間に挟まった事項の主題がブルーノだったとすれば、その手紙の内容はいっそうよく筋が通ることになる。と言うのは、ブルーノが最後に（何度か）パリを訪れた時、デルベーネと昵懇きわまりなかったのが分かっているからである。ブルーノの名を押し隠しても当然であろう。だがしかし、普通一般のスパイの名を出さないようにするのが不自然であるのと同様、不自然である。
　従って次のことを付け加えよう。すなわちブルーノはまた、サヴェリ枢機卿のメッセージをデルベーネからスタフォードへ運ぶ人物だったとしてもおかしくないし、その翌晩の飲み仲間だったとしても少しもおかしくないの

である。しかし、17を書いたのがこの人物だということは分からないのだから、この仮説は議論を横道にそらすものとして捨てねばなるまい。(12) だが、それを無視しても、スタフォードの叙述はファゴットにかなり適合するが、ブルーノにはそれ以上に適合することが分かる。

17の本文それ自体に示されていることに進むが、それは主として、17を書いたのはファゴットではないと示している。同様にブルーノではないということだろうか？　まず最初は筆跡である。それはきちんとした、ほとんど活字のような、筆記体ではないローマン体である。フランス語にはアクセント記号が付けられているが、ファゴットはテキスト16以前では決してそれらの記号を使わなかったし、16中でも稀である。また、17にはほぼ省略がない。いくつかちょっと書き損じてセクレタリー書体になっている箇所があるが、そのうち一つは訂正されている。しいて言えば、FBの二種類の変形と非常にかすかな類似があるということ以外には、ファゴットかブルーノのどちらかを想起させるものは何も見て取ることが出来ない。しかし、ファゴットの二種類を含めて、ブルーノには五種類のはっきりとした書体があり、その全てが完全に異なっているのがすでに分かっているのだから、六種類目を考えてもたぶんそれ程問題があるとは思われない。(13) この六種類目をFCとして、それのために仮のスペースを残しておいてもよかろう。

それから、その報告書の言葉についての問題が一つ、いやむしろ、フランス語で書かれた部分についてもう一つの合わせて二つの問題があると言うべきだろう。ブルーノがそれをイタリア語で書かれた部分についても書いたとすれば、最初の方は問題ではなく、後の方が重大問題となる。もしファゴットがブルーノのフランス語だとすれば、ブルーノが17を書いた可能性が非常に高いと思われる。誰か他の人のフランス語を写している部分を無視すれば、17の筆者は、悪くないフランス語を、たぶんファゴットの苦心作の大半よりもずっと上等の

フランス語を書いているが、フランス人の書くフランス語ではない。発音に引きずられて綴りを誤ったケースがあまりに多すぎるのだ。faim の代わりに fain, on の代わりに ont, leurs の代わりに leur, chevaulx の代わりに chevauls, soldats の代わりに soldat, comte の代わりに conte、そして——同じ要領で—— papistique の代わりに papistic と綴っている。筆者はまた明らかにファゴット式のように様々な特徴も備えている。qui を使うのが当然の所で lequel の形を使う。que を中性の主格として使う（Qu'est la cause...）。人の名前を伴った指示詞として、ledit や ce の代わりに iceluy を使う（テキスト 9 の 'icelluy Morice', テキスト 15 の 'icelluy Girault' と同様に、'icelluy Morgan'）。そして、たぶん、Nota や Notez［注記、訳者注］といった言葉を余白に差し挟むのを大変好んでいたということだ。この形式はファゴットの四通の報告書でやや多すぎる程使われているもので、彼のトレードマークだと思われても当然である。17 の筆者は、エリザベス女王のことを二度にわたって sere-nissime［やんごとなき］の意味、訳者注］と述べているが、ファゴットも告白の手紙と最後の報告書で同じことをしている。これらの特徴全てがファゴットに特有だったと考えるのは非常に愚かなことであろうが、iceluy と Nota についてはそう考えても間違いではないと思われる。papistic は、筆者がイタリア人だと確定する根拠となるように思われる。もし、それがファゴット、すなわちブルーノによって書かれたのではないとすれば、彼と大変よく似た人物によって書かれたに違いない。

イタリア語の部分はまったく別問題である。それは実にひどいもので、一見したところでは、イタリア人の手になるものとは到底考えられない。ここで少し間を置いて、目の前にあるのがどんなに奇妙な創作なのか考えてもよかろう。書き出しの一ページには、その年にオランダでの戦争に勝つ方法についての助言が書かれているが、せいぜいそこで戦った経験のある老兵から聞いたものであろう。その助言はスタフォードのために、原文のフラ

148

ンス語のままで書き写されている。それからすぐイタリア語に、大体逐語訳されている。誰のために？ 絶対にスタフォードのためではない。彼にとってフランス語は母国語同然だったから。また、バーリー、ウォルシンガム、女王、いずれのためでもなかろうに。筆者は何をしているつもりだったのだろう。自分のイタリア語がいささかなりとも上等だというのでもなかろうに。彼のフランス語よりもはるかにずっとひどいのだから。彼は簡単な動詞、簡単な数字、複数形、前置詞で誤りを犯しているし、ありもしない単語を作っている。アントワープに当たるイタリア語が分からない、つまり、英語を母国語とする人が、シンガポールに当たる英語が分からないようなものだ。それは荒唐無稽の作である。が、しばらくすると、それがある特定の方向にのみ無茶苦茶だということを感じ始める。le は el となって現れる。que は che の代わりの que として現れる。déjà は ia として、ceux-ci と ceux-là はそれぞれ aquesti, aquelli として現れる。inglese の女性形を inglesa としている。これらは全てスペイン語の形である。更に、二番目と四番目はイタリア語にはあり得ない。それゆえ、筆者はスペイン人であるか、さもなければ、イタリア語を書こうと努力しているスペイン人だという印象を与えようとしている人物である。更に見て行くと、頭に浮かぶのはこれら二つの選択肢のうち後の方である。何度も繰り返し、彼はまさしく適切な効果を得ている。attaquer（襲撃する）については、イタリア語では assalire か assaltare、スペイン語では asaltar となるが、彼は assaltar と書いている。amuser（占領する）については、イタリア語では intrattenere か intertenere、スペイン語では entretener となるが、intretenir と書いている。toute（「全て」という語の女性形）については、それぞれ tutta, toda となるのだが、tota と書いている。これは彼にしては、策を弄しすぎているように思われる。無知に見せようとしている割には、押し隠した学識が現われ始めているのだ。qu はイタリア語では [k] と発音されることはあり得ないということを知らない者が、スペイン語の trigo を連想させる tritico と

いう古い、ラテン語に由来する形が（非常に文語的ではあるが）「穀類」を表わすことが出来ないイタリア語だと分かるだろうか？それから「どこ」を意味するイタリア語としても五回使っている。これはイタリア語では o である。ここで二つの単語が浮び上がる。きちんとしたイタリア語の over——o の一つの形であるが、それでも ove と短縮することは出来ない——と、「どこ」を意味するフランス語の où——ove と置き換え可能なのは実はこの語——である。ove は非常に分かりにくい、明らかに教養の高いジョークなのだ。別の時には、この問題の訳者は、用心しようという気持を捨てている。gast と embarquement (guasto または guastamento と、imbarco または imbarcamento; gasto と、embarcacion) を guastamente, imbarquamente と表記する際に、彼は間違った原則に基づいて作業したため、スペイン語を想起させるよりもむしろエスペラントを案出しているようである。しかし、スペイン語があまり堪能ではない速読者には、これらの形は絶対にスペイン語だと思われるだろうと確言出来る。筆者は、成功作を書き上げるために必要とされるよりもぐっとスペイン語色を減らして、人を欺こうとしていると私は結論する。しかしいずれにせよ、この筆者は、自分の母国語はスペイン語ではないと考える人がいたとしても、それがイタリア語ではあり得ないというメッセージを受け取ってくれる限り、それ程動揺したという印象は私は受けない。[16]

テキスト17の報告書はスタフォード宛てに書かれており、エリザベス女王の顧問官の間で回覧されただろうか（実際そのとおりだった）、筆者は、スタフォードにはドン・ベルナルディーノ・デ・メンドーサの所について

があるということが知られていたため、その報告書がそこにいる召し使いの誰かから来たのだと仄めかそうとしていたのだと思う。それはかなりの骨折りを要するが、効果的な偽装工夫方法だった。私はその骨折りが創意工夫の喜びで報われたのだと思う。私の結論は以下のとおりである。この楽しみ溢れる力作は、テキスト17の筆者がイタリア人だったと考える障害にならないし、それゆえ、その筆者がブルーノだったと考える障害にもならないのだ。いや、もしそう言ってもよければ、その逆なのだ。ブルーノのスペイン語はちょうどその程度のものであるし、結局のところ、翻訳があらゆる知識の源泉であると教えたのは彼だったのだから。(17)

ファゴットがこの手紙を書いたのか否かを調べようとしていた時、それを疑った最後の理由は、ファゴットがローマからの秘密情報に近づくことが出来ると考える理由がなく、また、そのような可能性はなさそうだと思われるというものだった。今度は、書いたのがブルーノだったかどうかを調べているのだから、事情が大きく変わる。と言うのは、ブルーノは一五八六年にこうした情報に近づくことが出来たからだ。デルベーネがローマと秘密裏に通信する手段を持っていたことが分かっている。(18)またデルベーネとブルーノが、この頃にはきわめて親密だったことも分かっているから、ブルーノがパリにいる限りはデルベーネがローマに関して知っていることはブルーノも知っていたと容易に想像することが出来る。こうして、この難点を片付けることが出来る。今、我々が知る必要があるかもしれないのは、どのようにしてデルベーネがローマとの秘密通信をやってのけたのかということと、ウィリアム・セシルに関するメッセージを伝える以外にそれを使って何をしたのかということである。ここで、私は新たなことを明かしたい。そのために時間を費やさねばならないが、それは新知識を得ることで報われるだろう。デルベーネは、

スタフォードと同じく、プロテスタント勢力を代表する人間なので、彼がローマと通じていることが分かれば、彼自身もローマ側の情報提供者もかなりの窮地に置かれ、おそらく両勢力のよりいっそう熱狂的な信奉者からの身の危険にさらされただろうことを思い出さねばならない。それゆえ、通信文が極力秘密にされていたと予想出来よう。

スタフォードの言葉に基づいて、我々はデルベーネのローマ在住の通信相手は彼の親戚である、ローマにいる親族」)[19]だと書き記した。彼はその親戚が誰なのか述べてはいないが、それは見つけ出せるし、見つけ出せばずっと多くのことが分かる。折り好く、四十年前にフランセス・イエイツが、ブルーノのこの時期のパリでの行状に新たな光を当てるために用いた資料から、この人物は身元が特定されている。その資料とは、ブルーノとデルベーネの共通の友人であるお抱え「学者」のジャコポ・コルビネッリのイタリア通信である。コルビネッリは、ブルーノ、デルベーネ双方について、多くの情報を持っていた。コルビネッリは定期的に手紙を書いて、パドゥア在住のもう一人の学者のジャンヴィンチェンツォ・ピネリに彼らの行状を知らせていた。コルビネッリは、パリ駐在のヴェネツィア大使経由で、文学やその他の問題についてピネリと文通していたのだ。[20] 彼の手紙で現存していると思われるのは、この一連のものだけだが、それらから、彼にはローマにもう一人の通信相手がいたことが明らかになる。この男の名はジョヴァンニ・カヴァルカンティだった。この人物についてあまり多くは分からないが、一つだけ推測出来るのは、この男はピエロ・デルベーネのかなり近い親戚だということである。デルベーネの母親は、五十年前にカトリーヌ・ド・メディチの女官としてフランスにやって来た有能で裕福な女実業家で、その名をルクレツィア・カヴァルカンティといった。フィレンツェを出てローマに身を立て、そこに一族の傍系の祖をなしたのは、彼女の兄弟のジョヴァンニだった。このジョヴァンニは、コル

ビネッリと手紙をやり取りしたにしてはやや年配すぎるように思われる。たぶんそれは彼の息子だったのだろう。たとえ父子ではないにしても、ジョヴァンニの方はローマでは新しい家系なのだから、近い親戚関係でなかったとはおよそ考えられない。ジョヴァンニとコルビネッリは、少なくとも一五七二年以来、手紙を交わしているし、非常に懇意な友人同士だったこともはっきりしている。実際、コルビネッリは、その家族の一員といってもよいくらいだった。非常に長期間にわたり、デルベーネ夫人を頻繁に訪れており、サン・ジェルマン・デ・プレ郊外のトゥールノン街で、彼女の家の隣に住んでいたからである。彼はアンリⅢ世だけでなくピエロの家庭教師であったし、デルベーネ夫人は彼の子供たちの名付け親だった。(21)コルビネッリがローマにいるジョヴァンニと手紙のやり取りを続けるのは至極当然だし、ピエロはさほど熱心な通信相手ではなかったが、時折この関係を利用したとしても至極当然である。

コルビネッリがパドゥア在住のピネリに宛てた手紙から、コルビネッリとカヴァルカンティが何を知らせ合っていたのか少し知ることが出来る。彼は、時々手紙の中でカヴァルカンティに、便りか出版物がイングランドのプロテスタント側からの情報が含まれているが、それら全てに、フランス、オランダ、またはイングランドのプロテスタント側からの情報が含まれていた。その手紙は、ピネリとやり取りしたものとは違って、政治絡みだったと推察する。(22)コルビネッリがローマにいるジョヴァンニを通しては、これ以上のことは分からないが、別の情報源から分かることがある。と言うのは、コルビネッリの手紙のやり取りは単なる個人的なものではなく、やり取りされた手紙の内容が別の人物の手に渡っていたからである。この情報ルート、少なくともそのローマ側の末端を、バーリー卿のメッセージをサヴェリ枢機卿に伝えるために、ピエロ・デルベーネが利用したことが分かっているのだから、その手紙が渡っていた相手が、サー・エドワード・スタフォードだったと判明してもそれ程驚く必要はない。一五八六年の二月から五月の間にローマから書かれた、

通常の政治的通信からとった五項目が、イタリア語の写しかラテン語の要約という形でスタフォードによりイングランドに送られた。(23) それらは、ローマでの政治的活動の進展を事細かに報告していた。フランスの神聖同盟がシクスツス V 世に送った使節団の動向、ジュネーブかイングランドに向けられたカトリック教徒による企ての今後の見通し、そしてスペイン人がそのいずれかに荷担する可能性などである。今や教皇はナヴァル王アンリを破門してしまったのだから、アンリ III 世かナヴァル王アンリのどちらか使しようと決めた場合には、その手紙が彼らの助言者のもとに届けられ前もって警告することになっていたのだろう。教皇権発動こそ、神聖同盟の大使たちが教皇に依頼していることだったのだ。その報告はまたイングランドでもかなりの関心を引き起こした。

たいした推理能力がなくとも、その手紙のうちの一通は、一五八六年五月初旬に書かれており、それをスタフォードに送った人は「ローマのカヴァルカンティから」だと述べた。この同じ手紙に、ファビオ・ミルト・フランジパニと呼ばれる、教皇に仕える外交官が、五月五日にローマから、フランスにいる誰かに宛てて書いた別の手紙の一部分の写しが含まれていた。(24) ところで、この時点で、フランジパニの経歴がローマでもパリでも激しい争点となっていた。この男は一五八五年六月にシクスツス V 世により フランスへの教皇代理に任命されていたのだが、神聖同盟の支持者だという理由でアンリ III 世から認証を拒否された。教皇は、ローマからフランス大使を追放することで報復し、その後一年間にわたり、教皇対フランスの対立関係が膠着状態となった。一五八六年の春までに、困難な状況は取り除かれ、フランジパニは八月に、教皇代理としてフランスに到着した。(25) 両者の調停役を買って出た立役者がコルビネッリだった。彼は、政治的な違いにもかかわらず、長い間フランジパニと親しかった

我々が持っている手紙のうちの一通は、カヴァルカンティがコルビネッリとやり取りしたものだったと示すことが出来る。

第二部　時の娘、真理

のである。彼は、ピネリ宛ての手紙のうちの二通の中で、自分の尽力について書き記している。内容の抜粋がスタフォードに伝えられた手紙は、フランジパニがコルビネッリに送った御機嫌伺いの手紙の一部だったのはまったく明らかである。それを送る際に、カヴァルカンティは自分の手紙を隠れ蓑にしたに違いないので、カヴァルカンティの手紙はコルビネッリ宛てにされたに違いないのである。

今では、一切が完全に明らかになったと思う。コルビネッリがローマで交わした手紙は、かなりの価値のある最新の政治通信だった。しかし、コルビネッリの手紙はデルベーネの手紙でもあったのだ。最初の原則、すなわち、その手紙が伝えている内容は、ナヴァル王アンリにとって絶対的関心事だったこと、デルベーネはナヴァル王の在パリの代理人で、またコルビネッリにとっては息子同然だったことから考えれば、これは当然のことだと考えてよいだろう。しかし、話をもっと先に進めることが可能だと思う。デルベーネの筆跡には、しばしば語尾に独特のcが用いられているが、カヴァルカンティとフランジパニの間で交わした手紙の、ちょうど述べたばかりの写しを含み、その最初のものはローマのカヴァルカンティからだと述べられている几帳面に書かれた手紙の中でも、このcが終始一貫して使われていた。そこで、デルベーネがスタフォードのために自ら写しを作成したと、かなりの自信をもって言える。これには驚くべきことは何もない。その当時デルベーネとスタフォードは、モンパンシェール公をナヴァル王の陣営に引き入れようという計画で、しっかりと手を組んで行動していたのだ。どうしてデルベーネが自分で情報を持って行かなかったのかと疑問に思われるかもしれないが、サヴェリ枢機卿のメッセージの場合と同様、トゥルネルの河岸にあるスタフォードの家に足繁く通っているのを見られるのは賢明ではないと考えたようである。従って、メッセージの運び手が必要となり、それに従い、ついに我々は17の筆者に戻るのだ。しかし、これはその人物がデルベーネのために定期的にその仕事をしたのを知っているからではない。

我々にはそのようなことはまったく分からないのだ。たぶん五月下旬あたりのことだろうが、誰が先に議論された手紙をスタフォードの所に持ってきたのか、私には分からない。17を書いた者こそが、十一月の八／十八日にサヴェリ枢機卿の所からメッセージを携えて来た男だったという私の仮説を読者の皆さんが疑われるかもしれないが、それもごもっともである。デルベーネとスタフォードのためにある種のパイプ役として行動していたことに、ほぼ疑いはあり得ない。

これまでのところ、トマス・モーガンがバスチーユでユグノーの紳士と話をしたという情報はデルベーネから出たものらしいという根拠に基づいて考えを述べて来た。そして皆さんには、これの証拠は辛抱して待ってくださるようにとお願いしたのだが、もうしばらくの間御辛抱願いたい。今、私の手元にはもっと有意義なものがある。テキスト17の終わりのほうに出てきて、それに組み込まれた三つの証拠書類のうちの一つである事項について、まだあまり注意を向けていない。当初私が述べたように、それは「ラテン語の手紙で、おそらく報告者本人に（すなわち17の筆者に）宛てて書かれており、教皇の侵略的計画についてのローマ発の手紙の内容を詳細に語っている。」この後の説明で明らかになるだろうが、要約されている手紙は、カヴァルカンティがコルビネッリに書き送った一連の手紙のうちの二番目だった。実はその手紙は、書かれた日付からすると、スタフォードがイングランドに送った一連の手紙のうちの四番目である。カヴァルカンティは、三月のどこかでそれを送ったに違いない。尚、ちょうど述べたばかりのそれらの写しは、要約されている手紙が含まれた手紙——その要約は、17の中に、書いた人の名も受取人の名も示さずに掲げられている——は、コルビネッリ自身によって書かれたはずがない。なぜなら、それを書いた人は、カヴァルカンティの手紙を垣間見ることが出来ただけなので、記憶を頼りに引用していると言っているからだ。我々は、デルベーネがこれまでにもこの仕事をしている

(29)

ということを大方予想していた。彼がそのラテン語での要約を書いた人物だったということに、本当に、疑いは一切あり得ないと思う。デルベーネは、よく、こうした明快なルネサンス期特有のラテン語を書いたのだ。[30]その手紙の宛て先は、それが誰であろうと、それを17に引き写した人だと思うと私は申し上げた。それは直接スタフォード宛てに書かれたはずはない。と言うのは、その手紙はエリザベス女王のことを「イングランド女王」と述べているので、イングランド人宛てに書かれたのではないからである。ただし、最終的にスタフォードの手にそのメッセージが渡るように意図されていたはずだとは思うのだが。デルベーネは手紙の受取人を 𝔢𝔢 と表わしている。それゆえ、その人物は、デルベーネの親友であり、秘密情報をスタフォードに伝えるのに適切な人間だったのだ。スタフォードの側から見れば、この男は、自分のために秘密の仕事をしてくれているデルベーネの親友であり、また、以前にはウォルシンガムのために同じ仕事をしていたということを、我々はこの時点で思い出すかもしれない。また、その男はファゴットのようなフランス語を書き、自分の母国語がイタリア語だということを隠そうとして滑稽とも言える努力をし、言語学的冒険を好み、またそれだけの能力もあったということも思い出すかもしれない。テキスト17を書いたのはブルーノだったと証明するにはこれで十分だと考えたい。もしこの証明が正しければ、17は『晩餐』への序文で彼の讃えた悲喜劇の手法で書かれた、いっそう生気に溢れた創作の一つだったことになる。[31]

しかし、このような場合には、何が立証出来たのかを正確に見分けるのは常に困難であろう。可能性のある他の候補者を探しもせずに、その手紙がブルーノのものであると断定的に主張するのは無謀だろう。ユークリッドの初期のいくつかの定理で辿られたのと似た方法を用いる必要がある。その方法というのは、ユークリッドが、ある図形が一定の特性を持っていることを証明するために、同じ図形であ

りながらも、その一点において異なる特性を作り出そうと試み、このような図形が作り出せないということを示すというものである。スタフォードの手紙が多数あるお蔭で、彼が配下のイングランド人カトリックの不平分子を見つけ出した状況についてかなり多くのことが分かる。ローマ側には数名のイングランド人カトリックの不平分子がいて、スタフォードはこの時期、そうした者たちと接触があった。この不平分子の中には、ウォルシンガム、スタフォード双方と関わった者がいたし、またそのうちの一人、ソロモン・オルドレッドと呼ばれる仕立て屋は、サヴェリ枢機卿との繋がりも含めて、ローマに有力なつてがあった。十一月六／十六日の手紙の中で、スタフォードだが、自分と関わりを持っていることが発覚した時に、その他の「要員」がウォルシンガムにより解雇されたと述べているが、彼らの数名、または全員がその不平分子の中に入っていた。オルドレッドは同じ手紙の別の所で、ウォルシンガムの通信員だと述べられているようだ。しかし、17がイングランド人によって書かれたとする根拠はまったくないし、これらのうちの誰もデルベーネとの繋がりがない。その繋がりこそ、我々が第一の必要条件とするものなのだ。

これらの者たちは除外出来るが、もう一人それらしき候補者を見つけることが出来る。この人物はウォルシンガムのイタリア人通信員で、時折スタフォードに面会し、教皇の方針とトマス・モーガンの動きに関心を持っていた。この男は17の最初の項目、オランダでの戦争に勝つための計略という点では、ブルーノよりも可能性が高い。軍人だったからだ。この男はデルベーネの別の従兄弟で、マジーノ・デルベーネ（マジーノとはトマゾのくだけた形である）と呼ばれる老軍人で、たいてい「キャプテン」と記された。彼はカトリーヌ・ド・メディチに仕えており、彼年のイタリア戦争終結以来、長い間、パリを転々としていた。彼はカトリーヌ・ド・メディチに仕えており、彼女がフランスの政策に影響力を持つ限り、疎かにされてはならない人物だった。戦いを交えたことがあったかも

しれないピエロ・ストロッツィと同じく、マジーノは反スペイン派のイタリア人亡命者で、従って親英派たちに有益な奉仕をしたことで稼いだものだ。彼がアイルランド、スコットランド、オランダについて助言を——有益な助言の出所だったかもしれないと考える理由が二つある。一つは十分な理由、もう一つは申し分のない理由である。八年前、モーガンがイングランドからパリへ逃亡したばかりの頃、マジーノは当時のイングランド大使に、モーガンを誘拐しドイツで尋問を受けさせるという計画を提案した。また、八カ月後の一五八七年夏に、モーガンがバスチーユから釈放寸前であるとスタフォードに告げるため、従兄弟のピエロにより遣いに出されることになっていたが、実際その年の八月にそのような運びとなった。これら両方と、その手紙の軍人風の特徴からして、この男が17の筆者だという可能性が非常に高い。もし彼が一五八七年の七月か八月に、モーガンとバスチーユに関するメッセージをピエロからスタフォードへと運んだとすれば、私にはとても信じ難く思われる。マジーノ・デルベーネ以上に妥当な候補者が他にも見つからないなど、一五八六年十一月にもおそらく同じことをしたと考えられる。

しかし、マジーノがこの手紙を書いたはずがない。彼はウォルシンガムと仲違いしてはいなかったのだ。彼はイタリア語でもフランス語でも大きく力強い字を書き、私の知る限りでは、自分の書いたものにはサインをするかイニシャルを付した。そうしてはいけない理由など、彼にはなかったのだ。彼のフランス語は、二十年かそれ以上の間フランスにいた人にふさわしく、非の打ち所がなかった。ややイタリア語的特徴を残してはいるが、ブルーノが長い間フランス語と格闘して得た成果とは似ても似つかない。だが、

マジーノは軍人で、学者ではなかった。それで、たとえいささかでも彼にラテン語の心得があったとしても、ピエロの手紙を翻訳するのに必要なＡレヴェルの水準にまで達していたかどうか大変疑わしい。いずれにせよ、彼の従兄弟が彼にラテン語で手紙を書いたなどあり得ないように思われる。また、オランダについての助言を翻訳する際に、17の筆者がしたようにイタリア語とスペイン語で戯れているところなど想像もつかない。オランダやイタリアでの軍事的見通しについての考察は、マジーノ程の経験豊富な男にしては、あまりに単純で素人くさいとも考えられる。マジーノはスペインの軍事力に関しては、相応の敬意を持っていた。ひょっとすると、彼が、マジーノがその手紙に何らかの関わりを持っていた可能性が非常に高いように思われる。私には、彼が、マジーノの中のより新しい情報項目の一つ、すなわちサヴォイ公がジュネーヴと和解したという知らせの直接の情報源だったかもしれない、エリザベス女王の同意が得られれば、モーガンをバスチーユから出獄させる計画を実行に移す任務を負った男だった公算も大である。ただし、その計画が彼自身の仕えるカトリーヌ・ド・メディチの気に入ったかどうかは疑わしい。しかし、彼がその手紙を書いたのではない。もし私のユークリッド式議論の筋道がどの点からみても正しければ、ブルーノがそれを書いたのである。

しかし、今認めねばならないのだが、ブルーノがそれを書いたはずがないのである。なぜなら、彼にはアリバイがある。ヴィッテンベルクにいたのだ。ブルーノは五月二十八、二十九両日の、カンブレイ学寮での討論でしくじった後、六月にパリを離れた。正確に言えば、六月六日以降しばらくしてのことだった。コルビネッリが言うには、六月六日には、ブルーノは出発を目前に控えていたのだ。すでに述べたとおり、ブルーノは、まずフランクフルトのパラヴィッチーノの所に行ったと思う。七月二十五日／八月四日にはマールブルクにいて、そこから追い出され、八月二十／三十日にはアルベリコ・ジェンティリの、そしてまたおそらくパラヴィッチーノの威光で

提供された教師の任につくため、ヴィッテンベルク大学に在籍を許された。彼がすぐさま講義を始めたかどうかは不明だが、八月の終わりだったということはありそうにない。しかし、ヴィッテンベルクでの彼の最初の出版物、『ルルスの連想術』（*De lampade combinatoria lulliana*）は、一五八七年初頭に出版されているが、初めの方の手稿の扉のページにはMDXIVCと付されていて、たぶん一五八六年の意味のようだ。こうしてブルーノは、一五八六年の十月か十一月にはパリのスタッフォードに情報を送っているような状態ではなかった。しかし、これは絶対確実だろうか？　一五八六年八月二十／三十日と一五八七年三月十三／二十三日には、ブルーノがヴィッテンベルクにいたことは絶対に確かであるが、この間の日付がないのである。ブルーノは専任講師ではなかったから、いつでも好きな時に好きなやり方で講義出来たと考えられる。だから、ラモン・ルールに関する講義——この人物はどの教授の講義要項にも記載されていなかった——は、九月でも十二月でもよかったわけである。ブルーノによれば、二年間にわたり、ヴィッテンベルクでアリストテレスの「オルガノン」（'Organum'）を読んだという
が、パリで講義を行なったと称している五年間と同様、これを文字通り受け取る必要はない。それを疑うだけのはっきりした根拠があるなら、彼のアリバイはあまり強固ではない。そうした根拠があるだろうか？
さて、ブルーノがテキスト17を書いたことを示す証拠がいくつか手に入った。この可能性は報告書に関して残された、もう一点の食い違いから生じる。問題は、報告書それ自体の日付——せいぜい九月の中旬から十一月の初旬といったところだろう——ではなく、そこに組み込まれた手紙の日付である。ドレイクについてのリヨンからの手紙は四月二十六日の日付であり、オランダで収穫物に火を放つことについての助言は、五月頃より後で書かれたという

ことはおよそあり得ない。カヴァルカンティからの手紙は、デルベーネのラテン語で要約されているが、九月一日をこれから先のこととして述べている上に、四月十二／二十二日以前にローマに到着していた教皇代理の、ローマからプラハへの出発にも言及しているため、その日付をかなり正確に定めることが出来る。報告書に組み込まれた情報の全体が、一五八六年五月頃に纏め上げられた断片から、もっと後になって組み上げられたのか、どちらかである。

その報告書中の情報の大半が古かったことはあまり問題ではなかった。なぜなら、重要だったのはモーガンについての情報だったからである。しかし、もしその筆者に、もっと新しくて、提供するに価する証拠書類があったなら、それを差し出したであろう。

筆者、または誰かがこれについて心を悩ませていたようだ。スタフォードがデルベーネのラテン語の手紙のまた別の翻訳をイングランドに送ったからである。それはカヴァルカンティのローマからの便りの内容を伝えているのだが、その便りが実際には三月頃に書かれていたのに「一五八六年十月に」ローマから送られて来たと述べている。その手紙は、日付を示す二か所が削除され、たぶん、プロテスタント主義のためのもの柔らかなプロパガンダに変えるために修正を施されたことであろう。その問題の人物は、スタフォードの配下の者だったと私は考えており、最も可能性の高いのは、スタフォードの報告書をバーリーに送ると同時に、――おそらくそれは十一月六／十六日のバーリー宛ての自分の手紙と一緒に送ったのだろう――ウォルシンガムには焼き直しの断片を送ったということである。これはウォルシンガムとスタフォードの関係が置かれた状態とも、17の筆者がウォルシンガムのかつての通信員で、パリでスタフォードに鞍替えしたことともまったく矛盾がない。スタフォードは、17の筆者から受け取ったモーガンの情報をウォルシンガムには知らせずにおく一方で、ウォルシンガムの御機嫌をとり、17の筆者が今も任務に関する真

第二部　時の娘、真理

図：5。ジョルダーノ・ブルーノの肖像画。Salvestrini, *Bibliografia di Giordano Bruno*, no.5 によれば、「ブルーノの肖像画として唯一知られている」作品。ミュンヘンで作られた肖像画——現存しないが——を基に、パリで再制作されたという。肖像画の真偽は疑わしいように思われる。

たしていると納得させ、たぶんもう一回分の賃金を彼のために手に入れてやろうと、くだらない情報を送っていたのだ。これは仮定に基づいて組み立てた説だが、私にはまったくゆるぎのない事実だと思われるもの、すなわち、この問題の筆者は一五八六年三月から同年五月の間、パリでスパイの仕事をしていたが、五月から十月頃の間はその仕事から遠ざかっていたということを基に組み上げたものだ。もちろんこれは、その人物がブルーノだったかもしれないと考える、もう一つの根拠でもある。と言うのは、ブルーノは六月にパリを離れたからだ。他の場合と同様、ブルーノがこの報告書を書いたはずがないと考える根拠のように思われたものが、調べてみれば、

なぜ書くことが出来たかという理由だと判明するのだ。

纏めよう。17の筆者は、ピエロ・デルベーネの親友だったが、マジーノ・デルベーネではなかった。彼はウォルシンガムとスタフォード双方のために仕事をした。トマス・モーガンに対して強い関心を抱いていた。フランス人でもスペイン人でもなく、隠そうとして躍起になってはいるが、ほぼ間違いなしにイタリア人だった。ファゴットのようなフランス語を書いた。かなりの言語学的才能を持ち、喜劇を大いに好んだ。ひょっとすると、一五八六年の五月から十一月の間の大半は、パリを離れていただろう。本当に、これで文句なしに十分だと思う。それゆえに、ブルーノは一五八六年十月から十一月に、おそらくほんの短期間パリに戻ってきたのだ。今では、一五八五年の春、彼がロンドンから旅に出たことが分かっているが、この旅について異議がないのと同様、このことについても実際的な異議はない。⑤

これで、ファゴットがブルーノと同一人物だとすることや、テキストの中の最後のものをブルーノ兼ファゴットの創作の包括的リストに含めることに対して生じる、一切の障害を片付けたと思う。我々の二つの物語は依然二つのままだが、今では同じ人物についての二つの物語である。次の問題は、もしその二つを纏め上げたならば、それが一人の人間、ノラを生地とするジョルダーノ・ブルーノの生涯の三年半を綴る、説得力ある、理路整然とした物語となるかどうかである。

第二部　時の娘、真理

注

(1) テキスト15。本書、一〇〇—二頁。
(2) テキスト1。Yates, *Bruno*, p. 204.
(3) テキスト1。また *Documenti*, pp. 102, 104. 教会法的状況については、ODCC の Excommunication（破門）を参照。特に、P. Hofmeister, 'Die Strafen für den Apostata a Religione', *Studia Gratiana*, viii (1962), 436, 443-4. 教皇パウロ IV 世（一五五八）は、従来の罰則に新たなものを加えた。なかでも、「事実上の」一切の学位の剝奪と援助者、庇護者の破門があったが、こうした罰則の補足は、その後すぐに取り下げられたようである。かくして、ブルーノが大学で教えることも、カステルノーがブルーノを雇うことも、それ自体は違反ではなかったようだが、ブルーノは依然として司祭として勤めを果たす権利を奪われていたのである。それゆえに、審問に際しブルーノは、教会法に合致するよう、細心の注意を払い、陳述したのである。本書、二三—四、二一六—七頁と同一三七頁を参照。トレント公会議（一五六三）によれば、彼が修道会に戻らない限り、問題解決のための処置は一切不可能であった。この問題に関して、ドナルド・ローガンの御助力に大いに感謝する。
(4) フィルポ、「審問記録」(i) 557; *Scritti scelti di Giordano Bruno e di Tommaso Campanella* (2nd edn, Turin, 1968) への彼の序文、p. 29. 参照。V・スパムパナートからは、*Vita di Giordano Bruno* (Messina, 1921), pp. 290-8 を参照。ジュネーヴ滞在に関するブルーノの偽証については、*Documenti*, pp. 33-6, 44.
(5) ブルーノの筆跡については、以下の著作の中で議論され、図解されている。トッコとヴィテーリによる *OL* iii への序論、同書、pp. xvii-xxix; Singer, *Giordano Bruno*, pp. 219-22; V. Salvestrini, *Bibliografia di Giordano Bruno*, L・フィルポによる第二版 (Florence, 1958), nos. 224-8；そして G・アクイレッキアによるものとしては、*Giornale storico della letteratura italiana*, cxxxiv (1957) の 333-8; cxl (1963) の 148-51. ブルーノ関連文献に最も最近付け加えられたのは、Rita Sturlese, 'Un nuovo autografo del Bruno', *Rinascimento*² xxvii (1987), 387-91 で、これは『イデアの影』（一五八二）の一冊に書かれたアレクサンダー・ディクソンへの献辞を報告し、説明している。この献辞はおそらく一五八三年の遅くに書かれたもので、ブルーノのイングランド滞在期のものでは、彼の直筆と認めうる唯一の

(6) 筆跡である。『狂気』p.951 の 'Vergar di carte'. 私は、筆跡の問題について、本書の四一八—三五頁、「ファゴットの筆跡とブルーノの筆跡について」で、更に検討を加えた。ブルーノの原文の出典文献については、四三六—三八頁を参照。図版Ⅰ—Ⅹはブルーノの筆跡の見本である。

(7) テキスト 16 を別にすれば、モスクワ手稿、f.161 (OL iii, p.xx と本書、四三六頁以下) からの図解があるが、私の考えでは、それはボックス・タイプの数字暗号の図表で、ブルーノがテキスト 4 で、'lettre quartallé (cartelée)' と称しているものである。それは、De Lamar Jensen, *Diplomacy and Dogmatism: Bernardino de Mendoza and the French Catholic League* (Cambridge, Mass., 1964) の「付録」pp. 231-2 で述べられている通常のものより幾分複雑で、かなり使い勝手が悪かっただろうが、私にはきわめて効率が良いと思われる。このような図表は通常 11 から始まるのだが、これは 58 から始まっていて、(意外なことに) ジェンセン自身により示唆されたヴァリエーションである。また、その図表には、各側に、9 か 10 ではなく 13 の座標があり、'The cat sat on the mat' は、34 ではなくおよそ 46 文字の数字が必要となる。

(8) 作者不明、*A Discoverie of the Treasons practised and attempted...by Francis Throckmorton* (London, 1584; repr. in *Harleian Miscellany* (10 vols, London, 1808-13), iii, 190-200), pp. 190, 195, 199 f.

(9) 図版Ⅷ。本書四三七頁。*OL* iii, pp. xii f.

(10) テキスト 18。本書、一一五頁。

(11) 本書、一五九頁、注 36。

(12) 本書、一一六—七頁。

(13) 本書、一四一—四頁。

(14) テキスト 1、テキスト 2、テキスト 4 と (本文中では) 11。本書、四四—五頁参照。

(15) これは、イタリア語版に見られる変更、削除、間違いから、また、この版が少々省略されていることからも明らかである。しかし、ある箇所 (イタリア語版の八行目) では話が事細かになっているし、また二三行目では、話が細部

(16) に及んだものの、訂正されている。このどちらの場合でも、問題の軍隊はイングランド軍だと述べられているが、フランス語版ではそのようなことは述べられていない。

(17) 読者の皆さんは、今、テキスト17に注目なさるかもしれないが、そこで、私がこれまで述べてきた以上に奇異な点に気づかれるだろう。私が依拠したのは、S. Battaglia, G. Barberi Squarotti, *Grande dizionario della lingua italiana* (現時点で、14vols; Turin, 1961-88) と、(Grande で現在欠けている、'R' の項目以後については) C. Battista and G. Alessio, *Dizionario etimologico italiano* (5vols; Florence, 1950-7), G. Devoto and G. C. Oli, *Dizionario della lingua italiana* (Florence, 1971), Florio, *Queen Anna's New World of Words* (1611) である。

ジェンティーレは、ブルーノの中にいくつかのスペイン語的語法を指摘したが、その中で最も重要なのは、'(that or the) which' を表わす 'lo che' の形である (DL, p. 302 n. 2, etc.)。私は、ブルーノがスビアウルの告解をスペイン語で聴聞したと思う。フロリオ訳のモンテーニュの『随想録』(1603: London, 1965 edn), p. 7.

(18) 本書、一一四頁以下。

(19) Stafford to Burghley, 9/19-xi-1586 (*CSP Foreign* 1586-88), p. 136.

(20) Yates, 'New Documents' 及び、本書、一〇五頁。

(21) ジョヴァンニ・カヴァルカンティに関しては、Calderini De-Marchi, *Corbinelli*, pp. 237f. オリジナルである BA T 167 sup に関するその他の参考文献が、「ジョヴァンニ・カヴァルカンティとそのローマ便りについて」以下、「カヴァルカンティについて」にあげてある。本書、四一五―七頁。マダム・デルベーネに関しては、*DBI*, xxii (Cavalcanti, Lucrezia), xxvii (Corbinelli, Jacopo); Calderini De-Marchi, *Corbinelli*, p.80; BA T 167 sup. ff.77f, 82 及び、随所。

(22) BA T 167 sup. ff. 106, 170, 189 (一五八三年四月、一五八五年八月、一五八六年十一月)。二番目は、Calderini De-Marchi, *Corbinelli*, p. 237 に印刷されている。

(23) 私はこれらの断片を「カヴァルカンティについて」に纏めておいた。本書、四一五―七頁。

(24) 「カヴァルカンティについて」のリストの四番目を見よ。

(25) この時期、教皇とフランスの関係がどのような状態にあったか、またその中でのフランジパニの役割が何だったの

(26) かは、Pastor, *History*, xxii, 273-93; xxii, 150, n. 1; 及び、Blet, *Ragazzoni*, pp. 65-90. Calderini De-Marchi, *Corbinelli*, pp. 69, 234, 245, 253. 本書を書いてから、私は「シニョール・ジャコミーノ」、これは明らかにコルビネッリである。この手紙を書いているところによれば、彼らは「シニョール・ジャコミーノ」、これは明らかにコルビネッリである。この手紙の中で、彼の語っているところによれば、彼らは「シニョール・ジャコミーノ」、これは明らかにコルビネッリである。この手紙の中で、彼の語っているところによれば、彼らは「シニョール・ジャコミーノ」（BN ff 15908, f. 93）の手紙を発見した。この手紙の中で、彼の語っているところによれば、彼らは「シニョール・ジャコミーノ」、これは明らかにコルビネッリである。この手紙の中で、彼の語っているところによれば、彼らは「シリエーヴルは、アンリⅢ世下の枢密院とコルビネッリとの接触点だったことから、カヴァルカンティのローマ便りを受け取ることを意図された主要人物だった可能性が高いようである。

(27) 「カヴァルカンティについて」のリストの四番目。

(28) スタフォードの家は、彼の書簡中のどの箇所でも特定されていないと思うが、パリ高等法院での、彼の召し使いの一人が被告となったある訴訟で (Archives Nationales, Paris, X²ᴮ 1098: Parlement civil, feuilles d'audience, 8/18-viii-1584)「ラ・トゥルネル河岸のマダム（？）・デクリュの家で」、すなわち、セーヌ河の左岸で、ノートルダム寺院の後陣の大体向い側にあると述べられている。

(29) 本書、一一〇頁。

(30) 'Heri vidi literas Romae... Horum verborum memini...'（「昨日、私はローマで書状を目にした……。その文面で、記憶しているのは……」）; *CSP Foreign 1586-88*, pp. 374-83 に、何かを翻訳したものだが、デルベーネのラテン語のサンプルが存在する。

(31) 『晩餐』、p. 8/68.

(32) 『幾何学原論』、book i, propositions 6-8.

(33) 本書、一二一—三頁。Edward Grately to Walsingham, Paris, 18/28-v-1586 (*CSP Domestic Addenda 1580-1625*, p. 177). グレートリーはギルバート・ギフォードの協力者で、スタフォードに面会に行ったことがあるが、ギフォードからそのようなことは慎むようにと言われたため、二度と面会に行くことはなかった。オルドレッドに関しては、L. Hicks, 'An Elizabethan Propagandist: the Career of Solomon Aldred', *The Month*, clxxxi (1945), 181-90; 及び 'Stafford to Burghley 6/16-xi-1586 (*CSP Foreign 1586-88*, p. 131). ここでは、「スタンレイという、仕立て屋を職とする者」

(34) が、パリからウォルシンガム宛てで手紙を書いているが、この者がオルドレッドらしく思われる。*CSP Foreign 1575-77* から、同 1586-88 の間の随所に見受けられる。PRO SP 12/92, f. 41 ――年額六〇ポンドのイングランドからの年金で、明らかに一五七三年での随所に見受けられる。BN ff 15905, f. 488 は、ベリエーヴル宛ての一五八〇年の手紙で、スペインの対アイルランド計画についてのものである。一五八六年二月から八月までの間、彼はウォルシンガムに宛てて定期的に手紙を書き送っていた (*CSP Foreign 1585-86* と、同 1586-88 の索引と BL Harleian 1582, ff. 115-27)。後者には、来たるべきアルマダ襲来への対抗策に関する一五八六年八月の「話」が含まれている。彼はまた、ドイツのパラヴィチーノにも手紙を書き送っている (*CSP Foreign 1585-86*, p. 383; 1586-88, p. 423; Stone, *Palavicino*, p.39)。本章、注38を参照。

(35) Sir Amyas Paulet to Walsingham, Paris, 8-i-1578 (A. Ogle (ed.), *A Copy-Book of Sir Amyas Paulet's Letters* (? London, 1866), p. 247). この提案は採用されなかった。

(36) *CSP Foreign 1586-88*, pp. 376, 463. これは、もう一人のユグノーの紳士のバスチーユ投獄をめぐる、スタフォードとデルベーネの間の二回目の大喧嘩の最中に明るみに出た。このユグノー紳士は、サレットまたはラ・サレットと呼ばれ、ナヴァル公からの使命を帯びて、一五八七年六月にパリに来ていた。こうした理由で、私は一五八六年十一月のバスチーユからの知らせをデルベーネと関連させたのである (本書、一一五、一四六、一五六頁)。

(37) 例えば、BL Harleian 1582, ff. 115-27 と BN ff 15905, f. 488.

(38) テキスト 17 中の「注記」。また、一五八六年八月のマジーノの「話」(本章、注34。教皇は、イングランド侵攻計画に賛同してジュネーブ侵攻計画を断念した) 参照。おそらくマジーノがこの知らせをパラヴィッチーノに送り、パラヴィッチーノが 16/26-x-1586 でそれをウォルシンガムに報告した (*CSP Foreign 1586-88*, p. 113)。Pastor, *History*, xxii, 150 n. 1 は、その計画が六月以降のいつかに断念されたことを示している。しかし、この情報はほぼ確実に、ピエロ経由でカヴァルカンティにについて」中の、イングランド侵攻計画延期を報告している、リストの五番目を参照)。Masino to Walsingham, 19/29-v-1586 での警告 (*CSP Foreign 1585-86*, p. 641) も同様。

(39) 本書、一〇五―六頁。イェイツは、'New Documents,' p. 185、及び、*Bruno*, p. 304 で、コルビネッリの七月二十五日／八月四日の日付の手紙に誤った解釈を施して、いささかの混乱を引き起こした。彼女の解釈では、その手紙は、ブルーノがその日パリにいたと意味しているかのようであるが、その一節はこのような意味ではあり得ない。

(40) Singer, *Giordano Bruno*, pp. 140 と n. 1, 208, 220.

(41) *Documenti*, p. 85, *OL* ii², pp. 358 (『三十の像の灯』にふれたもの)と223 (ブルーノ、個人的にヴィッテンベルクで教える)。リタ・ストゥアレーゼ博士は、親切にも私に、一五八六年十月から十一月にブルーノがヴィッテンベルクにいたことを絶対視すべき証拠はまったくないと保証してくれた。

(42) 「カヴァルカンティについて」中のリストの二番目。

(43) 「カヴァルカンティについて」中のリストの1と2a。オリジナルのタイトルは、'Ex aliis literis Roma scriptis mense Octob. 1586' (一五八六年十月、ローマより書かれたその他の手紙から)。

(44) この間の事情を再現するに当たっての難点は、オリジナルであるテキスト17の報告書と断片的情報の両方がウォルシンガムの書類中に残っているということだ。断片については、先の二月に遡るカヴァルカンティのローマ便りからの抜粋と共に送られたのだが、PRO SP 101 (通信物類) 中に見受けられるので、通常のルートで国務卿の執務室に届いたことが分かる。テキスト17は、BL Cottonian Nero B vi のウォルシンガムのフランス関係書類中にある。しかし、Stafford to Burghley、十一月六／十六日 (テキスト18) や、その中での激しい反ウォルシンガム論争との関係からすると、スタフォードはテキスト17をバーリー宛てで送ったことは絶対に明らかである。ところが、17は18のスタフォードのバーリー宛ての手紙 (PRO SP 78 中にある) と一緒になっていないので、バーリーは17をこの18の手紙と一緒にウォルシンガムに渡さなかったと仮定してよい。最も可能性が高そうなのは、ウォルシンガムがそれを見た後だったということである (本書、一一二頁)。スタフォードは、バーリーに手紙を書いたのと同じ日に (*CSP Foreign 1586-88*, p. 132)、ウォルシンガムに断片的情報を送ったと考えるのが妥当だと思われる。それらはエリザベスがそれを見た後にウォルシンガムに渡さなかったと仮定してよい、そのうちのどれかでウォルシンガムに断片的情報を送ったと考えるのが妥当だと思われる。残っていないようだが、そのうちのどれかでウォルシンガムに三通の手紙を書いている。

(45) 同じ人物にオリジナルとその断片の両方を送っても意味がなかったであろう。本書、九四―八頁。

2 彷徨するブルーノ

i ロンドン

ブルーノはソールズベリー・コートに一五八三年四月十三日かその少し前に到着した。彼を大使館に置いてやって欲しいという意味合いの——もしくは依頼した——アンリⅢ世の親書を持っており、カステルノーへの指示が書いてあった。果たして、手紙にはブルーノが司祭であるとか、司祭として雇うようにとのカステルノーへの指示が書いてあったかどうかは分からない。また、カステルノーが司祭を必要としていたか、ブルーノがすぐさま大使館でミサを行ない始めたかなども分からない。ことによると、これら三点の疑念への反対証拠として、ブルーノの異端審問官への供述や数度のオックスフォード滞在が指摘出来るかもしれない。そうすると彼は遅くとも一五八四年の初頭までには、チャプレンとして活動を始めたとは言えるだろう。

到着のすぐ後、おそらく四月十七日に、カステルノーはウォルシンガムにブルーノの存在を知らせるために、彼を使いとして宮廷に送った。二人が会った時、ウォルシンガムは彼をカステルノーとメアリー女王やカトリック教徒などとの関係を見張るスパイとして働くように誘った。ウォルシンガムは報酬を約束し、ブルーノはこの

仕事を快諾したようである。二人のうちどちらが、ファゴットという名前を思いついたのかは分からない。私の今の推測では、それはブルーノの方で、こんな場合によく彼が口にしていた火刑についての冗談の類だろうと思う。ファゴットという語にはまた、この仕事にはうってつけの噂話という含みもあった。更に、ウォルシンガムは将来義理の息子となるフィリップ・シドニーやウォルシンガムの隣人ドクター・ディーのような、各界の権威者たちを彼に紹介するとも約束したようである。ブルーノはソールズベリー・コートに戻り、腰を落ちつけた。

次の二カ月間、彼は「印」についての難解な本からの気分転換として、ウォルシンガムへ短い知らせを数回書き、会食し、談話し、回廊や庭園を散策し、会話に耳をそばだて、手紙を盗み読み、英国側のスパイの仕事にカステルノーの秘書クルセルを引き入れた。ブルーノの記した会話は、当時彼はカトリック主義の支持者と自称していたらしいことを如実に示している。社交面では、河を渡ってポーランド王子ラスキ卿を訪れ、カステルノーからの伝言を渡し、ウィリアム・ハールとはラスキ卿の行動について情報を交換した。ブルーノはまたハールと話をつけ、ハールがブルーノからの情報を直接ウォルシンガムに送られるように手配した。そのためブルーノは手紙を書く手間が省かれた。またモートレイクにディーを訪ねたようでもある。たとえディーが暦に関して教皇に卑屈に追従していることに文句をつけるためだけであっても。彼は六月の始めにラスキ卿のためにエリザベスが催した馬上槍試合の見物で、確かにカステルノーに同行して宮廷に参内している。カステルノーがブルーノを女王を始めとする宮廷人にまだ紹介していなかったのなら、その時彼は女王に拝謁したに違いない。宮廷では、フィリップ・シドニーとも顔を合わせたが、ブルーノはシドニーと共にラスキ卿に同行しオックスフォードへ向かうこととになった。⑴

オックスフォード滞在について、特に新たに加えるべきことはない。メアリーからの申し出をシドニーが進ん

で受け入れたいと思っているというファゴットの知らせを仕事のうちに数えないならば、オックスフォードで彼はこれといった仕事をしなかったからである。しかし、彼が第一回目のオックスフォード滞在から戻った七月の終盤あたりから、スロックモートンが逮捕された十一月中旬までの四カ月足らずの間には、目覚ましい働きをしたようである。オックスフォードで、彼は多数の学識ある友人やファンを獲得し、弟子入りを志願する者もいた。この点では、彼はディーの先例と、その後の彼のポーランドへの出発で確かに勢いづいた。ディーはオックスフォードの知的な面でのゴッドファーザーのような人物で、ラスキ卿と共にポーランドに向かったため、イングランドの居住指導者のような地位が空席になったのだ。ロンドンでは、ブルーノはディクソンに記憶術を指導し始め、クリスマス後に始めた反ラムス学派論争にディクソンを立てたようである。彼は『印』と、特にオックスフォード大学の副学長へ向けたその序文の声明文で、自分の主張を公にしたが、ジョージ・アボットによる指摘が示すとおりである。私に言わせればその序文はインド人のやぶ医者が出した地下鉄の広告のような感じがする。その工作は隠密に進められたのだが当時彼が従事していたもう一つの知的政治工作を見るといっそう鮮烈になる。ブルーノの一連の動きから、彼はディーが残した神知学の分け前を狙っていたという印象を受けるが、その印象は当時彼が従事していたもう一つの知的政治工作を見るといっそう鮮烈になる。ブルーノの一連の動きから、彼はディーが残した神知学の分け前を狙っていたという印象を受けるが、犠牲者として狙われた人物はソールズベリー・コートの住人の友人、ヘンリー・ハワード卿だったのである。(2)

その夏、ハワードは予言に反対する『有毒偽予言の予防』という本を出版した。出版者はジョン・チャールウッドで、『印』を始めとしてブルーノがイングランドで書いた本全てを出版した人物である。(3) チャールウッドは表題紙で自身を、ハワードの甥であるが息子同様のアランデル伯に仕える印刷業者と記した。そうならば、ブルーノはハワードの援助のもとに本の市場に参入したと考えてよいかもしれない。確かに、その本の中には、ブル

ーノ自身の考えに由来すると思われる部分が少なくない。ブルーノの著書には、ソロモンの知恵や、特に「伝道の書」への愛好、予言者たちは王の敵だとする確信、神話上の人物やトマス・アクィナスへのかなりよく似たこだわり、キリスト教政治を平和と統一と同等視する見解などが認められるが、それはハワードにも共通する考えであった。この時期、ブルーノは占星術、すなわち「星の神学」を弁護していなかったし、ハワードも占星術を攻撃していたのである。ハワードがイングランドのピューリタンや、その「予言」というしきたりに反対して論争したり、政治的事件の予知や占い師との相談などを非難したり、忌まわしきオックスフォード伯と確執を続けている限り、ブルーノは彼の本への異論を持つはずなどなかったのである。そうなら、ブルーノはどうしてその本が異端と反逆の両方を帯びていると検閲官に訴え出たのか。その背景には様々な事情が絡まっていたようである。その本の訪れは教会の集団的権威によって試されるべきだという、形を変えてはいるもののきわめて明瞭なカトリックの暗示があった。それにはブルーノはほんの少しも同調しない立場である。さらにハワードは様々なやり方で予言に隠された意味を捜し出し非難したのである。中でも特に「エジプトの神秘主義を盗むこと」を取り上げたので、殊の外ブルーノの感情を害したのである。ハワードは「この行為は市民法で全面的に禁じられ、政治の諸規則で制限され、神の言葉で弾劾され、人間の共通の平和に不快感を与えるものだ。ナイル川を柳の生け垣の中に抑えておけないのと同じ忍耐の限度を越えている」と書いた。フランセス・イエイツを読めば、ブルーノはヘルメス・トリスメギストスという偽賢人が伝えたとされる古代エジプト崇拝や哲学に隠されたメッセージに取り憑かれていたことがお分かりになるだろう。ハワードは「星の神学」への疑問と同様に、ここで意識してブルーノを攻撃していたのではなかったのである。実はディーを攻撃していたのであり、彼の神秘学の武器庫の中にはヘルメス主義が存在していたからである。著作でハワードは直接ディーにはふれてはいないが、夢

の中で天使と話し、占星術で政治を行ない、オカルトの知識のわなの中にダイアナを陥れようとする、「頭の不調」に苦しむ人物こそまさしくディーのことであった。オカルト的なメッセージにも共感を覚えられなかった。ブルーノはこれを想像だにしていなかったと思う。またハワードの政治的な後継者（メアリー）からその資格を剥奪したという内容だった。[7] これは将来政治絡みで魔法を使うという考えが、すでにブルーノの心の中に巣くっていたということなのかもしれない。後々明らかになるのだが、さしあたりは、ディーの教えはブルーノが希求する、守るべき知的遺産だと考えていたようだ。また、ハワードのようなカトリックの信仰はエリザベスが一面で常に惹かれているものと悟り、女王の寵愛を巡ってハワードと競っている自分に気づいていたようでもある。

ブルーノはソールズベリー・コートに戻った後、スロックモートンに関する情報を更にハールに流しただろうが、それを確信させるものはない。たとえ、この時ブルーノが何か知らせていたとしても、今ではもう残っていないからである。八月にモヴィスィエール侯夫人が官邸に戻ったので、彼の活動が妨げられた可能性もある。ただし、ジョン・フロリオが家庭教師として、大使館にやって来るという思いもよらぬ副産物をもたらしたが、この流れは、いずれにせよ、時期は不明だが悲惨な二度目のオックスフォード滞在と、ウォルシンガムの不在で遮られたらしい。ウォルシンガムはジェイムズ王をエリザベスの意に応じさせるようにとの命を受け、八月にスコットランドに行き、十月の第一週にようやく戻ったが、その不在がブルーノを極度にいら立たせたのである。[8] ウォルシンガムはソールズベリー・コートとの種々の申し合わせをバーリーに一任したが、さほど快く任せたわけではなかった。従ってファゴットは当面は休業状態にあったようだ。とかくするうちに、カトリック側の陰謀は[9]

熟し、ハールはその状況を見続けていたが、十一月の初めにはファゴットの活動を再開させるようにとの指示を受けたようだ。ブルーノはその頃にはすでに多忙な状況にあった。『印』がもう発表されていたかどうかは詳らかではないが、彼にはディクソンを始めとする弟子たちも多分師事していた。論駁したい敵もいたからである。彼の社交の予定表は、おそらくクリスマス以降のようにはぎっしりとは埋まっていなかったので、付き合いを増やす必要があった。またカステルノーへの義務も配慮しなければならなかった。大使館でのチャプレンとしての仕事は義務のうちにすでに含まれていたか、予定されていたかのいずれかの状態にあった。明らかに彼は衒学者への大復讐を思案しており、それが『晩餐』に至ったのである。クルセルにスパイ行為を任せておけると彼が考えて当然であろう。ブルーノのスパイとしての仕事の再開は、ソールズベリー・コートで起きた気味悪い取り引きを目の当たりにしたためとするよりも、その時しばらくの間は、四月、五月と同じ位、大使館での出来事に大いに気をつけねばならなかった。彼は戦略的な状況を利用して、個人的に望んでいる方向へと当局を刺激したのである。

彼が、ファゴットとしてスパイの通信活動を再開した直後、フランシス・スロックモートンド卿が逮捕された。ブルーノが先に送ったこの件で、実際責任があるかどうかここで考えてみたい。スロックモートンについては、ブルーノの発覚はそれに基づいた結果であることは道理的にはまったく疑う余地はない。また彼がクルセルを抱き込んだという主張も信用出来る。クルセルは六月以来カステルノーとメアリーとのやり取りをチェックしていた。ブルーノは十一月に更に二種の情報を伝えた。画の大まかな概略と、不正確ではあったが二人の会話の内容を知らせたのである。後に政府側はその日の午後遅

くまで、陰謀を察知していなかったと述べたので、最初に政府に知らせたのはブルーノだったと言えるかもしれない。また彼はフランシスの兄弟トマスがイングランドを離れようとしていると報告しているが、トマスは実際そのとおり行なっている。フランシスはカトリック側の蜂起をそれ程楽観的に捉えておらず、トマスと一緒にあわや出国する状況にあった。この二種の知らせはウォルシンガムにスロックモートン逮捕を促したに違いないが、私にはこれらが完全に成り行きを決定づけたとは思えない。彼の実際の決断は、カステルノーが考えていたような、メアリー側から入手された何かによってではなく、スロックモートンが市中におりソールズベリー・コートからメアリーへ宛てた内密の手紙の束を持ちシェフィールドにちょうど転送しようとしているとの知らせが機になった、と考える方が私には納得出来るように思える。その手紙の束の一通は、それ自体カステルノーに累は及ばないが、十一月十五日（夕刻？）にクルセルが彼に代わって書いたものである。そして、その夜か翌朝、クルセルはウォルシンガムにニュースの内容を知らせたようだ。ブルーノはこれにはまったく関係がない。ハールは十一月十五、十六日の両日にブルーノからの伝言を送っているが、その種の知らせは含まれていなかった。クルセルとブルーノはこの時期々の仕事をしており、クルセルは伝言を別の方法で伝えたに違いない。ブルーノがスロックモートンの陰謀をまず最初に暴き、十一月には政府側に何か処置を取ると決定させるに十分な新しい証拠を提言したが、十五、十六日が——あるいはいつの日にせよ——逮捕に適切な日だなどと、ウォルシンガムに進言してはいなかったと私は結論づけたい。それ以外の点では、かなりの割合いでブルーノ自身の働きで、スロックモートンの失脚は、ブルーノが新年の賃金をもらう権利を得た上に、オックスフォードの衒学者連中に一杯食わせてさぞかし大喜びだったに違いない。予言の本の考察を済ませたので、ブルーノがスロックモートンよりもハワードに興味を持っていた理由がもう

お分かりであろう。しかし、ハワードに不利な証拠はきわめて少なく、少ないといえども残っているものはクルセルが提供した情報で、ブルーノ自身によるものではない。ハワードはオックスフォード伯やジョン・ディーに反対する本を書いたことで逮捕されたのではなかったのだ。この本はレスター伯の気に障っただろうが、ハワードの言動、少なくとも彼がカステルノーの催した晩餐の席での話、つまりエリザベスの結婚交渉をアンジュー公とした際にハワードが行なったとのせいで逮捕されたのでもなかった。この話が本当なら、随分古びたニュースである。また、「エリザベスは『未だどの宗教を信仰するか決めかねておられる』と声に出して思案したとても──それは事実無根だが──背信的でも冒瀆的でもない。ハワードが司祭で、密かに「枢機卿候補者」に目されていたというのは、おそらく彼特有のトゲのある冗談だったのだろう。しかしハワードの甥のフィリップがカトリックの亡命者たちと連絡を取り合い、自宅にイエズス会伝道団の長を匿っているとの告発は冗談の比ではない。ブルーノが追って詳細を伝えると約束したことや、ハールによる即座の対応がそれを裏付けている。この件はブルーノが司祭という職を同じくする者や、イングランドで彼らを匿っている者について、情報提供者として動いた最初で、私が知る限りでは最後のことであった。一五八二年四月一日付の国王布告によると──すぐに法令で承認されるのであるが──ブルーノが当の伝道団長やその匿い主に対して申し立てていた罪は反逆罪であり、それに有罪判決が下されることは、両名がブルーノが後に受けるのと同じ程野蛮な方法で処刑されることを意味していたのである。ハールの調査からは何も上がってこなかったのだから、ブルーノが単に情報をでっちあげただけかもしれないが、そうは思えない。むしろもっと可能性が高いのは、ソールズベリー・コートで拾った噂話か、スロックモートン家を通してその情報が流れてきた場合である（トマ

スはアランデル伯の妻に従って大陸に渡っていたことがある(13)。ブルーノがこの情報を深刻に受け取ってもらいたいと思っていたのは、ハールに女王自身に直接伝えるように指示している部分と、「告解のもと」という表現から明らかである。つまりこれは、確かにブルーノの人生に数多く起きた厳粛であると同時に笑劇的なエピソードの一つに数えられるにすぎないということである。

ハワードは逮捕、取調べを受け、少なくとも六カ月間勾留されたという点で、ブルーノの対ハワード作戦は成功したと言える。しかし、ブルーノやハールの、「捕らわれもせず、放されもせず」という意見にもかかわらず、ハワードはしぶとく生き延び、ついには釈放された。イエズス会士の情報が中途半端に終わってしまうと、ハワードがカステルノーに面会しているという情報、ブルーノはハワードに不利に働く情報を途切れさせてしまった。エリザベスの延臣には修道士の話に関心を持った者がいたかもしれないが、女王はその話の先を聞きたいと思う程興味を持ったかどうか疑問に思う。アランデル伯とノーサンバランド伯がスロックモートンの陰謀との関係について取調べられていた時も、ハールは二人について持っていた情報をレスターに知らせたが、ブルーノの手元にはそんなに多くの情報はなかったようだ。ノーサンバランドは留め置かれたままであったのに、アランデルは釈放されたからである。その一方で、ブルーノのでっちあげだと思うのだが、女王に深い感銘を与えたのである(15)。

らせを受けてスペイン側が「勝利」に沸き返っており、スパイとしての彼のキャリアがピークを迎えていた。その時ブルーノはスパイとしてやるべき仕事を成し遂げており、バーリー、ウォルシンガムが知るべきことは他にもまだあった。カステルノーこそがその任務をこなすのにふさわしい人物だった。彼はその後すぐ仕事を始める。ブルーノは新年に

二、三の有用な情報を伝えたが、精力的な社交とチャプレンとしての仕事を除いて、何に邪魔されることもなくようやく自由に著作に専念出来るようになった。クリスマス・シーズン中に、カステルノーはスロックモートンの自白で陥った危機的状況を収めたいと考え、枢密院議員、宮廷人、貴族たちと計画的にワインを楽しんだり、晩餐を催したため、ブルーノの社交範囲は大いに広がったに違いない。ブルーノは再度女王に謁見を賜ったようで、即位記念日（十一月十七日でおそらくスロックモートンの逮捕の翌日）か、カステルノーが十二月初旬ハンプトン・コートを訪問した時が最もその可能性があると思われる。女王はブルーノの任務内容について承知しており、その際に、彼の仕事に対し口頭で礼を述べたことが分かっている。それに応じて、彼のエリザベス崇拝はますます熱を帯びた。しかし報酬の請求は依然として続けていたが。(17)

新暦の聖灰水曜日と旧暦のイースターまでの間は丸二ヵ月あるが、一五八四年のレントの期間はブルーノの生涯の中で最も重要な時期であった。彼は傑作『晩餐』を書いて、彼の送った情報のうち最も真実味を帯びたとは言えないが、最も驚くべき情報をエリザベスに送った――スピアウルの告解についての手紙である――からである。スロックモートンに向けた作戦の成功は、彼を幸福で創造的な気分にさせていたのだろう。読者の皆さんには、この二つの仕事についての正確な経過表を作るために、すでに割いてきた時間を許していただきたい。この二つを結び合わせることは、今すべき最重要の作業であるからだ。

次にあるのが、経過表であり(図6)、『晩餐』での実際の出来事と架空の出来事を区別して表わしている。この『晩餐』は多かれ少なかれ現実に基盤を置いていることがお分かりになろう。私の目的は告解の手紙の糸口となる連鎖と『晩餐』を書く糸口となる連鎖を結びつけ、一五八三年のクリスマスから一五八四年のイースターまで続く一つの話を作ることである。日付は旧暦である。

図6 1583年11月—84年5月までの出来事の経過表

＊『晩餐』で語られている架空の出来事はゴチック印刷

	旧　　暦	新　　暦	
11月	15—23日	25—12/3日	SCからGBの報告がハールを通じバーリーに渡される
	16—20日	26—30日	スロックモートンとハワードの逮捕
12月	11月下旬—1月中旬	12月上旬—1月下旬	スロックモートンとノーサンバランド伯がロンドン塔に送られる　スロックモートン、ハワード、ノーサンバランド伯、アランデル伯他尋問を受ける
1月	初　旬	中　旬	GBからウォルシンガムへ新年に際しての手紙
	9　日	19　日	メンドーサ枢密院に召喚される
	12日か19日か両日	22日か29日か両日	メンドーサSCに来る　ミサに出席他
	20—21日	30—31日	メンドーサ帰国
2月(29日)	5　日	15　日	新暦の聖灰水曜日　GBは医者たちと共にSCで晩餐
	5日頃—12日の間	15日頃—22日の間	ウィリアム・パリーSCに来る
	15日頃か後	25日頃か後	GBはSCからハールを通じ情報を送る
	23日頃	3/4日頃	**フロリオとグウィンがグレヴィルからの招待状を持って来る**
	24—26日	3/5—7日	**GBはグレヴィルに会う**
3月	4　日	14　日	旧暦の聖灰水曜日　**ホワイトホールへの河旅　グレヴィル宅での晩餐**
	ほぼ8—12日	ほぼ18—22日	**四者会談**
	15　日	25　日	新暦のパーム・サンデー　スビアウルがGBに告解
	16　日	26　日	GBがエリザベスにスビアウルの告解についての報告を書く
	18　日	28　日	スビアウルの聖体拝領
	22　日	4/1日	新暦のイースター・サンデー
	23日頃	4/2日頃	?『聖灰日の晩餐』書き始める
4月	3—4月	4　月	『晩餐』執筆
	19　日	29　日	旧暦のイースター・サンデー　『晩餐』完成
5月	21　日	31　日	スロックモートン裁判

私が見る限りでは第一の連鎖の方が時期的には多少先に始まり、スペインの駐英イングランド大使メンドーサと、彼のカステルノー、スペインのスピアウルの関係が中心となる。一五八三年の下半期に、メンドーサはソールズベリー・コートを至極頻繁に訪問していた。スビアウルも同様で、そこでスコーリーと親しくなった。その年の暮れにメンドーサのためにいくつか値打ちのある仕事を行なった。主人レスター伯を通して、彼はパルマ公に代わってドン・ガストン・デ・スピノーラを女王に謁見させたのである。加えて十二月の末には、ロンドンのカスタマー・スミス宅で行なわれた名高い晩餐を準備だてた。そこで、メンドーサはレスターに会い、イングランドとスペイン間の協定を論議した。このような歩み寄りはスロックモートンの自白で——あるいは自白を利用して——挫かれてしまった。ブルーノは、エリザベス暗殺というニュースでスペインが狂喜しているという話をでっちあげ、協定決裂の原因に一役買った。彼は、更に一月の初旬にも、スペインとの協定に最も熱心だったサー・ジェイムズ・クロフトという王室財務顧問官に関する情報を伝えた。私はクロフトの部下、エドワード・モリスが後にバーリーとパルマ公との間で行なったように、その時もすでにモリスはクロフトとメンドーサとの間の伝言を何回も取り持っていたと思う。カステルノーが最近モリスと何度も会っているというブルーノの報告は、メンドーサ、カステルノー、クロフトというカトリック側に立つ者が多少なりとも共謀を巡らせ、平和調停のための努力という名目を隠れ蓑にしていたことを匂わせている。[19] これは、メンドーサが枢密院から召還を受け（一月九日）、イングランドから十四日以内に国外退去するように言い渡された時期とほぼ一致する。その猶予期間にメンドーサは一、二度ソールズベリー・コートを長時間訪問した。またその期間内の日曜日の午前にはミサに出席し終日滞在して、イングランド、オランダ、フランスなどにいる異端者を追放するため、スペインと強力な協定を結ぶ意味をカステルノーに理解させようとしたのである。メンド

ーサの行動はスペイン大使館には司祭がいないかのような印象を与える。私はブルーノがミサを行なったと思うし、スビアウルやスコーリーもミサにやって来たと考えるべきだと思う。スコーリーはメンドーサが帰館する際に桟橋まで付き添ったが、彼にはきわめて大胆とも言える行動だった。カトリックの暦では、聖灰水曜日は十日ほど後の二月五日だった。ブルーノは会衆の額に灰で十字を記し、愛想よろしく、我々は塵であり塵に戻るということを思い出させた。その夕、カステルノーは晩餐に幾人かの医者を招いた。その中には間違いなくかかりつけの医者であるジョフロワ・ル・ブルーメンがいたが、フロリオのオックスフォード時代の友人であるマシュー・グウィンも出席していた公算が高い。ブルーノはアリストテレスを論破し、コペルニクスの宇宙観を弁護して大いに楽しんだ。二月中旬を過ぎた頃、ブルーノはハールに再び会い（ブルズ・ヘッド亭で？）、最近大使館で見かける人物の名を伝えた。それにはメンドーサの手下のスコーリーと、同じく手下でスビアウルの友人でもあるフィリップ・クルトワの両名が含まれていた。

これから『晩餐』で語られた時間の中に入る。それは確かに架空の時間である。しかし、ブルーノは時間に関して非常に正確なので、もし事実を基にして書いたとすれば並はずれて見事な構成だと言えるだろう。ホワイトホールにあるグレヴィルの住まいで食事を取りながら会話を交わしたのは、旧暦の聖灰水曜日三月四日だったと語られる。グレヴィルからの招待状はソールズベリー・コートのブルーノのもとにフロリオとグウィンが届けたのだが、その日の十日程前の二月二十三日／二十四日あたりである。スミト宅での四人の会談は――対話篇の中で最も事実と関係なさそうな部分だが――旧暦のレントの最初の日曜の週、おおよそ三月九日から十三日頃となるだろう。そして、実際、ブルーノはそのすぐ後で書き始めたようだと私はすでに推測した。次の日曜日の三

月十五日はスビアウルの告解の日であるとしてほぼ確実である。スビアウルは大使館をここ数カ月頻繁に訪れていたものの、ブルーノはこれまで彼について述べていなかった。それは彼らはたいそううまくやっていた証左である。ブルーノによると、告解を聞いてくれとスビアウルからずっとせがまれていたが、イースター前では彼にとってはこの日がほとんど最後の機会と言ってよかった。スビアウルとクルトワは共に、次の水曜日のイースターの聖体拝領に与る手続きを取った（ブルーノは実際には書いていないが大使館内でのことだろう）。その日は新暦の聖週の水曜日、旧暦の三月十八日に間違いない。従ってブルーノがエリザベスにスビアウルの告解についての手紙を書いたのと、彼が『晩餐』を書き出したのは、実際には同時であったとかなりの確信で言えると思う。どちらかと言えば、手紙は『晩餐』より早く書かれたと考えるべきだろうが。チャプレンとして聖週の間は山のように仕事があっただろうが、イースター後は比較的暇になるからだ。また彼は『晩餐』に集中するために、さしあたりスパイ行為の義務を免れたかったのかもしれない。『晩餐』は新暦のイースター（三月二十二日）と旧暦のイースター（四月十九日）の間に書かれたとする私の確信を以上説明した。(23) 彼が著作を完成させるにはこれ程時間はかからなかったのではないかと思う。

それ以降一五八四年の間、ブルーノは次の著述と対話篇の出版に携わっていた。この状況についてはほんの僅かしか分からないが、更に付け加えるべき事柄もない。私は対話篇の内容の若干について言いたいのだが、話がイングランドを去るまでのブルーノの文学のモードに移される前に、一五八四年の暮れの『傲れる』の出版からの表立った行動についての説明を終えた方が良かろう。出来事の順序に関してはまったく問題点はなく、二つの話を結びつけた結果生まれる最重要事項を我々はすでに良く理解している。つまりシャトーヌフとファゴットの面談は、実はブルーノへの尋問だったということである。この出来事は後で振り返ると、コペルニクスの月の軌道

のダイヤグラムの中心に彼が見つけた（間違ってはいたが）コンパスの中心点とは似ていなくもないような位置を、ブルーノの生涯の中で占めていると言える。

クリスマス後、彼は途中で挫折した神学的対話篇『天馬』（彼は机の上で以前書いた原稿を整頓した時、その一枚を『傲れる』の表紙に使ったことを知るのだが）を見つけだし、再着手したもののあまり進まないうちに、二年ぶりのパリ滞在に出発した。その主たる理由は疑いなくフランスでの彼の将来を必要とした可能性も考えられる。彼は実はトマス・モーガンと接触し、逮捕、イングランド送還を提案する目的で遣わされたのだとは考え難いと思う。しかし、ブルーノが、ウォルシンガムにパリへ行くとひとたび言えば、ウォルシンガムはそういったことは、きわめて喜ばしいと答えただろうことは想像に難くない。ブルーノはスタフォードに、モーガンの居場所やその他の多くの有用な情報を教えた。ウォルシンガムの指示を受けない限り、ブルーノはスタフォードに正体を明かしたとは考えられない。どれ位、ブルーノはパリにいたかは分からないが、私の思うところでは、イースターまでには、つまり四月十一日／二十一日までにはイングランドへ戻ったようである。

これ以降八月まで空白がある。この間ブルーノは『天馬』に『キュラのろば』を書いていた。彼は間違いなくその時に最後の対話篇『英雄的狂気』（以下『狂気』）を加え合冊して出版した。シャトーヌフは四月に着任する予定になっていたが、カトリック同盟の反乱の勃発で、七月末まで出発の延期を余儀なくされたため、カステルノー同様ブルーノも時間を持て余していた。彼は自分で書いた詩や、エリザベスが扮するダイアナに捕らわれるアクタエオンになった自画像、カンパニアを離れた後、女王に導かれ盲目が癒されて自由にテムズのニンフと戯れるミューズの話などを練り上げる時間があった。我々はすでに彼が新任の大使と対峙した時に、どのように切り

抜けたか見てきている。更にカステルノーとウォルシンガムがブルーノをロンドン市長の手から救ってくれるまで、シティの留置場で二、三日過ごした次第もすでに見た。市長には、ブルーノを捕まえたことが、モヴィスィエールの司祭を捕まえたのと同じだということが明々白々であっただろう。[26]カステルノーがそれを隠そうとどんなに骨を折ったかを考えれば、彼の不安——将来その事実がシティの裁判で公の論議に上がると予想した彼の不安——がよく理解出来る。明らかに彼はいささかなりとも精神的な動揺状態に陥り、ロンドン市長の公邸まで急行し、「奇襲」をかけてブルーノを取り返そうとした。ブルーノは市長のせいで引き起こされた主人の当惑を、他人の噂話でも聞くように面白がっていたのかどうかは分からない。幸運にも、ウォルシンガムもカステルノーとほぼ同じ位、ブルーノの名前を——彼がたとえどんな名前を使っていようとも——公衆の目にふれないように必死で隠そうとしたようである。この小さな危機が過ぎブルーノは自由になり、堂々とイングランドを告げることが出来た。彼はウォルシンガムに、フランスに送るカステルノーの家財をジローが船に積み込んでいるが、その船はオックスフォードからランスをも乗せていているという情報を伝えた。これはウォルシンガムの助けに感謝の念を表した意味合いが強いようである。若者たちはドーバーで船から降ろされたので、海峡の向こう側で船を略奪していたオランダの私掠船の乗組員の手に掛かって、殴られたり溺れさせられたりする目に偶然にも遭わずにすんだのである。[27]

ii 不平家

ブルーノのイングランド滞在の終盤に起きた出来事から、後代への主要な贈り物となるソールズベリー・コートで書かれた対話篇、特に「驚異の年」一五八四年に書かれた作品に戻る。私はこれから、ブルーノとファゴッ

ト両者の話のしかるべき所にこれら作品からの一部を繰り入れたいと思う。「一部」と言ったのは、私はその対話篇自体や主な内容を語るつもりはないからである。最初の三作『晩餐』、『原因』、『無限』の目的はコペルニクスの自然科学や形而上学にブルーノ流の解説を加えることにあり、それはファゴットとしての活動からは完璧に分離していたようである。ちょうど一九四〇年代、ある原爆スパイが研究していた物理学の内容は、スパイ行為とは無関係だったように。これは『傲れる』の内容については当てはまらないが、さしあたりこの作品からは、いずれも伝記的な語りに直接貢献しているような所だけを扱う。文学テキストは文学テキストであり、ブルーノはブルーノであるから、文学テキストからブルーノの伝記的事実が多く明らかになると期待すべきではない。

その時、ファゴットは一年程休眠状態であったので、彼の毎日の活動を数々の対話篇の著者としての仕事に関連付けることは不可能である。ともあれ、この期間の特筆すべき出来事は、八月にソールズベリー・コートで起きた偶発的な騒ぎをおいて他にはない。ブルーノは明らかにこの騒動の最上階で生活し執筆に励んでいたためである。ら追い立てを食らったクルセルやフロリオと異なり、彼が大使館の最上階で生活し執筆に励んでいたためであるようだ。その居室で、彼は平和と静寂に包まれ、他の誰が見るよりもずっと美しい星空を見上げていたのだろう。

しかし、こういった事件を別にすると、疑似の伝記的情報が非常にたくさん盛り込まれていたが、そこからは二種類の物語構築材料が抜き出せると思う。最初の二つの対話篇には、疑似の伝記的情報が非常にたくさん盛り込まれていたが、そこからは二種類の物語構築材料が抜き出せると思う。最初の二つの対話篇には、テーマは執拗なという程ではないが何回も繰り返され、作品中で語られるそれぞれの状況に至るまでの経緯を通して無理なく明かされる。このお蔭で我々の物語構築作業はいっそうはかどるようだ。その他に、対話篇には、内容的に独立した部分があるが、今ではその部分がブルーノの性格や伝記を明らかにするものであることが以前にも増して分かってきている。それらは我々がすでにつかんでいる事柄を確証することになるだろ

『晩餐』には、ブルーノとフロリオによるソールズベリー・コートからホワイトホールへの河旅を「歴史的」と言うよりは「詩的」に、「比喩的」に描いた印象的な一節がある。「詩的」という語によって、ブルーノは物語の中の事実を、象徴的で道徳的な意味を持つとする聖書解釈の方法で捉えていることを意味した。水が引いているテムズ河の堤の泥の中を骨折って歩くという現実味を帯びた詳細な描写は、ちょうど画家が絵の背景に描く人の動きや風景のような「潤色法」、すなわち主な劇的な出来事は現実の世界の文脈の中で起きているという印象を与える意図のもとになされている。(28) 今の私の興味は、ブルーノとフロリオの架空の河旅と現実の出来事との関連にではなく、河旅がファゴットとその諜報活動にどんな意味を持っていたかにある。ファゴットは大概常に労を惜しまず事実に即した報告をするため、彼が「潤色」を意図して何か加えているかどうかについては、いくつかの場合で疑問が湧く。そして、ファゴットの告解のクライマックスの部分と、エリザベスが暗殺されたという滑稽な暗号の件である。一つは彼の後任のチャプレンが教皇に連絡を取るため編み出したという噂話にスペイン人が欣喜雀躍しているとの部分である(これについては原文はなく、またブルーノが出所でなかった可能性もなくはない)。ここで、スビアウルの告解のクライマックスの部分と、エリザベスが暗殺されたという滑稽な暗号の件である。スビアウルがブルーノの所に告解に行ったのは信じ難いと思うと先に述べた。して確かだが、ブルーノが記しているように女王暗殺計画を懺悔したというのは信じ難いと思うと先に述べた。ここで、告解時の聴聞にスビアウルがどのように答えたか、ブルーノの説明を引用する。

女王陛下、私は出来る限り事細かにスビアウルを聴聞したことを御心にお留め置きください。まずモーゼの律法の十戒について問いました。「汝、殺すなかれ」以外は全てについて申し分のない告解をしました。女王陛下に狙いを定めたこの目標に執着しているのでうまく告解出来なかったのです。それについて、私は言

葉を尽くしてスビアウルを諌めましたが、彼は女王暗殺は十二使徒会やローマ・カトリック教徒の心の平安のためであり、それさえ果たせば自分の魂はまっすぐに天に昇るのだと固く信じていると返答しました。これを告解しているうちに、興奮して怒りが込み上げてきたようです。なぜかと言えば、歯ぎしりをしていたからで、彼を見ているのが実に恐ろしくなりました。(29)

これを架空の話だとすると、激怒して歯ぎしりをしているスビアウルの部分までは、見事に書かれていると言える。しかし歯ぎしりの所からは自らの手の内をつい漏らしてしまったようである。この印象は『晩餐』の対話3の一節と比較するといっそう強まる。そこでは、激怒した衒学者トークァトはノラびとに対して上記と同様に歯ぎしりをしているとフルラが報告している。(30)両方の場合にブルーノは歯ぎしりという行為に対して、間違った語を使っており、手紙の中で考え出されたフランス語は明らかに、その対話の中で使われているイタリア語の変形である。トークァトは 'ghigna i denti dell'ingiurie', つまり、だいたい「歯をくいしばったり、歯噛みをして侮辱的な言葉を吐き捨てる」という意味のことを行なった。フロリオと近代イタリア語によると 'ghignare' の意味は「あざ笑う」または「不快な顔をする」という意味である。「歯ぎしりをする」にふさわしい単語は 'digrignare' である。ブルーノの著作の編集者たちは、彼が詩的な奇想を試みていたのではなく、正しい単語を忘れていたと解釈している。スビアウルは 'grichoit les dentz et me faisoit peur en le voyant' と言う。この場合、適切な動詞は 'grincer' で、私が知る限りはフランス語には 'gricher' なる語はない。ブルーノは明らかに 'digrignare' と同様 'grincer' も忘れており、頭に浮かんだそれをフランス語の単語に似たような語を書いたのである。

こうした言語上の誤りの繰り返しは、ある読者にとってはより意味のあることだと思う。しかし私はこれはスビアウルの告解についての最も重要な語句に関係しており、スビアウルの女王暗殺計画の告解は、ファゴットの

ルポルタージュにではなく、ブルーノの作り話の部類へ入れるべきだという私の結論を強力に裏付けているものとして判断する。従って、私はこの判断を理由として、誤った言葉の繰り返しについてこれ以上述べるつもりはない。私はあくまでもブルーノはファゴットとしての自分を注意深く切り離そうとしていたのだが、常にうまく行っていたとは限らないということや、二週間を隔てずに書かれた告解の手紙と、『晩餐』にそれぞれ登場する歯ぎしりをする人物には、単語レベルでの連続性があるなどということを主に強調したいのである。

二例目は『原因』からだが、この作品はブルーノ、フロリオ、シドニーと思われる三人の登場人物を中心として、ソールズベリー・コートで行なわれた対話を記したもので、六—七月にかけて執筆されたと見てほぼ間違いない。その第一対話で、アルメッソ／シドニーが『晩餐』へのイングランド人の反感を上品に述べるが、ブルーノはそれを受けて作品の弁護を行なう。彼は、室内では軽い娯楽、外ではかかし役としてしか役にたたない「召し抱えの哲学者」と自分自身を区別する。エリトロピオ／フロリオが以下のように割り込む。

実を言うと世間には哲学者という人種は、お抱えのチャプレンよりも下劣だと思う人が多いのです。しかし、チャプレンがどんな下層階級からでも雇われ、司祭職の名誉を汚していることなど皆知っています。しかし、哲学者は哲学を広く知らしめる広告塔としては尚いっそうひどい、獣のような愚かな群集の中から選ばれるからです。[31]

すでに我々はカステルノーの所でのブルーノの行動を知っているので、この一見余計に見える挿入は、イングランドの衒学者を手当たり次第に罵倒しているのではなく、住み込みの家庭教師がプレンである者に向けて述べた、むしろウイットに富んだ意見であると理解出来る。フロリオとカステルノー彼らがその意味を理解した限りにおいて、この冗談を楽しんだに違いない。一方モヴィスィエール侯夫人は冗談

これらファゴットを想起させるものに裏付けを得たので、更に大きなテーマに取掛かりたい。『晩餐』と『原因』は、『晩餐』のヌンディニオやトークァトなどの頑固なアリストテレス支持者や、『晩餐』のプルデンツィオ、『原因』のポリイニオ――彼ら二人はスミトとディクソノのような知的な支持者たちや、アルメッソのような同情的な批評家たちと対照を成しているのだが――などの人文主義を標榜する衒学者に向けて書かれている。大方の場合、反対意見は学問的だが弱々しく紋切り型である。彼らは愚かで悪意を持っているようであるが、口ぶりに至っては大体のところかなり友好的である。この場合はむしろブルーノがヴェネツィアの審問で述べたように、際の晩餐、つまりアリストテレスについて一緒に論議したという聖灰水曜日の実きものである。同時に作品には不愉快きわまる雰囲気が流れており、『晩餐』の基になったかないように気をつけるべきだったとブルーノは言う。ソネットでは様々な表現で、まず序文のソネットをだしにした晩餐の席での冗談と評すべ評などせぬが良いとうたう。ブルーノは――私が彼を正しく理解しておればだが――たとえ彼がこの戦いに負けたとしても、彼による悪口は敵を終生脅かすだろうと言う。小麦と毒麦の例え話のように、世の中に誤りを撒いた者はそれから報いを受け、その収穫物は火に燃やされるという福音を彼の敵は特に信じるべきであると言う。(32)

『晩餐』は序文の「不平家へ」というソネットで始まり、「不平家」は噛みつき返されたくなければ噛みつかないように気をつけるべきだったとブルーノは言う。(33)

『原因』の序文の五つの詩の中で、最後の詩は対話の主題「原因、始まりと一者」へのソネットである。この三点はブルーノにとって神を意味する名前である。オクティブ（最初の八行）はこの神を喚起する。残りのセステ

（残りの六行）は彼自身が神であると宣言する時、もっと簡単に言えば、著作を進めて行く上で立ちはだかっている物や人たちを叙述している。それらは(1)「盲目的な誤り、不信心な頭脳、貪欲な時代、悪運」、(2)「秘かな嫉妬、卑劣な怒り（狂犬病）」、(3)「邪悪を求める熱意、残忍な心、不信心な頭脳、失敗した陰謀（歪んだ勇気）」である。この多くは学問的なタイプの敵意というよりもむしろ別の種類の葛藤を窺わせる。いっそう個人的な葛藤に関わっている人や、その影響を及ぼされるかもしれない人たち両方にとってはいっそう政治的で、いっそう危険な葛藤である。この葛藤が政治的であると言うのは、「不平家」という語は、政治的な抵抗をさし、オランダのプロテスタント側の大義の支持者が、一五八四年、オランダのカトリック反対勢力に対し、反スペインの共同戦線を裏切ったかどで猜疑をかけた時、彼らに向けて使った言葉だったからである。度々使われている「誤り」という語には知的で、個人的な意味ばかりでなく、政治的で、公的な意味も込められている。「誤り」は不敬な心や残忍な心の持ち主に、尋常ならざる行為を着想させるからである。そんなことは、いかに想像力をたくましくしてもヌンディニオや、きわめてそれに近い状態になったとは言えず狂信的なトークァトに当てはまるとは言えない。『原因』のソネットが対話篇の本文の暗殺の後で書かれたのなら、ブルーノはスロックモートンへの言及と共に七月一日に起きたオラニエ公ウィレムの暗殺についてもきっとふれていることになるだろう。この葛藤がいっそう危険である理由は、ブルーノが『原因』の本文で、野蛮な復讐という非難に対して後で弁護することになる、悪意を帯びた報復を行なう気にさせるからであり、また自然の成り行きでは、葛藤はそれを生じた人たちの破滅を導く、または少なくともそんな人たちの行為を台無しにするからである。この葛藤が個人的だと言うのは、一人の人物が主な不平家として、またブルーノの主たる敵として描かれているように思うからである。確かに、ブルーノの問題はまず第一に世間の一般的状況に起因する（盲目的な誤り、貪欲な時代、悪運）。

しかし、残りの、秘かな嫉妬や犬のような怒りなどは、個人の敵が持つ特性のように思われる。邪悪を求める情熱、残忍な心、不信心な頭脳、歪んだ勇気などは、いっそう広範な意味を持つように感じられる。大学出の博士というような、人間を一つの範疇に入れて表す機械的な属性としてよりもむしろ、嫉妬深く激怒する人もその中に含まれているような、個人の集合体の示す特性という意味で広範に聞こえるのである。

ソネットからまず本文に移る。『晩餐』ではなく、『原因』の第一対話の本文である。我々はそれは六月か七月に、この作品に納められた四つのかなり膨大な対話の後で書かれたと了解している。ブルーノは『晩餐』の中では毒を以て敵を追っていたが、ここでは彼の悪意をアルメッソが非難する。そしてブルーノは自己弁護して、哲学者には不似合いな復讐をしているのではなく、検閲官の目に叶うように訂正を行なっているのだと言う。侮辱は個人的なものだから、仕返しは公的であってはならないとのアルメッソの異議に、ブルーノは聴聞司祭と教会法のプロとしての権威を持って、多くの罪が私的に犯されるが公的に罰を受けると言い返す。そして天と地にある全ての問題の解決を唱えるある特定の人物が浮かび上がる。ただし彼は古典人文主義者の知識を持つとしか主張していないのだが。彼は、「冒瀆的な似非学者」ポリヒムニオ(またはポリイニオ)に体現されている。
(35)

ポリヒムニオ(これから彼の名をこのように綴るが)は対話1が二〇ページを過ぎたあたりで初めて登場するが、明らかに彼はその場にずっと密かに居合わせていた。と言うのもブルーノはすでに後の四つの対話を書いており、その本の重要な部分の合い間で、彼はあざけり屋のジャーヴァジオに冷やかされているからである。ブルーノのディオゲネスや、トークァトと異なり、ポリヒムニオはブルーノの描く単なる標準的な、尊大で馬鹿な人物である。
(36)
ヌンディニオや

第二部　時の娘、真理　195

はない──もちろん彼も馬鹿に変わりはないのだが。彼には経歴とある種の記述が施されている。彼は博士ではなく「教師」で、それもむしろ「主任教師」、「主席教師」である。彼はラムスが大衒学者であったという点で'archididascalo'、すなわち「主任教師」であった。彼はほぼ五十歳である。彼はおそらく大学で人文科学を教えた経験がある。彼は顎鬚を染めている。彼は独身でおそらくホモセクシュアルである。今あげたうちの最後の、二の事実は対話4の始めの彼の長い独白から浮かび上がる。そこでブルーノはディクソンにアリストテレスの質料と形相に代わる彼の考えを詳説している部分の主題をカリカチュアして、質料を女性、形相を男性とみなしている。女性は一種の欲望の沼、未熟な欲望のようなもの、罪と過ちの根源、そして偉大なる男性の破滅の元である。女性がいなければ男性は純粋な知性を保ち不死であった。更に女性は不安定さや無情の原因でもある。(38)ゆえにポリヒムニオ自身が独身でいるのは、純粋な知性の状態を表していることになる。

それはまたいたいそう強い意味で司祭の条件でもあるが、『晩餐』に登場する医者の条件には当てはまらない。'Polihimnio'という名前は宗教音楽を奏でるミューズに関連しているのだが (Polyhymnia)、ジャーヴァジオはそんな彼を「いとも尊き」と呼びかけ二度からかう。うち一度はポリヒムニオがその尊称を「長老派的で聖職者のようだ」と異議を唱えた後である。(39)対話1ではその点に注意深く話が向けられている。イングランドの知識人のマナーについての論議は表面的には『晩餐』の主題で、「医者」以外はマナーにまったく問題がないとされていた。対話1では、フロリオは哲学者やチャプレンについて意見を述べ、このテーマにポリヒムニオはマナーを破っている階級の中になんとか司祭と修道僧が含まれるように努める。司祭とは大部分の大学出の博士を含むのであるが、修道僧については明らかにそれはあり得ない。『原因』(40)が書かれたまでにその意味は拡大されているようであるが、ポリヒムニオの独身についてのコメントは早い時期のものであるので、これらの記述から

問題となっている司祭職は、ローマ教会のものであるというのが一目瞭然である。ゆえにポリヒムニオはローマ・カトリック教会の司祭のようなものだが、司祭以上であるとも言える。彼は二度「紫衣」を着けるが、それは彼が枢機卿であることを意味しているのかもしれない。大げさな形容辞句の長いリストの終わりで彼は、「教皇アーロンの身代わり」とされている。こうして長々と準備だてされてはいるが、すぐさまアーロン教皇がグレゴリウス XIII 世だと認めてはならない。私がその含みを正確に読み取ったならば、ポリヒムニオは教皇の犯した罪を背負い込むスケープゴートであり、山羊に姿を変えたローマ教会の神学校の司祭でもある。最後に、本当に最後の最後に、従って追放されるべきであり、ジャーヴァジオが上辺だけ謙虚にしっぺ返しをするが、その部分を読むとまったく物分かりの悪い人でも、ポリヒムニオが教皇自身を表していると認識出来る。「平和があなた様に訪れますように、教皇様。あなた様の僕の中の僕、あなた様の足の下の足のせ台より」。それに対してポリヒムニオは小気味良いローマ・カトリック特有の呪詛の言葉で以て答える。「神が永遠にあなたを呪われるように」。このやり取りが何を意味しているのかまったく疑いの余地はない。

ポリヒムニオは呆れた人物でもないでもないと言っておかねばならない。彼は二、三うまい冗談を言うが、その一つは海上で嵐に遭ったフランス人についてのものである。彼は船長に最も重い荷物を海に捨てるように指示された時、自分の妻を投げ捨てたというものだ。(しかし、この話について、彼はブルーノ自身の感情を述べているのであって、この冗談に驚いてはならないだろう。) 学を衒っているところはさておき、彼にはローマ教皇的、大司教的、司祭的、修道士的な特徴が認められるが、そこには読者のプロテスタント紳士淑女

の心に、彼をマルヴォリオやタルチュフ程には温和で喜劇的ではない人物として印象づけたいとの著者の心算があったからである。一五八四年の春と夏のブルーノの視野を調べ、架空の人物は歴史上の人物でないとの斟酌にしかるべきウェイトを置いても、ポリヒムニオという架空の人物のポートレイトの背後に実在の人物ヘンリー・ハワード卿の特徴を認めなければ想像力に乏しいと言うべきであろう。

ハワードは確かに「当主」だった。また同じく確かに「教師」で、ケンブリッジ大学で修士号を取っているが、それより上の学位は持っていない。またオックスフォード大学でも同じ学位を認められているから、二つ修士号を持っていることになる。一五四〇年生まれで、その時四十三か四十四歳、極度に禁欲を守り、おそらくはホモセクシャルだった。また彼はきわめて学識に富み、その知識を長々と披露した。彼の伝記を書いた作家は、(ハワードは)「エリザベス朝時代、大学で教えられる唯一の貴族」だったと言う。数年間、彼はケンブリッジ大学の修辞学(すなわちギリシャ、ラテンの修辞学)の講師を務め、後年、市民法の講義を行なった。要するに、彼は人文主義者の原型であり、ブルーノの用語を借りれば彼もまた大衒学者だったと言える。すでに述べたように、特に厳密には、彼はブルーノが主張するような教皇絶対主義者ではなかったが、そうとみなされるのももっともだった。と言うのも、彼はカトリック教徒で、それも家代々ではなく信念による信仰だったからである。父や兄はプロテスタント教徒だった。彼の長い経歴を概観すると、彼がカトリック教徒であったのは、プロの宮廷人であれば当然の立場と考えてよかろう。しかし、彼は宮廷人以前に学者で、そのカトリック信仰の源を、秘蹟はキリスト教に必要不可欠だという所に置いていたようで、ローマの実在論と聖礼典式書の名目主義との間の妥協点をまったく見い出せなかったのである。彼は熱心で敬虔な性格だったが、それはラテン語と英語両方でかなり多くの疑似典礼風の作品を創作するという形をとって現れた。その諸作品は今後調査研究されるべきであろう。

それらを一瞥すると、もしそのような人物が必要とされたならばだが、彼はカトリック典礼をラテン語から英語へ置き換える第一級の翻訳者となっていたような印象を受ける。彼が司祭で枢機卿であるというのはブルーノの作り話の中だけであったのだが、それはむやみやたらに書かれたわけではない。もしエリザベスの治めるイングランドがカトリック国であったならば、ノフォーク公の弟である学者たちとの関わりを、ほぼ確実に司祭の、そしてほぼ絶対的に枢機卿になっていたと思われるからだ。彼は神学校の司祭であり学者たちとの関わりを、注意深くミサや秘蹟の問題だけに限り、カトリック側の陰謀とは直接的にはまったく関係していなかったものの――またはそれゆえに――エリザベスの宮廷でイングランドのカトリック公式代表の地位に最も近い人物だった。ジャーヴァジオが言う「いとも尊き」や「最も高名な」という尊称はまったく的はずれでもない。彼はエリザベス朝のシーンでは有力な人物だったが、ジェイムズ朝では更に有力な人物となった。

ブルーノにはハワードに嚙みつきたい理由が多々あった。そのカトリック主義、ディーへの攻撃、エジプトの神秘主義を盗用しているとの攻撃、ダドリー家との確執、プロテスタント主義への本能的な憎しみ、カステルノーとの友情、エリザベス女王への影響などである。ブルーノはエリザベスの寵愛を求めて、ハワードと競っていると感じていたと思うと私は先に述べた。ブルーノは全力を尽くして、彼をスロックモートン事件やイエズス会士隠匿問題などに巻き込んで失脚させようと画策した。その試みは実際に成功したとは言い難いが、『原因』ではハワードは少なくとも一時的に不名誉を被り、エリザベスと接する機会を失った。ブルーノはその作戦を続け、『原因』ではハワードが独身で女嫌いであることを取り上げたが、陰謀説が尚早に表面化した状況で、エリザベスの受けを悪くするには、これが最もインパクトのある話題だとの判断に基づいてのことだと思う。こうして、ハワードが女性一般に対し軽

第二部　時の娘、真理

蔑心を持っているらしい所に由来する個人的な類の異議と（ブルーノはエリザベスも独身であるのを考えるべきだったが）、彼は女王が首長たるイングランド国教会の敵であることを暗示すること——それはおそらく真実だったが——女王の国の政体の敵であることを申し立てているのだろう。ハワードに帰した女性に関する意見の大部分にブルーノ自身も同意していたので、これはさほど名誉となる方策ではなかった。ただし、この戦略は的を射ていたようで、ハワードは女王の愛顧を取り戻そうとの希望を持って、女性による政体の弁護論を書かねばならぬ程であったのである。

ブルーノは万一主張が十分立証されない場合に備えて、「情け容赦なく、生意気でいとも残忍味悪く響き合う」による女性についての見解を二つ出して、『原因』の対話1にいっそう磨きをかけた。このフレーズはハワードの伝記作家による「傲慢で衒学者的で冷笑的な（ハワード）」の証拠の一つは、女性名詞と男性名詞の比較である。このフレーズを意味する講師その人に向けられた「攻撃」の証拠の一つは、女性名詞に対照させている。きわめて明白だと思われるが、この性による一連の男性名詞の例を、それらと逆の意味を持つ女性名詞に対照させている。悪徳や格、中傷、激怒、誤り）とイングランド国教会体系の堕落した悪徳（無気力、憎しみ、恐怖、厳真実）との密かな比較でもあった。それは七つの大罪とその逆の美徳（記憶、友情、安全、穏やかさ、平和、静寂、は女王の愛顧を取り戻そうとの希望を持って、またはおそらくは精霊による十二の果実(46)（美徳）を想い起こさせもしょう。更なる証拠はもちろん、神々しいエリザベス自身の存在であった。分別、正義、堅忍、節制という主徳のモデルである。その国の誰にも増して、歴史上のどんな偉大な女王にも増して、賢明で勇敢で分別……に恵まれ、天に愛され、彼女を女王の座から追放しようとする全ての試みを打ち倒してきた。(47)更に時代の驚異で、濁った河ばかりのヨーロッパの中で平和なテムズ河の擁護者でもある。ブルーノはハワード

200

が『予防』という著書の中で主張したように、ダイアナの耳を独占しようとする予言者がいるのであれば、聞くべきはハワードではなく、ブルーノの声だということを確実なものにしようと彼はまさしく全力を尽くしていたのである。

ポリヒムニオとハワードを実質的に同一視する誘因は、今の私にとっては非常に強力なので、ハワードが顎鬚を染めていたということを証明出来る程である。それより上等の候補が見つかることを恐れる必要はない。と言うのもその他には誰もいないと私は確信しているからだ。例えば、ウィリアム・パーキンズが宗教音楽のミュー

図：7。ヘンリー・ハワード卿、後の初代ノーサンプトン伯の肖像画、1594年。

ズの姿で大衆の面前に真しやかに登場し得たとは、彼の最高に心暖かい賞讃者であっても言いはしないだろう。医者でプロテスタントであるから、パーキンズや同類の者は除外しなければならない。(48)唯一深刻な反対は、架空の人物であるのに実在のモデルを探すことなど取るに足らず、見当違いだという意見なのだろうが、確かにブルーノのいろいろな対話篇に登場する人物の大部分には当てはまるまったく認める。我々はスミトやプルデンツィオ、フルラやジャーヴァジオに何人子供がいたかなど調べる必要はまったくない。ディクソンや『狂気』のルイジ・タンスィッロのような、実名で登場する人物はここでは無関係である。しかし、実名ではないが、エリトロピオのフロリオのエンブレムなので、明らかにフロリオに即座に認識出来る人物もいる。エリトロピオは、ヘリオトロープという花がフロリオの即座に認識出来る人物もいる。ポリヒムニオという名前もこれと同じようだと思うのである。彼の年齢、履歴、地位、姿、個人的な特徴などが詳述されているが、それがブルーノの対話篇の中の他のどの人物にも該当しないということをすでに見てきた。彼の偽名はフロリオ程明白ではないものの、もしアルメッソがシドニーを表しているならば、それよりも実際にはずっと分かりやすいものである。

ポリヒムニオは宗教音楽に関係する大物である。ハワードもまたそうであった。(49)また儀式の音楽奏者のパトロンで、おそらく友人でもあった。ウィリアム・バードはイングランド音楽が際立った時代にあって最も名高い作曲家だが、ハワードと同じくカトリックの宮廷人で、エリザベスの忠臣で、当時は体制順応者でもあった。ノーサンバランド伯からは「友人」と呼ばれ、その娘に音楽を教えていた。そして、彼はスロックモートンとハワードの逮捕の余波を受けて、たいそう穏やかにではあるが枢密院で査問を受けた。(50)バードはイェズス会士たちとハワードと共に音楽を奏でた。私は彼がハワードと結びついていたことを証明する当時の資料をまったく持たないが、二人は礼拝や音楽に関する問

題について近しく接していたようだという仮の確信は持っていた。一六〇五年、それから二〇年後に出版されたバードの『グラデュアリア』の有名な序文を見ると、私の確信は本物へと変わった。この作品はイングランドで出版されているが、カトリックの年間祝祭に際して使われるポリフォニーの体系的集成である。二巻本のうち第一巻目をハワードに献じているが、その時すでにハワードはノーサンプトン伯の音楽となっていた。献辞で、ハワードはバードの家族の行事にあってはずっとパトロンを引き受け、長い間バードの音楽を高く評価しており、最近得たジェイムズⅠ世の枢密顧問官という権力を使い、エドワードⅢ世の治世以来初めて、王室礼拝堂合唱隊員の昇給を実現したばかりだと書いている。またバードが新しいプロジェクトに取り組んでいる時に、ハワードはインスピレーションを与えてくれたとも言う。バードの宗教音楽を研究する高名な歴史学者ジョセフ・カーマンは、この中には多少のお世辞が混じっていると認めながらも、バードによる記述は大体本当だと考えている。この献辞は一五八〇年代とはまったく違う情勢の中で書かれたが、ずっと暗い時代だった八〇年代当時、ステージ上に宗教音楽のミューズとして現れることはハワードにとって、司祭や、修道僧や、枢機卿や、教皇などの姿で現れるのと同じ程妥当なことであった。そういうわけで、『原因』の本文のポリヒムニオはヘンリー・ハワード卿であるという簡単な意見を支持してもまったくためらいはないと思う。

以上のことを納得した上で、敢えてもう一人の人物の確認を行ないたい。ポリヒムニオは『晩餐』の序文のソネットの「不平家」と同じ人物であるとブルーノが示している。その不平家とは臑に傷を持ち、他人の批評など行なうべきでなく、「我々の畑」に誤りの種を蒔き、しかるべき報復を刈り取るブルーノの敵、従ってハワードである。「ローマ教会の内意を得て、既存の政体に政治的な反対を述べる者」を意味する形容語句は、詳しく見ると正しくはないが、特にプロテスタント主義の擁護者であれば、誰のことを言っているのか完璧に認識出来る。

『晩餐』の内容は『原因』程ではないものの、ハワードとその見解に対する反論だと繰り返し述べたい。ハワードがコペルニクスの唱えた大変革を受け入れたかどうかはまったく分からないが、恐らく受け入れただろうと想像がつく。にもかかわらず、対話の中にはハワードの出る余地は残されていた。ブルーノとフロリオを乗せて一五八四年の聖灰水曜日の夜に、バックハースト桟橋からテンプル法学院までゆっくりと進んだ比喩的な意味での船の舳先に、ハワードの席があったことは確かである。

フランセス・イェイツは、ブルーノが求めているように、船を寓意的な表象とするならば、自然と思い浮かぶ意味はローマ教会であるという。古代の帆船はノアの洪水の遺物で、至る所に木食い虫が穴をあけ、どの継ぎ目からも水漏れがし、まさしく聖ペテロの船のような感じであった。ブルーノが船を、三途の川を渡って死者を「永遠の光」という永遠の休息の地に連れてゆくカロンの船に似せる時、彼が何を意味しているかすぐお分かりになると思う。また、フロリオの歌う「わが身を離れて、いずこにいるのか。」というセレナーデがある。それがプロテスタントの亡命者の口から出るとは滑稽で、あたかもグリュックの『オルフェウスとエウリュディケ』からの一節「あなたがおいでにならなければ、私にとっての人生とは?」を彼が教皇に歌ったかのようである。息子の船頭はなるほど六十五歳程であると言って、二人の老いぼれ船頭がハワードとアランデル伯だと言うのではない。この妙にキリのよい年齢に特に意味はない。しかし船頭親子がテンプル法学院の側に住んでいたということはアランデル・ハウスをさしていることになる。そして、彼らは不作法であったということから、二人をポリヒムニオと誤りを蒔く不平家に同一視出来るのである。彼らはブルーノ自身が歌うセレナーデを聞くにふさわしい聴衆でもあった。この部分の実際の本文は、捨てられた恋するサラセン人ロドモンテが「女心」の不実を歌う場面を主に描いているが、それはエリザベスは「未だどの宗教を信仰するか決めか

ねておられる」というハワードの確信と、すでにハワードを拘留し、すぐにでも彼を断頭台に送りかねない女王の噂に聞く気まぐれ心の二つに訴えたものである。もしハワードがアリオストを知っていたら——もちろん読んでいたと思うが——ブルーノの書いた歌の一部は、『狂えるオルランド』では女性に対する激しい非難の原点であり、実際彼はその一部でいることに気づいたであろう。その反論はポリヒムニオが行なう激しい非難の原点であり、実際彼はその一部からも引用している。ロドモンテの影はすでに船の中に認められるのだ。彼は古典的な不平家で、いわば本質的には船頭として職業的な意味でも不平家である。不平家とは一般的な意味でも、先に述べた特別な意味でも不平家である。ハワードはその意味を予言に反対する本で述べた。

彼はイングランド王冠の簒奪者としてダドレー家への怒りを露わにしていた。父親（ジョン・ダドレー、ノーサンバランド公）へは実際に、息子（ロバート・ダドレー、レスター伯）へは可能性として。「ディオン［・クリソストム］」にあるような取るに足らない役人たちがいつも勇敢で元気な『不平家』だった。彼らはテムズ河の漕ぎ手のように片側を向きながら、力を込めて腕をその逆の方向へ伸ばす」とハワードは書く。ギリシャの政治雄弁家のどの一節が彼の頭の中にあったのか定かではないが、彼がテムズ河の船頭に言及していることは十分明白で、この表現はフランシス・ベーコンも取り上げた程当時流行していた言い方の借用なのである。一般的には一貫した虚偽で出世する人間を意味するが、ここでは明らかにしかるべき主人（または女主人）に忠誠を誓いながら、私かに主人を打ち倒そうと目論む者という意味である。ハワードがジョンとロバート・ダドレー父子を乗せた同じ船に、ハワードと息子同様のアランデル伯を乗せたのはブルーノの機知に富んだ置き換えだった。彼らは公にはエリザベスに忠誠を誓っていたが、密かに女王廃位を企んでいた。彼らの試みはアンジュー公との結婚話やスロックモートン事件などで失敗に終わっていたので、ブルーノは彼らを大いにあざ笑う余裕があったのだ。

「勇敢で元気」などところか、彼らは腰を猥褻に振り動かすものの、老いぼれで、不能で、腕は萎え、その手が握ったオールでは、腐って壊れそうな船を動かしも出来ず、客をどこへも運べないのだ。もちろんホワイトホールにも。

上辺は味けない冗談である「ゆっくり急げ (*Festina lente*)」という銘は、この両人の政治的業績への皮肉を帯びたコメントを秘めている。これはテオフィロとプルデンツィオの二人が、彼らに当てはめた銘である。テオフィロは銘が釈義しいている「良き忠告」のエンブレムを滑稽化しながらこう言うのだが、エンブレムには例の銘と共に、老齢と若さ、慎重と運命を意味する老人と若者の絵柄が置かれている。六十五歳の息子というのはプエル・セネックス、すなわち髭の生えた子供を思い出させる、老人と若者のシンボルが一つになっているエンブレムの一変型である。「考えているばかりで進まない」、シェイクスピアのフレーズでは「鉛のように速い」には、アンジュー公との結婚話への特別な言及があるのかもしれない。プルデンツィオは性的な脚色を施して銘自体へのコメントを述べるが、政治的な企てには、ゆっくりとした時間をかけた熟考と、時宜を得た素早い行動が必要だということを思い起こさせる。「知恵者であれば」、砲弾のように一気に、桑の木のようにじっくり考えて、「急であっても確実な結果を得るために、機会を与えられたらその力全てを最大限有効に使う」と言う。ハワードとアランデルはエリザベス打倒を目論みたものの、その謀略においては不能で役立たずで醜態をさらしてしまった。開始という合図で、狂気じみた行動に勇気を奮い立たせたが、まったく野望達成には至らなかったのである。この意味では「急ぐばかりで考えなし」で、すなわち命中しそこなった砲弾である。またこのシーンから道徳的な意味も読み取れよう。それはカステルノーを始めとする大使館の者は、ハワードやスロックモートンらによって「正しい道」から外れるように誘惑されていたが、結果的には自分達の顔に泥を塗ってしまい、彼らは今

となっては——カステルノーにとっては魅力はないだろうが——レスターやプロテスタント主義に戻らなければならないということでもある。しかし、これは我々にとっては不要で付加的な推測だ。我々はブルーノの最初の二つの対話篇を十分理解し、それら対話篇にはイングランド人にブルーノ版コペルニクス的真実を説明するという主目的があった他に、（と言っても取るに足らぬことではないのだが）ファゴットという姿を借りて過去一年間追い続けてきた、イングランドのカトリックに対する復讐の道具としての目的もあったということを知り得たと思う。

ハワードはたぶん『晩餐』と『原因』両方共手に入れていただろうが、ブルーノの言う不平家、政治的馬鹿、神聖を汚す衒学者が自分自身だということを認めたかどうかは分からない。私が知る限り、彼はブルーノを故意に害したことなどなかったからである。「エジプトの神秘主義を盗用している」人たちを激しく非難した時に、ハワードはブルーノのことなど思いもよらなかった。彼が『予防』を書いた時、ブルーノをほとんど知らなかったからである。(58) ブルーノの思想のうち、エジプト神秘主義の面は『傲れる』が出版されてから、実際ようやく公になったのである。彼はどうやらブルーノの著作の出版の際には手助けをしたようだが、数多くある論点を巡って、我々の計り知れないことが両者の間で起きていたのかもしれない。おそらく最も可能性が高いのは「聖体拝領」に関する論争である。ただブルーノによる枢密院へのハワードに関する密告を、ハワードはそれについては慎重に論ぜねばならなかったろうが、ハワードが気づいていたと思わせる証拠はまったく存在しない。と言っても、ハワードは概して敵に気をつけていたが、老いぼれた船頭や女嫌いの宗教音楽の玄人が自分自身のことだと見抜けない、かなり鈍感なところがあったのだろう。ことによると、女性による政治についてのハワードの本はブルーノ

への返答だったのかも知れないが、それは五年後ようやく書かれたのである。その間にハワードは監獄に入れられ、反逆罪の裁判が頭から離れず、もはや噛みつき返せるような地位にはなかった。不運なスロックモートンと同じく、彼は今ようやく我々の話から姿を消す。

私はブルーノの最初の二つの対話篇をファゴットの対ハワード運動の延長と解した。私の説に有利な証拠はあるものの、概ねあまりにも仮定的であるとか、思い違いをしたものであるとか、もしくはその両方であると反論する機会は誰にでも与えられている。それは時が明かしてくれよう。私はこの問題にこれ以上ウェイトを置くつもりはない。ところで、ここで私は最も厳格な批評家に論争を挑みたいと思う。一五八四年に書かれたブルーノの著作に見られるファゴットの痕跡について述べたいが、ここで書かれた時期は十月から十一月初旬頃である。それは『傲れる』の対話２第三部にあるもので、従って書かれた時期は十月から十一月初旬頃である。神は疑惑の星座のシンボルを取り払い、その後に、真理を第一番目とする本当の美徳の象徴を置き換えて天の改革を行なってきた。それはカシオペアまで進んだ。Ｗの形をした高慢、尊大、軍事的価値などを表すシンボルだが、スペインに戻され「簡素」に席を譲ることになっている。従ってそのために「簡素」の反対の「自慢」も天から禁じられる。「簡素」は「ふとしたことで少しも問題はないが、「偽善」については難点がある。それは要旨にあるように「偽善」と名が変わったかつての子熊座の近くにあった。しかし時々「必要」という女神が「簡素」を強いて「偽善」の方向に迷わせるので、「簡素」や「真理」は踏みにじられず、他の悪（不自由）も避けることが出来るのである。もし「偽善」が中庸と秩序を伴い騙しを行なうのであれば、「偽善」は誤り

(60)

(61)

や悪を伴わなくても騙しを行なえると言えよう。

こうして、自慢とは異なり、偽善は美徳から全面的に追放されないのである。「神々自身は時々『偽善』を利用する。」と言うのも時々『真理』を『嫉妬』、『非難』、『激怒』から守るために（以前はへび座だった）『慎重』は『偽善』という衣の下に『真理』を隠すのである。」我々は時として自分の敵対者の中に置かれることもあり得るので、ブルーノはこんな場合によく使うやり方で、ここに、アリオスト（『狂えるオルランド』、iv、I）を引用し、偽善の「明らかな長所」を述べる。簡素は、神の顔に似ており、『真理』の盾（の持ち手）としてであるが、ジョーブは時に天にこの『偽善』を許す。なるほど、女神としてではなく『慎重』の侍女として、『真理』には当てはまらない。「これは誠実な『偽善』には当てはまらない。簡素は、神の顔に似ており、『真理』の盾（の持ち手）としてであるが、ジョーブは時に天にこの『偽善』を許す。なるほど、誠実な偽善が不安を覚えているように見えるなら、それは神々の激怒を心配しているからなのではなく、自ら偽って称していたものとは違うことが明かされるだろうから、最初は歓迎したジョーブも最後にはいとも簡単に嫌われてしまうだろう。」

さて、ブルーノが何のことを書いていたのかお分かりだろう。これは彼自身を自己正当化した告白で、ひょっとすればカステルノーへのわびの類とも言えよう。聖パウロと同じく、自慢は得策ではないので、ブルーノは自慢話など何一つせず、整然と誠実な偽りを慎重に賞讃するだけである。彼が当時、カステルノー、ヴェネツィアやローマトン、スピアウルやその他の者に対してとった行動の方向は、後年、彼がシャトーヌフ、ヴェネツィアやローマの審問官に対してとった方向と同じだったのである。ブルーノは正体を見抜かれなかった。確かにカステルノーにもばれなかったのだ。彼は最後のこのぎこちない文の中で、思い出されるべき人物に違いないのだが。

ブルーノはその後すぐ、カステルノーへの気遣いをやめる。その一方でブルーノとカステルノーは一緒に興味

深い計画に着手していた。それは公的視点から見れば、ブルーノのイングランドでの経歴のクライマックスだったに違いない。黒のモロッコ革で製本され、イングランドの紋章の付いた『晩餐』、『原因』、『無限』、『傲れる』が入った美麗本をエリザベスに贈る準備をしていたのだが、次にその意味を考察したい。エリザベスの蔵書にこの本が含まれ、またそれぞれの本がそこに残っていることは献上を実証するのだが、それがいつ、どのようになされたのかは分からない。最も可能性がある時期は十一月の中頃かそのあたりに完成したと思われるので、クリスマス・シーズンの最中に贈った可能性はある。クリスマス以降にもその可能性はある。たとえブルーノが、すでに次の対話篇『天馬』を書いていても、それを厚かましくも女王に捧げたとは思えない。彼は新年とイースターの大部分をフランスで過ごしたが、もし女王にこそふさわしい『狂気』にその時すでに着手していたとするなら、それが完成し全部揃うまで献上を待っていたと思う。

ブルーノが女王に献上を望んだ理由は明らかである。感謝と賞讃である。彼の素晴らしい著作を大衆の面前に披露するため、数カ月間スパイ活動を停止した後にその存在を女王に思い出してもらうためだが、彼がイングランド国教会やその他での昇進に多少なりとも望みをかけていたこともその目的の中にはあったかもしれない。彼がもし、『傲れる』をシドニーにではなく女王に捧げていたのではないかと思う。アンリⅢ世に責務を負っていなければ、またはエリザベス女王がそうでも構わないと示唆したならば、的で知的な業績や女王や政府への公的な賞讃ばかりではなく、政府のためにやっていた秘密任務にも、控え目ながらも引きつけたかったのである。その意味ではカステルノーの背後で一年半の間仕事に励み、めぼしい成果をあげ、それを政府に覚えておいて欲しいと望む男の別れの品でもあったのである（結局は時期尚早で別れの品と

はならなかったが)。

しかしブルーノばかりでなくカステルノーの動機も考えなければならないだろう。ブルーノは宮廷に単独ではなく、大使に仕える紳士の召し使いとしてカステルノーと共に赴いたからである(64)。宮廷参内するかどうか、贈り物を何にするか──ブルーノよりもカステルノーに委ねられていたのだろう。また豪華で高価な製本の支払いもカステルノーが行なった。十一月から二月までの彼の手紙が紛失しているのは残念である。ブルーノのことにはふれないというカステルノー自身の決め事を破ったのではないかと思うが、それよりもどういった機会を利用して贈った可能性が最も高いか、他に彼らにどういったことが起きていたか考えるべきであろう。それでもやはりカステルノーにとって、ブルーノの対話篇を、一五八四─八五年のクリスマス／新年か、あるいは八五年のイースターに女王に献上することはきわめて都合良いことであったようだ。『傲れる』では、ブルーノはプロテスタント神学の手厳しい批評家であるものの、プロテスタント政治の支持者として比較的本音を吐いている。彼の神学は、ピューリタンの牧師より貴族のパトロンに受けが良かったが、カステルノーにとっては、プロテスタント主義のシンパとしての自分を見せる最上の証拠がブルーノだったのである。当時カステルノーはどちらかと言えばそのようにしなければならぬ必要性があった。

その年の秋、カステルノーは女王や枢密院との関係を修復し、多くはレスター伯の後援を受けて数々の社交を友好的にこなした。十一月の中旬、実際にはスロックモートン逮捕記念日に、エリザベス、レスター、その他の顧問官たちと懇親的な晩餐の機会を持った(おそらくブルーノも?)。カステルノーはイエズス会士やカトリック側の陰謀者らとの関係、メアリー女王との裏のやり取りなどの否認を許された。一同はスペイン軍に対抗する

第二部　時の娘、真理

共同戦線についての侃々諤々の議論を交わした。アンリⅢ世は奮起してオランダに何かしかけ、イングランド側は外洋に広大な攻撃計画を開始するというものであった。どちら側もそれ程打ち解けず、カステルノーは終始不利な立場にあった。彼は反教皇、少なくとも反スペインの十字軍だと公にいくらか認めてもらうという代価を払って、女王の寵愛を取り戻しつつあった。スロックモートン事件が内輪の恥であったこと、本国ではギーズ公との仲を違えたこと、『レスターズ・コモンウェルス』が大使館に出回ったため、レスターにカステルノーを操る手掛かりを与えてしまったことなどの理由から、カステルノーが受けたプレッシャーは計り知れないものだった。(67)こういった状況で、ブルーノの著作を公的に女王に贈ることは、帰するところカステルノーの方では、不平家たちを公然と非難し、エリザベスに忠誠を誓い、レスターに友好的な姿勢を見せ、「野獣」に対する精力的な行動に適当に不明瞭な賞讃を贈ることとなったようだ。シドニーへの『傲れる』の献呈は、これら全てを叶えただろうし、プロテスタント主義の交渉者としてのシドニーにアンリⅢ世が最近加えた拒絶には、カステルノーは無関係であると示すことにもなったであろう。(68)カステルノーは、ブルーノがプロテスタント神学を破壊しても、彼のカトリックの背景は十分保証されるよう望んでいたのかもしれない。実際献じられたのは初版であった。ブルーノの手元にはまだ改訂版がなかったか、あったとしても、その「プロテスタント」的特徴が肥大しすぎていたかのいずれかの理由で初版が贈られたのであろう。(69)

ブルーノはこの結果に満足していたことだろう。もしカステルノーが本気であったなら、もっと喜んだであろうが。しかし彼にはまだ他にしなければならない仕事があった。カステルノーは『原因』のポリヒムニオへの論争や、『晩餐』のテムズ河の泥の場面に隠されたメッセージの意味を明らかに熟知していただろうが、彼を欺いて行なわれたサービスの勘定書きをエリザベスに献呈していたなど知る由もなかった。偽善という外衣にくる

んだ真理をたいそう巧妙に伝えて、ブルーノは大いに悦に入っていたであろう。⑺

iii パ リ

ブルーノ最後のパリ滞在をロンドン滞在期間と同じ程詳述するとしたら、私の推論はしかるべき範囲を越えてしまうだろう。しかし検討すべき二種の証拠書類があるので少しふれておきたい。またもし公式と呼ばれたというこブルーノをイングランドのスパイとして公式に言及した唯一存在する証拠は、この時期以降に書かれたということも考慮する必要がある。彼のスパイとしての活動が下り坂になる経緯を簡単に述べてみたいが、それは当然ながら、政治が絡んだ話となる。一つにはフランスでは、その年を含めた以後数年間にわたる政治的混乱により文書の保存が困難だったため、また一つにはブルーノの仕事が秘密であったため、彼の人生のこの時期についてはややもすると無駄な推論で執拗に妄想を広げ勝ちである。私は最善を尽くしてそういった妄想を確かな事実から区別したい。

始めるに当たり、知っておくべき関連事項は以下のとおりである。ブルーノはパリ滞在の大部分をイタリア人グループの中で過ごした。それはピエロ・デルベーネを中心とした幾分知的な性格のグループで、デルベーネがナヴァル王に、コルビネッリが顧問官ベリエーブルに仕えていた関係で、政治的な性格を帯び、政治情報に強かった。ブルーノはイングランドのフランス駐在大使サー・エドワード・スタフォードのためにこのメンバーとなり、少なくとも一五八六年三月から五月まで活動したが、そのためウォルシンガムとの関係は疎遠になった。彼はそれと同時に、ローマ教会での自分の地位を正式に回復しようと努力した。六月にはパリからドイツに赴き、十月と十

第二部　時の娘、真理

一月に再びパリに戻り短期間滞在する。その時スタフォードのため、デルベーネと共同して最後の諜報活動に従事した。[71]

今述べた事項の多くへの手掛かりは、その時すでに過去のものとなっていたブルーノとカステルノーとの関係である。彼は一五八五年十月末にパリに到着したのとほぼ同時にカステルノーのもとを離れた。ブルーノが述べたように、カステルノーは彼が去るのを惜しんだという話は容易に納得出来るが、彼はこれ以上ブルーノを雇う余裕がなかったであろうし、ブルーノの方もおそらく他のどこかで働きたかったのだろう。私が推測するところでは、カステルノーはフロリオと同様、ブルーノにも将来に備えて出来る範囲のことをしてやった。ギーズ公の施物分配係長を知っている者があり、そのお蔭で、兼任していたモンパンシェール公家の施物分配係をブルーノに譲ってくれたと考える方がよかろう。平信徒ではあるが、「大使付きの御者」ジェローム・ゴンディではなかろうか。彼は親スペイン、親ギーズとの関係であり、カステルノーの長年の友人で、ピエロ・デルベーネの母（マダム・デルベーネ）の従兄弟であり、友人であり、そして商売仲間でもあった。[72]ブルーノは新たに職を得たことを、ウォルシンガムに知らせたが、スタフォードがその際果たした役割は一切伏せて書き送ったのであろう。

その間にカステルノーのキャリアは衰退していった。彼がイングランドを離れるや、ロンドンのシャトーヌフからはカステルノーの大使時代の素行について書かれた悪意に満ちた報告が次々と送られてきた。どんなことが書いてあったのかははっきり分からないが、それらが一般に流布したことは想像に難くない。そしてブルーノのこともカステルノーの悪事を並べ立てたカタログのどこかにあったのだろう。[73]ブルーノはソルボンヌ大学と反目しながら、カトリック側の被害妄想や勝利主義がはびこる風潮を挑発し続けていたのだが、その最中でのこの知

らせは非常に不都合なものだった。私はブルーノがパリに戻った時、王との友情のためにフランスで安定した気楽な勤め口が用意されるよう願っていたと考えるのにはいささか疑念を覚える。表面化するには時間を要したが、その時ブルーノはローマとの交渉を開始しているのだが、その背後にはカトリック側の敵意を懐柔し、王の寵愛を取り戻そうとの計画があったに違いない。一五八六年に、カトリック国フランスでは、ドミニコ会を脱走したという悪夢が取り払われない限り、彼にふさわしい仕事を見つけるチャンスはまったくなかったのである。

十二月末以前にアンリⅢ世は勅令を出し、ブルーノの新しい本の印刷許可を取り下げたからである。その時ブルーノはローマとの交渉を開始しているのだが、その背後にはカトリック側の敵意を懐柔し、王の寵愛を取り戻そうとの計画があったに違いない。一五八六年に、カトリック国フランスでは、ドミニコ会を脱走したという悪夢が取り払われない限り、彼にふさわしい仕事を見つけるチャンスはまったくなかったのである。

思うにモンパンシェール公のもとで与えられた地位は、取り立てて言う程の給料にはならなかっただろうが、彼には息抜き場所のようなものとなった。彼は「セーヌ河の左岸」の貸間に落ち着き、サン・ヴィクトワール修道院の蔵書室に通った。彼とデルベーネとの関係を示す証拠はしばらく見当たらない――二人の親交はそれ以前に始まっていたと思うが。(74) ともあれ二月までにはブルーノはデルベーネやその友人たちと十分親しくなり、ローマからの貴重な情報をスタフォードに知らせる仕事に関わっていた。我々が知っているようにブルーノは一五八五年のごく早い時期にスタフォードに接触し、おそらくトマス・モーガン逮捕に一役買ったのだろう。(75) ブルーノはパリに戻った後、それほど長い間スタフォードを訪問し、エリザベス女王に対してフランスで陰謀が企まれているという噂話をしたが、その時ブルーノもスタフォードに会ったと考えられなくもない。これはカステルノーとブルーノのパリ到着のほんの一週間後のことで、ブルーノはまだカステルノーの付添いでない限り、イングランド大使館へのたびたびの出入りを怪しまれぬように気を配っていただろ(76)

うが、サミュエル・ダニエルという若い詩人が時宜良くラ・トゥルネルの河岸に現れたため、大使との接触はすぐに容易になった。ダニエルはオックスフォードのブルーノ・ファンの一人で、すでにフロリオの義兄弟であり、クリスマス後にパリに到着し、スタフォード宅で以後六カ月間過ごした。そこで大使館の仕事を覚え、文学シーンの新しい動向を知った。ダニエルとブルーノがこの時一緒だったという実際の証拠はないが、次のように考えてよかろう。すなわち、ダニエルは紹介状を持ってカステルノーを訪ねた。ブルーノは彼をコルビネッリのサークルに紹介したのである。ブルーノはスタフォードを訪ねるのに良い口実が出来、彼の諜報活動の証拠は増えていった。内容的には乏しいものの、一月か二月頃に書かれ、唯一現存するウォルシンガムへの報告は、スタフォードが送ったのだろう。そして彼は二月末頃にコルビネッリのローマ情報を入手したのである。これ以降、モンパンシェール公を脅してプロテスタント側と結託させようという、スタフォードとデルベーネの大計画に関わる用件があった場合、全てブルーノを経由することになった。

もしかすれば、我々はこういったブルーノと非カトリック側との関係をあまりにも長々と論じるべきではないのかもしれない。と言うのもさしあたっての彼の大至急の仕事はもう一方の側にあったからである。ロンドンのシャトーヌフから悪臭が漂って来ていたにもかかわらず、モンパンシェールに仕えるという次第は、彼はまだ主流のカトリック教徒や神聖同盟者の中に友人がいたことを示している。ギーズとその妹とのモンパンシェールとの関係、どんな人物であろうと施物分配係長とブルーノ自身との関係は、この点非常に有用だったようだ。この時期に門弟となったジャン・エヌカンは五月にカンブレイ学寮でブルーノの反アリストテレス論文を弁護したが、彼は神聖同盟の主義を熱狂的に信奉する家の出であった。またブルーノは急進的なカトリック教徒ジョヴァンニ・ボテロという学識的に突出した人物ともいくらか通じていたとも思われる。ボテロはコンパスの発明家モルデン

テについての対話のうちの一つに登場した。モルデンテはブルーノが自分の知的財産を盗んでいるとの結論を下し、その不平をギーズに漏らしたが、それはモルデンテがギーズにブルーノが従う位の権威者だとみなしていたから不平を言ったのだと読み取れる。(79)これまでに述べた大半は推測の域を出ないのだが、ブルーノは依然としてイングランド人のカトリック「亡命者」を教化していたことは、彼のウォルシンガムへの手紙、後にはスタフォードへの手紙から確証される動かし難い事実である。明らかに、これはブルーノは必要を感じた時には熱心なカトリック教徒になりすましていたことを意味している。一五八六年には以上のような人間関係は神聖同盟の熱烈なメンバーの証拠だったのである。(80)

僅かながらもそんな評判をたてながらブルーノはメンドーサに近づいていったようだ。彼はローマとの間に問題が起きると君主フェリペⅡ世に助け船を出す、結局、国王の代理人だったのである。メンドーサはブルーノのことを口にするとは思えないので、ブルーノがヴェネツィアの異端審問官に陳述した内容をそのまま受け取るしかない。と言ってもそれを疑う理由もまったくなく、むしろブルーノがウォルシンガムに宛てた報告の内容は、メンドーサへの接近を更に確証している。ブルーノがそれを書いた当時、ブルーノと同じ家に寄宿し、メンドーサに仕えていたアレクサンダーというアントワープ生まれの男と接触していたと示しているからである。ブルーノの書いた内容が信頼出来るのなら、メンドーサにアピールしたであろう。シャトーヌフの報告のせいで——メンドーサやスピアウルが報告の実体について知らなくても——メンドーサは彼に不審を抱いていたに違いないが、ブルーノの偽装が十分だったのか、メンドーサが報告で以前面識があったことを十分説得力を込めて悔恨の念を告白したのが効を奏したのか、メンドーサはブルーノを拒みはしなかった。(81)我々がすでに知っているように、ブルーノはイングランドで司祭をしており、それがローマとの間にやっかいな問題を起こす

だろうことを、メンドーサは紛れもなく知っていた。しかし、ブルーノ自身は実際にはそれ程大きな問題だとは思っていなかったかという気がする。ブルーノはメンドーサに重大な秘密情報を知らせるふりをして、自分を信用させたのではないかという気がするが、それをどういう具合にやったかは強いて推測してみたい。彼は、ロンドンでかつては秘書としてカステルノーに、今はシャトーヌフに雇われているジャン・アルノーのことを持ち出し、ウォルシンガムの手先だと言ったのではないだろうか。ブルーノはメンドーサに三月に会ったと考えると、その情報はチャールズ・アランデルを通して——三月二十一日より前には王太后に届き、アルノーはすぐさまロンドンから呼び戻され、ファゴットの興味の対象だったが——彼はその時メンドーサとスタフォードの二人に仕えており、ファゴットの解任された。こうして、シャトーヌフとメアリー女王の目論みに大損害を与えたのである。もしブルーノが自分自身や、スタフォード、ウォルシンガムのためにこれを首尾よくやってのけたのなら大成功の中に入り、「一石数鳥」ということになっていただろう。絶妙さと効率の良さはウォルシンガムを連想させ、不気味な道化芝居を奏でる低音はブルーノにふさわしい。しかし、これはあくまでも推論であるが。

ともあれ、メンドーサはローマ教皇使節ラガッツォーニに宛ててブルーノの推薦状を書いた。メンドーサによると、メンドーサは破門状を撤回し、彼が修道会に戻れるように請う手紙をローマに書いて欲しいとの依頼も添えてくれたという。教皇使節は、ともかく法衣を再び着ける気がない限り拒否すると返事を送り、あるイエズス会修道士にこの件を譲ったが、彼もブルーノにそのつもりがない限り告解は聞けないと言った。ラガッツォーニはこの件について何も記していないが、ブルーノの陳述はこの場合信用出来ないと悟り、ドイツで成功を求める決意をした。ブルーノはローマへの接近をメンドーサからではなくアンリⅢ世を経由した方が良かったのではなかったか

お考えの読者もおいでであろうが、この方面から聞こえるのは意味深長な沈黙ばかりで、シャトーヌフがロンドンで骨折って集めた芳しくない知らせがどうやらその原因となっていたようである。いずれにせよブルーノがドイツを目指してパリを離れるや、王はブルーノと非常によく似た別のドミニコ会の背教者のために、ラガッツォーニに本気で自ら訴えたという事実がある。修道士の名前はアルフォンソ・パレオロゴ (Palleologo) といった。彼は二十五年程前にローマの宗教裁判所を逃亡したが、すでに悔悛と和解を求めていた。しかし、イタリアへの帰国や修道会への復帰は望んでいなかった。これは単なる偶然だと思う。そうでないなら、修道士パレオロゴは修道士ブルーノの偽装だという推理が浮かぶかもしれない。これは面白い仮説ではある。我々は「限りない肩書きを持つ男としてのブルーノ」に慣れているし、このブルーノらしい響きを持っているからである。そして、尚もう一人パレオロゴ (Paleologo) というイタリア人でドミニコ会派の背教者がいた。彼の過去の経歴は前者より更にブルーノの過去に近い。東ヨーロッパでユニテリアン派の教義を説教して二十年過ごし、皇帝ルドルフⅡ世を通して引き渡され、その前年にローマで処刑されていた[85]。このような話を読むと、最初のパレオロゴの話は、ブルーノとアンリⅢ世自身がでっちあげたとびっきりのブラックユーモアのようである。アルノーの話と同様にこの話にも何か悲哀が漂っている。しかし、裏付け証拠なしでは、たとえそれが誰に対してであろうと、しか言いようがない。アンリⅢ世がパレオロゴのために行なったことは、ブルーノのためにやってきたのではないかという結論にまた戻ってきた。この結論は正しいと思う。

彼を取り巻く状況がさまざまな面で悪化するにつれ、スタフォードがブルーノの主たる支援者になって行ったようである。スタフォードとパラヴィッチーノのやり取りはまったく残っていないが、二人は確かに定期的に連絡を取り合っていた。バーリーを除いて、パラヴィッチーノはスタフォードの最も親しい友人で、イングラン

の政治シーンへの同盟者だった。パラヴィッチーノは三月末にフランクフルトに到着し、ナヴァル救援のためのプロテスタント軍の交渉を始め、六月の初めにはザクセン選帝侯のもとでの滞在のためフランクフルトを発つ予定だった。明らかにブルーノをはじめ、ブルーノの友人アルベリコ・ジェンティリが彼に同行した。(86) 四月か五月ごろにパラヴィッチーノはスタフォードに会い、ブルーノのためにドイツでおそらく何か役に立てると仄めかしたのだろう。するとブルーノは五月二十八―二十九日に行なわれたカンブレイ学寮での討論で大失敗する前から、ドイツ行きを決意していたと言わんばかりだが、とにかく六月中旬までにはドイツに出発した模様である。(87) アンリⅢ世がローマ教皇使節とパレオロゴの件を交渉し始めるまでに、ブルーノの身柄はすでにフランクフルトで安全に確保されており、ルドルフ皇帝が、もう一人のパレオロゴを四年前に引き渡したように、アンリⅢ世が彼を引き渡さないかという不安からも解放されていたと思う。

ブルーノがヴィッテンベルク滞在を、彼の書いているように存分に楽しんだことについては疑いの余地はない。彼が言いたいなりに、特に教皇について、多少とも思いどおりに発言出来たのは、おそらくこれまでの人生で初めてだったのだろう。(88) もし、特に彼がその途中で、パラヴィッチーノとしばらく一緒に過ごしたのであれば、ローマ遠征に雇われる程のプロの兵士が、ドイツには多数いることにも気づいたであろう。彼の心がこの方向に向いていたのは、彼がテキスト17の書き手であるという事実から引き出せる最も明瞭な結論である。この点を除くと、一五八六年秋の彼の行動や感情を、この報告とそれに付随したスタフォードのコメント以上に多く語るものはない。彼のコメントは、ブルーノ最後のパリ滞在の唯一の光明で、実際彼がパリに行ったことを支える唯一の証拠である。複雑に物事が絡み合ったあの春にスタフォードのために行なった仕事を懐かしく思い出し、また抜け目

はないものの粗雑に偽装して一五九一年まで続いた最後のスパイ活動を再開するブルーノが思い浮かぶ。おそらくは春に付き合っていた連中とは一緒ではなかっただろうが、その滞在の大半をデルベーネとだけは一緒に過ごしたことは確実である。彼はマダム・デルベーネの所に滞在し、そこにあるデルベーネの書類を持ち出し、コルビネッリも彼の再登場についてはうまく利用したと敢えて推測して差し支えなかろう。わざわざ書体を変えて通信文を書き、パリに舞い戻っていることを知られたくなかったためであろう。おそらくそうだったのだ。彼のドイツへの出発はまったく秘密ではなかったので、ヴィッテンベルクに行ってしまったと思い込んでいた者もきっといたことだろう。フランジパニやソルボンヌの学生が引き起こし、ロンドンの暴徒よりいっそう凶暴だと言われるパリの暴徒へと広がった騒ぎの成行きに、彼でさえ怯んでいたに違いない。

どうしてブルーノがパリに舞い戻ったのか実際には分からない。その理由として私の推測は、原稿をいくらかパリに残していた、印刷業者か本屋と取り引きがあった、スタフォードに退職金を求めていた、の三点である。我々の持つ証拠からは、最後の推測だけがとにかく立証できる。スタフォードからいくばくか得るため、彼は真の情報を仕入れるのに苦心しなければならなかったろうし、実際それを行なっていたからである。ブルーノはモーガンを訪ね続けていた。バスチーユにいるモーガンの釈放計画に関する情報を得るため、それ程足を使ってはいないようなので、おそらく彼ら二人が——たぶんマジーノの悲深くもモーガンによるものであるとは思われず、その情報を得たと彼が言っているのを、そのまま受け入れてよさそうである。釈放計画全てがデルベーネの助けも少し借りて——モーガンを獄から釈放するという案を出し、五カ月分の情報の山とスペイン語とイタリア語が混ざったがらくたの下に隠して、ブルーノがそれをスタフォードに伝えたのであろう。⁽⁸⁹⁾

すでに述べたように、我々は今の推測をきわめて真剣に受け止めるべきだと思う。クルセルの時のような驚くべき大成功を繰り返し、始めた時と同じ程の高い名声でスパイとしての仕事に幕を引きたいと望むブルーノが見え隠れするのだ。金は手に入れたようだが、今回はうまく行かなかった。スタフォードはエリザベス同様、ブルーノは何か知っていると正しく見ていた。彼はまた正しくもウォルシンガムが一枚噛んでいるとも知っていた。彼はおそらくブルーノに対する信用を失くした。背教者の神学生ギルバート・ギフォードのお蔭で、スタフォードはモーガンについて本人が直接彼に話した場合と、先に多くを知っていたからである。メアリーの処刑は確定しており、その三カ月後に執行された。明らかにブルーノが望んでいたところの結果に加えて、エリザベス女王の国に対する教皇の侵略行為を撃退して、応分に貢献したことにも十分に満足していた。後はプロに任せておけばよかった。彼はウォルシンガムが拒否権を行使するのを待っていたとも、この件に深く関与していたとも考えられない。彼には人生最上の時が与えられ、時にはテムズ河の水の干満に乗ってロンドンに戻る夢も見たが、すでにイングランド人として死ぬだろう。フロリオはイングランド人に生まれ、スパイとしてペンを置いた時、頭の中にはウォルシンガムが拒否権を行使するのを待っていたとも、この件に深く関与していたとも考えられない。彼には人生最上の時が与えられ、時にはテムズ河の水の干満に乗ってロンドンに戻る夢も見たが、すでにイングランド人として死ぬだろう。フロリオはイングランド人に生まれ、スパイとしてペンを置いた時、頭の中には、スコットランド女王の屈辱も死も、インドのドレイクも、炎立つアントワープの兵器庫もなかった。その時、彼の行く手を阻むリファイ人やドイツの山脈の向こうにイタリアがあった。ブルーノは決してそうでなかった。パラヴィッチーノはイングランド人としてすでにイングランド人に生まれ、スパイとしてペンを置いた時、頭の中には、カールⅤ世の軍隊のように、ドイツの軍隊がアルプスを越えて南進し、独善的な教皇絶対主義者を打ち倒し、迫害されていた人々から花を受け取り、ローマの泉で馬に水を与える光景を。ブルーノはフランス語で「人々を不意に襲い、専制のもとにあって、財産においても良心においても苦しめられていた人々を味方につける」と書いている。

注

(1) 一五八三年四月十七／二十七日、ウォルシンガムはロンドンにいた。C. T. Martin, (ed.), *Journal of Sir Francis Walsingham* (December 1570–April 1583) (Camden Society, civ part 3, 1871; repr. 1968), p. 48. その日は水曜日だった。ディーと暦についてはFrench, *John Dee*, p. 7.

(2) 本書、五三―六頁、八六―七頁、Yates, *Bruno*, pp. 206–8.

(3) 本書、六二頁、*Short-Title Catalogue* (参考文献4、*Pollard*を見よ)、no. 13858. 私は英国図書館所蔵の二冊、G 744と478. a. 24を使用している。『予防』には二つ折り判で、「新たに改訂され、章分けされた」第二版 (no. 13859) があったが、一五八三年秋に出版されたとみて差し支えなかろう。私はまだこの版を実際に見ていない。チャールウッドとブルーノについては、G. Aquilecchia, 'Lo stampatore londinese di Giordano Bruno', *Studi di filologia italiana*, xviii (1960), 102–28.

(4) 『予防』、献呈書簡、sig. iii–4 (予言者)、A i, E 3ᵛ, F ii, F iii, M i (ソロモンス)、Dd ii–2 (占星術)、L i, Rr i–2 (統一性)。

(5) テキスト6。テキスト6にある「学識に富んだある男」とはブルーノを意味すると思う。オックスフォード伯との繋がりは Howard to Walsingham, 14-ix-1582 (PRO SP 12/155, no. 44) と Raleigh to Burghley, 12/22-v-1583 (BL Lansdowne 39, no. 22) から窺える。オックスフォード伯は 'book of babies' ──(私の推測では) 誕生時の星位を占う本──を所有していたが、彼はそれを政治目的のために使おうとした。Francis Southwell, PRO SP 12/151, no. 57. オックスフォード伯とハワードとの関係は拙論 'English Catholics and the French Marriage' に詳しい。

(6) 『予防』、A iv, Nn i–1, Rr–2ᵛ and ff (教会により判定されるべき精霊)、F ii, G ii (エジプトの神秘主義の盗用)。

(7) 『予防』、表題紙、献呈書簡 iii, sig. E–3, K iᵛ and ff, L iii–4, E–4 and f. French, *John Dee*, pp. 6, 33 f, 129; Yates, *Bruno*, p. 149; Peck, *Northampton*, p. 12 参照。

(8) ハールは、テキスト5で「今夏」にスロックモートンに関してウォルシンガムに報告したと書いているが、それ以降に書かれたものについて言っているら見ると、五―六月に書いた先の報告のことを言っているのであって、全体か

(9) のではないと思う。モヴィスィエール侯夫人の帰館についてはCSP Foreign 1583-84, p. 23. Conyers Read, *Walsingham*, ii, 205-24. この本によると出発日は八月十七／二十七日、ロンドンに戻った日はほぼ十月三／十三日から十月十六／二十六日の間という。pp. 207, 223-4.

(10) テキスト5。*A Discoverie of the Treasons*, pp. 192[1], 191[2]f (pp. 191 と192 は重複している)、195, 197-9 (侵略計画)、pp. 192, 199 と Lady Margery Throckmorton to Francis, 9/19-x-1583. フランシスの兄弟トマスに関して彼女が受けた尋問については5/15-xii-1583 (PRO SP 12/163, no. 8; 164, no. 9). ハールやブルーノが念頭においていた兄弟とは——別の兄弟ジョージを意味する場合もあり得るのだが——トマスであると思う。フランシス自身は、トマスが出立した後、ウースターシャーに逃げたと説明しているので、もしトマスが十一月十五／二十五日以降に発ったとするなら、彼の逃亡はあり得なくなる。彼女彼らの母親はトマスとはフランシスがウースターシャーにいた時、トマスはまだロンドンにいたと明かしている。しかし彼らの母親は尋問で、問題の兄弟はトマスとはフランシスであり、フランシスは夫のモヴィスィエール侯と懇意にしていたという結論にほぼ満足出来ると思う。トマスの証言から、情報はブルーノによる手紙を所持概ね正しいという結論にほぼ満足出来ると思う。

(11) この手紙はCastelnau to Mary, 15/25-xi-1583 (CSP Scotland 1581-83, p. 654; PRO SP 53/13, no. 62)をさす。トマス・フェリッペが解読し、旧暦だと思うが日付を定めた。スロックモートンが逮捕された時、彼はその手紙を所持していたと思う。Castelnau to Francis Throckmorton, 1-x-1581 (CSP Foreign 1581-82, no. 347).

(12) テキスト5、本書、六二頁、Philip Hughes, *The Reformation in England*, iii (London, 1954), pp. 342 ff; P. L. Hughes and J. F. Larkin (ed.), *Tudor Royal Proclamations* (3 vols; New Haven/London, 1964-69), ii, 485-91. フィリップ・ハワードはこの時期まだローマとは和解しておらず、彼の司祭隠匿を証明しようとするブルーノの更なる試みは失敗した。*Philip Howard*, pp. 44, 46-7, 50, 96.

(13) Lady Margery Throckmorton to Francis Throckmorton, 9/19-x-1583 (本章、注10)。

(14) テキスト5、本書、六二、六七-八頁。

(15) テキスト7。ハワードの審問はPRO SP 12/163, f. 93 に所収。彼による答弁は11/21-xii-1583 and [ ]-i-1584.

(16) テキスト7と8。

(17) Castelnau to Henri III, 9/19-xii-1583 (Hampton Court), and 22-xii-1583/1-i-1584 (BL Harleian 1582, ff. 329 ff. 334 ff); 本書、七〇頁、テキスト5。

(18) これら全ては、一年後、一五八五年二月十四／二十四日に行なわれたスコーリーの尋問によるものだが、Castelnau to Anjou, c. end of December 1583 (PRO SP 12/176, f.148; BL Harleian 1582, ff. 392f) で報告されている。スタフォードは一五八四年一月十八／二十八日までに、アンジュー公に仕える者から、この手紙のことを聞いていた (CSP Foreign 1583-84, p.314).

(19) 本書、六七—八頁。

(20) メンドーサが枢密院で取調べを受けてから帰国するまでの間にソールズベリー・コートを一度もしくは数度訪問したことは Castelnau to Henri III, 14/24-i-1584, to Catherine de Médicis, 同日付、to Henri III, 4/14-ii-1584 (BL Harleian 1582, ff. 339f, 346, 349) に書かれている。先の二通の手紙によると、訪問は一五八四年一月九／十九日から一月十四／二十四日までの間で、第三通めの手紙には、訪問はメンドーサの帰国の「二、三日」前で、カステルノーがウォルシンガムに来て終日滞在したと聞くとある。カステルノーがウォルシンガムに宛てた一五八四年七月六／十六日の手紙 (CSP Foreign 1583-84, p. 592) で、「ある大使が一度私の所に来た」ために私が親スペイン派だとみなされるのは心外だと書いているが、これを文字通りに受け取るべきではない。なぜなら、メンドーサはこの二、三カ月間に彼のもとを数回訪問していたからである。メンドーサは一五八四年一月二十／三十日か直後に帰国の途についた。Calendar of State in CSP Scotland 1581-83, pp. 675f, and 1584-85, pp. 21f に所収／一五八四年一月三日に行なわれた。Philip Howard, pp. 45-8を見よ。審問のうちブルーノによる情報に基づいているらしいものは、ハワードへの「特に昨夏」カステルノーと会っていたことについての質問と、アランデルへのイエズス会士ジャスパー・ヘイウッド——ブルーノの記述と適合する人物だが——との接触についての質問である。ハワードはサー・ラルフ・サドラー邸に少なくとも一五八四年五月まで、アランデルはストランド街にあるアランデル・ハウスに同年四月まで幽閉された。Philip Howard, pp. 48-52, 56, 103, 338; Nicolas, Hatton, p. 368, 376.

(21) *Papers, Spanish, 1580-1586*, ed. M. A. S. Hume (London, 1896), p. 516.
(22) 本書、八三一四頁。
(23) テキスト10とそのテキストについての注、本書、六七一九頁。
(24) 本書、八三頁。
(25) 本書、一〇〇一二、一三四一七頁、『晩餐』、p. 141/201.
(26) テキスト13の一節に下線が施されているが、それはモーガンの所在を述べた所で、更に目立たせるために三角印も付いている。この一節にウォルシンガムの目が向くよう書記が書いたのだろう。しかしモーガンはこの時にはすでに逮捕されていたようだ。
(27) 本書、一〇三頁と一二七頁、注83。
(28) 彼らの尋問は一五八五年九月十四/二十四日から一五八五年九月二十三日/十月三日まで行なわれたが、それについては PRO SP 12/182, nos. 15-19, 27, 31 に所収。その航海はジローが手筈を整えたもので、青年たちの中の幾人かはソールズベリー・コートでカステルノーに会い、ラテン語で彼と会話を交わした。彼らがカステルノーを訪ねた時、ブルーノはまだ留置場に入れられていた可能性も残っている。しかし、ブルーノの耳にこの計画が入っていたとすれば、彼がそれを報告するのは当然である。彼らの行為は一五八二年四月一日付の布告によれば反逆的行為であった。本章、注12。
(29) 『晩餐』、p. 11/72.
(30) テキスト11。
(31) 『晩餐』、p. 105/166.
(32) 『原因』、p. 202/40.
(33) *Documenti*, p. 121.
『晩餐』、p. 5/65. '…Dal nostro campo miete penitenza/Che vi gittò d'errori la semenza:' Matthew 13: 24-30.（「……（主は）我らの畑から刈り取られる/汝らに（そこに）過ちの種子を蒔いた罪を。」「マタイ伝」、一三の二四一三〇）。

(34) 『原因』, p. 190/27. 'Cieco error, tempo avaro, ria fortuna,/Sord'invidia, vil rabbia, iniquo zelo,/Crudo cor, empio ingegno, strano ardire/Non bastaramo a farmi l'aria bruna…' (「盲目的な誤り、貪欲な時代、悪運、卑かな嫉妬、卑劣な怒り、邪悪な強い心、不信心な頭脳、歪んだ勇気では／私を陰鬱な気分にするにはこと足らないであろう。」)

(35) 『原因』, pp. 199-200/36-7, 204-17/41-53. 特に p. 213/48. ブルーノは常に 'Polihimnio' と綴ったが、すぐ後で述べる理由からこの綴りのままにしておく。ジェンティーレによる 'Poliinnio' という現代語化された綴りはもとの綴りの響きは伝えてはいるが、名前が本来持っていた力を失っている。DL, pp. xlvi, 254n.

(36) ポリヒムニオを不平家に同一視する理由は、両者に対するブルーノの攻撃の中に 'cinico/cane' (「犬」) のテーマが繰り返されていることにある。『晩餐』, p. 5/65. 『原因』, pp. 196-7/34, 199/36, 200/37 と同書, pp. 5 と 199 にあるジェンティーレによる注。アクイレッキア (p. 37) は両者を断固として結びつけフロリオから要を得た引用 ('cinico: 'dogged, currish'「強情な」、「卑しい」) をしている。

(37) 『原因』, pp. 225/61, 241/75, 254 f/87, 292/119 (「教師」) 219/55, 241/75, 260/92 (「主任教師」) 296 f/124 (年齢), 213/49 (教えること), 293/121 (顎鬚)。『原因』(アクイレッキア版, p. 55) によるとフロリオは「主任教師 (archididascalo)」を「主たる弟子」と訳しているが、彼にしてはきわめて稀な誤訳である。

(38) 『原因』, pp. 289-97/117-24; cf. pp. 215/50, 221/57, 341/162.

(39) 『原因』, pp. 255/87f, 261/93.

(40) 『原因』, pp. 202 f/40 f, 208 f/45 f, 213/49, 219/54.

(41) 『原因』, pp. 213/49, 241/75, 255/88, 220/56. ジェンティーレは典拠を「レビ記」16 とすべきところを「レビ記」8 と誤記したのだがそれに気づかなかったため 'capro emissario' (身代わり、スケープゴート) を「生贄の雄羊」と誤って解釈してしまった (p. 220, n. 5)、グリーンバーグ (p. 106) はそれに気づかなかったため「紫衣」は枢機卿よりも役人をさす場合が多かったようである。『原因』(アクイレッキア)、p. 80 n のフロリオを引用した注。

(42) 『原因』, p. 242/76; Michele Ciliberto, La ruota del tempo, pp. 123, 125 では、心を込め、たいそう穏やかにポリヒ

(43) 『原因』、p. 295/122f.

(44) Peck, *Northampton*, pp. 3, 8–9; Williams, *Thomas Howard*, p. 133; John Bossy, 'The Character of Elizabethan Catholicism' in T. Aston (ed.), *Crisis in Europe, 1560–1660* (London, 1965), p. 242; Howard to Walsingham, 12-i-1581 (PRO SP 12/147, no. 6) は秘蹟について、本章、注49。「主任教師」とはブルーノの一五八二年の作品『燈火を掲げる者』で、マンフューリオというブルーノの作品中、最初に登場した衒学者に使われた敬称である。

(45) 本書、一七六頁。

(46) Peck, *Northampton*, p. 12 はハワードの「女性による合法的統治の忠順な弁護」にふれている。

(47) 『原因』、pp. 221-3/57-9、Peck, *Northampton*, p. 7.

(48) 本書、一二四頁、注55。ハワードは顎鬚だけでなく髪も染めていなかったことが一五九四年に書かれた彼の肖像画から分かろう。

(49) BL Cotton Titus C vi, ff. 516-82 に英語とラテン語による自作の一連の聖務日課が納められている。個人的な礼拝のためのものであるが、バードが曲をつけた作品と酷似した交唱や聖句も含まれている。Kerman(本章、次の注を見よ)、pp. 36 f. *DNB* によると BL Arundel Mss. 300 と Lambeth Palace Mss. 660 に類似したものがある。

(50) Northumberland to Burghley, 15-i-1579 (BL Lansdowne 29, no. 38); William Parry to Charles Paget, 12/22-ii-1584 (PRO SP 12/168, no. 23) はバードの尋問について、更に *Philip Howard*, p. 123 n (May 1584) は、バードと伯との間に幾分親交があったことを仄めかす。バードのカトリック主義は Joseph Kerman, *The Masses and Motets of William Byrd* (London, 1981), pp. 37-54 と随所で見事に論じられている。

(51) Kerman, *William Byrd*, p. 228. 献辞は Oliver Strunk, *Readings in Music History: ii The Renaissance* (London/Boston, 1981 edn), pp. 137-9 に紹介されている。『原因』、pp. 222/58, 293/120 参照。

(52) テキスト12 i、本書、七六頁、一九二頁以下参照。

(53) Yates, *Art of Memory*, p. 302.「晩餐」、p. 54 にあるジェンティーレによる注3を参照。と言ってもイェイツは(ブ

(54) 『晩餐』では船頭が「無作法」であるということが重視されている（テキスト12 i）、『原因』、p. 213/48、私は白状するが、船頭がある種の無作法者であるというブルーノの記述の意図を理解できないのだ、'questa e una specie di rustici, nel petto de'quali spunta tutti i suoi strali il dio d'amor del popolo villano.'（これは田舎者の類だ、彼らの胸の内に、田舎者の愛の神がその矢を全て射るのである。）ここで問題となっているアフロディテー・パンデーモス（すなわち肉欲）の息子と考えられるエロス／キューピッドに違いない。もし 'spunta' という語がエロスの矢が船頭らの胸に刺さったことを意味するのであれば、この本文の意味は二人は貪欲で怠惰であるということになるが、これは余計な解釈だろう。もっと素直に、'spunta' は彼らの胸は矢をも受けつけないという意味であれば、船頭がそれ以上漕げないと拒んだという内容に当てはまると思う。しかしブルーノとフロリオがアフロディテー・パンデーモスに関係づけて描かれる理由が分からない。本書、六二頁。Orlando furioso, xxvii, 117.

(55) テキスト12 i、『原因』、p. 292/120; Orlando furioso, xxvii, 117–20; xxviii, 86–7.

(56) 『予防』、sig. E-4. ハワードは五月末頃に書いたサー・クリストファー・ハットンへの手紙の中に、同じ表現を使っている。Nicolas, Hatton, p. 376. M. P. Tilley, A Dictionary of the Proverbs in England in the Sixteenth and Seventeenth Centuries (Ann Arbor, Mich., 1950), p. 710, no. W 143; F. P. Wilson (ed.), Oxford Dictionary of English Proverbs (3rd edn, Oxford, 1970), p. 484 を参照。『ディオ・クリソストム』の中で最もこれによく似た部分は Orations 34. 29–33

(57) ――タルサスの市の行政官が市民の助けを借りて王冠や他の名誉を手に入れようとしていることを非難される――であろう。
Orations 34, 16 ――市組織の様々な部分が、様々な方向に船を漕ぐ船の乗組員として描かれている――であろう。
(*Dio Chrysostom*, ed. and trans. J. W. Cohoon (Cambridge, Mass./London, 1978) (5 vols; London, 1932-51 repr. 1961-4). C. P. Jones, *The Roman World of Dio Chrysostom*.

Edgar Wind, "Ripeness is all", in *Pagan Mysteries in the Renaissance* (London, 1958), pp. 89-99 と、特に 90ff. 最後の引用部分はウォルター・ペイターによるもので Wind, p. 99 から借用した。たぶん、このルネサンス的なありふれた文句を思い出させる作品でブルーノの最も身近にあったと思われるのは Paolo Giovio, *Imprese* (本章、注 84 参照、サミュエル・ダニエルによる英語版を参照している、*DI*, p. 56. 注 2) と Plutarch, *De Iside et Osiride* (ブルーノは『天馬』p. 867 で引用している) ――プルトセネックスに関して――であろう。ブルーノが『恋の骨折り損』、iii, 1 を読んだはずはないのだが、ウィントはこの作品とは非常に密接な関係があったと指摘している。フランシス・ベーコンの *Essays*, xxi, 'Of Delay' についても同様。『晩餐』の初版は以下のようになっている。「[La barca] parea col suo *festina lente* tutta di piombo, e le braccia di que' dua vecchi rotte; i quali, benche col rimenar de la persona mostrassero la misura lunga, nulla di meno coi remi faceano i passi corti./Prudenzio Optime descripium illud '*festina*' con il dorso frettoloso di marinai: '*lente*' col profitto de' remi, qual mali operarii del dio de gli orti (Priapus.) (「[その小船は]『ゆっくり急げ』でまるで鉛で出来ているかのように動いた、そして二人の老人の疲れ果てた腕、体の揺れで大きく漕いでいるふうに装っていたが、しかし実際には櫂で小さく漕いでいた。/プルデンツィオ：船乗りの慌ただしい背中と、櫓の進み具合は『急げ』と『ゆっくりと』まるで（二人が）漕いでいる菜園の脆弱な仕事人たちのごとく、大変うまく描写されている。」) *DI*, p. 56 はテキスト 12 i に翻訳文. '*illud*' の後にコロンを付けるつもりであったと思う。

(58) Rita Sturlese, *Bibliografia, censimento, e storia delle antiche stampe di Giordano Bruno* (Quaderni del Rinascimento, no. 5; Florence, 1987), nos. 7, 17, 8, 17. 私が以上のように結論づけたのは、アランデル・ハウスの蔵書を第六代ノフォーク公、ヘンリー・ハワードが英国学士院に寄贈し（一六八四年死去）、その蔵書の中に『晩餐』と『原因』の

(59) フランセス・イエイツは『イデアの影』(Paris, 1582; Yates, Bruno, pp. 192-9)にエジプト主義的要素を発見したが、そのうち一冊をたぶんハワードに譲ったのだろう。イエイツの主張は、『イデア』の中の一節のひどい誤訳(Yates, Bruno, p. 194 n. 1)を主たる根拠にしている。アレクサンダー・ディクソン版の『理性の影』ではブルーノの記憶術のうちエジプトに関係する原典が強調されているが、その本は一五八三年の年末がすぎてようやく出版されている。本章、八六-七頁参照。Yates, Art of Memory, p. 260.

(60) 本章、注46、DNB は一五八九年としている。

(61) 『傲れる』、pp. 564, 705-8. 同書、p. 708 ではジェンティーレは『狂えるオルランド』の参照部分を間違えている。Ciliberto, Giordano Bruno, pp. 5, 142, 253, 268-76 もまたそれは後、本書で述べる箇所に書き直されるべきである。

(62) Sturlese, Bibliographia, pp. xxiv-xxv, and nos. 7. 39. 8. 20. 9. 19 and 10. 29. 彼女はそれら著作を納めた一巻本をこの部分が持つ伝記的な意味での重要性に注目している。

(63) 「伝説的な」と記すが、私はその理由が分からない。

(64) 本書、九〇-一、九二頁以下、九八頁以下参照。

(65) Documenti, pp. 121 f; Yates, Bruno, p. 288 には「頻繁に、大使と共に宮廷へ参上する」とある。

(66) 本書、九〇頁、Castelnau to Henri III, 15/25-xi-1584; to Walsingham, 24-xi/4-xii-1584 (本章、注65)。私はこの日(ほぼ十一月十三日)は拝謁には早過ぎると思う。同様に即位記念日(その四日後)に拝謁したと考えるのも早過ぎる。一五八四年十一月十五/二十五日 (Chéruel, pp. 350 ff) から一五八五年三月十五/二十五日 (BN ff. 4736, f.270) にカステルノーが本国に宛てた手紙は全く残っていない。ウォルシンガム宛ての一五八四年十一月二十四日/十二月四日の手紙と一五八五年一月九日/十二月三十日/一五八五年一月九日 (CSP Foreign, 1584-85, pp. 166, 208) の手紙は残っている。

(67) ギーズとの不仲はサンディージエにおけるカステルノーの要塞の町は、ギーズがいっそう信頼篤くしていた支援者に譲渡していた。Henri de Lorraine to Castelnau, 24-xi/4-xii and 13/23-xii-1584 (BN V°C 470, pp. 3, 15) 現存する手紙類による限り、ようやく四月にレスターは『レスターズ・コモンウェルス』について文句を並べ出した (Castelnau to Henri III, 16/26-iv-1585; BN ff 4736, f.293)。しかし問題は、その本についての噂がそれ以前から流れていたことだった（テキスト13参照）。
(68) 本書、二五二―三頁参照。
(69) 本書、八四―五頁、二七四―六頁。エリザベスに贈った『晩餐』はアクイレッキアの言う「流布本」であったようだ (Sturlese, *Bibliografia*, no.7, 39)。そうでなければ『晩餐』はこれを機会に書き直されたと考えても無理はなかろう。アクイレッキアとチリベルトは、改訂は政治的な含意があるという主張をしているが、その正しさも立証されよう。
(70) 本書、二〇八頁。『傲れる』の本文にはもうひとつ隠れたメッセージがある、本書、二五三頁を見よ。
(71) Yates, *Bruno*, pp. 291-305, 本書、一〇四―一七、一四七―六六頁参照。
(72) テキスト16。Gondi to Castelnau, 14/24-vii-1584 (*CSP Foreign* 1583-84, p. 614) *DBI*, Cavalcanti, Lucrezia. ゴンディの政治については P. Champion, *Charles IX: la France et le contrôle de l'Espagne* (2 vols; Paris, 1939), ii, 46, 58. コルビネッリは一五八一年に「アバト・ゴンディ」という人物を隣人で友人だと述べている (BA T 167 sup. f. 82)。フランス貴族に仕える「施物分配係」の地位については Mack P. Holt, 'The Household of François, Duke of Anjou', *French Historical Studies*, xiii (1984), 305-22 が参考になる。
(73) この手紙は実はシャトーヌフの妻マリー・ド・ラ・シャトレがギーズ公の母アンヌ・デステに仕えていた彼女の姉妹に書き送ったものである。次に述べるものがこの件についてふれている。Castelnau to Florio, London, [3/13]-ix-1585 (Yates, *Florio*, p. 69); to Douglas, Paris, 24-x/3-xi-1585 (HMC *Hatfield*, iii, 112); Morgan to Mary, 18/28-i-1586 (Murdin, p. 478); Stafford to Walsingham, 11/21-x/4-xi-1585 (BN V°C 472, p. 327); Castelnau to Florio, 25-ix-1586 (*CSP Foreign* 1586-88, p. 86) ――スタフォードはこの情報を手紙の受け取り手の娘から知った。この娘は

(74) スタフォードの友人シミエに激しい恋をしていた。カステルノーの秘書のJean Ribot to Walsingham, Blois, 5/15-i-1589 (*CSP Foreign Jan.-July 1589*, p. 17).

(75) その証拠は二月から——数学家モルデンテとブルーノのややこしい事態も含めて——揃い始める。「もし神が私にフランスに残るという恵みを与えてくださいますならば……」、Cotin, in *Documenti*, p. 43.

(76) テキスト 16、「もし神が私にフランスに残るという恵みを与えてくださいますならば……」、Cotin, in *Documenti*, p. 43.

(77) 本書、九四—六頁、*CSP Foreign* 1585-86, p. 124.

(78) Joan Rees, *Samuel Daniel* (Liverpool, 1964), pp. 5-8; ダニエルのパトロンの Edward Dymoke to Castelnau, London, 22-xi-1585 (BN V°C 472, p. 175).

(79) テキスト 16 の導入部、本書、一〇七—八頁。

(80) Yates, *Bruno*, pp. 298-9; E. Barnavi, *Le Parti de Dieu* (Brussels/Louvain, 1980), p. 81; Holt, 'The Household of François, Duke of Anjou', pp. 321 f (Hennequin). ブルーノの *Due dialoghi sconosciuti e due dialoghi noti*, ed. G. Aquilecchia (Roma, 1957). p. xxi; *DBI*, xiii, Botero, Giovanni. Yates, 'New Documents', p. 185, 初版 (BA T 167 sup. f. 187) には、モルデンテは「グイザ氏と共に」で「グイザ氏の所に」ではないと書かれているが、両者に違いはまったくない。

(81) Louis Dorléans の *Advertissement des catholiques anglois* は七月に出版された神聖同盟メンバーの反論を述べた説得力を持った本だが、これについては先の注で引用したコルビネッリの手紙の中でも報告されている (25-vii/4-viii-1586)。

(82) *Documenti*, pp. 104, 133. テキスト 16° De Lamar Jensen, *Diplomacy and Dogmatism: Bernardino de Mendoza and the French Catholic League* (Cambridge, Mass., 1964) という、メンドーサの大使としての活動に関する本は、この件について何もふれていない。

(82) James Beaton, Archibishop of Glasgow, to Queen Mary, Paris, 11/21-iii-1586; Mary to Beaton, 2/12 and 7/17-vii-

(83) Blet, *Ragazzoni*, pp. 594 f (13/23-vi-1586); ラガッツォーニの返答については同書、p. 604.
(84) *The Worthy Tract of Paulus Jovius* (1585) にある N. W. からサミュェル・ダニエルへの序文書簡は *The Complete Works … of Samuel Daniel*, ed. A. B. Grosart (5 vols: London, 1896; repr. New York, 1963), iv. 7 に所収。
(85) Pastor, *History*, xvi. 319; xix. 302 f; xx. 268; Ivan Cloulas, 'Les Rapports de Jérôme Ragazzoni … avec les ecclésiastiques pendant sa nonciature en France', *Mélanges…de l'/Ecole française de Rome*, lxxii (1960), 541 and n. 3; ハプスブルク側については R. J. W. Evans, *Rudolf II and his World* (Oxford, 1973).
(86) 本書、一二八頁、注89、Stone, *Palavicino*, pp. 26, 239 f.
(87) 『アクロティスムス』(*Camoeracensis acrotismus*) はカンブレイ学寮での論争を本に纏めたものである。*OL* i¹. p.57.
(88) Yates, *Bruno*, pp. 306-13; *Oratio valedictoria* (Wittenberg, 8/18-iii-1588); *OL* i¹, pp. 1-25.
(89) 本書、一一〇、一四七―五一、一六一―四頁。
(90) アンリ三世がモーガンの引き渡しを断った時エリザベスに述べたように、「彼女がこの二人の男(モーガンとチャールズ・パジェット)の身柄を押さえても、彼女が知っていること以外はほとんど分からないだろうから。」 to Bellièvre, 13/23-xi-1586 (BN ff 15908, f. 342).
(91) テキスト17。リファイ人については『傲れる』、p. 713.

3 ブルーノ再び捕わる

i 人

ブルーノの生涯の三年半を繋ぐ絡まり合った糸を解きほぐし、彼について分かったことを纏める時が来た。始めるに当たって、これは軽々しい気持で取掛るべきことではないということを、自らも、また読者の皆さんも肝に銘じなければなるまい。ジョルダーノ・ブルーノは、十六世紀の、そしておそらくはヨーロッパ思想と想像力の歴史の中で、最も創造力の横溢した精神の持ち主の一人だった。通常言われている意味での哲学者としての世評は、いくつかの分野では高いものの、一定しなかった。またブルーノは、確かに鋭敏で学識高い論者だったが、もし「科学者」という言葉で系統的な観察者や実験家のことを意味するならば、十六世紀の基準に照らしてさえも科学者とは言えなかった。ブルーノは、科学者である天文学者ティコ・ブラーエからは、歯牙にもかけられなかった。(1) しかし彼は、物質世界の無限性と多様性、運動の相対性、太陽系の中で地球が太陽の周囲を回転しているのような、現在我々が科学的と称するべき、いくつかの基本的な考え方を想像力溢れる方法で解説した。ブルーノは、イタリア語の散文宇宙という概念を生み出しこそはしなかったが、その概念を一般に広めたのだ。

の重要な作者で、時にはイタリア語の韻文にもかなりの作が見られるが、彼の名を冠した文学的傑作が少なくとも一つ、すなわち『晩餐』がある。彼はまた、変貌自在で、その変り身のいくつかをこれまで見てきた。そしてついには一六〇〇年の二月、ローマで堕落した異端者として生きながらにして焼かれたのだ。十九世紀イタリア統一運動に与するイタリア人にとって、一八六〇年以来、ブルーノは一種の国家的聖人だった。フランスのジャンヌ・ダルクか、イングランドのシェイクスピア、ニュートン、クランマーの三者を混ぜ合わせたようなものだった。ブルーノは、彼に最も近似したライヴァルであるガリレオにはない殉教という魅力を有している。そのラテン語の著作は十九世紀の終りに国費で集成され出版された。一八八九年にはカンポ・ディ・フィオーリで彼の像の除幕式が行なわれ、一九四二年には彼の裁判の『摘要』のアンジェロ・メルカーティ版が出版された。そうした彼の没後の出来事により、熾烈な国家的対立のひとときが突如としてもたらされたのであるが、そうしたものはイギリス人には到底理解し難く思われる。それゆえ、ブルーノを正しく解釈するため、ベストを尽くさねばならない。

　これまでブルーノについて分からなかったことが、今ではたくさん分かっている。実のところ、彼についてこれまではまったく持ち合わせなかったある種の知識も持っている。彼の人となりについてこれまで分かっていたことは、ほぼ二種類の持資料、すなわち出版された著作とヴェネツィア、及びローマでの異端審問の現存する記録からだけである。この審問は、彼が最終的にパリを発ちドイツへ向かった五年半後に始まっている。これらの資料は、ある程度までは量も豊富で意義深くはあるが、難点がある。ブルーノの研究者ならばそうしたものを正しく理解出来ていてもよさそうなものなのに、いつもそのように出来ていたとは限らなかった。私は、ブルーノがよく理解出来ていて

自分自身について書いたことの全て、また彼の言葉として記録されている自伝的なもののほとんど全てをフィクションだとみなさねばならないと確信している。著書も、想像力溢れる、作り話の天才だった。異端審問官たちの前での様子も、フィクション中の人物の大向こうを狙った芝居であった。ブルーノは、ソールズベリー・コートからホワイトホール宮殿までのフロリオとのヴェネツィアやローマでの河旅の話について、実は、実際にあったことではなく比喩的なものだと述べたが、それは彼の著作と申し開き、その両方で述べられる全体的な自伝的要旨についても同等に当てはまるかもしれない。後者は必然的に、無害の事実をある程度は記録しており、正確ではあるが、両方共、伝記的情報を得るための情報源として見れば、作為が加えられていないわけではない。

しかし他方では、ブルーノへの反対証言の陳述は、大体がありのままの真実で、そのことについては現在、ブルーノ関係の歴史学者全員が同意見だと思う。それゆえ、ブルーノの対社会的人格についての知識を得るには最善の資料である。(3) 証言の大部分には、写真やテープレコーダーの持つ明快さがあるが、審問官が興味を持ちそうな事柄しか述べられてはいない。彼らにより陳述されたブルーノの言動の背後にある意図はたいてい明白なのだが、審問官のうちの誰も実際には彼のことをあまり知らなかったため、その脳裏で何が起きているのかはっきりとは分からなかったのだ。何らかの原則に従い、ブルーノは私的な手紙は一切書かなかったようだし、また公的な手紙もほとんど書かなかったようなので、残存するものは貴重である。この本の最後に印刷されたテキストで、今、私に提供出来るものとしては、望み得る限りで最もそれに近いものである。それらはファゴットという偽名のもとで、ブルーノ自身を表わしている、(公的なことでは明らかに)極端に秘密主義、通常は簡明直截、実人生におけるブルーノ、内側から見たブルーノ、仕事をしているブルーノを。明らかな事例を除いては、レトリックやディスクールの問題はまったく生じない。これまでこうしたブルーノは知られて

いなかった。

　確かに、ブルーノについて発見したことの範囲は限定されている。エリザベス朝イングランドでのカトリック教徒の動きやそれに関連する事柄について、ブルーノがソールズベリー・コートという有利な場所から言ったりしたりしていたことを我々は見つけ出してきた。これらにより、無限宇宙、コペルニクスの体系、魂の輪廻について、彼の考えていたことが明らかになるわけではない。これらにより彼の母国語で書かれていないため、たぶん作家としての名声にあまり寄与することはなかろう。ただし、告解を綴った手紙は、フィクション作家としての作品中に何らかの位置を占めるには違いないが。それらを読んでも、ブルーノがアインシュタインの萌芽だったのか、神秘学の魔術師だったのか、超越神の存在を信じていたか否かは分からない。これらのことがブルーノについて本当に重要だという限りにおいて、それらを公認の著作や審問記録の記載事項で扱われてしまうとと何の益もなくなってしまうということに誰もが同意するだろう。ここにこれまで陥穽が口を開けていたのだ。いくつかの憶測を排し、大体現状のままにしておこう。しかし、それらの著作がブルーノその人から切り離されてしまうとと何の益もなくなってしまうということに誰もが同意するだろう。ここにこれまで陥穽が口を開けていたのだ。いくつかの憶測を排し、大体現状のままにしておこう。

　今後、誰かを説き付けて、ブルーノは俗気のない、いわば世事に疎い人だったとか、押えきれない激情の持ち主だったなどという考えを持たせるのは無理ではないかと思う。(4) もし、我々の誰かが、フランセス・イェイツを読んだり、ブルーノの生涯の何らかの側面を知って、ブルーノは正気でなかったかもしれないと考えたくなったとすれば、正直言ってそれは誤りだ。(5) 少なくとも三十五歳から三十九歳までの間はブルーノはまったく狂ってなどいなかったことに私は絶対的な自信を持っている。俗っぽ

237　第二部　時の娘、真理

い表現をすれば、ブルーノは非常に切れる工作員だったのだ。スパイとしてきわめて有能で、大変な功を遂げた。また観察力に優れ、忍耐強く、口が固かった。更に、それは実にかなりのもので、素晴らしい結果をもたらした。全体として、彼は感情と仕事を厳密に区別した。話上手として、自慢屋として評判だった――ひょっとすると自分で評判を流したのかもしれない。が、その時も後にも、決してこの事について語ることも自慢することもなかった。誰もブルーノの尻尾をつかめなかった。明らかに、シャトーヌフは何らかの疑惑を持ったが、もし実際にどんな些細なことでも見つけていたならば、絶対にその形跡が残っているはずだ。シャトーヌフは何を探すべきかよく分からず、ブルーノの政治的忠誠よりもカトリック信仰を調査するという間違った手を打ったかのように思われる。パリに戻った後、ブルーノはいくつかの危険を冒した。ひょっとするとシャトーヌフから圧力がかかったからかもしれないし、ひょっとしていたからかもしれない。だが、彼には引き際を察知するだけの分別があったので、パリを脱し、ドイツに向かった。出版された著作の中に二、三箇所、それについて自身がコメントしている部分があり、そのコメントは自己満足の態でなされているのだが、それも無理ないということが、振り返ってみて初めて明らかとなるのだ。

ブルーノはこのように卓抜したスパイだったため、これまで誰もそのスパイ活動についてコメント出来る立場になかった。

その最初は、『傲れる』の中の偽善についての一節で、これが我々の物語の扉を開ける鍵である。読者の皆さんには、私がそれを引用した所まで戻っていただくか、むしろ自分で原文に当たっていただくことをお薦めする。

二番目は、『晩餐』の対話3の初めの部分で、従って『傲れる』より前ということになり、身を隠すことに成功した喜びがまだ非常に新しかったうちに書かれている。一人目の衒学者ヌンディニオがコペルニクス体系に対する物理学的反論を詳説した時、晩餐の席で何が起こったかをテオフィロが説明している部分である。ブルーノは

いささかでも英語を解するのか議論される。英語は、学者が知るに及ばないのだから、ブルーノには英語が分からないとテオフィロは言う。ここで、フルラー間の悪い時に、庶民の知恵に溢れる意見を出す役割の召し使いである——が、実はブルーノは、英語がきちんと理解出来るのだが、人には彼は自分たちの話しているのが分からないだろうと思わせておいて、その間に話の内容を聞くことが出来るよう、理解出来ないふりをしているのは確かだと思う、と言う。これが正真正銘の真実だったとしても、私はまったく驚かない。ブルーノは『晩餐』中に見受けられる旅行者英語の三、四語以上はあまり話せなかったのではないかと思うが、読解力はかなりあったと考える。彼がシドニーの詩を多少は知っていたと言える文句なしの証拠があるし、ハワードの予言に関する本も少々読んでいたに違いないのだ。たいていはフロリオが側にいて解説してくれた。この見解は、ブルーノのスパイとしての仕事にありきたりな意味で合致するというのではない。そうした仕事には、英語は必要条件ではなかった。きっと英語というのは彼の仕事にふさわしい象徴であり、彼の社会行動が、知力と時間を要する目的のもとにあるということを暗に述べているのだ。ブルーノが偽装の専門家だということを心得ておくことが後になって我々の役に立つだろう。

ファゴットについての話がなくとも、ブルーノが勇敢で、当意即妙だったことが分かる。真実であると信じるもののために、生きながらにして焼かれることに最終的に耐えた勇気はここには何もない。しかしファゴットとしての彼の活動も大変な勇気を要したことを忘れるべきではない。もし正体が割れれば、ジローやその友人は喜んで彼の背中にナイフを突き立てただろうし、ロンドンのきわめて多くの人間も同じだっただろう。一五八六年秋のパリへの帰還は、ひょっとすると私はその危険性を誇張しているのかもしれないが、それなりに、五年後のヴェネツィアへの帰還と同種の行動だった。機知については、ある種の喜劇に対する才能にこれ

まで以上の賞讃を与えることが出来る。これまで知られている最高のジョークは、今日のローマ教会は異端者を迫害する際に使徒を手本にしていないという、ブルーノのものだとされた質問に対する返答だと思う。ブルーノは進んで答えた、使徒たちは「現在見られるような世間の悪意」に対抗する必要がなかったから、と。(9) これは、ヴェネツィアの審問官の前で見せた芝居の唯一の見せ場だった。また、これまで見てきた彼の人となりから判断すれば、これが彼好みのジョークの一例なのだ。「ファゴット」という名も、同じ調子のブラック・ユーモアの一つとして受け取らねばならないと信じている。パレオロゴのジョークを追加出来なくて残念だ。と言うのは、もしそれが本当にジョークだったのなら、同じジャンルの作品だったし、サミュエル・ダニエルの友人が、ブルーノの「奇想天外の玩具」という言葉で主として言わんとしていたから。(10) また、それには実害もあっただろうし、ブルーノは、常にそうしたものに魅力を感じていたに違いないこの「たちの悪いジョーク」('practical jokes')のことだったのだ。ファゴットの全経歴がその	カテゴリーに入ると考えてよいかどうかは分からないが、彼の仕事にはこうしたジョークの、燦然と輝く一例が含まれていた。(11) メンドーサやシャトーヌフに対して見事にやってのけられた、秘書のアルノーについてのものは、それをやってのけたのがブルーノだとすれば、ブルーノ自身が、逮捕されて当然のもう一人の秘書のクルセルをスカウトしており、また、それが効を奏したことを考慮に入れれば、傑作だった。それがまた、過去一五〇年間、歴史家たちを欺いてきたのも偶然ではないのだが、実際にはこれについての記録は皆無なのだ。

他方で、あまり実害のない、軽い、ポーカーフェイスのジョークは、とてもたくさん集まった。その中には、『原因』の中のチャプレンと哲学者についてのジョーク、テキスト17の滑稽なイタリア語などがある。アンリⅢ世とその信仰についてのジョークはもう少し後のジョーク、シャトーヌフの連れて来た神父とその暗号についての

で吟味することにしたい。ブルーノ自身の問題の多い司祭職を、まんまとヘンリー・ハワードに転嫁すること自体を喜劇だと解釈しないならば（私はそう解してもよいと思うが）、ハワードに対するブルーノの皮肉には悪意がこもりすぎていて、大半は喜劇としての価値はなかろう。それでももし解釈が正しければ、河旅のシーンは、洗練を欠いてはいるがとても面白し、ハワードを枢機卿に仕立てあげた話も同様である（ひょっとするとブルーノは、その話が本当だと信じていたのかもしれない）。確かに、枢機卿についてのダニエル談の出所はブルーノにとっては何よりの楽しみだった。推察するに、ブルーノこそが枢機卿を手に入れた時、くだんの枢機卿が、その殺人の犠牲者は「私たちのためにもまた十字架にかけられたのだ」との言葉を述べたという話である。この話の出所である人物は、親英政策を掲げて教皇の命を狙うサヴェリ枢機卿の計画を知って、スタフォードと忍び笑いを漏らしていた訪問者だと考えたい。(13)

ブルーノの行動や著作中に、他にもまだたくさんのジョークが隠されているのは確実だと思う。彼は決して急いで笑いをとろうとしなかった。たぶん、選り抜きの滑稽な人物を集めておかなかったのだろう。ターゲットの範囲は限られており、お気に入りのテクニックはエイプリル・フールだった。最高のジョークを味わうには、事情によく通じておく必要もあった。程度の低い者向きではなかったからだ。他方で、こうしたものには、本気だということの証として、身を賭すことも厭わないという覚悟から生じる強烈な暗さもあるが、これ程の暗さに匹敵するものはまったく考えつかない。(14)また、彼がただ単に、自分のジョークを笑っただけではないということも認めてやらねばなるまい。船客とその妻についてのジョークがあり、それは広く流布していた。ウィリアム・パリーと教皇の話がかなり面白いと思ったので、スピアウルの告解についての報告書の中でそれをまねたのだろう。

さしあたって見たところよりも、ブルーノはパリーと多くの関わりがあったと考えたい。いくらブルーノでも、パリーの処刑をあれ程愉快だと思ったはずがない。(15)

ブルーノの長所と才能が、今明らかにされ証明されたが、それに対し、彼は高潔な人間ではなかったという発見を提示しなければならない。スパイというのは尊敬に価する職業ではない。それにまつわる印象とは裏腹に、友人や、自分を友人だと思い込ませた人々への裏切行為を常に伴う。ブルーノはその道に入ることに良心の呵責を少しも感じなかったようだ。お金のため、またおそらくはスリルを求めて、ということもあったろうが、きっと主として信念に基づいてそこに足を踏み入れたのだと思う。彼はブルーノのためによかれと思って尽くし、ブルーノに対し大いに誠意を見せ、また、ブルーノのことを友人とみなしてくれていたのに。スパイの仕事を遂行するに際して、彼は一貫して主人のカステルノーを裏切った。彼はブルーノのためによかれと思って尽くし、ブルーノに対し大いに誠意を見せ主人を裏切らせた。また、自分の力が及ぶ範囲で、フランシス・スロックモートンの逮捕、拷問、処刑を招いた。カステルノーはスロックモートンが我が身と同じくらいかわいいと言っており、その運命に対し、苦悩に身をさいなまれた。(16) 三通の献呈の手紙で、尊敬と友情、自分の面倒を見てくれることと自分を支えてくれることへの尽きせぬ感謝を鼻に付くほど述べ立てて、カステルノーにおべっかを使いながらこうしたこと全てをしたのである。(17)『傲れる』中まったく例を見ない程恥知らずの行為であり、今後、ブルーノの評判は著しく傷つくに違いない。彼が自分の行ないを完全にわきまえていたことが示される。『晩餐』の序文の第一ページで、ブルーノはカステルノーを「顧問官」('Conseglier')ではなくて、「国務卿」('Secretario')と述べる誤りを犯した。精神分析を好む人ならば、これはフロイトの言う、つい本音の出た書き損じだと考えるだろう。ブルーノはその本のどこか別の所で、と言うのは、その肩書きはウォルシンガムの方にずっとふさわしいもので、

ii 犬

　我々が見つけ出したブルーノの全活動の背後にある唯一の動機は、教皇制度とその一切の産物を破壊することだった。これが、発端のグレゴリオ暦に対する全ての不満から、帰結のトマス・モーガンがカトリックに対して抱いていた熱意の切り崩しまで、ファゴットによる全ての報告書や情報のテーマだった。教皇は人類皆の敵で、暴君で、身体、良心、財産の抑圧者で、暗殺者や反逆者の資金源で、自称「この世の君主」である。教皇絶対主義者や「カトリック教徒」は敵であり、カトリックの書物は敵のプロパガンダであり、「カトリック教会」は忌まわしきものである。この妄執に照らし合わせてみれば、『傲れる』の中でその破滅が予言されている「凶暴な野獣」は教皇のことだと考えた当時の同時代人の方が、それは何か別のものを意味していると考えてきた現代の学者たちよりも真相に近かったのではないかと考えられる。[20] ブルーノはスタフォードに宛てた最後の報告書で、自分たちの仕事は「あらゆる可能な手段で敵に損傷を与え、弱体化させる」ことだと述べており、いかなる手段も正当化されると考えていた。[21] まず第一に、武装部隊。東インド諸島ではドレイクにより、オランダではシドニーにより戦われ、ドイツとフランスではパラヴィッチーノにより財的援助を受け、最終的にはプロテスタント軍のアルプス越えによって成し遂げられることとなる対ローマ十字軍である。『傲れる』の中の、ペルセウスと彼のヨーロッパ

各地解放のための冒険についての一節は、気高い目的を完遂するに当たっての難行苦行と勇気への祈願を込めて、野獣殲滅の遂行というこの大きな企てに大いに活躍せよとの激励の言葉として読むべきである。[22]

武力が使えない所では不正手段を使う。[23]『傲れる』の中のこの一節は、偽善讃歌のすぐ後に来るので、この繋がりは絶対に意図的である。ファゴットの場合、真実は思慮深さにより、念入りな偽善の隠れ蓑の内に隠されるので、足下に踏みにじられずにすみ、またその敵からのねたみや激怒から守られていた。確かに偽善は、偶然とは言え、自らを美徳に変えるために必要な「規則と秩序」をもって行動している。[24]偽善は、思慮深さの侍女、真実の盾、偉大なる企てへの尊敬すべき参画者として、後にヴェネツィアやローマで懸命の働きをすることになったのと同様、ロンドンやパリでも懸命に働いた。実は、ブルーノの偽善崇拝には、一見したところよりも多くのことが絡んでいる。偽善は、ただ単に、敵に対する武器として、自分の司祭という立場を利用してユダの役割を果たしたということだけではない。それはまた、ブルーノがカステルノーに対してスパイとしての有能性を最大限に発揮したのもまったく明らかだと思われる。もし彼がそうしていなければ、実際に見つけ出した情報の半分も手に入れることは出来なかっただろう。また、その後ジローが、ブルーノの真の姿は違うのではないかと考えたのかどうかもはっきりしない。ジローは一五八三年には、ブルーノが同じ側の人間だと考えていたに違いない。さもなければ、書物の輸入の仕事についての詳細を余す所なく語ったりはしなかっただろう。召し使いたちの間で自分に対する風当りが強くなっていると、『原因』の中でブルーノが述べていることから、一五八四年の夏には、ブルーノはジローとあまりうまく行っていなかったということが示されるかもしれない。更

に、私はシャトーヌフがブルーノに面接をしたことを基に、ジローがシャトーヌフに、ブルーノに不利のある陰口を言っていたと推測した。(25)しかし、ブルーノがスパイとして働いていた間ずっと、ジローはパリでブルーノと親しく交際しついていると考えていた節がいくつかある。一五八五年春、ジローはパリでブルーノと親しく交際しており、おそらくは、彼がブルーノをトマス・モーガンやその友人たちに紹介したのだろう。そして誰かがブルーノに、モーガンがイングランドと連絡をとっている方法を説明したのだ。また、一五八六年の初頭には、誰かがブルーノに、フランス在住の亡命イングランド人に金銭的援助を与えるためのジローの取り計らいについて話したのだ。どちらの情報も、ジロー本人の口から出たものだとは限らない。だが、その両方共、ブルーノが亡命イングランド人の集まりの中で活動し、共鳴者のふりをしていたことはおよそ不可能だっただろう。もしジローが、ブルーノに注意するよう皆に警告していたら、そうしたことはおよそ不可能だっただろう。たとえ二番煎じであったとしても、モーガンをバスチーユから出獄させる計画を案出出来る能力と同様、ジャンヌ・ガルナック（それが彼女の名前だったとしても）と、彼女のボルドーへの逃亡についての敬虔な話をブルーノが知り得たことでも、同じことが示唆される。一五八六年のパリでのブルーノのより広い交際——メンドーサとの、またエヌカン一族との、またギーズ公の施物分配係長との——は、ブルーノが公には神聖同盟の賛同者のふりをしていたことを示しているのだ。ただ、心中では、神聖同盟に対して嫌悪感を抱いていたのは確かなのだが。(26)スパイとして成功を収めるために要求されるカトリック賛同者のポーズを裏付けるために、ブルーノが出版された著作中に何かを加味したかどうかという疑問が生じる。なぜかと言えば、彼が心の中ではある種のカトリック教徒的心情を示す部分を拾い出し、最近の著述家たちの間には、ブルーノの著作中からカトリック教徒的心情を示す部分を拾い出し、(27)これまでブルーノについて多くの知識を得てきたので、こうした部分をブルーノする傾向が見られるからである。

が保身を図ったとしてしまおうという誘惑を感じる。しかし、原則として、こういう誘惑に負けてはならない。ブルーノは、そもそもキリスト教徒ではなかったのだ。キリストの神性を信じていなかったという程度の表現ではあまりに生温い。彼はイエスを軽蔑し、憎悪し、また十字架や、どんな形であれミサや聖餐式を特に侮蔑した。これゆえ、彼はいかなる種類のカトリック教徒でもあり得ない。それにもかかわらず、実際には、彼はカトリックという「宗教」に、他のどのキリスト教の宗派よりも喜びを感じると述べている際に、本気で言ったことだと認めねばならない。彼の言わんとしたことが、正確にはどんな意味なのか定める際に、本気か否かをきちんと見分ける必要がある。そもそも、特に『晩餐』中には、カトリックの秘蹟や慣習について無意識に言及した箇所が数多く存在するが、それらはこれまでの生涯をずっとカトリック教徒の間で生きてきて、その時点ではカトリック司祭として生計を立てていた人のペンにおのずと沸き起こってくる類のものである。(28)当然のことながら、それらはブルーノがいささかそのテーマに捕われているのを示してはいるが、ブルーノの見解に光を投ずることなど一切ない。それから、聖餐式についての言及がある、特にその中の胸の悪くなるような酒盛りの場面は、カトリック式、プロテスタント式両方の聖体拝領に対する反論として意図された可能性もあるのだ。私の考えでは、そのシーンは確かにその問題について美学上の好みを表わしていたが、わざわざルター派の改革された聖餐式の儀式を誉めたが、その儀式には、イギリス国教会派と同様、両方の方式の聖体拝領が組み込まれていたのである。ブルーノはドイツにいたとき、カトリックの慣習を支持するとの熟慮の上での言明だったとは思わない。(29)フランセス・イェイツが主張したように、『晩餐』重要である。

他方で、自己防衛のためのカムフラージュとして酒盛りの場面を書き加えたと想定するのも無理がある。プロテスタントは、その場面を読んで、聖餐式に対する感情を害

されたと感じただろうが、カトリックにしても同じだっただろう。従って、ブルーノは、その場面がカトリック司祭としての自らの評判を高めると考えたはずがない。実際、カステルノーの助言を受けてのことだと思うが、その場面を削った理由の一つは、まさに何のためにもならないから、ということだと推測する。その場面のお蔭で、スパイとしての仕事がいっそうはかどったとは思えない。

プロテスタント神学の救済よりもカトリック神学の救済の方が、まったく根本的に好ましいないし数多くの部分や見解について、言うべきことがまだある。こうしたものは、これまで言われてきた程多くもないし、また一五八四年の夏以前に書かれたものがあるかどうかは私には定かではないが、それ以降には、非常に頻繁かつ明瞭なので、絶対にブルーノは本気だったに違いない。なるほど、ブルーノが信仰義認説や予定説を攻撃したのは、カトリック神学者の代弁者としてではなかったし、更に、彼にとっての英雄であるトマス・アクィナス――ブルーノはアクィナスがきわめて愛国的なナポリ人だと常に考えていた――の代弁者としてでさえもなかった。彼がそれらを攻撃したのは、彼が古代ローマ人のものだとした市民的美徳であるとか、国家財産、更にはあらゆる法の、すなわち市民法と同様、道徳法の目的であると彼の言う人間の親和を破壊するからなのだ。それでも確かに、攻撃したことに変りはない。しかも悪意をもって。そのことで、対話篇執筆時には、彼の心がルターとカルヴィンを破滅させることにもっぱら夢中になっていたという考えが可能性を帯びてくる。この考えは間違いだとは思うが、注意を要することなので回り道する価値があろう。

この問題に関するブルーノの理論的解説は『無限』(ブルーノ) の第一対話に表わされており、従って一五八四年の夏に遡る。神の因果律について議論する際に、梅毒に関する著名な作家、ジロラモ・フラカストロは意見の一致を見る。すなわち、神は自らの性質の必要に応じて行動する、神は実際にとっている以外の

行動はとれない、なぜなら神は自ら望むようにしか望めないから、と言うのだ。これは神学的言明ではなく哲学的言明である。哲学的に言って、男と女は今しているようにする他はないとほのめかしているのではない。なぜなら男も女も神とは違うのだから。しかし、キリスト教神学者たちにとっては、このことをほのめかしているかもしれないし、またそうに違いない。なぜなら、キリスト教神学に関する事柄の中に、救済は存在する、そしてそれは道徳的行為が関わる目的であり、神の恩寵により与えられるものである、との信条があるからだ。要するに、救済は必定である、すなわちカルヴィンの教えどおり、救済は神の不変の意志によらねばならない、ということになると思われるかもしれないが、ブルーノはこのようなことを信じてはいなかった。と言うのは、救済を信じていなかったから。しかし彼は、キリスト教神学者たちは救済を信じて、有識者たちの間で（賢者たちに）それを教えるべきだと考えていたように見える。神学者たちがすべきでないこと、そして、トマス・アクィナスのような、彼らのうちでも最高位の者でもしなかったことは、救済を「民衆などという代物」に教えることだ。こういう者たちは、それを自分たちの勝手放題を許す認可証だと考えるだろう。だからそれを教えることば、礼節、法、人間社会の財産が破壊されてしまう。一般大衆に予定説を教える者、信仰義認を教える者も、この嘆かわしい罪を犯しているのだから、それをやめさせ、やめないなら迫害されるべきなのだ。理屈から言えば区別すべきだっただろう。と言うのは、ブルーノはその二つの教義を区別していなかったからである。救済が必定だと教えた意味はルターとカルヴィンでは異なっているからだ。たぶん、ブルーノには区別それらの教義の違いが分からなかったということも考えられるが、全体としてはそれはありそうもない。それらの違いが分かるように教えるのは無理だと考えたのだろう。なぜかと言えば、私の想何も分からない粗暴な一般大衆に、それらの違いが分からないように教えていたようだ。なぜかと言えば、私の想年代という状況下で、彼はルター派とカルヴィン派に何らかの区別をしていたようだ。

像では、予定という問題がこれら二宗派の間の争点だったから。ドイツに行った時、ブルーノはルター派につき、カルヴィン派を避けた。[35]

『無限』に続く『傲れる』で、ブルーノは自説をもう一度繰り返したが、前回よりはるかに論争的な方法を用いており、現実の利害関係に直接関わっていた。これが政治的である限り、当面は無視出来るが、それはまた神学的で倫理的でもあった。問題は、プロテスタント神学とプロテスタント主義の間の関係についてである。『傲れる』はフィリップ・シドニーに献呈されていて、プロテスタントの大義を推し進めるに際して、後ろを振り返らぬようにという、シドニーやその友人たちに向けた誘いかけを具体的に表わしている。私の解釈では、ブルーノは、彼が彼らの神学だと考えたもののせいで、教皇制を打破するという偉大な企てへの彼らの関わりが弱まるということを知って驚いたのだ。実のところ、シドニーも同じことを危惧していた。熟慮の末に一大決心をし、オランダで敵と戦いを交えるために出征した後で書かれた、ウォルシンガムに宛てたシドニーの手紙を、私は少なくともそのように読み取った。シドニーは言った、自らの決断を決して悔やんだりしない、そのようなことはまったく考えられないが、たとえ万が一にもエリザベスがプロテスタントの大義を支持しなくなったとしても、神が御翻意なさることはなかろうと。「その仕事が実際に行なわれているのが最中であるのが分かる。」つらつら考えるに、この世界を欺く人たちに対して、大きな仕事が実際に行なわれている最中であるのが分かる。「その仕事において、人間の力に自信を持ったとしても、あまりに早すって神の御業に絶望すること程大きな過ちではない」。[36] 私は、シドニーはここで、潜在的なプロテスタントの批評家たちに対し、以前にも詩人の道徳的使命を弁護したように、英雄的美徳を弁護しているのだと思う。ルターならばほぼ間違いなく反対しただろうし、カルヴィンならばひょっとしたら反対したかもしれないが、その当時のプロテスタントの有力者たちのうちで誰が自分に反対するとシドニーが考えたのかははっきりとは分からない。

ブルーノはあまり細かい点まで突き詰めはしなかったが、私にはこれが『傲れる』の最も緊急を要する神学的、倫理的問題だったように思われる。『無限』、『傲れる』の両者において、「御業」の弁護は彼にとっての重大問題だったのだから、スパイとしての有能性を高めるためにその問題を取り上げたはずはない。でも、ひょっとすると、という可能性に着目したのは私くらいのものではなかろうか。

もうそろそろ読者の皆さんは、私が根拠もない仮定に長広舌をふるっていることに我慢がならなくなっておられるかもしれない。でも絶対に何か得るものがあるとお約束する。ただ、ブルーノが何を信じていたのかをかなり正確に指摘したいたならば、その神学的言明の中で、ブルーノが実際に何を信じていたのかということに十分重きを置くことが不可欠だったのだ。私の意見ではカムフラージュとして書かれたものなのだが、反プロテスタント、換言すれば反予定説の特徴を示す部分が実際に存在するのだ。折りを見て、それらを指摘するつもりだが、その前に、『傲れる』からのまた別の一節を検討しよう。これは、ちょうど述べたばかりのコンテクストと関連があり、ブルーノの宗教関係の見解のインデックスとして使われてきたのだが、このコンテクストでは引用されたことがなかった。この一節を理解するためには、カステルノーの行動と、特に一五八四年七月、『傲れる』が書かれる少し前の出来事に注意を向ける必要がある。予定されたフランスへの公式訪問についてカステルノーと話すため、その月の終わりにかけてシドニーがソールズベリー・コートを訪れていた。表向きは、アンジュー公死去に際してのアンリⅢ世への弔問、実際は、オラニエ公ウィレム暗殺という打撃を被った後のオランダ介入に手を組むようフランス人を奮起させようとするものであった。この考えには、カステルノーもアンリⅢ世も心が動かなかった。アンリⅢ世は、自分は懸案の時期にはリヨン巡礼に詣でるつもりなので、シドニーをお迎えすることは出来ない、とエリザベス女王に語った。カステルノーがこのメッセージを伝えた時、

エリザベスは罵詈雑言を尽くした。更に、カステルノーが、アンリⅢ世はリヨン詣での誓いを立てていること、どんなことが起ころうともその誓いを果たすことで、臣民に信仰のよき模範となっていることを説明した時には、軽蔑を露わにした。カステルノーは書いている、国王の誓いなどというものは、「ここではあまり役に立たない。ここでは異端と私欲の取り合せから作られた宗教が信仰されており、現在の富み栄えた状態を維持するのに役立つもの以外は、誰も何も信じないのである。」と。これは半ばフランス王へのへつらいであるが、カステルノーが、実際にもこれを信じていたのは確かである。処世から、その社交好きな外面とは裏腹に、彼にはカトリック主義へのかなり根源的で堅固な忠誠心があることが明らかになったからである。シドニーの訪仏を巡るこの出来事を知っていたに違いないし、その年の終わりにかけて『傲れる』の結論の構想を変えて、アンリⅢ世への讃辞を加えることにした在のイングランドの二人の人物が関わっていたため、彼はこの出来事を回想していたはずだ。この讃辞の中で、ジョーブはアンリⅢ世に、天にある三番目の冠である南冠座を与えた。これはフランスとポーランドの王冠に次ぐもので、彼の銘、*Tertia coelo manet* （三番目は天に召された後に）に予言されている。彼は心穏やかで、信仰心が厚く、清廉であるから、また、他国侵略を望む人たちの言葉に耳を貸さないから、この南冠座にふさわしいのである。「それゆえ、王座が空になっているポルトガル王国に対する計画には、他の者たちに手をつけさせよ。誰がオランダを統治するのかは、他の者たちに心配させておけ。」アンリⅢ世は関わらない。彼の報いは天に召された後にあるだろうから。⁽³⁸⁾

この一節はブルーノの、より娯楽性に富んだ著述の一つである。これはちょうど述べたばかりの、アンリⅢ世がその臣民に真の信仰の模範を示すため、オランダ解放に際し、レスターやシドニーと手を組む機会をなおざり

にしたという出来事から着想を得たと私は確信している。もしそうだとしたら、それは皮肉なことだった。ブルーノは、アンリⅢ世に大いに好意は持っていたが、彼がカトリックで定められた贖罪のための参詣に季節ごとに出掛けることをまともに受け取る人間では決してなかったからだ。それにはまた、少なくとも二つの相異なるメッセージが含まれているが、そのうちの一つは明示され、もう一つは隠されている。カステルノーは、国を挙げてオランダへの侵略に着手することでフランスを一致団結させようというユグノーたちの政策に、常に精力的に反対を唱えていたが、その政策はコリニー提督暗殺と聖バーソロミューの大虐殺により、一五七二年に取りやめとなった。ブルーノは、主人カステルノーの意見を採り、ユグノーたちを「反乱者」、「向こうみずで、荒っぽく、乱暴な人たち」と呼び、そして彼らの計画を「無定見の計画」と述べた。しかし、カステルノーが挙国一致のオランダ侵略という考えに反対したのはユグノーたちだからという理由に加え、それが自ら考案した代替計画と競合していたからである。その計画とは、自ら巧妙な策略を練り、スコットランド侵攻を成功に導くか、または別の手段を用いてメアリー女王をその王座に復位させることで、フランスの内紛を解決し、ヨーロッパにおけるフランスの地位を取り戻そうというものだった。ブルーノは、アンリⅢ世は天の王冠を手に入れるのに忙殺されているから、よその王国になど構っていられないと指摘しつつ、腹の中でカステルノーの野心を嘲笑していたのだ。同時に、教皇による圧制が進むのを食い止めたいならば、フランス人を待たずに、改めて最初からやり直したほうがよい、とイングランド人に忠告も与えている。その間にも、公にはカトリックの敬虔さを擁護する者としての姿を見せることで、ソールズベリー・コートでの立場を一層強固なものにしていた。

ブルーノと、アンリⅢ世のリヨン詣でにまつわる話は、ブルーノの偽善の巧みさとジョークの豊富さの間の密

接な関係を示している。ブルーノの最高のジョークの目的は教皇を愚弄することだった。軍事力、偽善のテクニックに加えて嘲笑は、彼の反教皇運動の三番目の武器だったと言ってよかろう。宗教裁判で、彼に対して提示された実質的に最初の罪状、すなわち教皇絶対主義者は全て馬鹿だという確信こそが、彼のほとんどのジョークの根底に存在する原理だったのだ。(40)規模こそ小さいものの、チャプレンとして後を引き継いだ司祭についてのジョークはその格好の例である。その司祭は「説教家としての手腕が自慢の」人物で、イングランド人の間での冒険を基にしてベストセラーを書くつもりで、教皇に秘密の情報を書き送るための暗号を発明した。ブルーノは、その暗号を使って自分の手紙にサインをしたり宛て名書きをしたりして、その司祭の愚かさを示した。暗号で書かれた秘密の名前は'Walsingham'(ウォルシンガム)と読める。この話の寓意は、その司祭は馬鹿で、真の「驕れる白痴者」(idiota triumphans)で、(41)ブルーノとウォルシンガムのほうがはるかにずっと明敏で、頭脳が勝利をおさめるだろう、というものだった。ブルーノが、『天馬』中の二つの短い対話の主人公であるロバによりそれぞれが理論上、実際上の愚行を表わす大熊座とエリダヌス座の象徴により何を意味したのかまったく見当がつかないのだ。(42)それでも、イタリア人カトリック教徒はとても愚かだから、フランスに派遣すると言い聞かせておいたドイツ軍を加減にイタリアに侵攻させるという計略を使って打破することが出来ると述べた時、教皇絶対主義者の事実上の馬鹿さ加減に対して、この後ヴェネツィアに戻る際に見せるであろうものと同じ確信を示していたと結論してよいのかもしれない。彼がファゴットとしての経歴を通してずっと示し続けてきたのと同じ、正当化された確信を。

ブルーノが反教皇運動の最後に、四番目の武器として魔術を使う計画だったという非常に明白な形跡がある。

アントニオ・コルサーノの説明によると、ブルーノの最後の作品群——一五八九年から一五九一年の間に書かれ、実に魔術に関するものである——には、彼自らが教皇クレメンス八世に魔術をかけて、教皇制をイタリアに転覆させる決定的な一撃を手際よく加えるつもりがあったことが暗示されている。このことで、ブルーノがイタリアに帰国したその瞬間から火刑になるまさにその前夜までずっと、教皇と私的に面談したいと絶えず激しく訴えかけていたこと、そしてまた、仲間の囚人の言うところによれば、彼が述べた自分はキリストや十二使徒たちよりも強い力を持っているとの主張が説明されよう。力や偽善、嘲笑で教皇制度を揺るがすことが出来なかったためももっともである。今では我々の知るところとなった冷静沈着なスパイとしてのキャリアを、この考えの反証として利用出来るかどうか疑問である。と言うのは、『万物の絆』中で、人間と宇宙の類似性を政治目的のために利用する方法を探究する際に、ブルーノは、なすべき方法の見本として、カステルノー操縦法のことを考えていたことが、私にはかなり明白だと思われるからである。ブルーノは、宇宙の秘密を理解した哲学者が近づくことの出来る調和と同じく、市民間の会話を知的に利用することで創り出される調和も心得ていたのだ。それでもやはり、教皇制度を魔術を使い転覆させることが出来るとの仮定に基づいて、ブルーノが一五九一年にイタリアに戻ったと考える必要はない。招き主であるジョヴァンニ・モチェニゴにより記録されたテーブル・トークの一つを、これまで八年間続いた積極的で立派な成果のあった反カトリック運動に照らし合わせれば、彼がこの時点でもまだ名を挙げることと、ナヴァル王アンリによるどこか黙示録的なイタリア侵攻を隠れ蓑に、教皇を破滅させることを望んでいたということが明らかになる。

モチェニゴは、ブルーノが次のように述べたと記録している。世界はひどい状態にある。カトリック主義はキ

リスト教の他のどの宗派の教義よりましではあるが、徹底した大改造が必要だ。もし、カトリック主義が生き延びることを望むならば、暴力を捨て、福音の説教に戻らねばならないだろう。
　今もうこの瞬間にも、この世は物事の完全な変化を眼の当たりにすることになろう。と言うのは、このような腐敗が長続きすることなどあり得ないから。ブルーノは、ナヴァル王が偉大なことを成し遂げるのを望んでおり、急いで自分の著作を全て印刷させ、有名になろうとしていた。なぜなら、彼は、時が至れば隊長になることを望んでいたからだ。そうなれば、他人の富を享受しているだろうから、もう貧しくはないのだ。
　もしブルーノがこのように予言者たちに敵対していたのでなければ、ここで、アルプスを越えて来る復讐に燃えるフランス君主の到来により教皇制が崩壊すると予知した、あのドミニコ会の先駆的異端者サヴォナローラの後釜を狙おうとしていたと考える人がおられるかもしれない。私の想像では、ブルーノはイエスを嫌うのと同じくらいサヴォナローラを嫌っていた。だが、彼との類似は逃れるべくもない。大いなる日が明けた時には「隊長」(capitano) になるという心づもりは、サヴォナローラに関してマキャヴェリが示した見解を受け入れたものであり、自分はマキャヴェリが予見した、武力を持たない予言者に定められた運命を避けるつもりだとの言明だったと推測する。一見して、ナヴァル王アンリは、サヴォナローラにとってのシャルル八世と置き換えても大体差し支えない。一五九一年には、ナヴァル王アンリはまだプロテスタント軍だったであろう。スタフォード宛ての報告書で詳しく説明されているように、これが教皇制問題に対する一五八六年時点でのブルーノ式解決法だったし、また、ロンドンでスパイをし、『傲れる』を執筆し、シドニーと親交を結んでいた時期の解決法だったようにも思われる。更に、一五九一年にも、それは明らかに依然としてブルーノはカステルノーを、そしてほぼ間違いなくヘンリー・ハワードやジョン・ディーとての解決法だった。

をも思い出していたと思う。ディーは、プラハで、再度ブルーノの人生と関わったからだ。ブルーノは、エジプトの神秘主義から何らかの助力を望んだだろうし、予言に助けを求めたのも確かである。しかし、これらのいずれもプロテスタントの軍隊に代わり得るものではなかった。

三人目のドミニコ会の異端者トマソ・カンパネッラとは違って、ブルーノは解放後のイタリアで起こり得ることに対処する、たいした計画は持っていなかった。人種改良に繋がるカンパネッラ作『太陽の都』から判断すると、これもまったくもっともなことで、ブルーノが自らのために抱いた野心は好ましい程人間的だ。自分の著作をきちんと出版させたい、精神的指導者であり解放者でもある「偉人」として名を知られたいということだったのだ。私の想像では、ブルーノは『傲れる』[48]を新しい律法のための契約のようなものとして思い描いていたのだ。彼の（比較的）貧しい日々は終わるだろう、「彼は他人の富を享受しているだろうから。」フランセス・イェイツは、ブルーノが欲得ずくの男ではないという根拠に基づき、この点に関し、モチェニゴの証言に疑いを投げかけた。[49] 私は、これまで我々がブルーノについて発見してきたとのどれも、イェイツのこの主張に相反するものではないと思う。ブルーノがウォルシンガム宛ての報告書で求めた金銭はまったく理にかなったものだったし、また、彼は生涯、一切の財産を決して持たなかったからである。[50] ブルーノは、カトリックからの利益をあてにして暮すことにシドニー程も良心の咎めを感じなかっただろう。教皇やその追随者に対してははだしい嫌悪を抱いていたため、大改革で彼らから没収されるであろう強欲の結果の略奪品のいくつかで身を立てられそうだという見通しは、彼には非常に魅力的だったに違いない。それらを自分のものにするのが嬉しいの

と同様、彼らがそれらを取り上げられるのも嬉しかっただろう。ブルーノを密告した者の報告書から明らかとなった彼の方針の一条項は修道会の財産没収だったため、おそらく彼は自分がルターのように、かつては修道会の食堂だった部屋に「偉人」として登場するところを思い描いていたのだろう。ナポリのサン・ドミニコ修道会の食堂ではどうだろう。ブルーノは、ルターの神学には賛意を表さなかったかもしれないが、教皇制破壊者としてのルターは、我々皆にとっての先達だったのだから。

イタリア統一運動時のブルーノのイメージは、思想の自由のための殉教者というもので、近年になってそれとは別のイメージが登場したにもかかわらず、ルイジ・フィルポの著書に代表されるように、それがおおよそ今でも定評のあるイメージである。それには明らかに確固たる真実があり、「思想の自由」という自らの主張を守るために一命を落したと言っても誤りではない。しかし、彼がこの自由を万人の権利として主張していたと解釈するなら、それは明らかに間違った解釈である。十六世紀には、自由は万人の権利だと信じる者もいたが、力ずくで信仰を強制することが正当化されていると自分は考えている、というブルーノの異端審問官たちに対する言葉を、我々はジョークとして処理してきた。だが、実際には、それが絶対にジョークなどではなかったことも考えられる。ブルーノは『傲れる』の中で、(人が救済されるのとは違った種類のジョークだったということも考えられる。ブルーノは『傲れる』の中で、(人が救済されるのは、予定を信じることによるのではなく、そのように予定されていることによるのだから)、予定を信じる者が信じない者を迫害するのは理屈に合わないが、そのように予定されているのだから、その逆の迫害はまったく適切であると主張した。神々は、そうした者たちが人間界から放逐され、豚やロバに変えられるべきだと薦めているというのだ。ひどく躊躇したが、私は以下の結論に達した。すなわち、予定論者が彼に代わって教皇制を排除してくれ

るまで、予定論者を迫害することは延期したくなかったに違いないが、ブルーノはこの言葉に関してはまったく本気だったのだ。しかし、今、たとえ本気でなかったにしても、彼は「教皇絶対主義者」が迫害されるべきだとのゆるぎない確信をもって行動したと言わねばならない。確かに、彼のイングランドでのスパイ活動はそもそもイングランドのカトリック制度を覆すことに捧げられていたが、それはそうすることがエリザベス女王と彼女の統治下の政府を転覆させようと企てられた政治活動を押え込める限りにおいてであり、その目的のため、首尾よくフランシス・スロックモートンを摘発し、イングランドのために働くようにとクルセルをスカウトし、（彼の話が本当だったとすれば）ペドロ・デ・スビアウルを告発し、トマス・モーガンをバスチーユから出獄させる計画を立てたのだと主張出来るかもしれない。これは、キリスト教またはカトリック主義が、力ではなく説教と手本を示すことにより広められるべきだという信念とまったく矛盾がない。また、カトリックの書物をイングランドに持ち込む手段の摘発にもある程度まで同じことが言える。ブルーノが主として考えていた書物は、明らかに『レスターズ・コモンウェルス』だったが、これは実際に「中傷的な書物」で、政治的プロパガンダだった。『傲れる』の中には、団結、礼節、そしてそれ以外にも教会及び社会のために望ましい物事は上昇し、陰謀、暴徒、宗派、三頭政治、派閥抗争そして偏向は下降する、歪んだ目的を持つ邪悪な治世下で、乱れた感情、非道な企て、扇動行為そして陰謀という闇の宇宙を彷徨する、安息をなくした者たち、という一節があるが、ファゴットの行状は、『傲れる』のこの信条に、この点で合致した。これこそファゴットの報告書の中で使われた言葉そのものなのだ。

しかし、ブルーノの行動の目的は、ただ単に、カトリックの政治的積極行動主義者の野望を封じ込めることだっただけだったという理由で、そのスパイ行為全てを弁護することは出来ない。イングランド流入を阻止しようとした

書物の中に、彼ははっきりとミサ典書と祈禱書をあげている。中傷的であろうが、政治絡みであろうが、そのいずれでもなかろうが、どんな種類のカトリックの出版物の密輸入も阻止したかったであろうことは一目瞭然である。我々の知る限りでは、スパイとしての彼の仕事には、他の司祭を裏切ること、国外にいるカトリック教徒への資金の流れを途絶させようと試みること、そしてひょっとすると、ランスの神学校へ入学しようとしている若者を密告することと、カトリックの娘がどのような方法でフランスの女子修道院へ逃れようとしているかを説明することも含まれていた。それが彼の権限内にある限り、また自分がその一員だと言っても支障がなかった時には、エリザベス朝イングランドのカトリック教徒の企みを潰そうと工作していたのだ。ヘンリー・ハワード卿は、カトリックではあるがエリザベス女王支持派であるという履歴のせいもかかわらず、ブルーノは彼に向けた個人的な敵だとみなしており、その失脚を思い止まることはなかった。実のところ、かえってその履歴のせいで、ハワードに対するブルーノの悪感情は刺激されたのだ。ブルーノが、スロックモートンよりもハワードの方をより個人的な敵だとみなしており、その失脚を招くためならどのような艱難辛苦も厭わなかったのは明らかだ。なるほど、ハワードの逮捕後ブルーノは、無能な船頭と独身の似非学者ポリヒムニオの迫真の描写に表面化しているような、肩の力を抜いた喜劇的な物の見方をすることが出来ると感じた。しかし、ブルーノがハワードに反感を持ったのは、実は、ハワードが女王の間近でカトリックの間違いを喧伝したせいだということが、ブルーノがハワードの予言の本を告発したことよりも、『原因』でブルーノが書いた対話篇の方からいっそう明らかになる。ハワードは──危険な不平家とするには老いて役立たずだが、『傲れる』では──確かに──天国においては、善意からの魔術、予言、そして占いに取って代わられるべき下劣、多弁、そして詐欺行為の見本として配役中にその地位を保っている。

もし私同様我々皆が、ハワード逮捕に際してハールが見せた独特の喜びをブルーノも共有していると考えれば、その性格の深奥に存在する非常に深い流れに近づく。論点からそれる危険を冒すことになるが、今からそれを探ってみよう。それはただ単に、ブルーノがハワードに不利な反逆の証拠を探していたということだけではない。そのような証拠が見つかれば、ハワードは処刑されるか残りの生涯をロンドン塔に幽閉されることになるのだが。ブルーノの考えでは、ハワードはイングランドで多大な影響力を持っていたが、それを考慮すれば、ハワードにこうした刑が定められるのはまったく普通のことである。[59]拷問を用いた取調べは、反逆罪容疑の場合には国王大権により認可された。しかし、この時期のイングランドの正規の慣行で拷問を用いた反逆罪の容疑で逮捕された者の通常の運命は、拷問を用いた取調べではなかったが、こうした措置が比較的一般的だったのだ。ハワードは尋問を受けたが、それは拷問を用いたものではなかった。彼に対する証拠は悪意に根ざしていたものではなかった。エリザベス女王が考えたからであろう。エリザベス朝のような、国家的危機と法定反逆行為が激増の時代には、こうした措置が比較的一般的だったのだ。ハワードは尋問を受けたが、それは拷問を用いたものではなかった。彼に対する証拠は悪意に根ざしていたものではなかった。ブルーノは激しい拷問を受け、そのもとで一切を白状した。彼が何を企んでいたかを考えれば、これに反対するに足る理由はない。だが、ブルーノは、スロックモートンがどのようなことを潜り抜けてきたかをカステルノーからきっと耳にしていたに違いないので、この程度のことでは満足出来なかったようだ。こうして、フリート街にいるアイルランド人のカトリック紳士――たぶんブルーノは司祭としてこの人物を訪ねていたのであろう――から聞いた、スロックモートンは知っていることの半分も白状していないという情報が出てくる。これは、もう一度スロックモートンを、そしておそらくこのアイルランド人紳士をも拷問にかけてもらおうという不必要な誘いかけだった。[60]スビアウルを告発したり、誰彼を逮捕、尋問すべきだとかウォルシンガムにはまったく不必要な誘いかけたことを考えれば、自分の仕事がこうした影響力を及ぼすことに、ある種の満足を覚えたり頻繁に忠告したりしたことを考えれば、自分の仕事がこうした影響力を及ぼすことに、ある種の満足を覚えて

いたことも示される。『原因』のアルメッソのようにブルーノを読み解く人は、同じ問題を考察する機会を手にすることだろう。日常生活がかなり平穏だったに違いない人には、言葉の上での暴力が非常に多く存在する。噛みつくこと、引っ掻くこと、鞭打ち、去勢、肉体的侮蔑を引き起こすことの喜びである。他の作品では、例えばイングランドでは、彼の性格のこの一面が、パリで出版された『燈火を掲げる者』という喜劇でのように、この一面が災いして、作風がポルノ的になり、芸術的大失敗を喫することになったのだが。この喜劇の最終場の大部分は、劇的でも象徴的でも愉快でもなく、同性愛の蠟燭製造者ボニファチオと、特に似非学者のマンフューリオの公然の辱めと鞭打ちの苦痛から構成されている。スロックモートンが拷問の苦痛に耐え切れなかったのと同様、マンフューリオも鞭打ちの苦痛に耐えられない。どちらの場合も、ブルーノの反応はもっと苦しめてやれ、だった。

彼がアルメッソに、自分は個人的な侮辱に対する俗悪な復讐者ではなく、公的な是正の代行者であり、彼の言うには、それを行なうことで人間は神のようになる、と示した時、我々には我々の考えがあってよいのだ。

御存知のように、可哀想にヴァルカン（神々の鍛冶屋）は、ジョブから休日に働くようにと定められている。彼の惨めな金床は、大きく激しい鎚打ちから休む間もない。一つが取り除けられるとすぐに別の物が載せられるため、罪人を罰するための正義のいかずちの閃光には休む暇などありようもない。

このイメージはブルーノが生み出したようで、罪人を懲らす者という自負心の証拠となる。ローマ信仰は別として、女性、ユダヤ人、プロテスタント、イエス・キリストに関する彼の毒を含んだ言葉から、その被害者たちが特定の範囲に偏っていないことと、彼らの混乱に対して彼の感じた喜びか、またはそれより尚いっそう悪質なものが示されている。応報という幻想が、彼の日々の糧だったようだ。

ブルーノは臨床学的に言ってサディストだったと断定するだけの資格は誰にもない。サディストではないという反証が必要ならば、『原因』の中に、自分の嗜好を自ら議論した申し分のないものがある。我々がどのようにスパイの仕事に必然的に伴う窃視症に彼のファゴットとしての仕事に、つまりその報復的な一面や、スパイの仕事に必然的に伴う窃視症が彼のファゴットとしての仕事に何の疑念も持っていない。また、スパイにかけた情熱もカタルシス効果を得たのだと彼の創造力も解き放たれることになったのだが、それと同様に、是正にかけた情熱もカタルシス効果を得たのだと考えたい。『傲れる』は、この点においてやや控え目であるの価値を持つには控え目すぎる。しかしおそらくは、これを全てシドニーが上品さを勧奨したせいにすべきではなかろう。ファゴットの報復の対象は、教皇制とその代行者たちだったのだから、ブルーノが、自分の精神構造に根拠もない推測を加えることで『傲れる』を解釈する必要はない、と述べても当然である。ローマは、専制と拷問のビジネスでは大先輩だった。そして、そのもとで苦しんだパレオロゴやパラヴィッチーノの兄弟ファブリジォのような人たちは、正義を計る客観的な天秤を、スロックモートンやイングランドの政治的度合いの少ない罪人側に引き下ろしたのだ。こうした点を念頭においていただいた上で、本来の疑問に戻る。この疑問とは、ブルーノがイングランドの教皇絶対主義者に対して力を用いること、すなわち、似非学者以外の人なら教皇絶対主義者の迫害と呼ぶであろう行為が正しいと信じていたのかどうかである。ブルーノが、こうしたことが正しいと信じていたのはまったく明らかだ。従って、彼の頭の中に、教皇を敗退させることと思想や信教の自由を守ることとの間の葛藤があった場合には、彼は教皇の敗退の方を選んだであろう。しかし、このような葛藤はなかったのだ。ジョヴァ

264

ンニ・ジェンティーレがいみじくも述べたとおり、ブルーノは「個人の良心の自律」など信じてはいなかったのだ。[65]

iii 政治運動

一つ例外はあるが、ブルーノにとって教皇制度に対する感情は、当時の政治に対する感情より上位にあった。彼は政治的な思惑自体をまったく持っていなかったと言うのではない。彼の著作からは、父祖の地ナポリにおけるスペイン人への反乱を公然と非難する程度に、あらゆる種類の破壊的行動を嫌っていたという印象を受けるが、ファゴットの手紙からも実際それが裏付けられる。「新機軸」、「陰謀」、やる気のない群衆を扇動して上の者への反逆を起こさせようとする者などに対して持っていた嫌悪感は、イングランドのカトリック活動家や、国外にいる彼らの扇動者に対して使われた言葉が完璧に例証している。ただし、教皇への反乱はこういった非難の対象には入らなかったようである。彼は予定論者への迫害を推奨しているが、その範囲を「事情が同じである限り」フランスのユグノーや、オランダ革命の参加者までには広げていない。ブルーノの実人生で、体制を狙った反乱はその目的が教皇の追放である限りにおいては、合法で本当に賞讃に足りる行為だったのだ。『傲れる』のナポリに関する一節は、著者の見解が更に手厳しいことを示しているようだ――そうでない可能性もあるが。その前の部分を前後関係に含めるのであればだが――大きな計画を企てる際には、時節を慎重に考慮する必要があるというものだ。相応の戦力が整っていなかったためか、扇動によって引き起こされた反乱は、血の海の結末を迎えると予測されたためかのいずれかの理由から、一五八四年はナポリのかつての特権を

取り戻すにはふさわしい時期ではないというのが、その部分のブルーノのメッセージのようだ。もし、それが本当に『傲れる』の主旨であるとすると、一五八六年十月までに、彼は反乱は時期尚早だという考えを改めた。そうしているうちに、ナポリでは実際に反乱が起きたからである。[66]

当時の西欧キリスト教界の三大勢力に対するブルーノの姿勢について、我々はかなり広範な知識を持っている。著作が暗示しているように、彼は確かにスペインには敵意を持っていたようだ。イングランド滞在中に起きた政治的大事件、すなわち同国人のパルマ王子アレッサンドロ・ファルネーゼによるオランダでのスペイン勢力の劇的回復に大いに気をもんでいた。ことによると時間が経過するにつれ、彼の心ではスペイン人はいっそう英雄的な輪郭を獲得して行ったと言えるかもしれない。スパイ活動に手を染め始めた頃は、スペイン人はアンジュー公、フランス人、エリザベスなどと取り引きしてオランダでそこそこ成功は収めるだろうという程度に心配していたようだが、後年になると、スペイン人は来る者皆を敵に回してカトリックの旗だけを擁護する立場にあるとみなしていたらしいからである。[67]

一五八八年の無敵艦隊の敗北は大いに彼を喜ばせ、安堵させたに違いない。この時には、彼はすでにドイツでハプスブルク家に取り入っている最中だったのである。しかし、たとえナポリの反乱についての彼の意見を無視したとしても、作品ではスペイン人自体への悪意は、ほんの少ししか感じられない。確かに、代表的な親スペイン派のイタリア人ドン・ガストン・デ・スピノーラをジェノヴァ人とスペイン人の「これまでで最悪の混血」と書いているが、これは反スペイン人というよりも、反ジェノヴァ人、反シチリア人のような響きである。[68]彼はスペイン人自体に、ローマ・カトリック教徒、ユダヤ人、女性などへの嫌悪感と同じものを持ってはいなかった。『傲れる』ではスペイン人

はアトラス、強欲と野心の手本、マルスの従者、武徳を育む者、侮辱への復讐を企てる者などとして描かれた。これは本当に大げさなお世辞表現だと思うが、そうならばブルーノと武人の典型であるベルナルディーノ・デ・メンドーサとの関係にいっそう興味を覚える。我々が知る限り、メンドーサと近づきになったのは、彼を見張り、スビアウルやオランダ人アレクサンダーなどの彼の手下を敵に売りつけるためであった。またジャン・アルノーに関して推測したように、メンドーサに嘘の情報を植えつけるためでもあった。ローマとの和解の打診は、一五八六年パリのメンドーサを通して行なわれたが、これはブルーノの本心ではなかったらしい。しかしブルーノはメンドーサとは実にうまくやっていたようだ。だが、彼が交際したスペイン大使はメンドーサだけではなかった。

一五八八年のプラハ滞在中に、パレオロゴをローマへ送還させたかのルドルフ皇帝にショックを与えるような作品を書いていた時、その地のスペイン大使に内容的には劣るもののある作品を捧げている。彼はスペイン人の支配がミューズの益にならないと考えていたが、これさえも政府よりも司祭の罪のせいだと思っている。要するに、スペイン人について彼は、真面目な国民ではあるが、間違った側に立っていることが残念だと考えていたという印象を受けるのである。[69]

比較的長期にわたる、概して満足の行くフランス滞在ではあったが、ブルーノはフランス人に対しても、スペイン人と同様に感じていたのかどうかは定かではない。フランセス・イェイツはアンリⅢ世を一五八〇年代当時のブルーノの政治的——そして、ある程度知的な——願望の中心に据え、その主張を裏付ける多くの証拠をあげている。二作品の献呈、王との友情と金銭的援助の形跡、カステルノーへの紹介状、ブルーノが任せられたと想像されるイングランドでの任務、『傲れる』の末尾で調停者としての王に贈った熱烈な讃辞などである。[70] 我々はブルーノはアンリⅢ世を賞讃するにふさわしい人物ではないと了解している。王は記憶術の論議を通してブルー

ノを知った時点から彼の寛大な擁護者となったが、一五八六年春に王はラウル・カイエという詩人を遣わし、カンブレイ学寮で行われた論争におけるブルーノのアリストテレス攻撃を非難し、彼を切り捨てたのである。お抱え学者という職務はコルビネッリのようにブルーノへの供奉も含まれており、ブルーノも実際行なったと思う。これを示す証拠は一五八二―三年に最も多いが、そこからある鮮烈な印象を受けるのである。すなわち、アンリⅢ世はブルーノにイングランドでは気楽な仕事を用意するつもりなどなかったようだということである。二人は鋭い知性を持ち、通俗的な方法で自己表現した。彼らはきっとよく馬が合ったのだろう。イェイツの説はここまでは有効である。そして、一五八六年春に二人の間に何か良くないことが起きたという彼女の意見にも賛成する。そしてそれがどういうことであったかという点についても大体賛成である。もっとはっきり言おう。シャトーヌフから送られたカステルノーの悪評は、ヴィルロワを通して王の注目するところとなった。その内容は真実だと証明され、カステルノー家ばかりでなくブルーノも不名誉を被る結果をもたらしたのではないか。シャトーヌフが個人的に、特にブルーノが不利になるようなことを書いたかどうかは分からないが、ロンドンでブルーノがシャトーヌフに面会した時、あの歯切れの悪い受け答えではシャトーヌフの気にとうてい召しはしなかったであろう。

他の点でもデイム・フランセスの希望的観測を批判しなければならない。イングランドへ行くに際して、彼の任務などありはしなかったのだ。ブルーノは、エリザベスとアンリⅢ世を結び合わせる仲介ではなく、むしろその逆を結果として行なったのである。イェイツは彼の任務はカトリックとプロテスタントの和解の促進だと考えているのだが、実際のところ両者の和解など眼中にはなかった。加えて、ブルーノは一貫性をもって三年程にわたり王を裏切り続けていたのである。これは無茶な意見だとおっしゃってごもっともである。と言うのも、ブル

ーノのスパイ活動は王ではなく、スコットランドの女王メアリーのために、フランスの介入を促していたカトリックの有力者に向けられていたとも考えられるからだ。これには一理ある。王はカステルノーのやることなすこと全てが気に入らなかった。しかし、王がファゴットの仕事を目論んでいるのか知らなかったため、カステルノーの件に関して何を承知しておれば、その中には喜んだ知らせもあっただろうと考えられるからだ。だが、この線からの弁護は十分に当を得ていないようだ。王はスタフォードにこれによく似た出来事について、「これは悪魔の手先の行ないだ。やつらは頼む前に親切を施す」と言っているからである。ファゴットとして活動しながら、ブルーノはアンリⅢ世を讃美しつつ他のことを考えていたのであり、その忠誠心を他に移すことをまったく躊躇しなかった。従って、スピアウルの告解の手紙の冒頭に、エリザベスをイングランド、フランス、アイルランドの女王と書いたのであり、それはアンリⅢ世の認めるものではなかった。従ってまた、ブルーノがフランスに戻った時、彼は王の側近たちと相変わらず親しく付き合っていたため、ウォルシンガムにスパイとして雇ってくれるように催促した手紙を出したのである。要点を簡単に述べると、一五八三年四月にブルーノはアンリⅢ世の保護、もてなし、友情を享受しながら、王との関係を断ち、エリザベス側に鞍替えしたのである。王は彼の正体を見抜いたなら、それを許す程「イングランド」寄りではなかったのである。

ここで『傲れる』の有名な一節についてもう一言述べたい。王は南冠座をかぶる者として天まで高められているる。これはきっと皮肉で、讃辞という形で、オランダやその他の地域で、スペイン勢力拡大食い止め策をまったくとれない王の無能さを暴き、自分を鞭打ったり、別の宗旨に専心する王の性向を密かにあざ笑うものだと思うと私は先に述べた。そして、更に付け加えたい。イェイツは「向こうみずで、荒っぽく、乱暴な人たち」、すなわち他国の境界線や海岸線を侵し、王にこの世の第三番目の王冠を与えることを望む反乱者たちとは、神聖同盟

のメンバーやロレーヌ家だと考えた。しかし、それでは話にならない。与えられる可能性がある王冠とはポルトガルとオランダの王冠だけで、当時両国はフェリペⅡ世の統治下にあった。ギーズ公はそのどちらもアンリⅢ世に与える計画などとしていなかったのである。この「向こうみず……」とはコリニーのようなユグノーや、アンジュー公や、ピエロ・ストロッツィなどのユグノーで将来カトリック同盟を結ぶ可能性を持った人物たちに言及した表現だ。王は彼らを極度に警戒し、オランダやアゾレス諸島へ積極的に介入するという彼らの計画に、まったく関わりを持とうとしなかった。この一節は見た目には、オラニエ公の暗殺後、エリザベスとシドニーがイングランドでプロテスタント主義と呼ばれるものを王にせっせと売りつけようとしていた時期に、それとの同調を拒絶した王をブルーノは賞讃していると読めるが、あくまでもそれは字面の意味にすぎず、ブルーノの真意は別の所にあったのである。

先の一節を以上のように読み取ると、その部分と、『傲れる』でブルーノが予定論者を悪意を込めて非難している同様に名高い箇所との関連付けが可能となり、また関連付けるべきだと私は思うのである。対話ではそれは今ちょうどふれたばかりの一節とは別の場所にあるのだが、その文脈、つい本音の出た書き損じ、などの理由から関連付けが可能なのである。更に私の考えではその部分は主にユグノーについて述べていること、信仰義認を信じる人々、そんな人々を教えたで、北冠座をいずれかの英雄的行為を行なった王子に授けている。すなわち、自らが侮蔑する行為を行なった王子に授けている。すなわち、自らが侮蔑する行為を行うな、「他人の相続したものを強盗したり独占したりする人々」を壊滅させる王子である。第二節は、矛盾したような、「他人の相続したものを強盗したり独占したりする人々」を壊滅させる王子である。第二節は、矛盾した質問を浴びせて平和と和合を台無しにしたり、大学や公共慈善の建物を破壊したり、古い基盤を粉砕する才能は

あるものの新しい基盤を生み出す才能はまったく無い、次の世代のキリスト教徒を生んだりするような人々を念入りに描いている。もしこんな人たちであっても皆殺しにされないのなら、新参の衒学者には握っていた財産を手放させ、彼らが入り込んで汚された聖域を捨てさせるのだ。慈善を信じないようにとかつて教えた人たちからの冷酷な慈善に頼って生き、彼ら一団の犯した悪意と蛮行を自ら受けるようにさせるのだ。彼らはかつての暴力行為や殺人行為ゆえに救いの希望は無く、たとえ施し物をしたり、慈悲をかけたり、正義を行なっても救いのチャンスなど与えられないのである。(76)

これは一般的にはプロテスタント主義、特にカルヴィン主義に対する激しい反論である。ブルーノは主にイングランドの清教徒を念頭に置いていたのか、フランスのユグノーを念頭に置いていたのかは論じないでおく。あるフランスのカトリック教徒と話した時、彼は両方共憎むと断言しているからだ。(77) ただ、少なくともこれら数節はユグノーについてもふれており、愛国的なカトリック教徒のフランス人の目を通して見たような「フランス・プロテスタント教徒」が描かれていることが一目瞭然である。その最初の一節は、アンリⅢ世に自国ではプロテスタント教徒を弾圧するよう勧め、後の部分では、王は国外ではプロテスタント主義に同調しなかったと賞讃する。従って、王は北の冠と南の冠を外国での働きゆえに受け取るのである。

南冠座の部分と異なり、北冠座の部分は皮肉を帯びてはいない。しかし、この部分は、自家撞着を孕んでいる。ブルーノは信仰義認と予定論を大衆に説く者は殺されるべきだと本当に信じていた。北冠座の部分は皮肉を帯びてはいない。しかし、この部分は、自家撞着を孕んでいる。それは、ブルーノは熱狂的なプロテスタント主義者でありながら、プロテスタント神学の敵であったからである。結局のところは、プロテスタント教徒、少なくともカルヴィン主義者は迫害されるべきだが、今ではない。イングランドでも、フランスでも、ジュネーブにおいてでもない。教皇を退位させた時にである。第一節の意味は、反予定論者の予定論者

迫害は論理に叶うというものだ。これはカステルノーがテーブルトークで話したことを著書に挟み込んで——私はついこう考えたくなるのだが——、主人を喜ばそうとしたためではなく、ブルーノが自分で考え出した意見であろう。(78) しかし、当座は——それは教皇制度が間違いなく継続する限り——、ブルーノは予定論者ウォルシンガムによる反予定論者のイングランド人教皇絶対主義者の抑圧を——迫害ではなく——積極的に信用しそれに協力してもいた。もしフランスでもそんな状況になれば、彼は同じように考え行動していただろうと思う。

では一体どうして、こういった書き方をしたのか。このように考えてはいかがであろうか。彼はロンドンのフランス大使館のチャプレンで、フランスに帰国間際だった。そしてフランスで、おそらく聖職者もどきの類の経歴を積みたいと願っていた。彼はすでに秘密裏の仕事を数多くこなしていたが、将来は更に多くの仕事を裏で行なうつもりでいた。だからその足跡を隠す必要があったのだ。彼はプロテスタント神学を真に嫌悪していたが、それを釈義し、潤色して彼のプロテスタント主義の信仰を偽装した。嘘をついていたのは、プロテスタント神学を真に嫌悪していたが、それを釈義し、潤色して彼のプロテスタント主義の信仰を偽装した。嘘をついていたのは、主に自分のためだったのだろう。当初からそうではなかったと考えられようが、主に自分のためだったのだろう。当初からそうではなかったとしても、ロンドンに到着した時点から、ブルーノと王との関係は疑わしかったのだ。ブルーノは王を好いてはいたが、讃美はしなかった。王を政治面では無能とみなし、そのカプチン会士やイエズス会士たちへの被虐的な身の入れようと愛着を愚かしいと思っていた。彼は王を捨て、エリザベスに鞍替えして満足していた。王から期待出来る最上のことは、まず教会ではフランス一流の伝統を維持し、教会の財源を貴族の援助に振り向けて、女子修道院を廃止することであったが、王はまだこれを奨励していなかったのである。そして国家に関しては、王のギーズ公への憎しみと、スコットラ

ンド女王への倦怠を十分に活用することだった。これがうまく運ぶには、世界はナヴァル王アンリを待たねばならなかったのだが、ブルーノが評したように、ナヴァル王アンリはプロテスタント主義を信じてはいなかったが、プロテスタントのための戦士だったのである。

ブルーノのエリザベス女王に対する姿勢については、教皇制への嫌悪感と同じ程、確実で明白なものにつき当たる。思うに、一五八四年のクリスマスが終わるまでの時期に、イタリア語で書いた四冊の対話篇の献上のため、女王に謁見したことに匹敵する程の出来事は彼の人生にはなかったのである。その時、彼はそれらをちょうど書き上げたばかりで、フランスにすぐにも戻ろうと思っていた矢先のことだった。ロンドンに来る前にエリザベス女王の噂をどのように聞いていたかは分からない。しかし、女王の仕事を始めた一五八三年四月から、そしてその後間もなく女王に初めて拝謁してからは絶対に、女王の率直な讃美者で信奉者となった。メンドーサとの関係にはやや疑わしいものもあるが、エリザベスとの場合、ファゴットの手紙の中に満ちている絶対的な忠誠心の断言を疑う理由は本当に皆無であり、作品中の讃辞を形だけのものだとみなしたり、他に何か隠れた意図があるなどと考えるような言葉だと説明した。この場合には、彼は言ったとおりのことを意味していたというフランセス・イェイツに喜んで賛成する。女王を「女神」と呼んだことを異端尋問で告発されたが、イングランドでは言って当然とされるような言葉だと説明した。女王に仕えている限り——すなわちこの本がカバーした期間をさすのだが——ブルーノは女王を、悲惨なヨーロッパの唯一の救世主、ミューズの頼り、本当の宗教のモデル、暴れ回る野獣を殺せる人物、病めるジョブの代わりの人物として尊敬していた。ひょっとすれば、彼女への、特に彼女の性格に対するこういった感情のために、アンリⅢ世との場合にはあった親密さのようなものが生まれなかったのだ。ことによると、フランス国王とおそらく、彼は裏切っていない人とは、決して本当に親しくなれなかったのだ。

違って難点は、女王は彼についてあまりにもよく知りすぎていたことだったかもしれない。告解の手紙には、「その御言葉だけではなく、御心遣い」でもブルーノに寵愛を示したと書かれている。それは彼のがしかるべく心から礼を述べたことを意味しているはずだ。とは言え、ブルーノはカステルノーの眼前で、黒いモロッコ革で製本した最新作の『傲れる』の内側に、主人の裏をかいて行なった自分の仕事を思い出させるものを入れて女王に献じたが、彼女は彼が押し付けようとしていた共犯関係に満足していたとも、ましてや楽しんでいたとも思えない。残っている証拠は、女王はブルーノのことをやや気まずく思っていた、そしてブルーノとの関係からやや気まずく思っていた、そしてブルーノであったとしても是としなかったことをそれとなく示している。神学校の司祭やイエズス会士になった不従順な家臣に幻滅したのとは対照義務を疎むような女性ではなかった。神学校の司祭やイエズス会士になった不従順な家臣に幻滅したのとは対照的に、女王はブルーノの司祭職に対する態度をやや厭わしく眺めていたのではないだろうか。後の資料から、女王は彼を夢想家、犯罪人、無神論者と考えていたことが分かるが、それは匿名の通告者が、ブルーノが焚刑を受ける前夜に、イングランドでどんな人物としてみなされていたか書いたものと同じ見方である。エリザベスの治世の間はまったく外交上の代表は送らなかったものの、ヴェネツィアとの関係はたいそううまく行っていた。一五九九─一六〇〇まではクレメンス Ⅷ 世教皇との関係もかなり良かったので、女王は望んだとしても、ブルーノのためにヴェネツィアや教皇への接近を図ったとは考えられない。

一方的であったが、ブルーノとエリザベスに対する彼の感情は、彼の人生で重大な意味を持っていた。エリザベスに関わる多くの信用のおける記述が盛り込まれている。彼の公的発言を基本とすると、この実情はフランセス・イェイ

ツによるエリザベス朝人としてのブルーノの一節によく表わされている。ブルーノはエリザベス崇拝の最も感動的な部分のクライマックスを、『狂気』の一節で迎えたようだとイェイツは言う。その部分でダイアナとなったエリザベス礼讃を高度に儀式化した即位記念日の出し物の一つから採ったものでもあった。(83) この部分の解釈に二、三付け加えたいことがある。ファゴット、スロックモートン、クルセルの履歴を照らし合わせると、『原因』で、女王は天に護られているので、「他の者」が「言葉」や「力」によって、いくら彼女を追放しようとしても無駄であると書いた彼の真意がはっきりしてくる。「他の者」とは教皇、イングランドの教皇絶対主義者、大陸にいるその同盟者、メアリー女王である。「言葉」とは一五七〇年の廃位教書と、ジローが輸入したカトリックの宣伝書である。「力」とは陰謀や侵略行為に際しカトリック側の総力に加担した人たちのことで、もしブルーノがその気になれば、陰謀の暴露に見合う多額の支払いを天に要求出来ただろう。(84) 彼はこの作品の序文に見られるように、「邪悪を求める熱意」とはトマス・モーガンを、「残忍な心」とはヘンリー・ハワードを、「失敗した陰謀」とは、フランシス・スロックモートンをそれぞれ意図していた。(85)

『晩餐』にはエリザベスに関わる部分がいくつかあるが、その一つで、女王はアストライアとアンフィトリテとして描かれ、その廷臣たちの勲功が激賞されている。それは第二版では改訂されたのだが、改訂版では、イングランドの政治に対するブルーノの感情の移り変りを暗示するものは抜き取られているのである。それはブルーノとフロリオの陰鬱なテムズの船旅のくだりと、ストランド街をロンドンの「庶民」に小突かれて歩いたくだりと (86) の間にあり、次のエピソードに関連するものだった。と言うのも、次のエリザベス、政府要人、宮廷人らによる暖かく、心を込めた外国人客歓迎は、怪しげな庶民連中の悪意を込めた外国人嫌いとは好対照であるからだ。彼

らの分別、安心感と、カトリックの船頭の失敗した企みとの対照も明白である。フルラが、聖書のサムエルとサウルの話をそこに差し入れるが、エリザベスを天が選んだ者として示唆することで、結果としてその両者を結びつける役目を果たしている。改訂で注目すべきものは個々に述べられている女王の四人の寵臣——バーリー、レスター、ウォルシンガム、シドニー——で、バーリーは第二版では削られたが、その一方で、レスターの妻が加えられた。変更の結果、改訂版テキストは、たいそうプロテスタント色が強まったが、アクイレッキアは、変更は熱狂的プロテスタント教徒へのいわゆる和解の印で、初版で酒杯のシーンや他の部分に感じられた不快感をなくすためだと解釈している。彼の意見は一見もっともなようである。ブルーノはプロテスタントの政見を持っていたが、そもそもプロテスタント教徒に『晩餐』が冷たくあしらわれたことが、一五八四年の五月か六月頃にプロテスタント政見を断言した理由だったのである。レスターとその友人たちは確かに熱狂的なプロテスタント教徒で、バーリーよりもはるかにずっと国際主義者だった。しかし改訂の原因を政治的に解釈するのには反対意見があり、私もこの解釈が最も適切だとは思えない。レスター伯夫人は政治に関わる人物ではなく、それ程公的な立場にもいなかったので、政治的文脈での解釈は困難である。どちらかと言えば、ここで彼女が突然登場することと、その年の初めにレスターがカステルノーを晩餐に招き、彼女に引き合わせたという一見意外な事実を結びつけたく思うのだ。カステルノーはその年の夏、しゃにむにレスターに取り入ろうとしていたが、ブルーノがペンで公に彼の妻にふれることは、少しは彼の役に立ったとの説もまったく信じられない。ブルーノが公にバーリーに盾突こうとしていたからである。バーリーはウォルシンガムと共に、「ファゴットの歴史」に関わっていたとの説もまったく信じられない。ブルーノは後にスタフォードと関わったように誰のためにでも喜んで仕事をしたのである。

別の可能性もある。アクイレッキアの「決定版」が主に依っている『晩餐』の英語原稿の写しでは、エリザベスの廷臣をカタログ的に述べた部分で、ウォルシンガムにふれていた文が削られている。第二版を印刷したテキストでは、現在あるようにその文は削られていない。しかし、その原稿は、写しとられた手本を基に誰かがそこを削除するようマークした跡がある。ブルーノはバーリーをリストから外していたが、ウォルシンガムも同様に削除して、互角にしようと思っていたのだと思う。もしこのようにしていたのなら、新版［改訂版、訳者注］のもう一つの特徴にうまく添うものが出来上がっていただろう。新版では外国人が枢密院ではなく女王自身を理由とするように書き改められたからである。改訂版が出来上がった背景はきわめて明白だと思う。

ファゴットは言わば職業的な目的のためにブルーノのテキストを直し、彼が枢密院の実務面に接触していたという含みを取り払い、外国人、特にイタリア人への通常の宮廷のもてなし行為の一つとして、女王や側近による彼の歓迎を描いたのである。ウォルシンガムを残したのは、私が推測するように印刷業者の見落としか、ひょっとすればブルーノの見過ごしのせいで、宮廷の仲間内ではウォルシンガムが目障りだったことには、おそらく彼は気づいていなかったのだろう。二番目は、これはもちろん推測の域を出ないのだが、アクイレッキアの説よりも十分根拠立っていると思う。初版でブルーノはわざわざバーリーもレスターも個人的には知らない、彼らと知り合いたいという意向もないなどと詳しく述べた部分があるので、私の仮説は無効だと考える読者がいらっしゃるかもしれないが、改訂版ではその断言はカットされてしまっているのである。それは、ともすればブルーノがあまりにも出しゃばっていると、ファゴットが感じたゆえの処置だったと言えるかもしれない。ブルーノについてすでに蓄えた知識を利用すると、この一節と『晩餐』の初版でこのすぐ先にある一節を関連

付けて考えたくなる。それは通俗的なフルラによるスピーチで、いかに作家は君主に似ているか、いかに自らの威厳を誇示するため、いかに父親の瓜のつるに茄子を実らせるのを好むか述べている部分である。彼はその例としてサウルをあげる。サウルは父親が飼う雌ロバを探しに遣られたベニヤミン人のつつましい若者にすぎなかったが、サムエルに油を注がれイスラエルの王となる。油を注がれたと言えども、その時サウルの関心は尚もロバを戻す方にあったのだ。これを語った部分は刺激的で面白いが、第二版では削除されている。おそらくは、エリザベスがシドニーを昇進させなかったことをシドニーが恥じたためか、君主と聖職者との関係についての含みがあからさまなゆえの処置だったのであろう。ブルーノは『狂気』ではもっと適切な例を引いている。そこではモデルはダイアナとアクタエオンの不可解な例え話と「驕れる白痴者」という考えの中に多くの意味を持っている。と言うのも、後の対話のロバの不可解な例え話と「驕れる白痴者」という考えの中に一度ならずとも登場するからである。ブルーノはサムエルの役割の中に確かに自分自身を見ていた。このケースや、ヘンリー・ハワードが予言者を攻撃した時の反応などから推論して、ブルーノは自分を予言者だと思っていたとの結論に至るのは難しいであろう。ヴェネツィアで、ブルーノは旧約聖書の予言者たちについては強硬な態度を取り、同獄の囚人たちに、彼らはまやかし屋でトラブルメイカーであり、イエス自身のように彼らもしばしば王の手にかかった運命こそふさわしいと語っていたからである。ブルーノが興味を持っていた話の中では、彼が一五八四年以来そういった考えを変えたと想像する根拠も絶無である。

司祭サムエルは、一五八四年の春、ブルーノが多くの共通項を見つけ出していた人物であるようだ。サムエルは予言者としてではなく司祭としてエリザベス女王に告解の手紙を送ったばかりだったようだ。それを支えるきわめて十分な理由も認められるのである。彼はエリザベス女王に告解の手紙を送ったばかりではなく、手紙の内容や手紙という方は司祭としての行為であり、スビアウルの告解を聞いた司祭と

法で自ら女王を祝福したり、女王に神の祝福を伝える司祭としてでもあった。手紙にはこんな見出しがついている。「イングランド、フランス、そしてアイルランドのいともやんごとなき女王陛下に、御健康と楽しく長く幸福なる人生をお祈り申し上げて。アーメン。」「アーメン」を除いては慣例的な表現である。手紙の最後はもっと荘厳なラテン語で終わる。「神の御加護がありますように、陛下のこの世にあらせられます間、常に神が陛下と共におわしますように。アーメン。」これは確かに形式的な祝福だが、ブルーノは難なく自分でこしらえたのだろう。と言うのも儀式文集や旧約聖書のそれに匹敵する話などに、ここぞという出所を見つけられないからである。ブルーノはこの他にエリザベスに直接手紙を書いていないので、彼が再び自ら女王への祝福を綴った文面を見ることはない。イングランドを離れた後、女王と枢密院に祝福を送ってはいるが、それは直接ではなくウォルシンガムを経由したものだった。女王が与えた強烈な個人的印象は別として、彼女の地位がいかなるものか、いかに彼女と関わるかなどについて、ブルーノはたいそう明確な見解を形成していたと結論を下した。ブルーノは異端審問官に、女王は神ではないと思うと述べ、きっぱりと身の証を立てた。しかし本当に真面目に、女王は神聖だと思っていた。単に女王だから神聖だとでもなかった――同じ意味でアンリⅢ世を神聖だと思っていたとは考えられない――、また、その処女性ゆえにでもなかった。ブルーノは処女性を、女王が評価したよりずっと下位に評価していた。一つには女王としての地位ゆえに神聖だったのであり、更に一つにはブルーノが讃える美徳と特性を体現しているゆえに神聖だったのである。その場合、彼女に表された人格と統治の不可侵性は、多くは彼女の置かれた地位ゆえに神聖だったのであるが、光と真理の勢力が現在生き残り、将来、教皇、教皇制度、教皇絶対主義者に表された暗黒と過りの軍勢にいずれ勝利を収めることを象徴化していた。彼女の人格と統治は従って本当の宗教の目的で、そのいずれかに逆らって発言したり、行動することは罰当たりか、おそら

iv 司祭

ブルーノが司祭職についてどのように考えていたか探ると、これまでにはなかった深刻な問題が浮かび上がってくる。彼はヴェンツィアで、同獄の囚人に自分はミサの敵だと言ったり、化体は馬鹿げた考えだ、カトリックの儀式は野蛮で冒瀆的だと考えていた。聖体奉挙を絞首刑にする様に例えているが、時にはそれを熊手の先に罪人を突き刺してほうり上げる様に例えたりしたことがあったかもしれない。ミサに行く夢を見た人には凶兆だと言い、ミサ典書に代えてオウィディウスの『恋のてくだ』を使ってミサまがいをやってのけた。ミサから逃げだしてたっぷりとした朝食にありつく腹をすかせた司祭を笑いものにもした。犠牲としてのミサを特に非難し、生贄を捧げる司祭の典型であるアベルが別の所で用いたフレーズは、菜食主義者のカインに殺されて当然の罪を犯した虐殺者だと語った。彼はミサそれ自体には直接ふれていないのだが、ミサに対する彼の見解を字義的にはキリストの受難について述べており、ミサを「カバラ主義的な悲劇のようなもの」と呼んだのである。また聖務日課書はつまらない話や、寓話やポルノ的なことばかりで、慎み深い人なら声に出して読めないとも言った。たとえ誰であろうと、日課書を編んだ者は好色だとも言い、確かに自分では日課

書を唱えなかった。要するに、カトリック司祭職に対するブルーノの考え方は、教皇に支配された聖職者に予想されるように、残忍でひねくれた感じの響きを特徴とするようである。

しかし今分かっているのは、ロンドンでこんなに茶番めかして不誠実に聖職者の仕事を専門的に行ないながら、代表的な作品を書いた期間とまさしく一致する、十八ヵ月という円熟した人生の時を過ごしたことである。彼はカステルノーと大使館員、来訪者などのためにミサを捧げ、イースターの聖餐式を執り行なった。たぶん聖灰水曜日には彼らの額に灰をこすりつけたり、一五八五年七月生まれのカステルノーの夭折した娘に洗礼を施したりもしたであろう。監獄を訪ねたり、貧しいカトリック教徒にカステルノーの施し物を配ったりもしたであろう。聖務日課書を読むとしたらベッドの中でしか読めなかったのだ。ブルーノはカステルノーの「お付き」としての仕事の他に、ソールズベリー・コートでは仕事がなかったと陳述したが、事実を語ってはいなかった。もっと正確に言えば、カステルノーが公的に一貫して守ってくれていた自分の地位についての作り話を、自分のものにしていたのだ。メアリー女王に仕える巡歴のイエズス会修道士アンリ・ド・サムリは、デ・ラ・リュという紳士の使用人に姿を変えていたように。ブルーノは特にその秘密を自分の心に留めておきたいと思ったのではなさそうで、そうでなければ『晩餐』の献辞でカステルノーを「大使館の中で最も高い地位」に自分を迎え入れてくれた人とは書かなかっただろうし、また『原因』でもチャプレンや哲学者についての冗談を書くこともなかっただろう。告解の手紙は彼が司祭という任をたいそう心地よく果たしていたことを示しているようだ。私はスビアウル自身が告解をする気になれなかったというよりも、大使館の一員ではないとの理由から、ブルーノは彼に告解を思い止まらせたと思うのである。こういった状況で、ブルーノはその職務をどのように感じていたか種々の推測が浮かぶ。司祭職はまったくも

って嫌な仕事、冗談、スパイとしてのキャリアを追求していくためには願ってもない有利な位置など。もしアンリⅢ世が司祭をするようにブルーノを積極的に送り出したのであれば、嫌な仕事だと思ってもっともだろうが、これは考えられない。チャプレンという地位は大使館の他の使用人の場合と同じように、確かにカステルノー自身が決定したことだからである。ブルーノはモンパンシェール公の施物分配係を受けた時のように、ある程度の満足感を持ってカステルノーの申し出を受け入れたのであろう。『晩餐』の題名はミサを捧げることは彼に灰を味わわせることを明かし、『狂気』の一節は馬鹿者の背中を引っ掻く馬鹿者のように彼が感じていることを明かしている。また削られた酒杯のシーンは、聖体に込められた儀式としての、社会的な意味での神学に対する超エラスムス的な嫌悪感を表わしている。しかし、彼にはその埋め合わせがあった。ミサ典文の最中であれば聖体奉挙を行ないながら、十字架や絞首台につけられるキリストを思い浮かべ愉快な気分で聖別に対する嫌悪感を静めたり、肉屋のアベルを思い出しながら、彼がカインに殺されたのはどれ程正当だったか思いほくそえんだり、死者の記念祭で敵の破滅を祈り、生者の記念祭でエリザベスの保護を祈ったりするブルーノが思い浮かぶ。しかし、彼のこの気持ちを他の者に理解させていたならば、聖体拝領自体にそれ程思い悩むことはなかったのである。ミサの場で彼はたいてい一人だったのだ。カステルノーは頻繁に聖体拝領への不快感が表明されているのを考えると、ローマ教会の儀式は目に見える形で食事を共にせず、流麗さを欠くことが、彼にとってはかえって有り難かったに違いない。「主が汝らと共にあらんことを」と会衆に向かった時、ファゴットの手紙に記すべく覚えておかねばならない者がいるのに気づいたこともあったはずだ。彼は噴き出さないか慌てたことだろう。秘蹟に言及する時に、大概滑稽な雰のも彼はその儀式全体をとてつもない冗談だと思っていた節があるからだ。

しかしブルーノは司祭職を冗談としてではなく、卓絶した隠れ蓑として行なっていた。もしカステルノーの招きとウォルシンガムとの会見がほぼ同時期、すなわちブルーノがイングランドに到着した直後に行なわれたならば、ウォルシンガムはブルーノがチャプレンの役目を受け入れることで生じる後ろめたさがないように配慮したかもしれないと考えられよう。しかしこれに確信は持てない。ただどの時点でチャプレンの要請が来ようとも、彼はスパイとしてのキャリアに従事してその申し出に応じることを、絶対的に満足して正当化したのである。彼は本当の宗教の深奥にある神聖さを弁護するために偽宗教のそれを汚していた。彼が大いに好んだ諺のような臆病者の一人ではなかったのである。彼は常に祭壇を汚していた。ある時には教会の床に唾を吐くのは罪だと言いながら、別の時には祭壇の上で用を足すような臆病者の反するものの結合で、驚く程に冒瀆的であると同時に宗教的でもあると記した。『晩餐』のカステルノーへの献呈の辞で、この作品は相が読み取られ、その記述内容は全体として、彼の置かれた状況に即していたのも明らかである。告解の手紙にはそういったものに、人生でも反対のものの結合、知的にスリリングで非常にうまい冗談だと知っていた。一五八四年の春以降、彼の文学的創造力が開花したが、そう知った喜びがこの多くを説明していることにほとんど疑いはない。作品と同様端審問官を騙すことにすら、これに勝る面白みは見い出せなかったのである。

おそらくブルーノは聖務日課表の詩篇を暗唱しながらソールズベリー・コートの回廊を行き来したり、最上階の自室や庭の木の下で聖書を読むようなことなどなかったのだろう。宗教裁判では詩篇を上手に朗唱したが、それは若い頃の修道士としての訓練の賜物だったのだ。彼はヘブライ人をエジプトの糞と記し、常に悪意と軽蔑を込めてユダヤ人を語った。読むに耐えられると思った書は、新約、旧約どちらにもさほど多くはなかった。「創

「世記」は神話的で、「律法」はモーゼの頭の中ででっちあげられた、血なまぐさく専制的な法典だった。モーゼはエジプト宗教の背教者だった。預言者は王に対する暴動に国民を扇動するのに時間を費やす、罪的な夢想家で殺されて当然だった。イエスもまた預言者の一人で、その悪徳に臆病も付け加えたのであった。ブルーノがサムエルの話を特別扱いしていたのをすでに見たが、彼は「列王記」と預言書の間（「ヨブ記」）—「伝道の書」）の間にある「知恵の書」をことさら特別に扱った。この書の中に具体化されている知恵は完璧とは評し難いが、ユダヤ的ではない知恵が詰まっているという点においては——我々に言わせればエジプト人の真の知恵から——十分に足りるものであったのだ。ただし、その書を適切に扱えば、彼は「伝道の書」という題名のもとブルーノの好みの真理として受け入れられる言葉の宝庫だとみなす者にとってはだが。「日の下には新しいものはない」。そして彼好みの格言の残りの多くは詩篇のあちこちに埋もれているが、俗人には無理。学問を積んだ者にはそんな馬鹿者の数は無限であるという。

その書の精髄は『傲れる』に引用されているアスクレピウスへの哀歌において、ブルーノにとってのエジプトの英雄ヘルメス・トリスメギストスが「心の宗教」と呼んだものである。この宗教の主たる妨げは、キリスト教徒のように詩篇に集中するようだが、詩篇の言葉を唱えて主を崇めると、主から即座に何らかの満足を授けられると思うことにある。彼はヴェネツィアで敵に復讐するために「詩篇」を唱えた同獄の囚人を、神聖冒瀆だと叱責した。文字通りの趣旨か社会的趣旨で解釈する場合、ミサの初めに唱えられる「詩篇」四二のように、他の多くの詩篇にも同様の嫌悪感を覚えていたのだ罪人としてお裁き下さい」を唱えた

ろう。ブルーノ自身も確かにこの囚人のような方法で詩篇を利用した。囚人仲間が報告したように魔法円の中に詩篇からの詩節を書いて賽を投げるばかりではなかったのである。ただし彼の言葉と行動との間に、完璧な一貫性をそれ程期待すべきではないのだが。このような詩篇の習慣的利用は、聖務日課書は不敬の事柄にではなく、情欲を刺激するものと彼が主張した理由の一つであったのである。彼は「雅歌」で勃起すると言ったのだろう。しかし彼が引用した詩篇の例は悪意ではなく、概ね彼は「雅歌」を文字通りに読むのは大変良いことだと考えていたのである。その読み方によって、心の宗教に予期される二つの主な効果――すなわち、自然と正義の二つに表されている神性を理性によって育むこと――のうち一つが促されるはずだからである。神の栄光を広め、エピクロスの説く喜びを与える自然と、あらゆる人にその働きに従って差し伸べられる正義である。

知恵、自然、正義はソロモンという人物の中で、無理なく十分に結び合わさっていた。タルシシと島々の王たちはイエスにではなくソロモンに貢ぎ物を持って行ったのだ。しかしながらエジプト人は自然についてもっと壮大な考えを持ち、ローマ人は正義についてもっと積極的な概念を持っていた。一般的法則として、これら三点全ては真の王の存在があってこそ初めて存続し得るのである。そうであるからこそ、『傲れる』の最後で神々が行なうように、我々も南冠座のもと安らかに正午の魚の正餐を取れるのだ。そこには激しい労働の終わり、眠り、穏やかな休息、不安のない静けさが見い出せよう。ファゴットによると、詩篇作者は王のためにその役割を果たし、王への祝福を求め敵からの勝利を祈ったが、主を求めることは、主に油を注がれた者だけにふさわしい行為なのであった。公刊された著作でブルーノはエリザベスと、アンリⅢ世――皮肉と思うが――という両人物にそういった本

当の王権を描いたと思う。個人的な手紙の中では、彼は女王に祝福と加護を求めて詩篇の言葉を利用した。そこで、彼は本物の王権が打ち負かすであろう暗黒の軍勢を表す言葉も見つけた。その「野獣」という言葉は「詩篇」七一・九にあり、聖ヒエロニムスがその詩を台無しにしたにもかかわらず、ブルーノのヘブライ語の知識は誤りを正す程十分熟達していたようである。彼はもちろん「黙示録」ではそれ程難儀せずその語を見つけたろうが、「黙示録」を頻繁に読んでいたかどうかは怪しい。さしあたり、誰が「野獣」を表すに最もふさわしいかブルーノには自明だった。彼は不平家の中を這うように歩いていた。すなわち、主が火で滅ぼそうとした「悪意に満ちた会衆」、アスクレピウスの哀歌の「邪悪な天使たち」——その天使は人類に混じり込み正義を行使するという口実で人類を反乱や混沌に煽った——、加えて、「内乱で国家の全崩壊を求め、君主に反乱を起こすように、イングランド人民を扇動するのに精を出す国家の敵」などの不平家の間を、である。

エリザベス朝の清教徒の中にも確かに歯を嚙み鳴らしている者はいたが、トークァトにはそんな人物が意図されているのであろう。彼らは一つのタイプとして、知恵よりも予言に引かれる人間なのである。彼らは諸王に神経を尖らし、予定論者であったために原則的に市民社会の脅威だったのだ。しかしブルーノがイングランドにいる間、そんな人たちはブルーノにとっては、問題でも、実際、関心事でもなかった。ブルーノは女王に対する彼らの穏やかな不満を挫かせるため、自分の背中にナイフを立てる危険など冒さなかった。「野獣」とは正しくは教皇なのかどうかは分からないが、邪悪な天使に混じってハワード家の人々やカトリック教会の司祭たちが空高く舞い、歯嚙みをする者に混じって彼らのために仕事をしたスロックモートン、モーガン、ジロー、スビアウルなどのような者が大きな音をたてて歯を嚙み鳴らしていた。彼らの陰謀からエリザベスを弁護しながら、ブル

ーノはミネルヴァの武具で、暗黒の軍勢と戦い勝利を収めた。その結果から得るものは多くはなかったが、その知恵を使い権勢を振るう王の猛攻撃から小さな町を救った貧しい賢人とは異なり、彼は自分が忘れられてしまわれないように望んでいたのだった。[11]

　「川はみな、海に流れ入る、しかし海は満ちることがない」とソロモンは言った。ブルーノがイングランドに来た時、驚きの一つは地中海の知恵を語ったこの言葉は、テムズ河には当てはまらないことだった。確かに大海に流れ入るが一日に二度、海は満ち、テムズはグリニッジからリッチモンドのあたりまで逆流する。それから再び流れ下り、その水際には泥地を残す。『晩餐』の夜、暗闇の中をフロリオと彼は、泥土に四苦八苦させられたのだった。エリザベスは確かに、海神やこの奇跡を起こす水神に愛されていた。彼がテムズの干満に慣れた時、それはイングランドの神聖な静寂の象徴となった。それはセーヌ河、ローヌ河、テベレ河が血まみれの騒乱状態の中、多数の死体を浮かべていたり、大陸の他国の河が、怒りや不安による騒ぎなどを運んでいるのとは対照的であった。[115]ソールズベリー・コートの最上階が彼の居室なら、河はよく見渡せたことだろう。夜の瞑想をしながら、空から目を落とし、バックハースト桟橋を過ぎて黒い川面に輝く月に目をやる彼の姿が想像出来よう。一五八四年の聖灰水曜日の夜のごとく、いつも地獄のように暗い夜だったわけでも、船頭全てが客を謀るわけでもなかった。彼は幾度か河旅を楽しんだことだろう。カステルノーとのグリニッジ宮殿への河下りの旅、河を渡ってウィンチェスター・ハウスのラスキ卿の所への旅、河を上ってモートレイクのディーの所への旅、他にも楽しい待ち合わせの旅などもあったことだろう。その途中で彼は女王の白鳥を誉め讃え、[117]ナポリ風のテノールで歌い、ロンドン塔に繋がれた教皇絶対主義者を思い出しほくそ笑み、ウェストミンスターとワッピングの先では、スペ

ンサーのニンフが花を集めた、轍跡が数多く残る土手の匂いを感じたことだろう。この同じ河で、昼間や夕暮れ後に陸揚げされ、カロンの船の乗組員はオールをせわしなく漕いでいた。サザークのハーフ・ムーン亭で有害書籍を詰めた樽が陸揚げされ、イェズス会士はアランデル・ハウスに滑り込み、学生や背教者はグレーブゼンドで有害書籍を詰めた樽暗殺者、罪状の手紙の運び手がその目的地へと急ぐ！　考えるだけでなんと憤懣やるかたないことか。その行き来の半分が目の前で行なわれていたのだ。ファゴットの手紙から最後の引用をする。「これまでに暴かれた全ての害悪や反逆行為はモヴィスィエール殿に河沿いの家を与えたことから始まるのです」。不平家や歯ぎしりをする者にはストランド街で一か八か勝負させよ。悪意に満ちた庶民と共に。そして、ダイアナの河は信義に篤い恋人たち、白鳥、星に委ねておこう。

注

(1) M. R. Pagnoni Sturlese, 'Su Bruno e Tycho Brahe', *Rinascimento*, xxx (1985), 310 f: 'Nolanus nullanus'.

(2) この部分の出典は二つで、M. L. Barbera, 'La Brunomania', *Giornale critico della filosofia italiana*, lx (1980), 103-40 と Luigi Firpo, 'Il processo di Giordano Bruno', *Rivista storica italiana*, lx (1948), 542-97; lxi (1949) 1-59 である。これは、本の形で再版されたが (Naples, 1949) 私はオリジナル版を使い、フィルポ、「審問記録」に引用する。メルカーティ版の『摘要』から発した、一九四〇年代の論争については、「審問記録」(i)、(ii) 50-9 を見よ。バーベーラのエッセイを読むことが出来て、サイモン・ディッチフィールドに感謝している。また、ディッチフィールドの未出版のエッセイ、'Brunomania in Italy, 1886-1890' (Warburg Institute, 1986) も、非常に助けになった。「……し大作家としてのブルーノに関しては、詩人ジョズエ・カールドゥッチの判断を記録しておく必要がある。「……しかし、ジョルダーノ・ブルーノが大作家、少なくとも劇作家としては、まあまあだと言えるかということについては、

(3) 主たる証人ジョヴァンニ・モチェニゴに関しては、フィルポ、「審問記録」(i)、552を参照。("...ma che Giordano Bruno sia scrittore grande e commediografo almeno tollerabile, no, no e poi no.") 私は、この一節を、Barbera, p. 133 n. 239 から引用しているのだが、喜劇についてのコメント以外は、酷だと思われる。

(4) Singer, *Giordano Bruno*, p. 9; フィルポ、「審問記録」(i)、549; Yates, *Bruno*, pp. 317, 363.

(5) フィルポ、「審問記録」(ii) 53 は、メルカーティを、Barbera, 'La Brunomania,' p. 127 n. 186, は、ロンブローゾを引用している。Yates, *Bruno*, p. 339 は、ブルーノは狂気の天才だったという考えを、ふざけ半分に扱っている。

(6) 本書、二〇七—八頁。

(7) 『晩餐』, pp. 85 f, 144 f; pp. 53/117, 78/140, 295. Firpo, *Scritti scelti* の pp. 91, 93, そしておそらく p. 120 の注。『狂気』, p. 951, Buxton, Sir Philip Sidney, p. 164, 本書、九八—九頁参照。

(8) 『狂気』の献辞の最後にある、イングランド貴婦人たちに捧げたソネットについてのフロリオのコメントから、ブルーノが『アストロフェルとステラ』を多少知っていたということが明らかとなる。

(9) *Documenti*, pp. 109 f.; 「摘要」, nos. 2, 18; フィルポ、「審問記録」(i)、566.

(10) 本書、二一八—九頁。

(11) 本書、二一六—七頁。

(12) 本書、六二、七六、一〇六—七、一九一—二〇七、二五二—五頁。

(13) サミュエル・ダニエルの *The Worthy Tract of Paulus Jovius* の序文の書簡、p. 23. ブルーノ主義、またはそれと非常に似通ったものが多数認められる書簡。本書、一一五—七頁。

(14) ここに、「火刑」('the stake') はブルーノ哲学を「真のものとするもの」('inveratore')、すなわち保証だとするジェンティーレの考えといくらか似ているものがある (Barbera, 'Brunomania,' p. 135 より)。しかし、火刑とジョークの繋がりは、火刑と彼の哲学のどの部分との繋がりよりも緊密である。ここでは、'the stake' は、言わば火刑だったのである。

(15) 本書、七二頁と一二二頁注38。

(16) Castelnau to Mary, おおよそ 21-iii/1-iv-1584, 14/24-xii-1583 (BL Harleian 1582, ff. 374, 385).

(17) 『晩餐』pp. 17-18/79;『原因』, pp. 175-7/5-7;『無限』, p. 363.

(18) 『晩餐』(アクイレッキア), pp. 67, 248;『無限』, p. 69/131, 図8を参照。

(19) 本書、六二一、一七九頁。

(20) 同時代人というのは「ナポリ人の注釈者」('postillatore napoletano') (DI, pp. 570 n. 1, 739 n. 2) として知られる、『傲れる』の読者たちのことである。彼らは、、しかしながら、『傲れる』の反プロテスタント的側面(同書、pp. 623, 626, 654)、ブルーノ裁判の時機を失した証人(フィルポ、「審問記録」(ii) 45-6; 本書、三〇一一二頁)のほうに、関心を持っていた。Yates, Bruno, pp. 211ff (ヘルメス主義的改革)の解釈と、チリベルト、『傲れる』への序文、pp. 33ff (反清教徒、反プロテスタント論争)を参照。『傲れる』で、『野獣』のことが述べられている唯一の箇所は p. 561で、ここでは「野獣」は一般的な悪徳と同一視されているが、このような解釈では、確かに穏便すぎる。

(21) テキスト17。'pource qu'on tasche de nuire et affoiblir son ennemi en toutes sortes qu'on peut...'（「我々は可能性のあるあらゆる方法で敵に損害を与え、弱体化させることを目指しているのだが……」)

(22) 『傲れる』, pp. 709-18. また『傲れる』p. 564, 本書、九一一二、一三二一、一五五頁以下を参照。

(23) 我々は、これを、ブルーノの行動や偽善に関する著述以外からも推測出来る。それは、適切なことにも、ヴィッテンベルクで一五八八年三月八／十八日に行なわれた Oratio valedictoria の中で述べられている。その中で、彼は、ミネルヴァを「巨人」(ここでは明らかに、教皇やその他のこと)との戦いにおける守護者としている。「そして、賢明は戦いにおいてはあらゆる手腕の母であり、戦士たちの神なので……」)、我々は (ミネルヴァの) 蛇と同じくらい賢明でなければならない。'nam nisi vigilantiae et providentiae rebus vel longe prospicientibus acumen praesidem militiae corroboravit et ornaverit' (「実際、警戒や先見の明、あるいは備えに対する鋭さが軍の指揮官を鼓舞し、その名誉とならなければ……」)、など (OL i¹, 8)。私はこれを、『傲れる』, p. 716 の「賢明」への言及部分、'Sagacità... (acciò ch'io (Fatica) non

(24) sia ritrovata da nemici, ed il furor di quelli non mi s'avente sopra) confondi, seguendomi, gli miei vestigi'（賢明は……どうか私（＝労苦）が、敵に見つかりませぬように、そして彼らの怒りが私に襲いかかりませぬように）あなたが私の後をつける時、私の足跡を揉み消してくれる）と結びつける。この一節全体から、偽善についての一節と変わらぬくらいはっきりと、ファゴットらしいものが感じられると私には思われる。どちらにおいても、ブルーノは、「伝道の書」、九の一六、'Melior est sapientia quam arma bellica'（「知恵は力にまさる」）のことを考えていたと私は確信している。

(25) 『原因』、p. 176/6；本書、一〇〇―二、一三六頁。

(26) テキスト13、14、16、17。本書、二一五頁以下。

(27) Yates, 'Religious Policy'；Bruno, p. 304. これもまた、『傲れる』へのチリベルトの序文、彼の'Asini e pedanti'、Rinascimento², xxiv (1984), 81-121；La ruota del tempo (1986) の影響を受けたものと思われる。

(28) 『摘要』、nos. 41-71には、キリストやミサに関するブルーノの見解が集められており、便利である。更に以下のものを追加する。『印』、p. 181, テキスト12の ii。『傲れる』、p. 655 と 777f（私の考えでは、イェイツは、自らの著した 'Religious Policy'、pp. 183-4 で、この箇所を単なる反プロテスタントであるとして、誤った解釈をしている）。Ingegno, La sommersa nave della religione, p. 82. 'la religione catholica' への罵詈、Documenti, p. 66.

(29) 『晩餐』、pp. 9/69, 16/77, 78n/140 と 298, 170/230f.

(30) Yates, 'Religious Policy', pp. 186f. テキスト12の ii。『晩餐』（アクイレッキア）、p. 303. Oratio consolatoria, pp. 32-3. Documenti, p. 40 のコタン。De immenso et innumerabilibus という詩（OL i¹, 205）の、散文の部分が目立っているが、それは、神の顕現に対しても聖餐に対しても同じくらいの軽蔑を示している。それは、メルカーティにより『摘要』、p. 76 n. 2 で指摘された。

(31) 『無限』、pp. 385-7.『傲れる』、pp. 622-6, 746f.『天馬』、pp. 857-8, Documenti, pp. 40, 107-8. チリベルトはこれらを最大限に活用しているが、更にそれらに、『印』、pp. 180-2 から、初期の一節を追加している（『傲れる』への序

(32) 『傲れる』, p. 654 ff. 『印』, p. 182. Jean Bodin, *Six livres de la République*, book 3, ch. vii (M・J・トゥーレイによる、縮刷版の英訳(Oxford, n.d)では、pp. 96–107)を参照。もっとも、ボダンは、ここで「愛」について話しており、人間と神の間の愛を付け加えているのだが。ナポリ人の注釈者たちは、この点に関して、逆のコメントをしている。『傲れる』, p. 657 nn. 2 and 3.

(33) 『無限』, pp. 383–7, Ciliberto, *Giordano Bruno*, pp. 109–15.

(34) ここで言われているのは、もしキリスト教神学者たちがこうしたことをするなら、我々は彼らを尊敬しなければならないということではなく、彼らは単に、キリスト教神学者として徹底的に愚かだということなのだ。私には、これがブルーノが神学を扱ったものとしては最も長い一文、'Declamazione al studioso, divoto e pio lettore' (「勤勉、敬虔で信心深き読者への言葉」)『天馬』, pp. 846–58 の信条だと思われるのだが、私はこれは風刺だと考える。本書、九二―三頁参照。

(35) *Documenti*, p. 85.

(36) 一五八六年三月の Sidney to Walsingham で、これは A. C. Hamilton, *Sir Philip Sidney* (Cambridge, 1977), p. 124 に引用されている。また、同書、p. 173 を参照せよ。詩人の道徳的創造力に関してのシドニーについては、『詩の弁護』を引用した、同書、pp. 107–22. 『傲れる』からの数節は、本書二六九頁以下に引用されている。

(37) Castelnau to Henri III, 18/28–vii–1584, [viii]–1584 (Chéruel, p. 317; HMC *Hatfield*, iii, 43) 後者は、手紙の写しであるが、手紙の方は現存していない。在パリのジャン・アルノーにより公式に作成され、スタフォードによりエリザベス女王に送られた。

(38) 『傲れる』, pp. 826–7、イェイツの 'Religious Policy', p. 194 と *Bruno*, pp. 228–9、チリベルトの『傲れる』, p. 305 n での、その一節の解釈に、私が反対していることが分かるであろう。R. B. Wernham, *Before the Armada: the Growth of English Foreign Policy, 1485-1588* (London, 1966) は、オラニエ公暗殺の政治的結末を見事に描いている。私は、

(39) この作品は、ここで引用した一文を立証すると思う。本書二六九—七〇頁。これについては、G. Baguenault de Puchesse, *Jean de Morvillier* (Paris, 1870), pp. 175–6, Castelnau to Brûlart, 8–xi–1577 (BN V°C 337, p. 701)を参照。カステルノー自身の見解は、Castelnau to Catherine de Medici, 30–viii–1580 (BN ff 15973, f. 33)に存在するし、カステルノーの会話を報告している、William Fowler to Walsingham, [ ]–v–1583 (CSP Scotland 1581–83, p. 480)にも存在すると考えられる。カステルノーは、コリニーの対オランダ計画へのジャン・ドゥ・モルヴィリエの反感を受け継いでいた。これについてウォルシンガム宛ての先の手紙で、ファウラーは、在パリの使いの者として、コリニーを標的とした陰謀について暗殺の企ての五時間前に彼に警告を与えたと言い張った。to Walsingham, 3/13–ix–1589 (PRO SP 78/20, f. 7)。しかし、これは容易には信じ難いし、また本当だったとしても、必ずしも肝心な点に影響するわけではない。

(40) 『摘要』、no. 1.

(41) テキスト15と16。

(42) 『天馬』、pp. 862f.『傲れる』、p. 809を参照。

(43) A. Corsano, *Il pensiero di Giordano Bruno nel suo svolgimento storico* (Florence, 1940), pp. 281–94.「審問記録」(–i–)、549–51は、これと同意見らしく、Aquilecchia, *DBI*, xiv, 662は、これとは反対の意見である。フィルポ、no. xlvii には、類似点がある。

(44) Ciliberto, *Giordano Bruno*, pp. 242–57, *De vinculis* とフランシス・ベーコンの『随想録』の数カ所、例えば、*Documenti*, p. 66,『摘要』no. 2. コルサーノ以前では、そのテーマは十九世紀の研究者たちにまで遡るが、彼らは、ブルーノをマッツィーニのプロトタイプだと考えたがった (Barbera, 'Brunomania', p. 130)。これは、私には、そんなに悪くない考えだと思われる。

(46) マキャヴェリ、『君主論』、第六章。*Documenti*, pp. 122–3 に、ブルーノが、自分は哲学者なのだから、兵士になりたいと考えたこともないと述べたとの記述がある。この言葉にあまり説得力があるとは思えない。

(47) 本書、一〇九頁、テキスト17、Yates, *Bruno*, pp. 340-3. しかし、イエイツは、ナヴァル王アンリが、一五九一年に「彼の権利を勝ち取った」と言うべきではなかった。事実とはまったく異なるからだ。

(48) *Documenti*, p.66；『摘要』nos. 2 and 4；Corsano, *Il pensiero di Giordano Bruno*, p.290.『傲れる』p.717：'…percioché per tuo (sc. di Ozio) mezzo accaderà, che con la spada, lancia e scudo il soldato…, esortazione, che con la spada, lancia e scudo il soldato…'（「……あなた（閑暇）のお蔭で私は、兵士が剣、槍、盾をもって母国を守るよりも、私の声と励ましを通して、母国のために尽くし、母国を守ることになるのだから……」）を参照。

(49) Yates, *Bruno*, p. 341.

(50) *DNB*, Sidney, Sir Philip.

(51) *Documenti*, pp. 67, 108；『摘要』nos. 1, 2, 6.

(52) フィルポ、「審問記録」(ⅱ) 59；『摘要』no. 4.

(53) 本書、二三九—四〇頁。

(54) 『傲れる』, pp. 624, 626.

(55) テキスト13、『レスターズ・コモンウェルス』(*Leicester's Commonwealth*、正しくは、*The Copie of a letter wryten by a Master of Arte of Cambrige*...(？Paris,1584)）、チャールズ・アランデルか、ロバート・パーソンズか、または彼らと他の者たちとの合作だということはほぼ確実で、最近、D・C・ペックにより編纂された(Athens, Ohio, 1985)。この書物は明らかに、ジローの密輸組織により世に出回り、ブルーノが報告書を書いた時点では、レスターはそれについてカステルノーに激しく苦情を述べ立てていた。シルヴァーヌス・スコーリーの取調べ、12/176, no. 53); Castelnau to Henri III, 16/26-ⅳ-1585, 1/11-ⅴ-1585, 6/16-ⅴ-1585 (BN ff 4736, ff. 293, 302, 307). しかし、カトリックの書物がこの国に入ってくるのを止めようとするブルーノの努力は、一五八三年の春にまで遡る（テキスト4）ということを言っておくべきであろう。私の知る限りでは、一五八三年時点では、政治的な書物は一切流入していなかった。

295 第二部 時の娘、真理

(56) 『傲れる』, p. 566.
(57) テキスト13。Castelnau to Walsingham, 20/30-vi-1584 (CSP Foreign 1583-84, p. 559) を参照。ここで、カステルノーは、フランスから「一冊なりとも時課の書」を輸入したことはないと述べた。
(58) 本書、六一一二頁と一七五頁以下、テキスト5と7、『晩餐』、p. 5/65;『原因』, p. 219/55;『傲れる』, p. 818.
(59) テキスト7。
(60) テキスト9。
(61) テキスト9、11、13、『原因』, pp. 192-202/30-40;『晩餐』、ソネット、p. 5/65、57/121、78n/298;『印』, p. 182;『狂気』, pp. 927-30.
(62) 『燈火』、五幕、特に、pp. 323-9. 『晩餐』の第二版 (p. 78 n 1/140) で、ブルーノは自己満悦の調子でこのことを述べているので、この出来事に満足だったに違いない。
(63) 『原因』, pp. 200 f/37.
(64) ファブリジィオ・パラヴィッチーノについては、Stone, Palavicino, pp. 6, 10 f, 47-63, 260. この人物の取調べは、聖務省により執り行なわれたのだが、これには教義的な性格はなく、まったくの商売上、政治上の問題だったようである。しかし、それでもやはり彼の一族は、取調べを受けたことを承服出来なかった。
(65) Barbera, 'Brunomania', p. 136 n. 251 の、ジェンティーレによる批評からの引用。
(66) 『傲れる』, pp. 719-24、テキスト6と13。反乱は一五八五年に起きた。Ordine, La cabala dell'Asino, p. 120 は『傲れる』の中で、ブルーノがこの反乱にふれているかどうかの論議を紹介しているが、ふれている可能性はないようだ。
(67) こういった考えの差は、たぶん一五八四年の一月にメンドーサが──従ってテキスト9と10の間の時期に──ロンドンを離れたことに起因するのだろう。
(68) テキスト6。
(69) 『傲れる』, pp. 705-6, 710. スペイン人をアトラスとして描くことは(1)世界を持ち上げていること、(2)(一説によるとリビアの)西方にあると言われる黄金のりんごを護っていること、(3)大西洋などを思い起こさせる。

(70) 本書、一八三頁以下、二一六頁以下。Yates, *Bruno*, pp. 313-15; Firpo, *Scriiti scelti* の序文 p.31,『狂気』pp. 955, 1165 ff. *Oratio consolatoria*, p.33.
(71) Yates, 'Religious Policy', pp. 192-7; *The French Academies of the Sixteenth Century* (London, 1947; repr. 1988), pp. 225-34; *Bruno*, pp. 202f, 300f, 340f.
(72) テキスト1、*Documenti*, p.122; Boucher, *La Cour de Henri III*, pp. 21, 133 ——— 彼女は個人としての王を描いているが (pp. 9-37)、説得力がある。私はブルーノの「臨時」講師職はコルビネッリの「常勤」講師職と対比されるべきだと思う。
(73) Chéruel, pp. 113, 120, 324; Stafford to Walsingham, 24-iii/3-iv-1587 (*CSP Foreign 1586-88*, p. 250.)
(74) テキスト11と15。
(75) 本書、二五一―二頁、『傲れる』、pp. 826-7; Yates, 'Religious Policy', p. 194; *French Academies*, p. 228; *Bruno*, pp. 228-9. 『傲れる』(チリベルト版)、p. 34 でチリベルトはその含意を正しく理解してはいるが、ブルーノはあくまでも真面目に書いているものと思いこんでいる。
(76) 『傲れる』、pp. 622-6, 660-5, Yates, *Bruno*, pp. 226 f. 『傲れる』、p. 625 では北冠座を南冠座に混同する間違いを犯している。
(77) 『傲れる』(チリベルト版) pp. 29-35 で、チリベルトは論争はイングランドについてであると論じている。*Documenti*, p. 40 のコタンに注意せよ。
(78) 『傲れる』、pp. 624 f. カステルノーはこの問題——に関してロンサールと見解を一にしていたと思う。
(79) 『摘要』、no. 212, *Documenti*, p.122; Yates, *Bruno*, p.341.
(80) 本書、二〇八―一二頁、Yates, *Bruno*, pp. 287-90; *Documenti*, p.121.
(81) テキスト11。
(82) 出所 (Giulio Cesare la Galla, *De phoenomenis in orbe lunae*, Venice, 1612) はルドビコ・リメンタニが発見し

(83) た、Ciliberto, 'Asini e pedanti', p. 111; Salvestrini, *Bibliografia*, no. 292, Firpo, 「審問記録」(ii), 46.
(84) 本章、注80、『狂気』、pp. 1165-78.
(85) 『原因』p. 222/58. この一節の解釈は本書、一二四—五頁、注59。この部分と即位記念日の出し物との関連をイェイツ自ら突き止めたが (Yates, *Bruno*, p. 288)、彼女はそれに振り回されている。
(86) 本書、一九二頁以下。
(87) 『晩餐』pp. 67-70/128-131 と286 ff.
(88) 本書、二七八頁。
(89) 本書、八四頁、一二四頁、注50。
(90) Castelnau to Henri III, 22-xii-1583/1-i-1584; to Mary [?i]-1584 (BL Harleian 1582, ff. 334, 387).
(91) 『晩餐』(アクィレッキア) pp. 131, 286, 'La lezione definitiva', pp. 224f, 232.
(92) 『晩餐』pp. 64-6/283-5;「サムエル記上」9。シドニーは *The Countess of Pembroke's Arcadia*, book i, c.3 (ed. Maurice Evans, London, 1977, pp. 78-9) でバシリウス王とうすのろダメタスに関連して君主について述べている部分でこの言い習わしを用いている。
(93) 『天馬』pp. 838ff, 846ff など随所。『狂気』, pp. 1005ff, 1123-6.「驕れる白痴者」は本書、一五五頁。
(94) 『摘要』, nos. 41-7, 124-9, Firpo,「審問記録」(i)、585。
(95) テキスト11と16。「ユディト書」一五の九—一二と「詩篇」一二七の五にほぼよく似た祈りの言葉がある。二番目の詩篇の例は子供が祝福の部分に関わっているのでふさわしくないだろうが。詩篇の番号はウルガタ聖書によるが、現在一般的に使われている欽定訳聖書の詩篇番号の一つ前の番号が付いている。
(96) テキスト11, 'vostre sacre majesté' (「女王陛下」)。確かにこれは陳腐な表現だが、ブルーノがそのつもりで使ったのかどうかは定かでない。
(97) 生者の形見として、『狂気』, p. 1081.
(98) 『摘要』, nos. 65-8, 110-16, 『傲れる』, p. 655. 最後のフレーズで、ブルーノも「悲劇」という語の元来の意味を考

(98) 『摘要』、nos. 158–67. その用語は'becco fottuto' (no. 158) でブルーノはイエスに対してもこの語を使っている、'cane becco fottuto can' (no. 169), Firpo,「審問記録」（一）、584.

(99) 本書、九九頁、一二七頁、注81。

(100) テキスト1、『晩餐』、17/79、『原因』、p. 202/40. 本書、一四〇―一頁。サムリについてはA. Lynn Martin, *Henry III and the Jesuit Politicians*, pp. 109–13. サムリはおそらく探りを入れるためにコートを一度訪れたようだ。Castelnau to Walsingham, 6/16-vii-1584 (*CSP Foreign 1583–84*, p. 592). J. H. Pollen は彼をメアリーに仕える「イエズス会士のチャプレン」と書いてはいるものの、実際、司祭であったかどうかについては依然疑問が残る (Martin, p. 113)。

(101) 『晩餐』、p. 9/69. 『狂気』、pp. 1081f, テキスト12.ii. 『印』、p. 181, 'certas ... de Cerere et Baccho credulitates' (「汝は戦っている……ケレスとバッカスの信仰で」) ケレスとバッカスはパンとワインの婉曲表現である。『燈火』、p. 211.

(102) 例えば『晩餐』にはそういったものが認められる。本章、注29、テキスト5。

(103) 『晩餐』、p. 8/68. 『原因』、対話5、『傲れる』、pp. 572f. 『狂気』p. 974. この諺はブルーノから引用して、フロリオが自著 *Second Fruits* で使っている。Yates, *Florio*, pp. 113f. 'Religious Policy', p. 187 の注で、イェイツはこの諺はイングランド人国教忌避者にふれたものだと解釈している。

(104) 『傲れる』、pp. 722, 799. 『天馬』、p. 868. 『晩餐』、pp. 120f/182f. 『摘要』、nos. 41–7, 117–29, 168–77.

(105) 「伝道の書」一の九、一五。

(106) 『傲れる』、p. 785.

(107) 『摘要』、no. 13.

(108) 『摘要』、nos. 192–3, テキスト11の追記。

(109) 『摘要』、nos. 163, 201–5.

(110) 「詩篇」七一の一〇、『摘要』、nos. 98-9、『傲れる』、pp. 570, 828-9, テキスト13、「詩篇」二六の一三。

(111) 「詩篇」二、一九、七一、一〇九など。

(112) Jerusalem Bible (London, 1966) ではタルシシの諸王を歌った節のすぐ前にある（本章、注110）。

(113) 歯ぎしりをする者、「詩篇」三四の一六。ブルーノが不平を述べた詩篇については本書、二八四―五頁、更に「詩篇」三六の一二、テキスト11と13、『晩餐』、p.105/166. その他に、『傲れる』、p.786. チリベルトはこの最後の一節にある（pp.776-97）の意味と適合しないし、彼による版の『傲れる』という表現でもって、ブルーノはルターと宗教改革指導者を意味したと繰り返し主張している。私はこの意見はセクション全体の歌」の原文に加えた修正からみてもこの意見には同意出来ないと思う。悪に扇動することが信仰義認への言及を増やしている。しかし人民を、戦争、欺瞞、不自然で「正義であるかのような」「罪深い天使たち」と関係しているとは思えない。他方、告解の手紙でスピアウルのものとされる見解との関連はすこぶる明らかなようである（テキスト11と11a）。オラニエ公ウィレム暗殺事件との関連はそれ以上に明らかである。

(114) 「伝道の書」九の一四―一八。

(115) 「伝道の書」一の七、『狂気』、pp. 946f, 1168, 1176f, テキスト12・i、Yates, Bruno, p. 292 に翻訳されている『原因」、p. 223.

(116) 『傲れる』、p.829.

(117) 『傲れる』、pp. 703f. 監獄で、《『摘要』、no. 182》ブルーノは、自分は前世で白鳥だったと言ったが、囚人仲間はそれを聞いてあざ笑った。

(118) テキスト13、テキスト4の注2、私がこの部分を書いた時にはハーフ・ムーン亭の場所についてはまだそれを突き止めていなかった。

終章　火刑台のファゴット

これで、私の話は終わる。しかし、ブルーノに関する本を書いたのにその悲惨な最期について、まったくふれないのでは不十分だろう。彼は一五九一年八月にドイツからヴェネツィアに戻るが、その際の招き主である青年貴族ジョヴァンニ・モチェニゴの告発で一五九二年五月に逮捕され、ヴェネツィアの宗教裁判所で二ヵ月間審問を受けた。しかし判決は出なかった。一五九三年二月、ローマに移され、以後六年間審問が断続的に続いた。彼はそれまでずっと悔い改めており、彼が言ったと突き付けられた異端事項を撤回すると言い続けてきたが、一五九九年の暮れにかけて考えを変え、異端放棄をことごとく拒絶するようになった。その結果、教皇クレメンスⅧ世の命でローマ市の一般の裁判所に移送され、一六〇〇年二月十七日にカンポ・ディ・フィオーリで生きたまま火刑に処されたのである。

この気の重い話に付け加えたいことはほんの僅かである。彼が、イングランドでカトリック側を見張るスパイとして活動していたことは、ブルーノに課された罪状にまったく含まれていなかった。裁判官や告発者で、彼がスパイであったことに気づいている者は誰もいなかったからである。もし、気づいていたとしても火刑を受ける程の重大問題ではなかった。またカトリック教会の見解では、教会から破門されながらも司祭を務めたり、告解

の印を破るなどの違反行為は、それ自体においては、せいぜい許しなく教団を離れた棄教罪を重くし、残りの人生をローマの監獄で過ごすことになるにすぎなかった。ただし、そんなことが明らかになれば、当惑した善良なカトリック教徒で、宗教生活に不似合いな哲学者という彼のポーズは打ち砕かれただろうが。また、彼の裁判の「審問記録」も実際よりずっと薄くなっていただろうが。

彼のイングランドでの行状について、ヴェネツィアの審問官たちは関心を示していたが、証言者がいなかったので、いつも良きカトリック教徒として過ごしていたという、当たらず障らずの返答に対する疑惑を追及し、具体化させるまでには辿り着けなかった。ある時、その問題に関して、裁判所側は何か重大なことを知っていると仄めかしたが、実は何も知らなかったのである。ブルーノはこの審問を沈着冷静に切り抜けた。特に何の理由もなく、審問官がタイミング良くブルーノに、遍歴をしていた間いつも今の名前を使っていたかどうか切り出したこともある。彼は多分一瞬心臓がどきりとしただろうが、イタリアから逃げるためにアルプス越えをした時、フィリポという洗礼名を使った以外には別名は使わなかったと恥ずかしげに告白し、更なる質問をかわしたのである(2)。その非カトリック的人生については、ブルーノは良い印象を残してヴェネツィアからローマに移されたが、ローマの審問官は程なくブルーノの神学と哲学についての見解の方に興味を持ち、この問題は立ち消えとなった。

しかし、ブルーノのイングランドでの行状については、奇妙な具合に、その裁判のほとんど終盤に近い段階で再度浮上する。一五九九年の夏、とある者がピエモンにあるヴェルチェッリという町の審問官にブルーノへの反対証言を行なった。その陳述の要旨は、ブルーノはイングランドにいた時、無神論者を標榜し、教皇に敵対する(3)『傲れる』という本を書いたというものだった。この証言は、裁判に新しい問題をもたらした。そもそも、ロー

マの審問官はブルーノの著作を手に入れるのが困難だったため、『傲れる』を詳しく理解していなかったようだからである。この告発は、深刻に受け止められ、最終判決文の中でも言及された。誰が告発したかは分からないし、告発内容のまさしく骨子以外何も受け止められないが、その男は取調べに関わった他の誰にも増してブルーノのイングランドでの活動を熟知していた。ひょっとすると、それはイングランド人のカトリック「亡命者」だった可能性もなくはないが、ブルーノがロンドンに滞在した間かその直後に、ロンドンに滞在したイタリア人とする方が可能性は高いだろう。ブルーノに激しい攻撃を加える動機はあったと思えるのだ。ブルーノの言う「驕れる白痴者」の司祭はその候補者として差し支えない人物であろう。私は、シャトーヌフが雇っていたイタリア人の一人ではないかと思う。そうならば、ブルーノに激しい攻撃を加える動機はあったと思えるのだ。こういった類の者は誰でも、ブルーノにとってはたいそう危険な証人だった。と言うのも、そんな人物なら、ロンドンでブルーノが司祭をしていたただろうし、一つ爆弾を落とせば、ブルーノが述べた海外での迎合的な話を粉々に砕くことも承知していたただろう。その告発者はそんなことを言ったようでもないので、ブルーノの行状を間接的に聞き知っただけだったのだろう。少なくとも、それは単に一五八五年以降に、エリザベスの宮廷を訪れ、ブルーノのゴシップを耳にした誰かだとは言えるだろう。しかし、私には、実際にはむしろ場当たり的なことをする男の仕業のように感じられるのだ。この人物が大がかりに取調べられた場合――裁判がずっと長引いたらそうなっていただろうが――何と言ったかだが、それが、我々にはまったく見当がつかないからだ。付け加えると、ブルーノにも分からなかったのである。

ブルーノは嘘で固めた過去を暴露すると脅迫されたので、その一部に終止符を打つことを認めた――すなわち、ファゴットやフランシス・スロックモートンの亡霊が戻ってきて、彼を火刑台に向かわせた――などと私が言い

出すようなことがあれば、歴史家なら避けるべきであると思い、この本で避け続けてきた類の思索をやってしまったことになり罪悪感を覚えてしまう。この種の仮説はどんなものにでも十分な根拠などないものだ。しかし、それを退けてしまっても、ファゴットの件はブルーノの裁判と死にまったく関係ないと言うのではないか。そんなファゴットの件が暴露されなければ、焚刑に処せられたかどうかと思うのである。

私がここに至る経緯について説明させてほしい。一九四八年当時、ブルーノの伝記はイタリアではいつになく広範に議論されていた。その年は、彼の生誕四〇〇年祭に当たっていたが、研究者たちは、ブルーノの裁判の『摘要』にある、彼に関する難儀な証拠類に、未だ正面からまともに取り組まねばならない状況にあった。それは、第二次大戦の最中に枢機卿アンジェロ・メルカーティが発見し出版したものだった。私が思うに、イタリア共和国宣言は、ブルーノを国民的英雄に変えた十九世紀末の「イタリア統一運動」のような感覚をよみがえらせた。一九四九年、ルイジ・フィルポが著した、ブルーノの裁判を見事なまでに公正にあらゆる角度からの研究内容を概説している。それを読んだ私は、特にその中のある論文についての記述に強い印象を持った。そこには、即座にピンと来るものがあったのだ。著者は哲学史家のマリノ・ジェンティーレで、彼の主眼は、ブルーノの改悛と告白は本物だとするメルカーティの仮説の反駁にあった。彼は、裁判でのブルーノの振舞いは偽情報の術を使って巧みに演じられた見事な演技であり、改悛と頑固な言行を交互に繰り返すことで、「巧妙さを競う遊び」、すなわちチェス・ゲームの諸局面を制御したという見解をとった。彼はまた、ブルーノはどんながらくた情報であっても、審問官を説き付け鵜呑みにするよう仕向けられるという絶対的な自信を最後の最後まで持っていたとも考えた。そうすると、そもそも彼がヴェネツィアに行くという危険を冒した理由が説明出来たのである。(5)

ジェンティーレの考えは、モチェニゴの最初の告発の数節が契機となっていた。告発文は、『摘要』でふれられた第一級資料の一つであった。その中で、ブルーノは「カトリックの教義は『雌ロバの教義』だと言ったと報告された。修道士とは、彼を担当する審問官の多くを含んでいるようで、意味はカトリックの教理を信じる者にはどんなことでも信じ込ませられるということである。ジェンティーレはこの仮定を基にブルーノは自己弁護していると考えた。フィルポにはあまり真面目な論文だとは映らない見解だとみなされた。しかし、今では我々は、ブルーノがそれと同じくらい巧みにファゴットとしての役割を演じたことが分かっているので、十中八九は正しいと認めるべきだと思う。ブルーノは危険きわまりない状況で、数年にわたってこういった首尾一貫した偽装を工作し、冒険をやってのけていた。それだけでなく、一五九一年にもすでに一度うまく取り繕っていたのだ。彼には教皇絶対主義者は、彼の思いのままに丸めこめるまぬけ連中だと考えるに十分な理由があった。ならばどうして、完璧に十分な理由でうまく通さなかったのだろうか。彼は、その時代の最も知的に傑出した人物であると自負して、再度終わりかねている窮地から抜け出してきたのだ」というのが、作品執筆当時の彼のモットーであった。しかし、この時には、モットーは彼にさほどふさわしくはなかったのである。宗教裁判所とのチェス・ゲームが今までの何よりも危険を帯びていたからだった。モットーは彼のジョーク全てを終わらせるジョークとなっていた。彼はモットーにそのまま身を委ねたのではなく、自分にモットーを試みるチャンスを与えた。すると、ちょうどストランド街の路上の時のように、運命が手を出し彼にチャンスを与えてくれた。たとえ彼の力量が審問を切り抜けるほど十分備わ

ロリオと彼がストランド街の路上で、ホワイトホールに行くべきか、ソールズベリー・コートに戻るべきか決めかねている場面で描き、賞讃したような「堅忍不抜」の意気にあった。'O passi graviora !'「これよりもっと苦し

っていない恐れがあったとしても試したのである。たとえそうであっても、勝った者だけが褒め称えられるのではなく、臆病者や卑怯者として終わらなかった者も褒め称えられる。賞を得た者だけが敬意を払われるのではなく、立派に走った者も、たとえ負けたとしても、賞を得るに十分ふさわしいと判断される。競争の途中で絶望してあきらめたり、たとえ最後尾でも、残された活力を最大限に発揮せず、ゴールを目指し走らない者は軽蔑される。努力が大きければ、報いも大きいからだ。価値あることはいずれも行ない難い。⑺からである。

彼はヴェネツィアとローマの監獄で、常習的にこの方法を用いて七年間ゲームを続けた。一五九九年九月かそれ以降のある時、不死身の感覚が彼を見捨てたのか、ゲームは割りに合わないと彼が結論づけたのかのいずれかが起きた。どうしてそうなったかは分からない。おそらく、ブルーノとローマとの間で本質的な諸問題を永遠に避けて通ることが山来なかったのだろう。その原因は彼の目論見によるが――と言っても、我々の想像の域を出ないのだが。ゲームの勝利が、彼がローマで、一点の曇りもない状態で、イングランドでやっていたような教皇絶対主義者に対する地下活動を、今度は教皇制度自体に対して意のままに押し進められることを意味していたとしても、もはや、誰も彼を雇わなくなっていたと判断してよかろう。ウォルシンガムは死に、エリザベスは彼に敵意を感じていた模様であり、アンリⅣ世は自ら予期したカトリックのハンマーたるを未だ実証していなかったからである。もし、ブルーノが単に偽装に飽きただけならば、最後に大いに満足してファゴットの話を白状しただろうと思うのだが。火刑用のまき束（ファゴット）がカンポ・ディ・フィオーリに積み上げられつつある時にファゴットの勝利を高らかに告げれば、どんなに素晴らしいどんでん返しとなっていたことだろうか。ブルーノ

はそんなことをまったく暴露しなかった。確かに、その広場では、彼は口枷をはめられていたが、七年間抑え続けた怒りを吐き出す機会は前もって与えられていた。それでも彼はファゴットの正体を自慢げに語らなかったのである。それゆえ、秘密を自らの胸のうちにしまったまま、火あぶりを受けるということは、彼にとっては何らかの意味合いが込められていたのだと推測せざるを得ない。

ファゴットかカンポ・ディ・フィオーリかの決済をつけるに当たって、最後の一項目を残すだけとなった。それはブルーノ自身にとって重きを成さない問題だったならば、振り向きもされない項目だっただろう。彼は、唯一価値ある道徳上の規則は、自分がして欲しいように人に行なうことだと考えていたため告発された。多分、彼はそう言ったことがあったかもしれないが、著書にそれに相当する部分が見当たらないので、この規準にのっとってこそ、彼は裁かれるべきであるとは言えない。彼が常々言っていたのは、人はその行ないに応じて報いを受けるべきだというものなので、これをこそ彼は信じていたのだ。この信条は、彼の信仰義認に対する抵抗と霊魂輪廻説への執着を説明するものり、『燈火を掲げる者』から『天馬のカバラ』まで、実際、彼はどの作品の中にでもその信条を鮮やかに語った例や弁護を書いた。(9) 彼は、山上の垂訓の一部を、横っ面を殴られたら殴り返すべきだという意味に書き直した。(10) しかしその法則は自分には当てはまらないと信じていた。そうでなければ、よりによってカステルノーに対し、誰もブルーノを忘恩の罪で告発することは出来ないなどと自ら公言などしなかったであろう。(11) 実際には、その法則はブルーノに適用されたのだが、同情は出来るものの、彼は正当な報いを受けたと言う余地は残っていよう。

注

(1) ブルーノの死に至る経過についてはフィルポによる、「審問記録」が不可欠である。

(2) ブルーノの名前についての取調べに関してはフィルポ、「審問記録」(i) 557, 567, 575; (ii)、31, 42; *Documenti*, p.126 (24-v/3-vi-1592).これについてフィルポはふれていない。

(3) Firpo,「審問記録」(ii) 45 f. 49. 関連する部分はブルーノの最終判決文から (*Documenti*, pp. 189-95)で、従って彼に呼びかける形式である。「...ed essendosi anco avuto notizia che nel S. Officio di Vercelli eri stato denunziato che, mentre eri in Inghilterra, eri tenuto per ateista e che avevi composto un libro di *Trionfante bestia*...」(「そしてその上にヴェルチェリの審問所で、そなたがイングランドにいる間に、そなたは無神論者とみなされ、『傲れる野獣』という本を書いたと告発されたことを知らされて……」)

(4) 本書、一〇一、一〇七、二五五頁参照。

(5) Firpo,「審問記録」(ii)、55-6, 同書、48, 注1を参照。私はオリジナルの 'Rileggendo il Bruno', *Humanitas* (Brescia), iii (1948), 1154-64 (Salvestrini, *Bibliografia*, no. 1701) を見るに至っていない。サイモン・ディッチフィールドからの、的確な参考事項のアドバイスと、マリノ・ジェンティーレは哲学者でブルーノの対話篇の編者のジョバンニ・ジェンティーレとはまったく親戚関係がないという情報に感謝する。

(6) *Documenti*, p. 60 と p.67.

(7) 『晩餐』、pp. 60-4/124-7, 引用された部分は同書、pp. 63-4/126.

(8) *Documenti*, pp. 60, 107, 『摘要』、no. 198. ブルーノの著作でこれに最もよく似た部分は『反数学者論』1588 (OL i³), p. 4 の(ルドルフⅡ世に捧げた)献辞にある。しかし問題になっている表現は普遍的な人類愛を主張しているので、やはり別物である。

(9) 『燈火』、第五幕、『印』、pp.181-2, 『晩餐』、ソネット p. 5/65, 『原因』、pp. 199-201/37-8, 『傲れる』、pp. 626, 652-3. 本書、二四九—五二頁参照。

(10) 『晩餐』(第二版) p. 79, "142. 'Prudenzio... Si quis dederit tibi alapam; tribue illi et alteram.' (プルデンツィオ：

もし誰かが君に平手打ちを加えたら、彼に平手打ちを差し出しなさい。」）アクイレッキアが言うように、これは「マタイ伝」五の四〇 'Si quis percusserit te in dexteram maxillam tuam, praebe illi et alteram' （「もし誰かがあなたの右の頬を打つならば、他の頬をも向けてやりなさい」）を「ヨハネ伝」一九の三 'Et dabant ei alapas' （「そして、平手でイエスを打ち続けた」）に機知をきかせてうまく組み合わせ、ほとんど原文を変更せずにまったく反対の内容に変えたものである。原文はもちろん「他の頬をも向けてやりなさい」である。これは、ブルーノの最上のジョークの一つであると思うし、イェスは意気地無しだったという彼の見方を簡単に語るものである。これはまた、引用文を用いて新しい文句を作り出す彼のやり方を示す好例でもある。もう一つの例がテキスト11の終わりの部分にある。

(11) 『原因』、p. 177/7（献辞）: 'Io, dunque, qual nessun giamai poté accusar per ingrato...' （「ところで、いかなる人も決して恩知らずと私を責めることは出来なかった……」

第三部　テキストと覚え書

310

私の目的は、テキスト1とテキスト12を除いては、ブルーノが書いたかまたはその可能性があるテキストを、出来るだけ学術的に編集する一方で、それ程厳密さを要しない読者のためにはその翻訳を提供する、というものである。ウィリアム・ハールが書いたテキスト（テキスト5–8）については、ブルーノのテキスト程徹底した正確さは必要ないと思われる。ハールは、子音をかなりの割合で重複するというい立たしい癖が見られるのだが、それゆえ、私がそうした癖に、少々一貫性を欠く対応をしている箇所が認められるだろう。

私は、以下のルールに従った。

1・テキストの原文の省略部分を補充し、補った文字はイタリック体で書き加えた。[日本語訳では、それらについては一切考慮されていない。]

2・テキストの原文に関し、本書の著者による変更部分（削除、挿入、等）を角括弧［ ］に入れ、イタリック体で適切な説明を加えた。[sic]も同様。[日本語訳は、本書の著者によるテキストの英訳を訳出したもので、英訳版で角括弧に入れられた箇所のみを角括弧に入れてある。更に、変更部分に関し、説明が付加されているものについては、説明の部分と区別するために、直接の変更部分は「 」に入れた。[sic]については、[ママ]とした。]

3・テキストの原文で、手稿から何かが抜け落ちている箇所では、文字やその他の補填したものは、斜線／ ／の間に入れ、イタリック体にした。[日本語訳でも、必要に応じ、ほぼそれに相当する部分を、斜線／ ／の間に入れ、必要と思われる箇所は説明を括弧に入れて示した。]

4・テキスト5–8やテキスト18（これらのどれもブルーノによるものではない）では、私は報告書の一部を要約した。テキストの原文では、要約部分は斜線／ ／の間に入れたが、イタリック体にはしていない。[日本語訳では、それに相当する部分を斜線／ ／の間に入れ、[著者による要約]と明記した。]要約中に原文を完全な形で引用した部分は、「 」の中に入れた。

5・テキスト11と11aのみだが、ブルーノが自らの句読法で、シングル、ダブルの斜線を広範囲に使用している箇所は、テキストの原文ではブルーノに従った。[ただし、記号表記上の問題にすぎないので、日本語訳では、一切考慮されていない。]

注は、翻訳ではなくオリジナルの方に付ける。ただし、注の数字の大半は、両方に付けてある。

テキスト1

一五八一年より一五八六年までの、パリ、及びロンドンでの生活に関するブルーノ自身の説明。一五九二年五月二〇／三〇日、ヴェネツィアで異端審問官に陳述されたものの翻訳。

Documenti, pp. 84-5.

［トゥールーズで二年半、教えた］後、内乱のためそこを離れ、パリに向かった。そこで自分を知らしめるため、試験的に臨時講座を持った。聖トマス［・アクィナスの『神学大全』の第一部から採られた、三十の神的特性に関して三十の講義を行なった。その後、正規の講座を持つように招かれたが、断わった。と言うのは、パリ公認の研究者は、規則により、ミサ、その他の礼拝に出なければならないからである。私は自らの修道会を去り、法衣を脱ぎ捨てていたため、破門されていると分かっていたので、こうしたことは避けてきたのだ。確かに、トゥールーズでも同様の正規の講座を教えたが、そこではミサやその他の礼拝に出ることは立場上の義務ではなかった。もしパリで正規の講座を引き受けていたら、そこではそれが義務となったことだろうが、臨時の講座を持っていた間に、非常に好評を博したので、ある日アンリ三世が私をお召しになり、私が習得して、教授している記憶術は、生来のものか、それとも魔術によるものかお尋ねになられた。お話したこととお示しした証拠により、それは魔術によってではなく学問によって得られたのだという

311　第三部　テキストと覚え書

ことを御理解いただいた。この後、『イデアの影』と称する、記憶術に関する書物を出版し、国王陛下に献呈申し上げた。この結果、陛下は私を俸給付きの臨時の講師にしてくださり、先に言ったように、たぶん五年程だと思うがその街で研究を続けたのだ。後になって生じた問題のせいで、賜暇を得て、陛下からの親書を携えてイングランドに赴き、大使殿のもとで暮すこととなった。その邸ではモヴィスィエール殿と呼ばれ、その名をミシェル・ドゥ・カステルノーという。その邸では、御付きとして働く大使以外には、私には何の役割もなかった。二年半にわたりイングランドに留まり、その間、その邸でミサは行なわれたが、すでに述べた理由でそれには与からなかったし、また、ミサや説教のため外出することもなかった。大使がフランスの宮廷に戻った時、パリまで彼に同行し、そこにもう一年留まった。知り合いの紳士に世話になったこともあるが、大体は自前で暮した。厄介事のせいで、パリを離れ、ドイツに出掛け……

注

(1) ブルーノは、Pars Prima, qu. ii-xi を意味したが、三十というのは、彼の創作だった。Yates, Art of Memory, pp.178 ff. 205 ff.

(2) これは誤解を招くが、故意にそうしていることにはほぼ間違いはない。同様、ブルーノが一五八一年末にパリに辿り着いたとすれば、イングランドに来る前にそこで教えたとしても、実際には一年を大幅に超えることはまずなかったはずで、いささかでも教えたとすれば、パリに戻ってからの六カ月間のはずである。Spampanato, Vita di Giordano Bruno, p.307 は、ブルーノがイングランド滞在期間を短かく見せようとしていたとする点で、まさしく正解である。ブルーノは、また、トゥールーズ滞在を一年間引き延ばして申告した（同書、p.303）。『イデアの影』については、Yates, Bruno, pp.192-9, Art of Memory, pp.197-227.

テキスト2

一五八三年四月十八／二十八日から、同十九／二十九日。ジョルダーノ・ブルーノよりサー・フランシス・ウォルシンガムへ。ロンドン、ソールズベリー・コートにて。

BL Cottonian Caligula C vii, f. 214. CSP Scotland 1581–1583, pp. 431-2 に収録されている。セクレタリー書体で筆写されており、明らかにウォルシンガムの執務室にいる書記によるものである。一五八三年四月二九日という日付は、後になって書き加えられたようである。裏ページにある最初の知らせで、'Le v.e Monsieur du Boys…' で始まるものは、後のものから書記が書き写したのに違いない。もとはテキスト3のもう一枚の用紙に書かれていたのだが、書記がそれをテキスト2に混ぜ込んでしまったということがその日付から分かる。

スコットランド情勢に関する情報

Le xxiiii.e apvril 1583 contant en la façon de France pour les jours
NB qui se content par le commandement du Pape Jehan Meusnier,
post ordinaire du Roy de France est arrive a Londres au logis de
Monseigneur l'Ambassadeur lequel a apporte le pacquet du Roy,
dont en icelluy pacquet Monseigneur le Duc de Guyse a envoye une

lettre a mondict *Seigneur* l'Ambassadeur se recoommandant a luy et luy prie bien fort de mener les affaires de la Royne d'Escosse le plus secretement qu'il pourra en Engleterre et pour ce faire luy a donne ung prevoste qui est en son gouvernement de St. Dizier vallant par chacun an audit *Seigneur* Ambassadeur la somme de xv cens livres francoises

*V*otre bon serviteur
Henry Fagot.

Plus ce jourdhuy xxviii^e Apvril 1583 se fait conte de France ung nomme Foulan Escossois lequel hante presque tous les jours au logis de Mondit *Seigneur* L'Ambassadeur ayant la cognoissance de tous les principaulx ministres Escossois comme je croy et le cognois fort bien qu'il dissimule en en [*sic*] sa Religion ayant ordinairement des nouvelles d'iceux ministres, et est gaige du Roy de France, parquoy Monseigneur l'Ambassadeur connoist tout ce qui se faict par Escosse.¹

notate
maxime

*V*otre serviteur
Henry Fagot.

NB   Plus le lendemain il y a ung autre homme nomme Pierres dont je ne scay le surnom d'Icelluy homme fort aage lequel a apporte une *lettre* particulierement a mondit *Seigneur* Cavillasade [*sic*:

l'Ambassadeur] le tout secretement pour envoyer au Roy d'Escosse laquelle faict mention comant il prie bien fort sa Majeste de prendre encores pacience quelque temps et luy prie ensemble audit Roy de luy envoyer unne coupple des bonnes pistolets

*V*otre bon serviteur,
Henry Fagot.

f. 214 v/ Le ve Monsieur du Boys^2 parta de Londres pour s'en retourner en Flandres pour trouver son Altesse Il dict a Monseigneur l'Ambassadeur dedans la gallerie qu'il ne trouvoit plus d'amitie en la Royne d'Angleterre, et qu'il falloit que Mondit Seigneur l'Ambassadeur creust fermement que sondit Altesse esperoit estre espouse a une des filles du Roy d'Espagne et qu'il ne falloit dire mot du tout.

*V*otre Serviteur,
Henry Fagot

Ce jourdhuy xxix^e Apvril 1583 Monsieur frocquemorton a disne au logis de mondict *Seigneur* l'Ambassadeur, lequel a envoye ces jours passez a la Royne d'Escosse xv cens escus sol de quoy Mondit *Seigneur* l'Ambassadeur est respondant.

*V*otre Serviteur
Hen: Fagot.

Plus cedit jour le Millord Henry Catholique Romain et papiste est veu [sic] au logis de mondit seigneur l'Ambassadeur sur les douze heures lequel a adverty Monseigneur l'Ambassadeur quil avoit ou [sic] dire qu'il tenoit un Escossois pres de luy que l'on menacoit de mettre en prison pour sa Religion et pour avoir este en une maison d'un gentilhomme Irlandois apres que ledit Irlandois estoit mis en prison.³

Votre Serviteur
H. Fagot.

これ、及び以下の通信文を翻訳する際に、最後のものを除いて全て、ファゴットのサインを省略した。

教皇の命により実施された新暦により、フランス式で数えて一五八三年四月二十四日に、フランス王に仕える正規の使者ジャン・ムニエが、王からの小荷物を携えてロンドンの大使の邸に到着した。ギーズ公が、その中に大使宛ての手紙を同封して送って来た。そして、よろしく挨拶し、イングランドにおけるスコットランド女王問題を出来る限り内密に扱うよう、熱心に依頼している。その見返りとして、ギーズ公は大使に、一年につき千五百フランスリーヴルの価値のある、サンディージエの彼の管轄下の聖職禄を与えた。

フランス式で数えて、今日一五八三年四月二十八日、ファウラーと呼ばれるスコットランド人で、ほぼ毎日大

使官邸に出入りしている男［がやって来た］。この男はスコットランド［の教会］の主だった牧師全員をよく知っていると思う。また、彼が自分の宗教を偽っているのも私はよく知っている。この男を通じて、大使はこれらの牧師たちから定期的に情報を手に入れており、フランス王からも報酬を得ている。

翌日、姓の方は分からないが別の男——非常に高齢の人物——が、スコットランド王のもとへ極秘で送るようにと私信を大使の所に持って来た。その手紙には、陛下がもうしばらくの間我慢なさるよう、彼［ママ］は切に願っていると書かれており、また、性能の良いピストルを二丁、国王にお送りくださるようにと国王に頼み事もしている［性能の良いピストルを二丁お送りするようにと大使に頼み事をしている」という解釈も可。］

［五月］五日、デュ・ベクス氏が、フランドルにいる殿下［アンジュー公］のもとへ戻るためロンドンを離れた。

氏は回廊で大使に、イングランド女王にはこれ以上の友誼が認められないこと、殿下が［今は］スペイン王の御息女の一人との婚姻を望んでおられることを大使はしかとわきまえておくべきであることを伝え、これは絶対に口外してはならぬと語った。

今日一五八三年四月二十九日、スロックモートン氏が大使官邸で食事をした。最近この男はスコットランド女王に千五百エキュー送金した。これは大使の出費である。

この同じ日に、ローマ・カトリック教徒で教皇絶対主義者であるヘンリー・［ハワード］閣下が、真夜中の鐘が鳴ると大使と共に大使の邸にやって来た。彼は、大使がその邸にスコットランド人を匿っているということを耳にしたと大使に告げた。このスコットランド人は、その宗教のため、また、あるアイルランド人紳士が投獄された後、

そのアイルランド人の家にいたのを見つかったため、投獄すると脅されているのだ。

あなたの僕、

H・ファゴット

注

(1) ウィリアム・ファウラー、スコットランド教会の前牧師。彼は、フランスで一時期を過ごし、カトリック主義に反対するものを書いた。彼はまた、マイナーな詩人であり、ホーソンデンのウィリアム・ドラモンドの叔父でもある (*DNB*)。*CSP Scotland, 1581-1583*, pp. 196-569 に、一五八二年十一月から一五八三年七月までの間に、彼からウォルシンガムに宛てた、カステルノーに関する膨大な報告書がある。コニャーズ・リード (本書、三二五頁) は、'Foulair' という名を書き写しており、この綴りが妥当であろうが、ファゴットは、常にロを使っている。

(2) ジャン・デュ・ベクス、アンジュー公の在イングランドのスパイ。彼は、四月七/十七日に到着していた。*Martin, Journal of Sir Fransis Walsingham*, p. 48.

(3) 私には、このスコットランド人が誰だったのかまったく分からない。彼は、ブルーノの前任のチャプレンだったのではなかろうか。このアイルランド人紳士は、たぶん「ハトン氏」'Monsieur Huton' で、テキスト9に登場するが、フリート監獄の囚人で、ブルーノの訪問を受けている。

テキスト3

一五八三年四月二十二日/五月二日から四月二十五日/五月五日。ジョルダーノ・ブルーノよりサー・フランシス・ウォルシンガムへ。ロンドン、ソールズベリー・コートにて。

自筆。FAの書体。裏面には次のとおりの記載がある。「[小さな] ✝ ヘンリー/ファゴットによる報告。/[大きな] ✝ [と] 1582」。二つ目の ✝ は後で書かれており、日付は更にもっと後で書かれたのだと思う。日付が誤っているのは自明である。

PRO SP 78/9, ff. 216-17 (no. 96). *CSP Foreign 1583*, pp. 291-2 で良い翻訳がされている。

✝ という記号は、テキスト4の裏面にも見られる(本書、三二五頁)。この記号は、テキスト3でもテキスト4でも、折りたたんだ際に表となる、用紙の裏面の左上の角に書かれているので、どちらの場合にも裏書きの一部ではなかったし、また、ウォルシンガムの書記で、テキスト3の裏書きをしたローレンス・トムスンにより書かれたのでもなかったと思う。実を言えば、その記号はどちらの場合にも住所を表わしており、ブルーノ自身により書かれたと思う。それゆえ、ブルーノとウォルシンガムの間で了解済みの符牒だったのだろう。形を大きくしたものは、その手紙がブルーノからのものだと思い出すためか、もとから書かれていたものがあまり鮮明でなかったためウォルシンガムが書き加えたのかもしれない。この記号は木星を表わす星の記号だと教えてもらったと、この記号を選んだことに大いに関連がありそうだ。だが、私が思うに、それは暗号や符号にかなり一般的に用いられていたので、おそらくブルーノがそうした方法で、自分が誰かということを明らかにしたかったのだといだろう。

もし私が推測したように、テキスト2の四番目の項目がもともとこれと一緒に送られたのだとすれば、これは四月二十五日/五月五日以前に送られたはずがない。もちろんその項目が三番目の手紙の書き出しだったということもあり得るが、

もしそうだとすれば、書記がテキスト3の残りの部分もテキスト2と一緒に書き写しているのが当然だ、と考えるだろう。このテキスト3の報告書の写しが作られたとしても、まだ、それを見つけていない。

Le ii^e may 1583 ung nomme Yerle est venu chez nous lequel a faict report [quil a entendu *deleted*] a monseigneur lambassadeur quil savoit fort bien que lon faisoit des fadesses[1] aux fransoys mais que ceulx qui pense ce [fe *deleted*] faire ausditz francoys sont fort trompez et quil savoit fort bien que le Roy despaigne et celuy de france sont pour donner remedde a tout et disoit tout cela en ytallian. [le *deleted*] Nottez quil est facteur de monseigneur lambassadeur et ne ce fie gueres en luy.

Votre affexione
Henry Fagot

Cedit jour yl ya lung des gentilhom*m*es de lambassadeur despaigne flamang[2] lequel a raporte a monseigneur lambassadeur de france quil connoissoit fort bien que son altesse ne requert autre chosse que saprosscher pres le Roy despaigne et [quel *deleted*] quil estoit envoye de la part [de *deleted*] dudit ambassadeur despaigne pour anoncer cesdires parolles ce que je luy ay ouy dire a luy mesmes

Nottez

Ce jourdhuy iiii^e dudit moys ung nomme foulan escossoys a disne en la maison de mond*it*seigneur lambassadeur lequel a [monstre *deleted*] aporte deulx [bages *deleted*] bagues dor enchassez dont je ne conoist les pierres[3] lesquelles sont envoye [z *deleted*] en la Royne decosse de la part du duc de Lenox dont[4] mondit seigneur lambassadeur en a la charge de luy les envoyer

     V*otre* serviteur
     henry fagot.

f. 217 v/

Ce*dit* jour monseigneur lambassadeur a receu le*ttres* de madame de mauvissiere lesquelles font mention coment elle a espoir destre de retour de bref en ce Royaullme et quelle prie fort que mo*n*dit seigneur lambassadeur soit le plus segret quil pourra en ses affaires et quelle a ouy dire a Mo*n*seigneur de guisse quil a espoir destre en escosse [le *probably deleted*] plustost que mondit seigneur lambassadeur ny elle ne pensent mais [ce *inserted*] [pend *deleted*] pendant quil entretienne la Royne dangleterre le plus amiablement quil pourra et que le Roy decosse est tousiours cathollique en son cuer et que mondit seigneur lambassadeur done [bon *deleted*] tousiours bonne

Cedit jour je ouy dire a mon*seigneur* lambassadeur quil craignoit pres que destre en ce Royaulme dautant quil voyoit des chosses qui *Nottez* ce [prep *deleted*] preparent aud*it* Escosse et que lon voyroit chosses mervilleusses avant quil soit gueres dautant quil y a plusieurs seigneurs qui sont en grande [?inimite *deleted*] inimitie et que mondit seigneur le duc de guisse et le duc de Leno ont le mott du guet de tout cela et contoit cela entre luy et ung lord dangleterre dont je ne peu avoir le nom dicelluy.

consolation en la Royne decosse [Q *deleted*] et quil luy mande ce le plus segrettement quil pourra.

V*otre* serviteur
henry fagot.

一五八三年五月二日、ハールという人物が私どもの住まいにやって来て、[イングランド人が] フランス人に多くのたわ言を信じさせようとしているのを非常によく知っているが、フランス人がそうしたことを鵜呑みにすると考えるなど大間違いだと大使に語った。また、スペイン国王とフランス国王が、このらちもない話全てに終止符を打つ [ために手を結ぶ] だろうと確信しているとも語った。彼はこの一切をイタリア語で話した。この男は

大使の手先ではあるが、大使のことを信用している[「大使は彼のことを信用していない」という解釈も可]ことに注目せよ。

同日、スペインの大使の御付きの一人のフランドル人が、フランスの大使に、フランス国王陛下はスペイン国王と合意に至れば至極御満悦なさるだろうということが自分にはよく分かっており、自分はこれをお伝えすべくスペインの大使により遣わされたと語った。私はこの男本人がこれを話すのを聞いた。

今日五月四日、ファウラーと呼ばれるスコットランド人の男が大使の邸で食事をした。この男は、私には名の分からない宝石が嵌め込まれた金の指輪を二個持参して来た。それらはレノックス公からスコットランド女王に送られるもので、大使がそれらを彼女の所まで運ぶことになっている。

この同日、大使は奥方から手紙を受け取ったが、そこには、奥方がもう間もなくイングランドに戻れると思っていること、大使が出来るだけこっそりと事に当たるよう切に願っていること、また、更には、ギーズ公からの言葉として、ギーズ公は大使や奥方が考えているよりも早くスコットランドに到着出来ると信じていること、その間大使は出来る限り愛想よくイングランド女王に対さねばならないということ、大使はスコットランド王は依然としてカトリックだということ、出来る限り秘密裏に彼女と手紙のやり取りをすべきだということが書いてあった。

また同じ日に、私は、大使が、スコットランドで何が起ころうとしているかが分かるので、イングランドにいるのが恐ろしいくらいだと口にするのを耳にした。いまにもスコットランドで途方もないことを眼の当たりにするだろう、互いにひどく反目しあっている貴族たちがたくさんいるし、ギーズ公とレノックス公はその全てに通じる合言葉を持っているからだ。これは大使と、私には名を知ることが出来なかったあるイングランド人貴族との間

で話されたものである。

ヘンリー・ファゴット

注

(1) fadaises.「たわ言」「くだらない考え」の意味。[この注は、フランス語原文にのみ付されている、訳者注]
(2) 私は、この男は「モヴィスフィエール家に始終出入りしていて」、パルマ公からイングランドのカトリック教徒に手紙を運んだ罪で、カステルノーの離英後まもなく逮捕されたフランドル人だとしたい。Chateauneuf, to Villeroy, 3/13 -x- 1585 (BN ff 15571. f. 34). ひょっとすると、この男は、テキスト16で述べられている、アレクサンダーと呼ばれるアントワープ人だった可能性もある。
(3) 『原因』p. 243/77 の宝石についてのブルーノの見解を参照。ブルーノは、宝石は生命を有し、魂に対する影響力があると主張した。
(4) 書くつもりだったのは、たぶんこの単語のようだが、実際に書かれたものはこれではない。この単語は、do で始まるようだが、私には読めない。[この注は、フランス語原文にのみ付されている、訳者注]

テキスト4

[一五八三年五月二十／三十日頃から五月三十一日／六月十日頃の間] ジョルダーノ・ブルーノよりサー・フランシス・ウォルシンガムへ。ロンドンのソールズベリー・コートにて。

PRO SP 53/12, ff. 152-3. BL Cottonian Caligula C vii. f. 211 の中の、テキスト2と同じ筆跡の写しがある。正確さには欠けるが、*CSP Scotland 1581-1583*, pp. 430-1 に収録されている。Conyers Read, *Walsingham*, ii. 381n. 2 の中に、一部分ではあるが、より正確な写しがある。

自筆。書体は FA。裏面には、次のような記載がある：「「「T」を変更」Quere」とある下に、これとは別の書体だが、当時使われていた書体で、「一五八三年四月／ファゴット／」。この記号については、本書、三一九頁を見よ。

日付。この裏書きの日付が間違っているのは確かだ。間違えた理由として考えられるのは、テキスト2、3、4の報告書がウォルシンガムの執務室に一緒に届き、4については日付が付されていなかったため、書記がその書き出しから、これが三つのうちの最初のものだと推測したということである。以下の理由で、テキスト4の日付をテキスト2、3より後とする。(1)テキスト4と比べて、テキスト2、3は実験的な形式や性格を持ち合わせている。(2)テキスト4の後半の項目が、テキスト2、3の項目を前提としている。これは、ヘンリー・ハワード卿への言及に関して、特に当てはまる。ファウラーやメンドーサへの言及についても、テキスト2を書いた時点では、ブルーノは卿の名前を知らなかったのである。最初の文中の'longtemps'（長い間）が「四月二十五日／五月五日の後かなりの間」を意味すると解釈する――と、その文中でブルーノがオックスフォードへ出発したのが六月七／十七日頃より後ではないかということを参考にすると、ラスキやシドニーと共にブルーノが当然の解釈のように思われる。五月二十／三十日のハットン宛てのウィリアム・ハールの手紙のすぐ後で、それがウォルシンガムに報告書を寄せ始めた。新暦の七月上旬頃に、ウォルシンガムに報告書を寄せ始めた。クルセルは、新暦の七月上旬頃に、ウ

書かれたのだろうと思う（本書、五六頁以下）。その「疑問」［'Quere' のこと、訳者注］——ウォルシンガム自身によると考えてもよかろう——が、裏書きの日付のことを言っているのかどうか判定するのは不可能である。

このテキスト4の報告書の日付はきわめて重要である。と言うのは、もし裏書きが正しいのならば、CSP Scotland の編者が想定したとおり、我々に残されている一連の報告書のうちで、これが最初のものだということになるからだ。それならば、現存してはいないが、もっと早い時期からスパイとして働いていたと設定すべきだろう。その場合には、ファゴットがブルーノだったことはあり得ない。

おそらくブルーノは、六月十五／二十五日か六月十六／二十六日にオックスフォードから戻ったのだろうから、テキスト4の報告書はその後のものである。しかしながら、(1)ブルーノとクルセルが取り決めをするのに、時間があまり残されていない。(2)これでは、ウォルシンガムとクルセルが不在にすると述べたのに、報告書を書かないでおくための口実だとも考えられる。(3)ブルーノはもっと長期間オックスフォードに滞在したかもしれない（本書、五三—四頁）。

Monseigneur Je este longtemps sans vous escripvre la cause pourquoy estoit que je ne trouvois pas chose qui meritast vous escripvre. mais mon seigneur ayant trouve maintenant chose qui est meritoire je vous le veulx faire entendre Cest quil [h *deleted*] ya deux marchans de livres papistes en la maison de monseigneur lambassadeur dont ung est cuisinier et lautre est son sommelier tellement que de deux moys en deulx moys ne faillent a faire chacun leur tour en france pour faire tel traffic tant pour aller revendre des ornemens deglise quil achettent en ce royaulme que pour raporter livres papistes pour vendre Il y a ung certain conducteur pour iceulx qui est nomme pierres pitou fran[c *changed to*]sois et mesager

f. 152 v/ ordinaire Ung aultre qui ayde a vendre lesdits livres nomme mestre herson lautre qui decouvre les ornemens et qui les trouve a achepter qui son nom est Jehan Folk dit Renard en fransoys et le portier de notredicte maison qui est [angloys *deleted*] marie en ce royaulme a une angloyse qui est encorres le pire de tous. Monseigneur je vous advise quil sont maintenant en grande peyne et a son guet par quelques rechercheurs qui sont allez en Sodoark [en se *deleted*] ensengne du croysant dont est le lieu ou lesditz livres doibvent decharger[1] mais cenestoit si tost comme il pensoint dont il en sont fort aysent et ont donne grand deniers au maistre dudit coissant [sic] pour ce taire et le somelier qui en est le marchant. les coffres ou sont lesdictz livres ne sont audit logis du [cross *deleted*] croissant et charchent nombre damis pour les faire server segrettement et disent qu'il vouldroint qui leur eust couste cent cinquante livres sterlins et que [les *deleted*] lesditz coffres ou sont leurs livres feussent encores a paris. Ce considerant monseigneur il me semble quil est bon den faire bonne revisitation dautant que je leur ay ouy dire quil graissent fermement les mains aux rechercheurs tant de larye que des autres [h *deleted*] lieux qui sont de pasage mesmes que je connois quil ont faict traffic en ornemans deglise [le *deleted*] de plus de six cens livres sterlins lesquelz ont fort bien passe en france et sans difficulte nulle et ce vantent que cest pour autant quil contentent ceulx qui sont les rechercheurs.

Monseigneur je vous advertis aussy que si votre exelence veult que je tiens le segraitaire de monseigneur lambassadeur pour tant mon amy que [l *deleted*] sil est considere de quelque peu de monnoye quil ne cest faict rien quil ne me le donne a conoistre et que tout ce qui ce fera touchant la Royne decosse et le segret et lecripture qui ce escript par *lettre* quartalle et fault que sachiez quapres que *votre* exelence a visite auchun pacquet pour adresser vers icelle qui ne laisse a y en remectre dautre dans le*dit* pacquet et que cela nest [conge *deleted*] congneu nullement? Je le [puis *deleted*] say de par luy.

Le grand facteur de la Royne decosse est le *Sieur* frocquemorton et le milord henry hauard et iceulx ne vienent jamais raporter chosse dicelle que la nuict et monsieur lambassadeur [aut *deleted*] au cas pareil.

Lambassadeur despaigne a faict son conte en *notre* [?maisen *deleted*] maison que monsieur le duc sen va marier lune des filles du Roy despaigne.

Votre tres humble et loyal serviteur
Henry fagot.

f. 153 r   donnez vous bien de garde sil vous plaist dung escosoys dont son nom est foulain car il est fort traistre Car le segraitaire de mon*dit* *seigneur* lambassadeur vous le mande de par moy

第三部 テキストと覚え書

国務卿閣下、

長い間手紙をさしあげませんでした。お知らせする値打ちのあることが何も見つからなかったからです。しかし、閣下、今、価値のあることを発見しましたので、お知らせしたいと思います。

大使の邸に二人、カトリックの書物を取引している者がおります。料理人と酒倉番です。二カ月ごとにこれら二人がめいめいに、仕事のためにフランスへ渡りますので、その仕事とはイングランドで買い入れた教会の装飾品を売り、またイングランドで売るためのカトリックの書物を持ち帰るというものです。彼らにはピエール・ピトゥと呼ばれる運び屋がおりますが、これはただの使いです。先述の書物販売の手伝いをしている者は、マスター・ハーソンと呼ばれております。もう一人、こちらで買い入れるための教会の装飾品を捜し出す人間は、ジャン・フォルク［フォックスか？］、フランス語でルナールと呼ばれております。この男は私どもの邸の玄関番で、こちらでイングランド人女性と結婚しておりますが、一味のうちでは最もひどい悪党です。

国務卿閣下、数名の捜査官がサザークのハーフ・ムーン亭の看板を目指して出掛けたせいで、これらの者たちが目下のところ非常に気を揉み、警戒していることをお知らせします。ハーフ・ムーン亭は彼らの書物が陸揚げされることになっている場所です。しかし、それらの書物は思った程早く届いておらず、彼らは大いに胸を撫で下ろしております。彼らは、私の知る限りでは、口封じのため、ハーフ・ムーン亭の亭主に多額の金を与えております。と言うのは、この邸の酒倉番――この男が荷の行き来を取り仕切っています――が、ハーフ・ムーン亭に届いておりません。それらをこっそり配布するために、仲間になる者を大勢探しております。まだパリにある箱詰めの書物に、スターリング金貨で一五〇ポンド出すつもりだそうです。

これを考慮に入れますと、それらを徹底的に捜査されるのが良い考えであると思われます。それと言いますのも、ライやその他の港の捜査官たちに、気前よく賄賂をつかませたと言っているのを耳にしましたからです。スターリング金貨で六〇〇ポンド以上の価値のある教会の装飾品を送り出しているのを知っております。それらはいとも容易にフランスに渡りました。彼らは、捜査官たちを満足させたお蔭だと豪語しております。

国務卿閣下、もう一つ助言申し上げます。大使の秘書と非常に親しくなりましたところ、ある程度の報酬がただけるのなら、彼は、スコットランド女王に関する全てのことや彼女との通信に用いられている暗号も含めて、もし閣下がお望みでしたら知っていることの一切合財を私に教えてくれるでしょう。また、閣下が彼女宛てのどのような小荷物でも調査をされた後で、誰にも分からないようにその中に別の物を入れることが出来るとも彼は申しております。

スコットランド女王の主だった手先は、スロックモートン氏とヘンリー・ハワード卿です。この者たちは、夜間以外は決して彼女からの物品を持って来ません。大使も、[彼女に物を送る時には]同様にします。

[アンジュー]公閣下はスペイン国王の御息女の一人と結婚なさるつもりだと言うために、スペイン大使が私どもの邸にやって来ました。

どうか、ファウラーと呼ばれるスコットランド人から目を離されませぬよう、お願い致します。大変な裏切り者です。大使の秘書がこれを国務卿閣下にお伝えするようにと私に申しました。

まこと串しく、忠実なる僕、

ヘンリー・ファゴット

注

(1) ロンドンのギルドホール・ライブラリーの印刷物・地図副管理長 (Deputy Keeper of Prints and Maps)、ジョン・フィッシャーは、親切にも、私のために「クロワサン(ハーフ・ムーン)亭」の所在地を調査してくれた。B. Lillywhite, *London Signs* に基づいて、彼が私に教えてくれたところによると、(1)半月(ハーフ・ムーン)型の看板の架かった宿屋は、たいていいつも「ハーフ・ムーン」と呼ばれた、(2)少なくとも一六四八年までは、アッパー・グラウンドに、一軒のハーフ・ムーン亭があったが、その位置は、テムズ河の南側で、現在のブラックフライアーズ・ブリッジより少々上流、バックハースト桟橋やソールズベリー・コートのまさに真向いだった。これが我々の探していた宿屋だということに何の疑いもあり得ないと思うので、(遅まきながら)それに従って本文を変更した。ハーフ・ムーン亭は、テムズの土手の最西端に位置し、パリ庭園として知られた公園の近くで、またナロウ・ウォールとして知られた小道の入り口のすぐ手前にあった。この小道は河沿いに伸び、河側にランベス湿地帯がある。犬を散歩させる人、釣り人、恋仲のカップルたちがここを行き来した。ハーフ・ムーンを含めた家並みは、Prockter and Taylor, *A to Z of Elizabethan London*, p.21 の「アガス」の地図か、Fisher, *A Collection of Early Maps of London*, sheet 6 で見ることが出来る。それは、図1に複製されたこの地図の一部分の、下辺のすぐ上にあるし、もしその時その場所が私に分かっていたなら、図4の地図にも記載していたであろう。読者の皆さんは、今お読みの本が自分の物ならば、バックハースト桟橋の向かいに、それを書き込んでいただいてもよい。カステルノーとジローの両者は、この辺りで密会をしたことが分かっている。明らかに、ブルーノも同じことをしたのであろう。(William Fleetwood to Sir Thomas Heneage, 12-vi-1578: PRO SP 12/125, nos. 20-4).

(2) この不明瞭な一節の訳については、本書、四八頁と、一一八頁の注12を見よ。

テキスト5

一五八三年十一月十五／二十五日。ウィリアム・ハールからバーリー卿へ。ロンドン、テンプル・バーを出た所のブルズ・ヘッド亭にて。

自筆。住所はあるが裏書きはない。

BL, Lansdowne 39, ff. 190-2.

正しく、誉れ高く、公正なる閣下、

[著者による要約]／ベッドフォード伯爵が、訴訟で、Hの有利になるようにバーリーを動かした。バーリーは、自分が好意的であるのを示しており、彼の「悲惨な状況」に対していくばくかの援助を約束した。「親愛なる庇護者殿」への感謝。直接謝意を表するため参じるつもりだったが、手間を取らせたくなかった。生命を賭してもお仕えする。持てる全てはバーリーのお蔭だ。

最後の報告以来、バーリーは、スウェーデンからの使者であるキースについて彼の言ったことに同意するようになったようだ。(1)ダグラスとキースは何かを共謀しているが、ダグラスはキースには賢すぎる。キースは「スコットランド女王に感謝の意を示すことを望んでおり」、帰国の途中でスコットランドに立ち寄るつもりだ。とこぇで、ジェームズ王はスウェーデン人が大嫌いなのである。／

先述のアーチボルド・ダグラスを、見張るべきです。それと言うのも、この男こそが、まさしく陰謀家で、スコットランド女王派の一党なのに、エリザベス女王陛下にお仕えしようと徐々に取り入っているのです。実際には、(エリザベス女王派にお仕えするふりをして)自分が近づくことの出来たあらゆるきっかけや秘密に乗じて、彼の仕える女主人、先述のスコットランド女王を復位させ、出来るならば今すぐにもその統治を実現させるための策略家なのに。この男は、スコットランド女王派に引き入れようとして、狡猾にも、家柄の良い男たちと接触しました。私自身、大金を提供されました。おそらく私に入り用だと思ったのでしょう。そこで、もし私がその大判振舞いに一度でも与っておりましたら、さもなくば私には秘密にされるであろう何らかの事柄が、ひょっとすると私にも知らされていたかもしれません。

第一の標的は、女王陛下御自身なのです。女王陛下が寄せておられる並々ならぬ信頼にこたえてなにとぞ神の御加護がございますように。ギーズ公がこの作戦行動の指揮をとり、教皇が自らの権限により、スコットランド女王と結婚する者に、イングランド王国を授けることになっております。彼女自身の権利と権威によってではなく、教皇の御意によってしか、女王として「確立され」が削除されているあがめられることのないように計ることで、彼女に多大な恩義を負わせるのです。このようにして、若きスコットランド王の宗教上の不安は緩和され、彼は王位から完全に締め出されるのです。こうした陰謀家たちは外国勢の援助を受けるでしょうが、外国勢は、後になって、彼らに自分たちの思うところを押し付けたりは出来ないでしょう。また、これらの外国勢は、軍事的才能にたけた指揮者に率いられており、その資金と兵員の膨大さを推し量れば、欠けているものを数で補うことが出来ます。よく知られた蛇が私たちの王国の懐で養われている間は、彼らの陰謀は(私の興奮をお許し下さい)止むことはないでしょう。こやつは、養い主をたぶらかす手管

を備えており、その吐く息ときたら、毒に他なりません。また、シューシュー言う以外にもその有毒の息は（その醜怪さは誰の目にも一目瞭然）、自分自身も懸命に自分の味方をしてくれる人もほとんど消えかかっております。この陰謀が成功したら（神はそれを挫かれましょう）、ヴァロワ家の威信も希望ももはやほとんど消えかかっております。し、ナヴァル王という称号はローマにとってもスペインにとってもギーズ公がすぐにもフランスの王冠を確実に手にすることかフランス国王が御逝去されるようなことがあれば、ギーズ公がすぐにもフランスの王冠を確実に手にすることが出来ましょう。以上が現在企まれている裏切りと計画の全貌です。

にも彼らの悪事を発見なされ、挫かれますし、女王陛下の絶対的な守護神となられます。僭越ながら、賢明なる殿の御前に残りの情報をお伝えし、ある提案をさせていただきますが、これは、イングランド王国やその統治者が受けるどのような致命傷に対してもそれを保護する膏薬として、お役に立てるかもしれないと考え、信仰、神、そして女王陛下に対する義務のため、これについては多くの証拠があります。しかも、ヘンリー・ハワード卿はカトリック神父であると噂され、教皇の枢機卿として秘密裏に登録されております。この地に、シミエのお仕えする「更に」が挿入されている〕教皇絶対主義者の力を借りて計画を続行するようにと、彼の言うには、女王陛下は未だどの宗教を信仰すべきか決アンジュー公を擁立出来るよう、教皇絶対主義者の力を借りて計画を続行するようにと、彼の言うには、女王陛下は未だどの宗教を信仰すべきか決めかねておられるのだから、信教の自由という条項を当然のものとするため、しっかりと足を踏まえて立つべきであるとシミエに助言したのはこの男、ハワードなのです。ハワードその人の冒瀆と邪悪な性質を匂わす言葉です。

この男には一人の血族があり、その者は、この夏、海の向こうから手紙と聖遺物を受け取っております。そし

て目下、「あらゆるイェズス会士の中でもとりわけ」著名な、あるイェズス会士を、自分の召し使いであるかのように身分を偽らせております。その人物の名前とその他の詳細はしかるべき早さで、内密に、かつ忠実に閣下にお知らせします。と言うのは、(5)それについて十分に心得ていただくことが女王陛下にとって重要だからで、それで私が、「告解の印のもと」、偉大なる顧問官である閣下にそれをお伝えするのです。[余白のメモ、「特にこれについては、是が非でも地方へ誰かを送り込むことにします」]

フランシス・スロックモートンについては、先頃の夏、国務卿閣下に、彼がいかに内密にフランス大使の所に通っていたかということ、疑惑の持たれる時期に、いかに大使と長時間の密談を持っていたかということ、大使邸で行なわれたミサに数回出席していたことをお知らせしました。スロックモートンは、非常に精力的に陰謀に荷担しており、現在の国家の敵です。彼の血族であるサー・ニコラスの長男が、(私が日付を誤っていなければ)日曜日に、フランス大使と食事を共にしました。この男はテーブルが整えられた時になってやって来て、大いにもてはやされ、大変な敬意をもってもてなされ、食事後、先述の大使と密談に入りました。(6)

フランシス・スロックモートンの兄弟と[7]リンカーンズ・インのディグビィ・某は二人共教皇絶対主義者で、良からぬ考えをあれこれ持ち合わせていることでよく知られておりますが、この三日以内に、出来る限り目立たぬよう、イングランドを出るつもりです。私の意見では、この二人は、乗船時にしっかり観察出来るでしょう。こうして、あまりに閣下を煩わせてしまいましたが、先程と同じく、どうか御容赦ください。また、閣下が何事かで私を使うのが適当だとお考えならば、女王陛下にお仕え申し上げることをこの身をもって遂行致します。「今」が必要ならば、閣下がそのために私に命じられますことをこの身をもって遂行致します。神の御前にぬかづき、心の奥底より、神がその恩寵と長命をもって陛下を祝福なされますようお祈り申し上げます。

私の住まいにて。一五八三年十一月十五日。テンプル・バーを出た所のブルズ・ヘッドにて。

閣下に誠心誠意お仕え申し上げる

W・ハール

のガストンは、ここを出て直接スペインに向かい、スペイン王のもとに赴きます。

は、ガストンの去り際には、フランドル地方のブルージュの五リーグ向こうにあるエクロウにおりました。先記

昨日、パルマ公の所からこちらにシチリア人のドン・ガストン・デ・スピノーラがやって来ました。パルマ公

また、閣下におかれましても、御身健やか〔「で」が挿入されている〕、末長く陛下をお守りくだされますように。

注

(1) Herle to Burghley, 27-x/6-xi-1583 (BL Lansdowne 39, ff. 178-80). これは、スウェーデンから数名の使者が到着したことを報告しているが、それらのうちの一人は、キースと呼ばれるスコットランド人だった。彼らは、ジェームズ王の結婚話を議論するためやって来ていたのだ。ハールによれば、キースはメアリー女王支持だと言われており、もしロンドンで、アーチボルド・ダグラスを接触しているのが見つかれば、その噂が証明されたとしてよかろうということだ。この手紙にも、ハールの先の手紙にも、ブルーノの気配はない (29-ix/9-x-1583: 同書, f.165)。

(2) By and main : トランプ・ゲームのハザードからとった用語で、「一切合財」の意味。

(3) アンジュー公のこと、フランスの王位継承者として 'Monsieur'(ムッシュー)と呼ばれた。

(4) 明らかに、アランデル伯、フィリップ・ハワード。ハワードは、反逆罪を宣告され、一五九五年にロンドン塔で刑死し、列聖された。

(5) Forwhy : 「なぜなら」の意味。

(6) アーサー・スロックモートン、フランシスの従兄弟。*DNB*, Throckmorton, Sir Nicholas. Rowse, *Ralegh and the Throckmortons* の大部分は、最近発見された彼の日記に依拠している。彼は、後に、ローリー卿の義兄弟となり、ブルーノの『狂気』の一冊を入手した (Sturlese, *Bibliografia*, no. 12. 32; Rowse, p. 339)。本書、六三頁。

(7) これは、トマスのことだと思うが、本書、二三三頁、注10を参照。

テキスト 6

一五八三年十一月十六／二十六日。ウィリアム・ハールよりバーリー卿へ。[ロンドン]

BL Lansdowne 39, f. 193.
自筆。宛て名、裏書きあり。誤って誰かが次のことを付加している。「トマス・ハワード卿のものと思われる、予言に反対する書物」。

正しく、誉れ高く、公正なる閣下、昨日閣下のもとへ手紙をお送り致しましてから、ヘンリー・ハワードがその筆者だという疑いのある反予言の書物に関して、恐れながら、国家の問題にも神学にも学識の深い、ある男に検閲させることを考慮していただくよう申し上げてもよいのではと考えました。と言うのは、幾人かの識者により、その書物にはさまざまな異端的主張、反逆的意味合いのある事柄が書かれていると考えられているからです。ただし、その筆者は、一読しただけではこうした事柄が読み取れないようにうまく隠して書いたと思っておりますが。

[著者による要約]／スルイスから聞いたところでは、[・ファン・ゲント]、及びヴァエスの地と敵軍との間のさまざまな連絡路を奪還した模様。パルマ公は追放された。オラニエ公はオランダに三千名の兵士を集結し、ザッセ

ドン・ガストンがパルマ公の所からやって来た。スペインへ向かう途中である。行動力で名の知られた男で、齢の頃三十三、独眼で意志強固である。「この男の父親はジェノヴァ人、母親はスペイン人、彼は生国〔「により〕が挿入〕シチリア人で、これまでで最悪の混血。」明日は荘厳なる日（即位記念日）なので、この男から目を離さぬように。/

テキスト7

一五八三年十一月二十三日／十二月三日。ウィリアム・ハールよりバーリー卿へ。ロンドンにて。

BL Cottonian Caligula C viii, ff. 204-6.

ハールの筆跡。住所、裏書き共になし。二つのシンボルを用いたサインのようなものが書かれている。誰かが、ひょっとするとハール自身かもしれないが、この紙の上部の余白に「一五八四年十一月二十三日」という日付を書き加えている。また他にも三度、これの書かれた年を定めようとする試みがなされているが、内容から、その日付は完全に明白で、誤差も二、三日以内である。付けられた年は、何らかの理由で一年ずれているだけだと考えてもよい。CSP Scotland 1584-1585, p. 426 に、一五八四年十一月二十三日付けで記録されている。そこではこれはウィリアム・デイヴィッドソンによるものとされている。

今月二十一日、木曜日の朝、フランス大使はクルセルを使って、アーチボルド・ダグラスをこっそりと自室に連れてこさせました。その部屋で、この両者間で長時間に及ぶ熱心な相談が持たれた後——その相談というのは主として、スコットランド女王から先頃受け取った手紙に関するものでしたが——先述のアーチボルドは、再びこっそりとその場を追われました。

彼らは、国務卿ウォルシンガムが、フランス大使の手元に届く前にスコットランド女王の小荷物を開封し、エリザベス女王陛下にそれに関する秘密事項を伝えたため、自分たちは多くの点でよりいっそう深慮を余儀なくさ

れたのは確かだと考えておりますので、拝謁に際し、いかに女王陛下に処するか、その委細について討論致しました。何らかの脅迫を用いることで、露見してしまったこれらの事件の調査と、今はまだ名前が発覚していない大物の友人の割り出しに手心を加えてもらうことを望んでおります。[著者による要約]／アーチボルド・ダグラスの陰謀について。この計画はギーズ公ゆかりの者。この計画はメアリーとその友人たちにより実行される由。スペインとローマにいるギーズ公ゆかりの者。「彼はこれまでも、裏をかくような人間だった、不誠実で、……ずっと実行役を果たし、不信心で、最終的には自分の役に立つあらゆる秘密を享受するような人間だった……」ジェームズ王がイングランド贔屓のスコットランド人を逮捕したことや、アンガス伯を召喚したことは、彼が母親と共謀していることを示している。牧師のダフィールドから伯爵に向けられた長々とした不平不満。それに対する彼の弱々しい返答。

司祭のホールが見つかる。ホールとサマーヴィル。国の多くの紳士の女王に対する感情を知っている。善良な人々の溜息が、自分たちと悪人たちの区別がされていないという溜息が聞こえる。ペリクレスと比較されよ。この人は「ふさわしき者たち」の味方をした。

スコットランド側は、数と計画において急迫する勢いで、報償に価する策略を持った者も多くいるようです。クスバート／「・アーマラー」綴込みのため、この名は読めない／が近頃スコットランドに派遣されましたが、それは娘に歓待の限りを尽くすためで、こうした状況のもとで、事に当たっている者や、それ以外の者によると、それは若いジェームズ王を彼の計画からそらし、結婚の固い希望、または微々たる可能性が取り扱われるわけですが、持つ親類が、自らの範囲から非常に大決意の固い友人たちから引き離すためです。しかし、H［の］が削除）持つ親類が、自らの範囲から非常に大きな結果を得るため、金鋼石を弱らせようとしているとも言っております。同様に、今、私どもはスペイン王と

その大使に贈物をして御機嫌を取り結んでおりますが、これは準備が進み、今にも来そうな「嵐」を分散させるか、弱まらせるためです。

慈悲深き私どもの女王陛下の公的な身辺警護に関して、女王陛下がその問題の調査を押し進める御気持になられました時には、ヘンリー・ハワード卿が罪人であると確証するだけの材料を持っておられるのではありません。ハワードの精神はそれ以外の点においても、心安らかな義務の範囲内に収まるものではありません。彼自身の側の人間も、彼の苦労の多い心持ちについて、捕らわれもせず、放されもせず、と申しております。

私はここでまた、女王陛下崩御という人道にもとる一大事に際し、スペインで大変な祝勝のお祭り騒ぎが行なわれたことが再び確言されるのを耳にしました。スペイン、フランス、そして教皇は、何としてでも（信仰と美徳は二の次にして）（暗殺者と反逆者を使って）勝ちをおさめようと骨を折っております。[著者による要約]／先頃チャールズ・アランデルが、アブチャーチ・レインにある新しい香料商で手袋と香水を買うのを目にした。「女王陛下は嗅覚がたいそう肥えておられ、良い香り女王を毒殺するためにそれらを使うつもりだと思われる。しかし、神が陛下を守られるだろうと私には分かっているのですが、残虐と裏切りが必至で、陛下は神を信じておられるからです。残りのことは神の御言葉を借りてでも敢えて申し上げるでしょう。必ずや行なわれるでしょう。それに対する報復も、忠誠心を投げ捨てて、大物たちのうちで。」ジョン・ギルピンが、二年以上も前に私に語ったところによると、彼はフランスにおり、ルーアンでホールに会っており、その時ホールはそれらの書物の売却先のリーシー卿の後を追ってそこへ送り込まれた時、大量の書類の中に良からぬ書物を隠し持っていたそうだ。また、ホールはそれらの書物の売却先のリ囲まれ、

トを持っていた。その書物には、サセックス伯以外のほぼ全てのイングランド貴族への誹謗的記述が含まれていた(8)。

こうして、恐れながら私の知っていることをお知らせするのですが、私が冗漫だとか、不遜だとか考えておられるのでしたら、謹んで閣下の御叱責を頂戴致します。詮索好きなのではありませんが、私の生死にかえても永遠にその保証となりたき、女王陛下の安全安寧を「[陛下のために]」が削除] お守り出来ますよう心より願っております。

注

(1) カステルノーとクルセル。

(2) 第八代伯爵、アレクサンダー・ダグラス。一五七二―八一年間、スコットランド摂政を勤めたモートン伯、ジェームズの甥で、アーチボルド・ダグラスの親戚。

(3) ジョン・サマーヴィル、不穏な考えを持つ、ウォリックシャーのカトリック紳士で、エリザベス女王暗殺の目的でロンドンに行くつもりだと宣言した後、一五八三年十月に逮捕された。彼との関係が噂される神父のヒュー・ホールは、園芸の専門家で、リンカーンシャーのホールデンビイにある大邸宅の造園のため、サー・クリストファー・ハットンに雇われていた。スロックモートン逮捕の余波で、彼も尋問を受けた。31-xii-1583/10-i-1584: PRO SP 12/164. no. 77. 『レスターズ・コモンウェルス』, p.173 と n. p.219.

(4) 「H」とは、エリザベス女王の親戚で顧問官で、この時期にベリック長官を勤めたハンズドン卿のこと。彼は、ジェームズ王と自分の娘（または姪）とを結婚させるという考えを持ち出すために、アーマラーをスコットランドに派遣していた。(CSP Scotland 1581-1583, pp. 369, 466, 683; Read, *Walsingham*, ii, 232). Calamite は、イタリア語法で

(5) Calamita：「アダマント（何物にも侵されない堅い物質）、または、磁石」（フロリオ）。

(6) 本書、六六頁と二九四頁の注55。

たぶん、この一文を完全に判読することは不可能であろう。その後半に注釈を加えるとすれば、「自分たちは侮辱を受けたと考えている大人物から、最も野蛮で不名誉な類の復讐と裏切りを予期し得るということ」となろう。エリザベス女王暗殺は、第七代ノーサンバランド伯、トマス・パーシー（当時の第八代伯爵の兄弟）と、第四代ノフォーク公、トマス・ハワード（ヘンリー・ハワード卿の兄弟、アランデル伯の父、チャールズ・アランデルの又従兄弟）が一五七二年に反逆罪で処刑されたことへの、パーシーやハワードの一族の者たちの報復だとハールは言いたいのだと私は解釈したい。後述、テキスト8の「あれらイタリアの伯爵たちの」を参照。そこでは、ひょっとすると「イタリアの」という言葉は、「あだ討ちに訴え勝ちの」という意味を持たされている。

(7) 第八代ノーサンバランド伯の長子、ヘンリー・パーシー。彼がこの時にはまだフランスにいたことは、ほぼ間違いない。彼は、父親がロンドン塔で亡くなった時、明らかに自らの手で、一五八五年六月に称号を継承した。彼は科学者たちの著名な庇護者に、また、ブルーノの諸作品の収集家になった。Hilary Gatti, 'Giordano Bruno: the texts in the library of the 9th Earl of Northumberland', Journal of the Warburg and Courtauld Institutes, xvii (1983), 63–77. ジョン・ギルピンは、第八代伯爵の家臣で、前述、及び六五頁の「大物の友人」の一人。彼からハールに宛てた手紙、Rouen, 24-x-1580 が一通存在するが（CSP Domestic: Addenda 1580–1625, p. 20）、それは、ルーアンでのイングランド人亡命者たちの動きを述べたものである。

(8) この本は、Treatise of Treasons against Queen Elizabeth のように思われるが、その本だとすれば、ここだと、時期も場所も不適切であろう。Thomas H. Clancy, Papist Pamphleteers (Chicago, 1964), index.

テキスト8

一五八三年十二月二十二日／一五八四年一月一日。ウィリアム・ハールよりバーリー卿へ。ロンドンにて。

自筆。宛て名、裏書きともにあり。

BL Lansdowne 39, f. 194.

正しく、誉れ高き閣下、

昨夜、閣下の所からおいとました後、私のお仕えするレスター卿とたっぷり時間をかけて、あれらイタリアの伯爵たち［テキスト7の注6参照、訳者注］だとか、その他諸々のことについて話をしました。レスター卿は、その話にたいそう熱中されました。閣下にお尋ねするのを忘れておりましたが、その後しばらくして、閣下のもとに、ある詩が届いておりませんでしょうか。その詩の著者は、自分の書いたものではないと述べておるのですが、それらは閣下御自身に関するもので、忌まわしく侮辱的な性質のものです。もし、何かこのようなものであれば、それらの情報に近づく方法を心得ております。と申しますのは、このような詩は、最近出回ったので、偶然それと共に、これらの新しい誹謗文書が持ち出されたのかもしれないのです。明日の夜までに、誰が書いたのか、大体見当を付けられると考えております。治療を受けておりませんでしたら、このことに関して、今朝、閣下をお

訪ねしたかったのですが。でも、先述の詩を必ず手に入れて御覧にいれます。と申しますのは、私はまったく御身次第であり、私自身も、私の任務も閣下にお捧げしたからです。目を通された後は、どうぞ、この手紙を焼き捨ててください。

［著者による要約］／ドーバー市長推薦。この人物、ドーバー・キャッスル［この当時、この地方で最も有名だったはたご屋、訳者注］と抗争中。／

テキスト9

旧暦一五八四年一月初旬または中旬。ジョルダーノ・ブルーノよりサー・フランシス・ウォルシンガムへ。ロンドン、ソールズベリー・コートにて。

PRO SP 12/167, f. 155 (no. 58).

自筆。FAの書体。宛て先なし。以下の裏書きあり。「一五八三年／一月／ヘンリー・ファゴットからの秘密の知らせ／王室財務顧問官 ('Master Comptroller') の所の召し使いモリスは、フランス大使への密告者。」手紙の終りに新年のことが述べられており、またジローが到着したことが書かれていることから、日付を定めた。ジローが到着したのは一月二十四日／二月三日よりもかなり前だったに違いない。ジローはその日には、パリにいる妻に宛てて、ソールズベリー・コートから手紙を出しているからである (PRO SP 12/168, f. 12 (no. 5))。本書、六七頁、一二一頁注33。この自筆文書は右側が破損している。前もって「テキストに関する注」を参照すること。

Monseigneur ceste presente servira pour vous advertir en assurance que monsieur le grand conterolleur[1] tient ung serviteur qui se nomme monsieur morice lequel gouverne monsieur lambassadeur et luy rapporte nouvelles de la court de tout quil peult entendre de son maistre a [qui *deleted*] qu/il *and perhaps something else cut off*/ ?mant tout son segret et monsieur lambassadeur le donne argent pour savoir nouvelles dicelluy [mor/ice/ inserted above] d/e/ tout ceulx quil connoist en la court, dont m/on/sieur lambassadeur layme extresmement et l'apel/le/ son compaignon et bon amy et Icelluy morice est grand Papiste et amy de monsieur tindalle et vous promes que sil est faict Inquisition de luy quil dira beaucoup de choses et sur toutes choses donnez vous gar/de/ dicelluy.

Nota   Je vous advertis que vous doniez de garde de Monsieur du Glas car il est pencionaire pour monsieur lambassadeur.

Henry Fagot

Iil ya ung certain homme prisonier au Flit lequ/el/ [m deleted] est grandissime papiste lequel ma dict qu'il remercioit dieu de ce que monsieur frocquemort/on/ navoit pas dict la verite de ce quil savoit et que si cela fust advenu que tous les papistes es/toient/ tous perdus a jamais le nom dicelluy est mo/nsieur/ huton gentilhomme yrlandois.[2]

Laurens feron a receu argent de monsieur lambassa/deur/ Monsieur lambassadeur faict son conte de aller en esco/sse/ mais donnez vous de garde de cela.

Notate   Je vous en garde quelque chosse de segret que Je /vous/ diray plus amplement

In margin   tout cecy est veritable par ma foy.

349　第三部　テキストと覚え書

Notre somellier est venu lequel a apporte force livres dont monsieur papinton[3] en sera le marchant.
Il vous plaisra me donner mes estraines a ce bon an et je [ser *deleted*] priray le bon dieu pour *votre* exelence.
Ne vous fiez a pitou.

国務卿閣下、

[王室] 財務顧問官 (M. the Grand Controller [of the Queen's Household])[1] の所にモリスと呼ばれる召し使いがおりますが、この男はフランス大使の手先であると、確証をもってこの報告書でお知らせします。モリスは、主人から耳にする、宮廷に関するあらゆる情報を大使に伝えております。この主人は、秘密をこの召し使いにあらいざらい話しているからです。大使は、モリスやモリスが宮廷で知っている全ての人たちからの情報を入手する謝礼に、彼に金を支払っております。そのため、大使はモリスのお気に入りで、彼のことを自分の仲間で親友だと称しております。このモリスは、大変な教皇絶対主義者で、ティンダル氏の友人です。もし、尋問を受けましたら、多くのことを話すだろうと約束致します。絶対に目を離さぬよう、この男をお見張りください。この男はフランス大使から手当を得ております。ダグラス氏を監視なさるよう助言致します。

　　　　　　　　　　　　　　　　ヘンリー・ファゴット

フリート監獄に一人の男が収監されております。この者は、大の教皇絶対主義者で、スロックモートン氏が知っていることの真相を語らなかったのを感謝している、もしそのようなことをしておれば、教皇絶対主義者全員

が窮境に陥るだろうと私に打ち明けました。この男の名は、ハトン氏で、アイルランド人紳士です[2]。ローラン・フェロンが大使から金を受け取りました。大使は、自分がスコットランドに行くのを期待しておりますが、フェロンがそのようなことを期待しないようにと心を砕いております。

私はまだ、ある秘密をお知らせするのを控えておりますが、それについては[後で]もっと申し上げることにします。

これらのことは、誓って本当です。

私どもの所の酒倉番が到着しましたが、彼は、バビントン氏[3]が彼に代わって売り捌く書物をたくさん持っております。

この新年には、特別手当を頂戴したいと思います。もし頂戴出来れば、閣下のために神に祈りを捧げます。ピトゥを信じられてはなりません。

注

(1) サー・ジェイムズ・クロフト。本書、六七頁、一八三頁。
(2) たぶん、テキスト2で述べられた男。
(3) アンソニー・バビントン、一五八六年夏のメアリーを擁立する陰謀が、彼の名を冠しているが、彼はその結果として処刑された。

テキスト10

[旧暦、一五八四年二月中旬から下旬]。ウィリアム・ハールの口述をメモしたもの、または、ほぼ間違いなく、サー・フランシス・ウォルシンガムの執務室で、ハール自身のメモから筆写されたであろうもの。

PRO SP 12/167, f.154 (no.57).

明らかなセクレタリー書体。見出し、裏書き、日付一切なし。

これは、PROでは、テキスト9のすぐ前に収録されているが、もっと後のはずである。なぜなら、メンドーサは一月二十一／三十一日頃にロンドンを離れたので、テキスト9が書かれた時点ではまだロンドンにいたに違いないからである。このテキスト10は、メンドーサの出発後しばらく間をおいてからのものに違いないし、クルトワを間に挟んだテキスト11との関係からすると、三月十六／二十六日よりさほど前ではない日付だろうと思われる。「我々」(the partie) (the partie, this partie) への言及が決定的要因となり、ファゴット／ブルーノがテキスト5-7の情報の多く、もしくは大半の出所であることを確認し、彼とハールの関係がどのような性格のものであったかを確定することが出来る。

フランス大使の所に足繁く通う者がおります。その者はスピッテル(1)の近くにおりますが、そこにはかつてスペイン大使もおりました。(2)収集出来るあらゆる状況から見て、それはクルトワという男で、我々はこの男がスペイン人だと考えております。

また、大使の所に、司教の子息のスコーリーが頻繁にやって来て、大使と長時間にわたって密談を行なっており、父親が亡くなって、遺品を売り払ってしまったら、ぐずぐずしはしないとこの男が話すのを我々は耳にしております。

ノエルという人物に仕えているフランス人修道僧のヴィクトールという男がおり、大使館を頻繁に訪れておりますが、大使はこの修道僧を通じて宮廷に関する多くの情報を受け取っております。

クルセルが夜間に、グリニッジの宮殿にこっそり通い詰めております。

セミン [ヘミンか?] という人物に仕える名し使いが、テンプル・バーを出た所のセント・クレメンス教区に住んでおり、たいていは大使邸へやって来て、そこでのミサに出ておりますが、この男は、大使に多くの情報を与えております。

注

（1） 聖バーソロミュー病院。

（2） ひょっとすると、これは、クルトワではなくむしろスビアウルだったかもしれない。と言うのは、コーリーの告白、14/24-ii-1585 (PRO SP 12/176, no. 53) に示されるように、この頃、スビアウルは確かにソールズベリー・コートに「頻繁に出入りしていた」が、クルトワについては、そのようなことは記録されていないからである。しかしながら、ブルーノが、この頃になってもまだ、スビアウルの名を知らなかったとは考えられないし、また、クルトワもテキスト11に確かに登場する。

（3） ヘンリー・ノエル、著名な延臣で、トマス・フラーによれば、「当時の最も勇猛果敢な男の一人」。*DNB*, Noel, Sir Andrew. 彼はまた、スコーリーの告白で、『レスターズ・コモンウェルス』の一冊を受け取った人物であると述べられた。詩人のトマス・ワトソンは、ブルーノの本やディクソンの本とは比べるべくもないが、と言いつつ、おそら

く一五八五年に記憶術に関する本を彼に献呈した。Salvestrini, Bibliografia, no. 258; Yates, Art of Memory, p. 274 と n. 64.

テキスト11

[おそらく一五八四年三月十六／二十六日] ジョルダーノ・ブルーノよりエリザベス女王陛下へ。ロンドン、ソールズベリー・コートにて。

自筆。FA書体。テキスト中に見られる形以外では、宛て先はなく、また裏書きもなし。

BL, Harleian 1582. ff.390-1.

日付：復活祭の告解と聖体拝領の文脈においては、スビアウルもブルーノも新暦で考えていたに違いない。彼らの言うイースター・サンデーとは三月二十二日／四月一日だった。スビアウルは告解を聴聞してくれるように「数回」ブルーノに依頼している。この数回のうちの全て、またはほとんどが、レントの始まり（二月五／十五日）以降だったに違いない。ブルーノは、礼を失さない範囲で出来るだけ長く告解聴聞を引き伸ばしたかのように思われるが、イースターの前の最後の日曜日は三月十五／二十五日で、新暦のパーム・サンデーだった。告解聴聞は日曜日に行なわれることからも、三月十五／二十五日という日付がますます本当らしくなる。スビアウルが、イースターの聖体拝領を「次の水曜日」に受けると述べていることからも、三月十五／二十五日を出来るかぎりきちんと守る心を砕いていたと解釈出来なくなる。前の水曜日（三月十八／二十八日）かその次の次の水曜日（三月二十五日／四月四日）のどちらかであろう。その場合、問題の水曜日は、復活祭前のより妥当であろうが、私はテキストの中では前者の方だと考える。どちらの場合でも、告解の日がパーム・サンデーだったことに変わりはない。しかし、実は、テキスト11aを読めば、日付に変更が加えられることはない。どちらを選ぶかで、告解の日付に影響が出てくるのだ。前者の場合、「ついこの間の日曜日」と「次の水曜日」という言葉をブルーノが使っていることで、三月十六／二十六日の月曜日が唯一可能な日付となる。後者の場合、日付は三月十九／二十九日の木曜日（水曜日は除外出来ると思う）と同二十一／三十一日の土曜日の間であろう。私は、以下の根拠に基づき、絶対に

前者が正解だと考える。(1)ある日曜日をさし示すために、そのすぐ後に続く木、金、土曜日に、「ついこの間の日曜日」という言葉を使うということは、いくらファゴットでも、ほとんど、または、まったくあり得ない。ファゴットは、この報告書では、実際かなり的確なフランス語を使っているからである。(2)告解の後四、五日もそれに関する報告をせずに放置するなど、ブルーノの話とおよそつじつまが合っていない。

En la serenissime Royne dangleterre france et yrlande salut bonne longue et heureusse vie amen

Madame je veulx fort bien advertir *votre* honorable et prudent conseil a qui dieu maintiene bonne perfexion quil cest presente ung quidem espaignol nomme Sibiot facteur du sir bernadin de mendosse Jadis embassadeur pour le Roy despaigne en *votre* Royaulme dangleterre lequel cest presente par plusieurs foys vers moy pour loyr en confession ce que Je lay reffuse jusques a ce jour de dimenche dernier lequel [ma *deleted*] Sibiot ma confesse chosses fort iniomineusses, et qui me contrangnent de vous dire la pure et vraye verite dautant que [Je *deleted*]Jaymes *votre* longue et heureusse vie: et aussy comme il a tousiours pleu a *votre* sacre majeste me favorisser non seullement de bouche mais aussy de coeur et de vos bons moyens a quoy je veulx tousiours continuer pour [*votre deleted*] la protexion et saulvegarde de *votre* exelente Majeste/ Notez cest quil [ma dict quil ?avoyt *and perhaps another word deleted*] ma dict quil a la charge dudit

f. 390 v/

sieur de mendosse [de vous *deleted*] avec quatre aultres dont je ne say le *nom* synon que dung nomme Courtoys de vous faire mourir [par poisons *added in the margin*] soit par armes, par boucquets, par linge par senteur par heauf¹ ou par quelque moyen que ce soit, et le tout avant quil soit peu de tems [en ate *deleted*] et que peult estre il sera la plus grande berthelemy que onques on a oy parler et quil ny a dieu ny diable qui lempesche luy ou ses conseillers de ce faire qui est une chosse fort grandement pitoyable et pour autant Madame que je este [linstrument pour vous *deleted*] le chercheur de beaucoup de chosses qui ce sont congneus [veritables *inserted and deleted*] a votre bon conseil lesquelles ont este trouvez veritables et aussy comme [Jayme *deleted*] Jaymes mieulx mourir [au quas *deleted*] au cas que ne vous die le peure et cincere verite

Nottez madame que je lay interrogue le plus quil ma este pocibble. et premierement sur les dix commendemens de la loy laquelle chosse cest fort bien confesse hors mics sur non occides/ car il a tousiours ceste volonte vers votre Majeste et luy ay faict les plus belles [Res *deleted*] Remonstrances du monde sur cela/ mais il a respondu en somme que cestoit pour la tranquilite de la [R *changed to*] vraye Religion catholique [apos *deleted*] apostolique et [*word beginning* Roy *deleted*] Romayne et que resolument quil croyoit que son ame yroit tout droict en paradis quant il nauroit faict aultre chosse que cela: et semble quil soit enrage en ce confessant comme il grichoit les dentz et me faisoit peur en le voyant: Notez quil ma promis de me amener les aultres mais il y en a deux qui vienet en brief despaigne ce quil atent/

女王陛下、
陛下の誉れ高く思慮深き枢密院に——どうぞ神の御加護のもと、枢密院が申し分なく栄えますように——スピ

イングランド、フランス、そしてアイルランドのいともやんごとなき女王陛下に、御健康と楽しく長く幸福なる人生をお祈り申し上げて。アーメン。

quant est dung quidam nomme Courtoys il ne vault pas mieux que son compaignon et a telle volonte/ il doibvent faire leurs pasques mercredi prochain et leur reconsillier

Votre humble affexione
Celuy que connoissez

Written beside signature
Deus adjuvat te et maneat tecum omnibus diebus vite tue Amen

Written below signature
gardez mon segret car Je vous suys fidelle et decouvriray aultres choses
Vide humilitatem meam et laborem meum: [et dimitte omnia *deleted*] [et cono *deleted*] et cognoce me, quia ego sum pauper sed fidelis[2] f. 391 r, at top/

アウルと呼ばれるスペイン人が私の前に現われたことをお知らせ致します。この者は、貴国駐在の前スペイン大使のドン・ベルナルディーノ・メンドーサの代理人でした。告解を聴聞してくれるようにと私の所を数回訪ねてまいりましたが、ついにこの間の日曜日までずっとお断わってきました。このスビアウルが、非常に恥ずべき事柄を告白しましたので、嘘偽りのないありのままの真実をお伝えせねばなりません。これは私が、陛下の長く幸多き人生を願っており、また、恐れながらその御言葉だけではなく、御心遣いや金銭的な御配慮でも陛下から恩寵を賜っているからです。女王陛下をお守りしその安全をお保ち致しますためにも、私は常にこのような立場にあり続けることを願っております。

スビアウルの告白によれば、そのうちクルトワと呼ばれる者以外は、私には名前が分からないのですが、他の四人と共に、武器を用いようが、毒、花束、気付瓶、下着、水、その他どのような手段を用いようが、陛下の御命を奪うようメンドーサから命令を受けているということです。それはこれまでにあったうちで最大の「聖バーソロミューの大虐殺」となるだろうし、神であれ悪魔であれ、その実行の邪魔をすることはなかろうとも申しました。これは本当に恐ろしいことです。あなた様の枢密院の知られるところとなり、本当であると判明した多くの事柄は私が発見致したのですし、嘘偽りのない、心からの真実以外のことをお知らせするくらいなら、死んだほうがましだと思っているだけに、尚更です。

陛下、私は出来る限り事細かにスビアウルを聴聞したということを御心にお留め置きください。まずモーゼの律法の十戒について問いました。「汝、殺すなかれ」以外は全てについて申し分のない告解をしました。女王陛下に狙いを定めたこの目標に執着しているのでうまく告解が出来なかったのです。それについて、私は言葉を尽くしてスビアウルを諫めましたが、彼は女王暗殺は十二使徒会やローマ・カトリックなど、真のカトリック教徒

の心の平安のためであり、それさえ果たせば自分の魂はまっすぐに天に昇るのだと固く信じていると返答しました。これを告解しているうちに興奮して怒りが込み上げて来たようです。なぜかと言えば、歯ぎしりをしていたからで、彼を見ているのが実に恐ろしくなりました。御心に留め置いていただきたいと思います。ただ、スビアウルが、私の所にあとの者たちも連れて来ると約束したのを御心に留め置いていただきたいと思います。ただ、スビアウルは、後の四人のうち、スペインから来る予定の二人を待っているのです。彼らのうち、クルトワと呼ばれる者について言えば、一味の者と似たり寄ったりの人間で、同じ意図を持っております。この者たちは次の水曜日に、復活祭の勤めを果たし、それで和解することになっております。

陛下を御敬愛申し上げ、

陛下にお見知りおきいただく、卑しき僕

(ラテン語で)神の御加護がありますように、陛下のこの世にあらせられます間、常に神が陛下と共におわしますように。アーメン。

どうぞ私の秘密をお守りいただきますように。私は陛下に忠誠をお誓い申し上げ、また他のことも見つけ出すつもりでございますので。

(ラテン語で)私の謙虚さと尽力を御考慮くださいますように、[「そして(私の)全ての(罪を)お赦しくださ い(!)」この部分は削除されている][この一節は「詩篇」、二四の一八に当たるが、訳については本書著者の英訳を訳出したため、次ページ「注2」の訳とは異なっている、訳者注]、そして私をお認めくださいますように。私はいたらぬ者ではありますが、忠実なのですから。

注

(1) ファゴットは、heaux と書くつもりだったのかもしれないが、実際に書いたのは、f だった。その理由としては、彼は、eau は複数形で s をとらないということは覚えていたが、それでは何をとるのかということはまったく覚えがなかったという可能性が最も高い。しかし、彼は普通は、x を加える複数形には苦労をしなかった。[この注は、フランス語原文にのみ付されている、訳者注]

(2) 「詩篇」、二四(ウルガタ聖書)の一六—一八を参照。
Respice in me, et miserere mei; quia unicus et pauper sum ego.
Tribulationes cordis mei multiplicatae sunt; de neccessitatibus meis erue me.
Vide humilitatem meam et laborem meum, et dimitte universa delicta mea.

　わたしをかえりみ、わたしをあわれんでください。
　わたしはひとりわびしく苦しんでいるのです。
　わたしの心の悩みをゆるめ、
　わたしを苦しみから引き出してください。
　わたしの苦しみ悩みをかえりみ、
　わたしのすべての罪をおゆるしください。(『旧約聖書』、日本聖書協会)

テキスト11 a

テキスト11に同封されており、おそらくウォルシンガムだけに宛てられたもの

テキスト11参照。

自筆。FA書体。裏書きなし。

BL Harleian 1582, f. 269.

Ensuit la confession de N.

Et premierement Interrogation a luy faicte combien il y avoit quil navoit esta [*sic*] confesse/ Responce diceluy quil y avoit cinq moys et plus. Interrogation sy la confession laquelle il avoit faicte dernierement par son dernier confesseur avoit este parfaicte et entiere/ Responce que ouy au mieulx quil y estoit pocible/ Interrogation a lcelluy sur les dix commendemens de *notre* mere saincte [*sic*] assavoir/ *unum crede*:[1] que depuis sa derniere confession sil avoit bien faict son debvoir de aymer dieu et de croyre a ung seul dieu aussy/ *Réponse*/ quil croyoit fort bien a ung seul dieu mais quil ne lavoit pas si bien ayme ny observay ses saint commandementz comme ung vray fidelle catholique [*debvoit deleted*] doibt faire/

Interrogation/ *nec jures vana per ipsum*/ Responce quil avoit jure par plusieurs foys et prins le nom de dieu en vain et de ses sainctz et sainctes de paradis ausy/ Interrogation savoir: *Sabbata sanctifices*/ *Réponse*/ quil avoit observe et garde les festes du commendement de leglise le mieulx quil luy a este pocible mais non pas en telle devotion comme il debvoit: Interrogation *charos venerare parentes*: *Réponse*/ quil navoit pas porte honneur ny reverence a ses superieurs comme il debvoit assavoir comme aux gens deglise et a aultres tant de plus grande dignite et calite quil nestoit// Interrogation: *Non sis occisor.* *Réponse*/ quil navoit tue personne mais que vray est quil en a la volonte et que sil estoit pocible que dieu luy donnast ceste grace et faveur que ce seroit pour une grandissime edification du peuple et que il croyoit fermement quil seroit la cause de la salvation [de *deleted twice*] dames infinies et que iceluy nest pas le seul qui le veult entreprendre mais ausy quil y a quatre autes [*sic*] qui sont ses coadiuteurs/ Interrogation qui cestoit qui voulloit ocire/ *Réponse*/ quil voulloit et avoit intention que ausy tost quil y en auroit troys venus qui sont avec le prince de palme qu'il avoint delibere de tuer la Royne qui est une chose fort pitoyable.

The last paragraph seems to have been added as an afterthought between the above and the signature
Interrogation: *Testis iniquus:*/ quil [na *deleted*] avoit porte fault tesmoignage [alenct *deleted*] alencontre de lung de ses beaux freres[2] pour une chose laquelle estoit de grande importance mais que cestoit

pour une paix milleure/ henry fagot

以下、Nの告解：

彼への最初の質問：最後の告解からどのくらいたつか？ 返答：五カ月を少し超えるくらい。

質問：最後の告解は完璧で完全だったか？ 返答：はい。能力の及ぶ限りで。

聖母〔教会〕（ママ）の十戒についての質問。第一の戒め：最後の告解以降、神を愛し、唯一なる神を信じることにおいてその勤めを果たしたか？ 返答：唯一なる神を固く信じたが、真の忠実なカトリック教徒がすべきようには、神を愛することも、十戒を守ることもしなかった。

質問：第二の戒め。返答：数回、呪いの言葉を口にした。また、神の名やその聖人たちの名をみだりに唱えたことがある。

質問：第三の戒め。返答：教会により命じられた祝日を出来る限りきちんと守ったが、そうすべきだった程熱心には守らなかった。

質問：第四の戒め。返答：そうすべきだった程にも、上長、すなわち聖職者や自分よりも地位や位が上の人たちに敬意を払わなかった。

質問：第五の戒め。返答：何ものも殺したことはない。しかし、殺すつもりがあるというのは本当だ。もし神が、この恩恵と恩寵をお与えくださることが可能ならば、大いに人の徳育のためになろう。また、それが、無数

の魂を救済する契機となるのを固く信じている。自分一人ではなく、他四人の手を借りて、それに着手するつもりである。

質問：誰を殺すことを願っているのか？　返答：共謀して殺害を計ることになっている他の三人が、パルマ公の所から来たらすぐに、エリザベス女王を殺したいし、また、殺すつもりである。まったくもって恐ろしいことである。

質問：第八の戒め。［返答：］非常に重要な事項に関して、義理の兄弟の一人［「共謀者の一人」という可能性もある］に不利な偽証をした。しかし、彼らをよりよく和解させるという心づもりがあったのだ。

ヘンリー・ファゴット

注

(1) これ、及びこの後に出て来る、質問に付随するラテン語の文句は、十戒を記憶する目的のラテン語の滑稽詩からのものである。［ただし、英語訳には訳出されていないため、日本語訳の方にもこの注は付けていない、訳者注］

(2) このもう一つの解釈は、前年の十二月にパリでウィリアム・パリーが受けた告解聴聞についての一節からひらめいた。この告解聴聞は、スビアウルと彼の友人たちがパリで受けた告解聴聞と似ているが、パリーの場合には、ヴァンドーム、及びジョワユーズの両枢機卿は、パリーの「義父」('beaupères') だと述べられている。Holinshed's Chronicles, iv, 582.

テキスト12
「聖灰日の晩餐」対話2からの二節、一五八四年三月から四月。翻訳。

DI, pp. 53–7, 82–4.

i テムズ河の旅

[著者による要約]／ブルーノ（ノラーヌス）は、聖灰日の昼食に招待してもらうのを期待していたが、招待を受けなかったので、数人のイタリア人の友人を訪ねるため外出し、すっかり暗くなってしまうまでソールズベリー・コートに戻らなかった。そこで、ブルーノは、フロリオとグウィンが自分を探して邸の外に立っているのを見つける。少し話をした後、ホワイトホールにあるグレヴィルの住まいへ、食事をしに、彼らに同行することに同意する。／

テオフィロ：「じゃあ、行こう」とノラびとが言った。「今夜のような真っ暗な夜に、このような危険な道を通ってとても長い旅をするのだから、神が我々と共におわしますことを祈ろう。」まっすぐに[ホワイトホールに通じる]道にいたのだが、近道をする方がよいと思ったので、ホワイトホール宮殿まで運んでくれる船に乗ろうとテムズ河の方に曲がった。バックハースト桟橋まで来て、そこで、「おい！」（すなわち「船頭！」）と声を限り

に呼んだ。目的地まで暇に任せて徒歩で行き、おまけにちょっとした仕事を片付けたとしても十分な程たっぷり時間がかかった。とうとう二人の船頭が遠く離れた所から返事をして、まるで絞首刑台に上る途中であるかのように、やたらにぐずぐずと土手に船を着けた。その場所で、どこから、どこへ、なぜ、どうやって、いくらに、ついて大いに交渉した後で、やっと舳先を桟橋の最下段に着けた。それから二人のうちの片方で、タルタロスの王国の老いた渡し守「カロン」のように見える男が、ノラびとに手を差し伸べ、もう一人の方——六十五歳くらいの男だが、私の見たところ、先の男の息子だ——(1)が、残りの者を助けて船に乗せた。

ヘラクレスもアイネイアスもサルザの王ロドモンテも乗せてはいないが、その時、次のように述べても支障はなかったであろう、

'gemuit sub pondere cymba
sutilis, et multam accepit limosa paludem.'

（今にも壊れそうな船は、重みに耐えかねうめき声をあげ、
泥水をたっぷりとかぶった。）(2)

この妙なる音色を聞きながら、ノラびとは言った。「神よ、どうかこの男がカロンではありませんように。私は、これは、「永遠の光」の好敵手というノアの大洪水の遺物の一つに違いない。」船の厚板は、触れるたびにへこみ、少しも動きが加われば、それはきっとノアの大洪水の遺物の一つに違いない。」船の厚板は、触れるたびにへこみ、少しも動きが加われば、みな一斉にラッパのような音をたてる。ノラびとは言った。「テーベの壁は、私の記憶によれば、声が出せて、時には真の音色を奏でたというが、それは作り事などではないと思う。(3)もし信じないなら、この船の吹奏を聞いてみろ、全ての側の合せ目や穴を通って流れ込んで来る河の水がたてる音で、さまざまな低

音、高音の出せるバグパイプのように聞こえるぞ。」我々は笑うには笑ったが、その笑い方は確かに、Annibal, quando a l'imperio afflitto Vedde farsi fortuna si molesta, Rise fra gente lacrimosa e mesta.

(ハンニバルは、あまりに過酷な運命が、苦悩する祖国に降りかかるのを見た時、仲間たちが泣き悲しむ中で、笑い声をあげた。)ようであった。

プルデンツィオ：それを冷笑と言うのだよ。

テオフィロ：愛の苦しみや季節の移り変わりによるが如く、このような甘美な音色に霊感を受けて、我々は歌を歌い仲間に加わった。フロリオ先生は恋人たちを思い出している人のように、

(ああ、愛しの人よ、うら若く、美しき身で、わが身を離れて、いずこにいるのか。)。'Dove, senza me, dolce mia vita?' それから、ノラびとが、'Il Saracin dolente, O femenil ingegno' (悲しみに打ち沈めるサラセン人が言った、「ああ、女の性よ……、そなたはなんと……容易に心を変えるのか。」) を歌って調子を合わせ、このようにしてどんどん続いていった。

かくして、我々は船の許す限り少しずつ、先へ進んで行った。時と木食い虫が船を食い尽くして、ついにはコルク材のように浮かぶことになったのかもしれない。しかし、船は、鉛製であるかのようにゆっくりと急ぎながら、動いてはいるようだった。二人の老人の腕は疲れきり、あたかも力一杯一漕ぎするかのように身体をしならせるが、櫂の動きは微々たるものである。

プルデンツィオ：秀逸な表現だ。festina (急げ) は漕ぎ手の狂わんばかりの背中のこと、lente (ゆっくりと) は船の進み具合のこと。菜園の神「プリアポス」の脆弱な農夫と同じこと。

テオフィロ：かくして、時は飛ぶように過ぎ去り、我々の旅はほとんど進まなかったが、どうにか行程の三分の一に少々欠ける所まで辿り着いた。この地点、すなわちテンプルと呼ばれる場所から少し上流で、我々を乗せた老人たちは、速度を上げる代わりに船を河岸へ向けた。ノラびとが、我々に尋ねた。「この人たちは何をやっているのか？ もしかしたら、息を整える必要があるのか？」我々は、彼に、この二人が言うには、彼らはこれ以上遠くへは行かないのだ、と説明しなければならなかった。どれほど頼んでもお願いしても無駄なのだ、彼らはここに住んでいるのだから、と。どれほど頼んでもお願いしても無駄だった。と言うのは、この二人の船頭は、放っても、無駄にしてしまう類の農民だからだ。プルデンツィオ：太初から、あらゆる類の農民は、自然の理により、真理への愛の神が彼らの胸を狙って矢を全て与えるぞと脅してもほとんど何もしないのだ。

フルラ：農民についてなら、もう一つ言い習わしがある。

Rogatus tumet,

Pulsatus rogat,

Pugnis concisus adorat.

（頼まれれば、強情を張り、

殴り付ければ、許しを願い、

鞭打てば、ひれ伏す。）

テオフィロ：最後に。船頭は我々を船から追い出した。金を払い、礼を言った時（それと言うのも、この町では、このような悪党から酷い目に遭わされたら、それに対しても感謝を述べねばならないのだ）、ストランド街へ出

ii 酒杯 (Urcivolo)

[著者による要約]／一同、グレヴィルの住まいでテーブルについている。／

テオフィロ：ここにおいて、私は神のお恵みにより、あの祝杯の儀式に加わらずにすんだ。その儀式は、カップまたはグラスを、上座から下座へ、左から右へ、または、いつもながらのどんな方向へでも、友人関係や礼儀作法をわきまえないふるまいの結果おのずと定まる以外の順序は定めず、テーブルを一巡するよう手渡しするものである。その戯れの一番手が、にわかにもってこいの油脂膜をぐるりに薄く残して、カップを口から離した時、二番手がそのカップに口を付け、そこにパン屑を残す。お次は、歯の隙間から取れた肉の小さなかけらを縁に残しておく。また他の誰かが、顎鬚から抜けた一本の毛をカップに落す。こうして皆が滅茶苦茶にその飲み物のお相伴をする。自分の口髭の回りに見せびらかしている残り物から何か気前よくお裾分けをしようとしない、無躾な者はいない。このような考えを胃が受け付けなかったり、高尚な人間を気取りたかったり、飲む気になれなかったなら、単にカップに口を付け、唇からはがれた皮膚らしきものを後に残すだけで十分である。彼らがなぜこれをするのかといえば、ちょうど彼ら皆が子羊、山羊、羊、またはグルニオ・コロコッタ[10]の肉を相伴に賞味することで、一つの共同体、一つの兄弟愛の肉食の狼となるために寄り集まったように、それぞれが自分の口を同じ容器に付けることで、一心同体[11]、同じ堕落、一体となった心、同じ胃袋、同じ喉、そして同じ口

る一番良い道を教えてくれて……

持った印として、うまい具合に一匹の吸血ヒルになれるからである。そして、この一切はある一定の儀式とちょっとした手順をもって行なわれねばならない。その結果、それを見るのはこの世で最高の喜劇であるが、文明人がその真只中に自らを見い出せば、この上なく苦痛で、吐き気を催す悲劇となる。と言うのは、彼は、無作法で、育ちが悪いと思われるのが辛いがために、他の者たちがするとおりにしなければならないからである。この儀式が彼らの言う、この上なき礼儀と丁重の印なのだから。しかし、この儀式は、最も下品な食事の際には今でも守られているが、ある種の大目に見るべき場合を除いてはどこにおいてももはや見受けられることはないから、もう騒ぎたてるのはよして、彼らに食事をさせておこう……

注

(1) アリオストの『狂えるオルランド』に登場するムーア人の不平家。本書、二〇四頁以下、二二八—九頁、注56、57を参照。

(2) ウェルギリウス、『アェネイス』、vi. 413–4。カロンの渡し船が、死者の魂をたくさん乗せた結果の描写。ここでの川は、ステュクスのこと。

(3) ブルーノは、竪琴奏者でテーベの創設者であるアムピオンの物語を推敲し見事な仕上げをしているようだ。アムピオンは、自らの竪琴の音の力で石を動かして、テーベの城壁を築いた。

(4) ペトラルカ、Rime, ccii。ここで言及されているのは、イタリア遠征を断念してカルタゴを防衛するため、船を戻すハンニバルである。

(5) アリオスト、『狂えるオルランド』、viii, 76。本書、二〇四頁。訳は、脇功訳『アリオスト 狂えるオルランド』をお借りした。

(6) 同書、xxvii. 117。訳については(5)に同じ。ただし、(6)については前後の繋がりを考慮して、「 」内は脇功氏の

(7) 日本語訳を、それ以外は本書の著者の英訳を使った。
(8) Patrini. 文字通りには、「名付け親」のこと。
(9) 本書、二二八頁の注54で取り上げた、spunta（「先端を折る」）の解釈上の問題を考慮して、この語に 'emptied'（「全て射る」）という慎重な訳語を用いた。その他の解釈については、同上。
(10) この韻文の歴史と解釈については、DI, p. 57, n. 1.
(11) 喜劇的な遺言の書き手として、古典時代から学校の教科書で有名な、丸焼き料理用の豚の仔のこと。ここで述べられているのは、「新しい契約」（'novum testamentum'）としての「最後の晩餐」での聖体拝領という制度で（「マタイ伝」、二六の二八、「ルカ伝」、二二の二〇、「コリント人への第一の手紙」、一一の二五）ミサにおける聖餐の聖変化で繰り返される。ひょっとするとブルーノは、'testamentum' を「遺言」とした、Babylonian Captivity of the Church (Martin Luther: Selections from his Writings, ed. J. Dillenberger (Garden City, N. Y. 1961), pp. 272f) でのルターの解釈のことを言っている可能性もあるが、ブルーノがそれを熟知していたかどうかは私には疑わしい。

Urbanitā.

テキスト13

[旧暦一五八五年二月のかなり末] ジョルダーノ・ブルーノよりサー・エドワード・スタフォードへ。パリより。

BL Cottonian Nero B vi, ff. 315, 320.
自筆。FB 書体。フランス国王を思わせるサインでコットニアン手稿が製本された時に切れたのだろう。4 と 15 の書き手と同一人物であることが明白である。'dangleterre'. 裏書き。'8 [M がこすれて消えている] arche 1585./ 秘密報告。'/△.
この報告書には日付がないので、裏書きの日付は三月八/十八日である。従って書かれたのは二週間程前であろう。トマス・モーガン逮捕の二月二十七日/三月九日より前に書かれたと考えてほぼ間違いなく、私はスタフォードは三月一/十一日付のモーガン逮捕を書いた自分の手紙と一緒にこの報告書を送ったと推測する。本書、九六一七頁。二月二十六日/三月八日に書かれた可能性が高い。しかし裏書きが新暦になった理由が分からない。左余白の三角形（本書、四四三頁の図版参照）は下線の施された部分をウォルシンガムが注意して読むようにとの意図である。手稿は縁が損傷している。先述の、テキストを読む際の注意事項を見よ。

Monsieur je vous prie recevoir le presant advertissement, pour tout certain et ne le mespriser, attandu qu'il importe beaulcoup a la conservation de lestat dangleterre, comme lon a coigneu par expeiance [*sic*] par les advertissemens qui vous en ont este cidevant donnez sur le mesme subject ou lon a descouvert, le malheureux et perfide dessaing des ennemys de lestat, qui ne desirent que la perdition toutalle d'icelluy, et par une guerre civille, revolter et esmouvoir le peuble dangleterre, contre leur princesse, par le moyen des mauvais bruictz: et li [v *corrected to*] bres papalz diffamatoires, et contraires a la religion; qui y sont transportez de france, a la suscitation de ceulx qui sont en fuite dudit pays, et de lembassadeur despaigne et aultres leurs adherans, comme des libres a dire Messe, aultres libres diffamatoires composes par les Jesuistes, heures, et aultres libres servans a leur intantion. Lesquelz libres sont transportes de ce pais, au pais dangleterre, par les serviteurs domestiques[1] de Monsieur de Mauvissiere embassadeur pour le roy [en *deleted*] audit pais et dudit pais ilz rapportent en france des chappes et ornemens de leglise papalle quilz achaptent depardela a peu de pris pour apres les revendre en ce pa/*is*/ bien cherement et aussi des bas destame,[2] Lesquelz trafficquans se nom/*ment*/ l'un, qui est le principal dudit traffic, Gerault de la Cassaigne somellier[1] ordinaire dudit Sieur de Mauvissiere, et laultre Rene Leduc son cuysinier, lesquelz s'en sont enrechis: et senrechissent tous les jours dudit commerce /*au*/ detriment de lestat, duquel ilz desirent la subversion, et mesmes vendent lesdictz livres au logis dudit Sieur embass/*adeur.*/ Ledict delacassaigne someiller,[1] est tous les jours entretenu /*et*/ conseille par ung anglois naturel, qui se tient aupres leglise sainct ylaire dumont, et aussi par ung aultre gentilhomme qu/on/ dict estre parent de la Royne,³ Lesquelz leur donnent mo/yen/ de faire tenyr lesdictz livres, et principallement ledict Mo/rgan/ lequel faict estat, tous les jours de banquier: pour faire t/enir/ [de deleted] les deniers quilz voient, estre besoing pour la perfection, de /leurs/ monopoles, et se sert ledit Mourgan: ordinairement pour /faire/ tenyr ses lettres, plus seurement d'ung des principaux se/cretaires/ de Monsieur de Villeroy, lequel les envoye et enclost da/ns les/ pacquetz du Roy qui sont envoyes a son embassadeur a/udit/ pais dangleterre, lesquelles lettres ledit embassadeur, rent /aux/ aultres traistres, depardela, affin quelles ne puyssent /estre/ descouvertes, Ilz ont promys ausdits delacassaigne et l/educ/ someiller¹ et cuysinier, que silz peuvent venyr a bout /de/ leurs dessaings, ilz les feront grands, et riches a jamais, /Et/ detant que ledit/ de Mauvissiere est prest a sen revenyr /en/ france et que en son lieu, le Roy y envoye Monsieur /de/ laubespine,⁴ dans peu de tempz Ledict delacassaigne /s'en/ yra dans quelques jours, pour luy faire apprester /un/ logis depardela, aupres de celluy dudit Sieur de Mauviss/iere/ du long de ceste riviere: auquel lieu il se faict fort d'en trouver qu'lqu'un [e deleted], a louage, et mesmes le pourvoir de serviteurs a sa devotion, tous faictz de sa main, pour tousjours avoir moyen, de continuer leur traffic, et engendrer, de tout leur pouvoir, queque malheur audit pais, estant certain, que tout le mal et trahison qu'on a descouvert, ne procede que d'avoir loge ledit de Mauvissiere, du long de ladite riviere, auquel lieu ilz font transporter de nuyt, tant, li [v changed to] bres lettres pacquetz, que aultres choses, enquoy

f. 315 v/

ilz se peuvent servir, pour la ruyne du*dit* pais, et icelles danrees, sont secreptement vendues au logis, du*dit* Sieur embassadeur, par les sus*dits* serviteurs domesticques estant besoing pour le bien du pais, d'empecher quilz ne se logent, en ce quartier, ny aultre qu'on coignoistra, estre suspect, et ou ilz puyssent continuer leurs monopoles, ou entreprises meschantes, Le*dict* delacassaigne n'oze passer la mer du coste de dieppe, a cause qu'on le coignoist trop bien, mais sen va a presant, passer du couste de calais, Il seroit besoing d'advertir, d'un coste et daultre, affin de luy faire faire, tel traictement qu'il merite, et aussi a son compaignon, et aultres qui sen vouldront mesler, affin d'empecher la continuation, de leur meschant dessaing, qu'est de vous faire tous perdre, Estant aussi besoing davoir doresnavant le cueur qu'on ne laisse passer de jour, ny de nuyt, aulcunes pacques, paquetz, coffres, muys, ny tonneaux, adressans au*dit* Embassadeur, ny aultres de sa maison, et encores moings a nul des marchans du*dit* pais, allans ny venans, sans estre vizites, et ce faisant il se descouvrira beaucoup de choses, au profit de lestat, quest lendroit ou je priere le createur, vous maintenyr Monsieur en parfaicte sanite longue et heureuse vye.

V*otre* seviteur [*sic*] plus affectionne
Henry

/*J*e *vo*/us supplie croire le contenu cy dessus /*et ne*/ le negliger ains leffectuer et vous /*fe*/res ung singulier bien pour le /*re*/pos public de votre patrie

国務卿閣下、

　これから申し上げます情報は、今までお伝えしてまいりました関連する報告などを通し、経験上お分かりになることと同じ程確実性の高いものでございますので、疎んじられずに、お読みいただきたく存じます。これまでの報告で、私はイングランドに歯向かう人物などによる、下劣で、おぞましい陰謀を相手に女王を相手に内乱を起こすことだけを企んでおりました。彼らはイングランドの壊滅だけを、イングランド人民を刺激し扇動して女王を相手に内乱を起こすことだけを企んでおりました。カトリック的でイングランドの宗教とは相容れないような書籍が、母国フランスからイングランドへ持ち込まれております。例えばミサ典書、イエズス会士の書いた中傷本、時課の書、彼らの企てのういった書籍をこの地からイングランドへ運び入れております。イングランド駐在フランス大使館に住む使用人がこういった書籍をこの地からイングランドへ運び入れております。イングランド駐在フランス大使モヴィスィエール殿の大使館に住む使用人がかつてカトリック教会で使われていた備品を輸出致します。現地で、安く買い入れ、自国フランスで高値を付けて売るのでございます。また梳毛糸製の靴下も買いつけております。

　この密輸の中心人物は、ジロー・ドゥ・ラ・シャサーニュという、モヴィスィエール殿に仕えるごく普通の酒倉番と、ルネ・ルデュックという料理人でございます。彼らはこの商売で大儲けしており、依然として続けてお

りますが、国に損害を招くこと、すなわちイングランド転覆を企んでいるのです。書物は大使館で販売されます。
ドゥ・ラ・シャサーニュは聖イレール・デュ・モン教会のそばに住む生粋のイングランド人と、もう一人女王の親戚と噂される紳士などの手を借りたり、忠告を受けたりしております。彼らは本を輸送する手段を提供し、特にそのうちの一人モーガンは彼らの銀行のような役目を果たし、彼らの計画の実行に必要な資金を調達しております。手紙をよりいっそう確実に届けるために、モーガンは定期的にヴィルロワ殿付きの主な秘書官を使っております。秘書官は王が出したイングランド宛ての小荷物の中に手紙を入れ、イングランド駐在フランス大使はその地の一味に手紙を渡すのです。そうすることで、手紙は見つからないのです。モーガンたちはドゥ・ラ・シャサーニュとルデュックに、もし自分たちの計画が成功すれば、二人共永遠に大物で、金持ちにしてやると約束致しました。モヴィスィエール殿はフランスへの帰国準備がすみ、王はすぐにも次期大使のロベピーヌ殿を派遣する予定で、ドゥ・ラ・シャサーニュはテムズ河のそばでモヴィスィエール殿の家に近い場所に次期大使の家を用意するため、ここ数日内に出発する予定となっております。彼はそういった場所に一軒借家を見つけようと意気ごみ、自分と同じカトリック教徒の使用人で家を一杯にしようと慌ただしく動いております。その目的は密輸商売を続けて、イングランドに災いをもたらすあらゆることを出来得る限り行なうことにございます。実はこれまでに暴かれた全ての害悪や反逆行為はモヴィスィエール殿に河沿いの家を与えたことから始まるのです。河のそばであればこそ、彼らは夜に紛れて、書籍、手紙、小荷物、イングランドの破滅に役立つあらゆるものを運び込めるわけです。ですから、イングランドの前述の大使館の使用人が、その品々を大使館で密売するのです。彼らが邪悪な目論見を続けてやれそうな疑いのある区域には、彼らを住まわせないために、その区域や、なさることが肝要でございます。

ドゥ・ラ・シャサーニュはジェップ経由で、ドーバー海峡を渡るような危険は冒さないようです。と言いますのも、その地で彼はあまりにも良く顔が知られているからです。現在のところ、彼はカレー経由で出発する予定をたてております。海峡の両側の者に指示をお願い致します。そうしていただけましたならば、イングランド人民を全滅させるような陰謀は頓挫し、彼は自らにふさわしい扱いを受けることでございましょうし、その仲間やそれに関与した者も同様の扱いを受けることでございましょう。今から昼夜を問わず、大使や大使館関係者宛ての梱、小荷物、荷箱、大樽、樽などがイングランドへ入らないよう、ましてやイングランドの商人宛てのものでも、商人からのものでも、いかなるものでも調べなしで行き来することがないように目を光らせていただきたく存じます。もし、そうなさいますならば、お国の利益となる多くの事柄が暴かれることでございましょう。ここで創造主に、あなた様がことごとく御健康で末永く御幸福であられますようお祈り申し上げます。

　　　　　　　親愛なる召し使い

　　　　　　　　　　ヘンリー

上に述べましたことを信用していただきたく、粗末になさることがありませんように、どうかこれに基づかれた上で動いていただきますようお願い致します。そうなさいましたら国務卿殿はお国の平和のため、稀にみる素晴らしいお仕事をなさることでございましょう。

注

（1）ここで、ブルーノはヨを二つ書こうとして「ヤマ」を二つ余計に付けたのかもしれない。

(2) この部分から、ブルーノが一五八四年一月二十四日／二月三日付けのジローの手紙を読んだらしいことが分かる(本書、一二一頁、注33)。その手紙が、現存の報告書のうちで(テキスト13を除いて)唯一取り引きにふれているものだからである。しかし、大使館では明らかに周知のことだったが。

(3) 'conseille' の所から、この一節に下線が施されている。'dumont' の所まで一段と濃くなっている。そして下線部分の左余白に三角形が書いてある。二人の男とはトマス・モーガンと、おそらくは女王の従兄弟のチャールズ・アランデルのことであった。

(4) シャトーヌフの家名。

テキスト 14

[おそらく一五八四年春] サー・エドワード・スタフォードに送られたらしい写し。パリより。

BL Cottonian Nero B vi, ff. 322-4.
FB書体。数か所修正あり。宛て先なし。裏書きあり「ガルナック」。

この報告文はコットニアン手稿の巻に納められているが、その順序からしてこれはテキスト13に同封されていたものらしいとは推定出来よう。しかし、折り畳まれたような痕跡はまったくないこと、そして書体の違いから窺われるのはテキスト14は13とは別にスタフォードに渡されたということである。これはまったく重要な文書ではないので、ブルーノが自分で納めておかずにスタフォードに送った理由が全然分からない。これにはテキスト13よりやや後の日付を付けるのが自然であろう。この文書はブルーノにはまったく関係ないかもしれない。しかし私の考えでは、巻の中の文書の位置と書体がきわめて強く、そうではないように感じさせるのである。

"ii" の代わりに "ij" を使うという綴り方はフランス南西部で使われる形で、この知らせがもともとボルドーかそのあたりから出されたことを確証するものである。ブルーノはこれをジローから手に入れたかもしれないと私が述べた理由はこの地方に（本文九八頁）、デラシャサーニュ（これはミシェル・ドゥ・モンテーニュの妻の名字でもあったが）と言うのはこの地方によくある名前だからである。しかし、ジローの名字の綴りはこの地域特有のものではないようだ。以前私の同僚だったジョナサン・ポゥイズ博士は、オックスフォード大学ベリオル・コレッジで現在教鞭をとっているが、私の案内役としてこの地方についての事柄を教示してくれた。

Jehanne garnac damoyzelle filhe de dixhuict a vingt ans du pays dangletere Apres la mort de sa merre qui estoict catolique et lavoict instruite en mesme religion continuoit tousiours en icelle et trouvoit tousiours excuze alandroit de Monsur son pere pour naler ouyr le ministre tant elle estoit affectionee en ladite religion catholique et principallement par linstruction dung prestre deguise et dung cathesime [sic] que luy avoict donne Et pource quelle voyoit quelle estoit pressee de sondit pere pour aller ouyr le ministre quelle detestoit beaucoup craignant interesser sa consiance print resolution de quiter le pays et sen venir en france a rouan pour estre religieuze au couvant de leur nation qui estren ladite ville de rouan comme elle avoit ouy dire Et de faict ungjour ayant demande conge a sondit pere pour aller voir une siene parante print une garce et luy bailha ung petit paquet quelle avoit faict pour le porter apres elle Et estant en chemin et non loing du lieu ou elle alloit et cestant retiree ung peu alesquard ayant prins ledit paquet en print des habilhemans dhomme et cestant tondue avec des siseaux quelle portoit se couvrit dune calote et promtemant sen va par ung autre chemin layssant ladite garsse et sans la voir et sen all [e *changed to*] a tout le jour et le lendemain tant quelle peust jusques a ce quelle vint en [Islarnde *deleted*] Isrlande questoit en caresme prenant et y demeura tout le caresme alant a lescole du lieu avec les enfans pour aprandre et noublier ce quelle savoit escrire et lire et apres pasques se mist dans ung navire en forme de matelot pour sen venir en france pour voir ses parans comme elle disoit Et quelques jours apres estant arivee

f. 322 v/

f. 323 r/ a Bourdeaux sans que jamais son sexe feust descouvert estant sortie du navire et ayant seu apres estre enquize y avoit deux prebstres Isrlandois quil beneficies en leglize saint michel et en ayant trouve ung nomme Messire Adam Hode luy feist almosne et donna moyen de vivre par lespasse de troys ou quatre jours et apres la mena a lhospital appelle de saint Jammes quy recoit les pellerins allant a saint Jaques auquel est surintandant le provincial des Jesuistes pour fere nourir lesditz pellerins ou elle demeura plus dung mois malade dune enfure de pied Mais portant ne bougeoit de leglize dudit saint Jammes a prier Dieu Et apres il advint questant pres que guerie de ladite enfure elle feust recognue estre une filhe par lhospitaliere dudit hospital et le dit incontinant audit provincial Dequoy adverty ledit provincial feist venir ledit hode prebstre pour savoir mieux quelle estoit et pourquoy avoit deguize son sexe Et ayant [one word omitted] au long et plus que nest dit dessus dou elle estoit et aqui elle apartenoit et comme elle avoit faict pour estre venue jusques audit

f. 323 v/ lieu de Bourdeaux et audit hospital et ayant cognu sa pudicite et chastete entiere et que ny avoit fraude en elle mais seullement ung bon zelle de vivre en sa religion et [dentr deleted] de se randre religeuze feust mise au couvant des religieuzes dudit Bourdeaux apelle de la num[c changed to]tiade par la conduite dudit provincial et de gens dhonneur qui la feirent recepvoir audit couvant par pitie et misericorde et le jour de lentree audit couvant Messieurs larchevesque de Bourdeaux et evesque dacqz et deux honorables damoyzelles la presenterent comme leur filhe audit couvant en faisant loffice et sermones acoustumees et en presance de troys ou quatre mille personnes et par lesditz sieurs et damoyzelles luy feust fourny ce que luy estoit bezoing pour sadite entree Et ung an et demy apres en fistent de mesmes a sa profession ou elle est pour sa vie avec une fort bonne compagne [sic] de religieuzes et fort aymee comme estant fort honneste vertueuze et devote Laquelle a este visitee par aucungs de sa nation et par gens dhonneur qui en pourront porter le tesmognage et savent dou elle est et ont cognu les siens et ont parle aladite filhe

この文書はブルーノが書いたのではなく、また彼が写し取ったり要約したりしなかったという可能性もあるので、**翻訳は無用である**。ジャンヌ・「ガルナック」という十八―二〇歳の娘の話を詳述したもので、彼女は教会に行くのをやめ、フランスにあるイングランド人の女子修道院に入るために、イングランドの故郷を離れたのだった。少年の格好をして、アイルランドに渡り、船員として船に乗り込みボルドーに着いた。その地の聖ジャムの慈善施設でしばらく過ごしたが、女であることが分かってしまった。彼女のために、その地方の名士が持参金を用意し、壮大な儀式も公に執り行なわれ、イエズス会の管区長のお蔭で彼女はナンシィアッドと呼ばれる女子修道院に入った。

テキスト 15

[旧暦一五八五年九月初め] ジョルダーノ・ブルーノよりサー・フランシス・ウォルシンガムへ。ロンドン、ソールズベリー・コートより。

PRO SP 12/206, ff. 197-8 (no. 80). この報告は一五八七年十二月分の綴りに合本されている。自筆文　FA書体。最初から三パラグラフの終わりに空白があり、波線が多数書かれている。最後のパラグラフの後に直線が一本引いてある。宛て先なし。裏書きあり。「秘密報告」。

日付　この面会は九月六／十六日より少し前に行なわれ、手紙はその後すぐに書かれたと推測する。その日フロリオは、67. フロリオは以下の面談の少し前にシャトーヌフと面会したはずだ。ブルーノは大使館の使用人という身分はそのままにして、大使館から退去することをシャトーヌフとの間で合意した。で、フロリオより先に面会した可能性もある。フロリオはプロテスタント教徒のため、ブルーノよりも重要な人物なので、大使館にプロテスタント教徒を置くという話題が取り上げられているのは、これら二つの面会がほぼ同日に行なわれたことを暗示している。更に加えるとブルーノは九月八／十八日から十／二十日まで留置されていた。本書、一〇〇―三頁、一三四―七頁。Yates, *Florio*, pp. 65,

Monseigneur Je vous advertis fort bien que Monsieur de chasteau neuf ma interrogue fort comment lon traictoit les papistes dengleterre et qui sil y avoit point de craincte pour moy par aller par les Rus pour autant que lon connoissoit que je estois [le pr *deleted*] cestuilla qui debvoit estre [?congnue *deleted*] congnu entre tous les autres　Je luy ay faict la responce que jamais lon ne ma dict ny faict nul mal pour mon office, en apres il ma demande de ceulx de qui frequenteist en la maison de monseigneur lembassadeur et mesmes de ceulx de qui il se failloit garder craignant quil ne feusses traistres ou bien espions pour [sic] le Roy de france Je luy ay respondu sur cela que Je nen savois rien et que Je ne menquestes pas de ceulx la et que je ne ay que faire avec iceulx

davantaige il ma demande si Jen conoisses quelques uns de moy mesmes ou par ouy dire. Je luy ay respondu que non.

Sur cela il ma demande si je connoisses en ma consience monsieur du glas nestre point ung traistre Je luy ay dict que Je nen savois rien, et m'a demande pourquoy il conferoit tant souvent avec l'embassadeur Je luy ay dict que je nen savois rien et me respondit que Je le savois bien mais que je ne voulles rien dire.

En apres il ma demande de Maître Geffroy le medicin sil nestoit point un espion et quil avoit ouy dire en france quil ne se falloit fier a icelluy ny a laurens feron ny a fleuriot et quil estoit pour [cestuilla *deleted*] cestuilla ung espion [pour *deleted*] contre le Roy de france et pour le pape et quil savoit bien quil mordoit des deux costez.

Davantaige [il *deleted*]

Sur ces propos ung certain Itallian nomme brancallion avoisna sur cela et dist a mon*dit* sieur de casteau neuf quil avoit este a une place[1] la ou on luy a dict que la Royne dangleterre estoit infiniment marrye quil failloit que Monseigneur de Mauvissiere sen retournast en france et quelle vouldroit payer grand nombre dargent et que laustre ne fut en ce Royaulme et sur cella Monsieur de Casteau neuf luy dist quil ne

f. 197 v/

dist rien plus.

 En apres monseigneur de casteau neuf me demanda comment je me gouvernois et que je donnasses linstruxion a ses prestres comment il falloit ce gouvernassent et quil me seroit chosse salutaire et qu'il avoit amene deux lun pour prescher fust en Itallian ou en fransoys pour autant quil y a plusieurs Itallians qui[l *deleted*] vienent en la messe et icelluy prestre est Itallian et mechant lequel ma [de *deleted*] fort bien dict quil ce fauldroit a composer ung livre de tout ce quil ce fera en ce Royaulme tant quil [demeura *deleted*] demeurera icy.

 Ceans le*dit* sieur de chasteau neuf ma jure et promis sa foy que jamais ne endurera en son logis daultres gens synon que ceulx de sa religion et quil savoit fort bien que mon*dit* Seigneur de Mauvissiere en avoit en la siene quil le traissoient et que cestoit une grande villenie et ung grand sccandalle [*sic*] pour luy et quil craignoit que le Roy de France [len reprent et quil *inserted above*] en estoit fort bien adverti et mesmes que cella luy est deffendu du*dit* Roy de n'en tenir daultres en sa maison que de sa Relligion.

 davantaige il m'a demande sil y avoit pas dornemens deglisse a vendre en Londres ou aultres places[1] qui feussent a bon marche pour donner a quelques eglisses en france Je luy ay dict que jen conoisses quelques uns et luy ay promis de luy les faire monstrer a lundi prochain

 davantaige il ma dict que Girault somellier qui est pour le present le sien y a gaigne beaucoup plus il ma dict et interrogue pourquoy je ne faises coment luy et que je ne faises [?ve *deleted*] venir force

f. 198 r/

livres comment Girault et sachez quil y en a troys coffres tous plains dont il y en a ung la ou il y a des livres nouvellement composez contre la Religion dengleterre et faictes estat que Icelluy Girault que cest le plus mechant homme qui soit en la france et le plus grand dissimulateur et que cest une peste en ce royaulme.

Monseigneur je vous supplie de croirre et de faire estat que je vous suys et seray toutte ma vie votre loyal et fidelle serviteur et ay espoir de vous servir en France plus quen engleterre car je seray tous les jours pres de ceulx du conseil et vous supplie au nom de Dieu m'en escripvre ung petit mot comment il fault que je my gouvernes Dieu saulve la bonne Royne dangleterre avec son bon conseil

In margin
Ne me oubliez sil vous plaist.

Henry Fagot

国務卿閣下、

シャトーヌフ殿は親しげに私に、イングランドでは、教皇絶対主義者はどう扱われているかとか、私が大使館の誰よりも知られていて当然の人間だと思われているので、通りを歩くのは危なくはないかと尋ねてまいりました。私は職務のために、これまで危害を加えるようなことを言われたり、されたりしたことはないと答えました。

更に、誰が大使館を頻繁に訪れているのか、フランス国王のために [ママ、明らかに「背く」の意] 裏切り者であったり、スパイであったりする可能性があるとの理由から、誰に気をつけるべきかとも尋ねてまいりました。私は、そのことについてはまったく知らない、そんな人物について調べてもいない、彼らとは関わりがないと答えました。そして私の心あたりや噂話を基に、そのうち誰 [がスパイ] と思うか質問を受けましたが、私は「ちっとも」と答えたのでございます。

私の良心にかけて申しますと、その後すぐに、ダグラス氏は謀反者ではないかどうか尋ねられましたが、私は知らないと答えました。彼はどうして、あんなに頻繁に大使と会談しているのかとも聞いてまいりましたが、私はまったく存じませんと答えます。彼はきっと知っているのだときり返してまいりました。

それからジョフロワという医者はスパイではないかどうか尋ねてまいりました。ジョフロワはフランス王に敵対し教皇側に立って働いているスパイで、しかも彼もシャトーヌフを信用するなと言われているのです。ジョフロワはフランスではローラン・フェロンやフロリオと同様彼を信用するなと言われているのです。ジョフロワはフランス王に敵対し教皇側に立って働いているスパイで、しかも二重スパイだということもよく分かっていると申しております。

ここで、ブランカレオーヌというイタリア人が近づいて来て、シャトーヌフに向かって言いますには、自分はずっとシャトーヌフ宅にいたのだが、そこでとある者から、イングランド女王はモヴィスィエール殿がフランスに帰国しなければならないことに極度に心を乱し、彼の代わりにシャトーヌフ殿を赴任させないように、大金を払うのも厭われないということを聞いたと申すのです。シャトーヌフ殿は彼にこれ以上しゃべるなと遮りました。

この後で、シャトーヌフ殿は、私に［司祭として］どのようにやっているかと尋ね、私が彼の連れて来た司祭たちに、この地でどのようにすべきか教えるようにと頼んでまいりました。そうすればいくらか私にも良いことがあるだろうというのです。彼は二人司祭を連れて来ており、うち一人はイタリア人で、ひともんちゃく起こしそうな人物でした。彼がこの地にいる間、イングランドで起きた全てのことについて本を書くつもりだと申しておりました。

この後すぐ、シャトーヌフ殿は彼と宗教を同じくする者以外は誰も大使館では認めないと私に断言致しました。彼はモヴィスィエール殿は官邸で幾人か［プロテスタント教徒を］働かせており、彼らは大いに裏切り行為をしていることをよく知っていると申しました。不正行為が大いにはびこっており、それは彼には大いに破廉恥なことで、フランス国王が、それゆえにカステルノーを叱責するだろうと気にしておりました。王は全て承知で、彼に［おそらくシャトーヌフを意味する］カトリック教徒以外は大使館で雇うことを禁じたのです。

フランスの教会に寄付するためロンドンかどこかで、教会で使っていた品を安く買えるかどうかも尋ねてまいりました。私は月曜日に案内すると約束致しました。彼は酒倉番のジローは――今はシャトーヌフに仕える酒倉番をしておりますが――、この商売で大金を儲けたと申し、どうして私がジローのようにして大量の書籍を密輸しなかったのか質問を寄こしてまいりました。ここ大使館には本で一杯の荷箱が三個入っております。ジローは入れておいてください。その中の一つにはイングランドの宗教に抗して書かれた本がフランスでは最も悪辣な男で、最大の偽善者だということをお留め置きください。彼はフランスでは完全な厄介者なのでございます。

国務卿閣下、私は終生、あなた様の忠実で、信義の厚い召し使いであるということを固く信じていただき、お心にお留めくださるようにお願い申し上げます。イングランドよりもフランスで尚いっそうお役に立てますよう望んでおります。と言いますのも私は引き続き国王の側近の幾人かと親しく付き合うつもりだからでございます。神にかけてどのように動くべきかご指示いただきたく存じます。

イングランドの女王と枢密院を救いたまえ。

よろしく思し召しを。

ヘンリー・ファゴット

注

(1) "place" は英語的語法。ブランカレオーヌは依然としてシャトーヌフに仕えており、一五八八年にはイングランド人「亡命者」からの手紙を運んでいた(ロジャー・ウォルトンの報告。PRO SP 12/209, no. 57)。

テキスト 16

[おそらく一五八六年の新年の頃] ジョルダーノ・ブルーノよりサー・フランシス・ウォルシンガムへ。パリより。

PRO SP 78/14, no. 90 bis (フォリオ・ナンバーなし、ただし ff. 195 と 199 の間)。CSP Foreign 1586–1588, p.675 に収録されているが、やや誤りあり。

自筆文 FA 書体。本文にあるような宛て先を除いて、宛て先は書かれていない。裏書きなし。

日付 この報告書は、ブルーノが新暦一五八五年十一月の初旬カステルノーと共にパリに到着して間もない頃に書かれたに違いない。新年の特別手当を重ねて要求したものと考えてよいかもしれない (テキスト9参照) が、この報告書の日付をはっきりと決定させる根拠がない。

Monseigneur, je vous doibz beaucoup dobligation pour les benefices et biens que je receuz journellement de vous et sans lavoir merite mais il vous plaira monseigneur de croisre a ce coup que vous trouverez que au besoing qui fidelle serviteur vous sera [sic] si dieu me faict la grace de jamais¹ estre en france comme Monseigneur le duc de Montpensier ma retenu pour estre son omosnier pour le suyvre comme chacun sait bien cella qui est au grand regret de monseigneur de mauvissiere mon premier maistre et sachez que nous serons souvent ensemble le plus souvent le grand omosnier de Guisse et moy ensemblement. La ouje vous jures et promctz la foy dhomme de bien que je ne vous feray faulte de vous escripvre tout ce quil ce fera ou en sera faict ou dict car ledit omosnier est de mon pays et est fort bien mon bon amy et est celuy qui est la cause davoir este que je suys maintenant a mondit ?*Seigneur* duc de Monpensier. [Je v *deleted*] Des nouvelles je vous advise fort bien que je congneu et connoist fort bien pour un petit espion ung petit flemang qui est danvers nomme alexendre demeurant en *notre* maison lequel ma dict quil avoit beaucoup de chose a dire au sieur bernardin de mendoce luy estant en france et que ledit de mendoce luy a promis de luy faire faire [un *deleted*] ung voyage vers le prince de parme qui luy vauldroit beaucoup mais tant y a que led*it* alexendre parle flamang espagnol Itallian almang angloys et fransoys qui est fort rusé et prendray garde sur luy en france car il ne vault rien du tout.[2] Je vous advise fort bien que le somellier de mond*it* seigneur de Mauvissiere a bien faict ses choux gras aves ses livres et cest vanté que [sa *deleted*] la venue de Monsieur de Chasteau neuf luy vault plus de cinq ou six [ses *deleted*] cens escus de proffict.

Je vous advertis quil est facteur pour les papistes dangleterre en france et les soudoye dargent en france car luy il prent de la marchandisse a londres et en baille largent en france Voilla mintenant sa ruse et ce faict nommer estre le somellier de monseigneur de chasteau neuf prendz garde a luy il y a ung prestre Itallian demeurant au logis de mond*it* chasteau neuf lequel trionfe de prescher et a invente une escripture [qu *deleted*] ainsy quil ma dict quant lon escripvera chose de consequence vers le pape et croy quil est vray ce quil dict dont je vous en feray participant de son chiffre aultre chose ne vous puys que mander sinon que je prie dieu

　　Monseigneur quil maintiene en bonne prosperite longue et heureusse vie en la noble et vertueusse princesse la serenissime Royne dangleterre et a vous et aussy a tout son bon conseil amen
　Je vous requers au nom de dieu monseigneur avoir souvenance du pauvre homme qui sera tousiours le vostre et de le considerer sil vous plaist.
　Icy est le chiffre [de *deleted*] du *prestre* Itallian

　　　　a e i o u 　　il fault prendre b pour a /
　　　　b f k p x 　　il fault prendre f pour e / il fault
　　　　　　　　　　k pour i / p pour o / x pour u.

　　　　　　Dkfx dpknt bpnnf xkf et lpngxf b
　　　　　　　　　　Mpnsfkgnfxr
　　　　　　Mpnsfkgnfxr lf sfgrbtbkrf
　　　　　　　　Pxxbl Skngbng

国務卿閣下、

私はつまらない者でございますのに、あなた様から毎日恩恵とお引き立てを賜りますことに深く感謝致します。

どうか信じていただきたいのです、国務卿閣下。もしあなた様が私を必要となさいますならば、もし神が私にフランス滞在を更に続けるというお恵みを与えてくださいますならば、私はどれほど忠実な召し使いであるかお分かりになるということを。モンパンシェール公は私を施物分配係として雇ってくださっております。周知のように、この職は、公の供まわりに同行することがございますが、私の先の主人モヴィスィエール殿にとって、これは大いに悔いの残ることでございます。

私はギーズ公の施物分配係長としばしば一緒になりますことをお留め置きください。私の名誉をかけて、私はその場で行なわれたり、発言されたことを逐一報告することをお誓い申し上げます。と言いますのも前述の施物分配係長は私と同国人で親友であるからでございます。私は彼のお蔭でモンパンシェール公のもとでの今の仕事にありつけたのでございます。

お伝え申し上げたいのは、ずいぶん前から知っている、私と同じ所に下宿しているアレクサンダーという小柄なフランドル人の男は、スパイであるということです。ドン・ベルナルディーノ・ドゥ・メンドーサはパルマ公のもとへの旅行に彼を遣わすと約束したなどとその男から直接耳に致しました。この仕事で大金が彼の懐に入ることでございましょう。彼はフランドル語、スペイン語、イタリア語、ドイツ語、英語、フランス語を話し、たいそうずる賢い人物です。フランスで、私は彼にじっと目を付けているつもりでおりますので。何せ、彼は要注意人物でございますので。

モヴィスィエール殿の酒倉番は書籍で一財産作りましたが、シャトーヌフ殿の赴任は五〇〇―六〇〇エキューの儲けに相当すると大言しております。彼はフランスでは、イングランド人教皇絶対主義者側で働くスパイで、ロンドンでは彼らに代わって商品を受け取り、この地でその代金を支払い、彼らに資金を供給しております。こ

れがこの酒倉番のやり方でございます。彼はうまい具合にシャトーヌフ殿の酒倉番になりました。彼から目を離さないでいただきたく存じます。

シャトーヌフ殿の所には、説教師としての才能を誇るイタリア人司祭がおります。彼は暗号を考え出し、それを使って教皇に重要事項を伝えると私に申しておりました。これは本気だと存じますが、暗号がどんなものか申し上げましょう。神に祈れという他にふさわしい言葉はございません。

国務卿殿、徳高い王女で、いともやんごとなきイングランドの女王が恵み豊かで、末永く幸福な人生を送られますように。

同じく、あなた様ご自身と枢密院も。アーメン。

神の御名にかけて、この哀れな男はいつもあなたに仕える者であることをお留め置きくださり、どうか何か賜りますようお願い申しあげます。

イタリア人司祭の作った暗号でございます。

[宛て先とサインが暗号で書かれている]

a→b, e→f, i→k, o→p, u→x と置き換えます。

注

(1) 'jamais' はイタリア語的語法——'giamai' らしい。この語には「決して……しない」、「決して……ない」の意がある。更に「ずっと」とか「いつでも」の意味もある（フロリオ）。

(2) たぶんテキスト3、注1でふれた男のこと。

テキスト17

[新暦一五八六年十月下旬もしくは十一月初旬ジョルダーノ・ブルーノよりサー・エドワード・スタフォードへ。パリより]

自筆文　FC 書体。宛て先なし。裏書きあり「フランスからの秘密報告。」日付と宛て先はテキスト18によって確証出来る。本書一〇八—一一頁。書いた人物については一四五—六四頁で論じた。スタフォードはテキスト18と一緒にしてこの報告文をバーリーの所に送り、バーリーはウォルシンガムに渡した。そうでなければ現在の場所にはないだろう。

この報告は以下のような構成である。

BL Cottonian Nero B vi, ff. 388-9.

1. 三九七頁一行目—三九八頁一四行目。フランス語でオランダに関する忠言。
2. 三九八頁一五行目—一七行目。書き手によるスタフォードへの上記に関するコメント。フランス語。
3. 三九八頁一八行目—三九九頁最終行。(1)のイタリア語訳、やや短縮あり、明らかにその場ですぐ訳されたもの。非常に間違いが多い。書き手はスペイン人との印象を受ける。
4. 四〇〇頁一行目—最後。書き手からスタフォードへの一節、余白の「注記」含む。フランス語。
5. 四〇一頁四行目—一〇行目。一五八六年四月十六／二十六日にリヨンからフランドルの人物に宛てたイタリア語の手紙の要約、おそらく途中で抜き取られた。
6. 四〇一頁一一行目—四〇二頁七行目。一五八六年四月頃パリで書かれた（私の推測では）ピエロ・デルベーネから書き手に送られたラテン語で書かれた手紙の写し。ローマのジョヴァンニ・カヴァルカンティからパリのジャコポ・コルビネッリに宛てたイタリア語の手紙の内容を伝えている。「カヴァルカンティについて」、テキスト2、本書一五六頁を

7. 四〇二頁八行目—四〇三頁四行目。書き手からスタフォードへの最後の一節、モーガンについて。フランス語。見よ。

Les bledz estants prests à couper il faut faire embarquer quatre ou cinq mil hommes en Zelande, et les faire descendre à l'Escluse, et Ostande Ceux ci commenceront à donner le gast au pais, qu'on appelle [*blank*] qui est depuis ledict Ostande iusques auprès de l'Escaut vers Envers, et brusleront toute la moisson presque meure, et ravageront tout devant que l'ennemi s'y puisse opposer

Il n'y a point de doubte que l'ennemi ayant entendeu cest embarquement et ladicte descente, et le commancement du gast prendra en diligence, ou toute son armée, ou la meilleure partie d'icelle pour aller rencontrer ce camp volant. A lors au mesme instant il faut avoir autre quatre ou cinq mil hommes prests du costé de Berghes, ou aux environs, lesquels tout aussi tost qu'ils auront veu partir lennemi, et marcher au devant des susdicts se ietteront dans la Campigne, et y donneront semblablement le gast bruslant et ravageant tout.

Lennemi aux nouvelles du gast qui se faict devant et derriere luy, sera contraint d'attaquer le plus proche ennemi, et celuy auquel il pensera faire plus de mal.

Que s'il vient pour attaquer ceux d'Ostande, et s'ils se voyent chargez rien ne les empesche de faire une seure retraicte iusques a leur vaisseaux ayant desia faict le plus grand dommage qu'ils auront peu.

Que si l'ennemi ne les attaque point, ils poursuivront le gast à loisir et se viendront retirer comme dessus.

Si donques l'ennemi tourne visage pour attaquer ceux qui se seront iettez en la Campigne, s'ils ne veulent venir aux mains avec luy, ils ont semblablement le moyen de se retirer, et neantmoins amuzer l'ennemi de ce costé là. Et cependant les autres qui se seront desia retirez a Ostande, et l'Escluse voyant l'ennemi occupé en la Campigne s'en iront faire autant au pais de Tournay, Hainault, l'Isle et Artois, gastant, bruslant, et ravageant tout, et puis s'en revenir à leurs vaisseaux en toute seurté: n'y ayant aucun ennemi en ces quartiers là, qui se puisse opposer a eux, et les engarder de donner le gast par tout.

C'est le seul et unique moyen de reduire l'ennemi à la fain, et le pais a la contraincte de se randre, et de voir bien tost la fin de la guerre.

Italiano.   el medesimo

Gli frumenti essendo venuti à maturita, bisogna imbarquar quatre ove cinque mille huomini in Zelandia, et far descendere al paeze de l'Escluze, et Ostanda. Aquesti comminciarano el guastamente del paeze chiamato [*blank*] cioe dapo Ostanda appresso lEscaut verso

f. 388 v/

Antuerpia, et abbrugiarano el tritico ia maturo dinanzi que l'inimico puote opponersi.

Non e dubio que linimico avendo inteso aquest[o altered to]e imbarquamente, et sapendo que gli Anglesi sono descenduti al paeze de l'Escaut, et que guastano el tritico, [su deleted] subito pillara ove tota larmata, ove la meglior parte per opponersi al campo volante. In medesimo tempo bisogna havere quatre ove cinque altri mille huomini apparecchiati de la banda de Berghes, ove intorno, liquali subito que linimico sara partito per opponer si a gli [supr deleted] sopraditti, comminciarano medesimamente de guastar el paeze di Campigna, abbrugiando gli frumenti, et altre munitione.

Linimico vedendo el guastamente de drietto, et dinanzi, sara sforsato d'assaltar el piu vicino, et quello que pensara piu facilmente incommodar.

Si vene assaltar aquelli d'Ostanda, et vedano non assai, possono con securita retirar si à le nave, avendo ia abbrugiato gli frumenti

Si linimico non hardisce d'assaltar [l'armata Inglesa, deleted] loro, possono continuar el guastamente, et retirar si, alle sue nave.

Si linimico ritorna per assaltar quelli que sono in Campigna, possono medesimamente retirarsi, et nondimeno intretenirlo da quella parte. In tanto gli altri que si serano retirati à Ostanda et l'Esclusa, vedendo linimico occupato in la Campigna, farano el medesimo al paeze de Tournay, Hainault, l'Isle, et Artois, guastando, abrugiando ogni bene, et dapo ritornarsi alle sue nave con securita, nessuno inimico puotendo opponersi.

Pource qu'on tasche de nuire et affoiblir son ennemi en toutes sortes qu'on peut, il y a deux aultres moyens, parlesquel[s] ont [sic] le peut beaucoup endommager.

Le premier est de mettre le feu dans l'Arsenal d'Envers. Ce que promet exequuter un gentilhomme francois de la religion, lequel a fait beaucoup de voyages en ce pais la:

Le second est d'assaillir l'estat d'Italie. Ce qu'il est plus facile qu'il ne semble. Premierement pource qu'il est presques tout denué de garnizo/ns/ lesquelles ont este employées à lexpedition qu'a faict l'Espagnol tant [*inserted above*] contre Monsieur Drach, que contre les flamants. Le moyen de l'assaillir est aussi facile sans y employer beaucoup d'argent, ni de temps. C'est qu'en un mesme temps qu'on levera une armee en Alemagne pour france il en faudra lever une pour l'Italie, faizant semblant que toute ceste armée doyve fondre sur la france. Car iamais l'Italien ne sen doubtera Partant sera facile dassaillir ceux qui n'y pensent point, de gaigner ceux qui sont tyrannizez, gehennez et en leur biens, et leur consciences. Il y a aussi un grand seigneur en france qui depuis nagueres a visite tout ce pais la, lequel conduira tout laffaire.

Marginal note to preceding paragraph
Nota On scait pour certain que le Roy d'Espagne a contre mandé quinze cents chevauls qu'il [en *deleted*] envoyoit en flandres, et les a rappele [z *added*] depuis Nice pour aller contre monsieur Drach. Ce

f. 389 r/

qui monstre la faute qu'il a de soldat.
La paix aussi qu'a faicte le Duc de Savoye avec ceux de Geneve monstre le mesme

Copie d'une lettre Italiene

doverano costa havere inteso la mala nuova venuta de i danni fatti dal corsaro Inglese nell'isola di san domingo, liquali Dio voglia che restino qui, et che si ci possa provedere presto. Et le provigioni per costa (id est per fiandra) sara facile che si vadino allentando con il piu urgente bisogno che vi sara di far quella impresa, massime temendosi che quest anno non siano per venir le flotte. De Lion le 26 dApvril.

Heri vidi literas Roma allatas in quibus scriptum est, ac diserté, Romanos illos rerum dominos id agitare quomodo et Genevam aggrediantur et Reginam Angliae opprimant. Horum verborum memini. Si tratta per tutte le vie et per ogni modo di percuoter la, et se ne fanno grandi preparamenti, et solo [saspettano *deleted*] saspettano le risolutioni di Spagna, lequali per lo piu sogliono essere molto lunghe: summa literarum huc redit illos ancipiti consilio distineri priùsne Allobrogicam illam urbem, an Reginam invadant. Utrum consilium alteri praevortatur usque adhuc in incerto est: sed propediem res palam futura est. Ille idem scribit Germanicum equitatum non fore in Gallia ante Calendas Septembres. Suadet pacem, si saperemus. Nostri foederati satis audacter polliciti sunt Pontifici id se praestaturos nequis haereticus sequenti anno in Gallia hiscere audeat: sed illis nemo credit, ne Romae quidem. Episcopus Placentinus prudens machinator bellorum civilium, Caesare nequicquam, et aliis Germanis repugnantibus, missus est ad aulam Caesaream, qui illic partes Pontificis agat: in illo magnam spem Pontifex habet. Ut Romanensibus artibus everat consilia Protestantium, et Germaniam conjiciat in teterrimum bellum civile. Haec habui. Tu vale.

Ceste entreprinse contre la Serenissime Royne d'Angleterre est confirmée par le dire de Morgan, lequel a affirmé à un honeste homme, qui le visite quelques fois comme malade, qu'il y a une grande coniuration contre sadicte maiesté, delaquelle conspiration il dict que l'Evesque de Glasco est le principal intermetteur, comme estant pensionaire de quatre mil ducats du Roy d'Espagne. Qu'est la cause que mons*ieur* de Guize le va voir bien souvent a son logis au college St. Jehan de Latran a Paris.

Laquelle conspiration on est apres à decouvrir tant par la bouche de Morgan, que par toute autre moyen. Iceluy Morgan promet de reveler plusieurs choses, [pourve *deleted*] s'il plaist à la serenissime Royne [de *deleted*] le delivrer de prison, [et de semployer *deleted*] Il y a apparence qu'il tiendra sa promesse Premierement pour sa delivrance Item se voyant neglige de ceux, lesquels l'ont employé en cest affaire, qui ne procurent point sa delivrance. Plus la longue

忠言の抜粋と、ブルーノの加えた意見を訳しておく。

/フランス語で、イングランドの二個軍団を派遣し、オランダのスペイン人を打倒する計画。一団はゼーランドから海路で（おそらくシドニーが当時治めていたフラッシングから）、もう一団はベルゲン・オプ・ズームから陸路で進軍し、フランドルとブラバント地方の収穫物を焼失させる。/
これが唯一、敵を餓死させ、その国を降伏させ、早急に戦争を終結させる方法である。
/イタリア語でこの計画を繰り返し述べる。/
我々は可能性のあるあらゆる方法で敵に損害を与え、弱体化させることを目指しているのだが敵に大損害を与える方法が他に二つ考えられる。
第一の方法はアントワープにある兵器庫に火を放つことで、その地方を何回も旅行したことのあるフランス人のプロテスタント教徒の紳士が、自分はこれを実行出来ると言っている。
第二案はイタリア侵攻で、想像するよりも容易である。まず（西インド諸島の）ドレイクとオランダ人に対抗

prison a dompté ce zele papistic. Outre plus, Il y a un Conte du pais de Poictou, nomé le Conte de la Magnane, de la religion, en mesme prison, lequel tasche par iournelles admonitions, et exhortations luy deraciner ceste volonté qu'il pourroit avoir contre sa maiesté.

して派遣されたスペイン軍を埋め合わすため、駐屯していた守備隊がイタリアから実際のところ一切出国してしまったからである。イタリアを襲撃する方法は簡単で、費用や時間もそれ程かからないだろう。すべきことは、フランスで戦う軍隊をドイツで編成すると同時に、イタリアで戦うためそれよりやや多くの軍人を集めることである。その一方で軍隊全体がフランスを目指していると公表する。イタリア人はまったく疑いを持たないだろう。ゆえに、そんなことをまったく予期していない人たちを攻撃したり、暴政のもとに暮らし、財産や良心ゆえに苦しみを受けている人たちを味方に付けるのは簡単だろう。フランスには最近全国を訪れ、侵略軍を率いることもあろう偉大な君主がいる。

(余白のメモ)
メモ：スペイン国王がフランドルに向ける予定であった馬千五百頭の急送を撤回し、ニースに呼び戻し、ドレイクに抗して派遣することは確実である。これはスペイン軍がどれ程払底しているかを示している。そういう次第でサヴォイ公はジュネーブと和解した。
／リヨンからイタリア語で書かれた手紙で、西インド諸島でドレイクが与えた損害と、それがオランダへの増援の遅れに与える影響を報告している。スペインは軍隊をアメリカに急派遣せねばならないだろうし、銀船団(シルバー・フリート)は出航しないらしいからである。
ジュネーブとエリザベスに対して、あるいはどちらかに対して予想される教皇の企みについてのデルベーネ(?)の手紙。どちらが優先なのか明確でない。ドイツ軍が九月に入る前にフランスに到着するかどうかの疑念。ローマの神聖同盟の使節は、来年にはフランスにプロテスタントはまったくいなくなっているだろうと言うが、

誰も信じていない。ピアセンザ（セガ）の司教は神聖ローマ帝国で内乱を起こさせるためプラハの宮廷へ使者を送った。

やんごとなきイングランドの女王を狙ったこの陰謀はトマス・モーガンを通して確証されるに至った。彼は病気のためしばしば（バスチーユを）訪れていた高潔な男に、女王を狙った大規模な陰謀が進行していると語った。グラスゴウの大司教はその首謀者である。彼はスペイン王から四千ダカットの年金をもらっている。ギーズ公がパリのサン・ジャン・ド・ラトラン学寮の彼の部屋をしばしば訪ねているのはこれを理由としている。

この陰謀は、モーガンや別の方面から最近暴露された。モーガンは女王が彼を獄から出す手筈を整えてくれるのなら、多くのことを明かそうと約束している。彼は約束を守ると思う。まず、バスチーユを出るために。更に彼は自分はこの件で彼を雇った人たちから（すなわち陰謀計画、ビートンとギーズをさす）見捨てられ、自分の釈放を促すようなことを何一つしてくれないと思っているからである。更に長く囚われの身でいることで彼のローマ・カトリックへの情熱が冷めてしまった。更に、マニャーヌ伯爵というポワトウ出身の、プロテスタント教徒で同獄に繋がれている者がいるが、彼は毎日訓戒と説教を受けて、女王に対する悪意を鎮めつつある。

テキスト18

一五八六年十一月六／十六日。サー・エドワード・スタフォードよりバーリー卿へ。パリより。

自筆　星印で挟まれている語には暗号または符号が使われている。

PRO SP 78/16, f. 139 (no. 72), CSP Foreign 1586-1588, p. 125 に納められ目録に記載されている。

閣下、枢機卿のもとで過ごされた御孫息子様の件に対する閣下の感謝の念に満ちたお心遣いが、閣下のご意向に従って、どんなやり方にも増して、効果的に、また秘密裏に伝えられますように希望し、また勇気を持ってそれを確信しております。／主としてカトリック亡命者のために作られました新しい暗号を手に入れました。／私といたしましては、大陸の残党連中は更なる術策を巡らせており、まだ何ひとつとして暴かれていないという閣下のお考えに賛成いたします。そのために私といたしましては、出来る限り手を尽くす所存でございますが、*モーガン*と親しく、時には彼を*バスチーユ*に訪ねる人物を使って、彼に口先だけの約束を取り付け、自由になれるという望みを持たせて（彼は獄中生活に疲れ切っておりますので）何か引き出せないか試みるという方策があり、私の手元にはそれを取り持つ者がおります。しかし*国務卿*は私の申しました方法を取りましても、更にそれに関係している顔見知りの人物を私から遠ざけられると思います。私はこれを恐れるのです。と言いますのも、過去二、三回、他ならぬこの役立つ情報を何も引き出せなかった場合を見越して、私の計画に反対され、

の人物や他の用件で私に関わった者などを同様に私から引き離されたことがございましたので。こうして私の面目を潰す一方で、彼は以前この地で幾人かの者と接触し雇い込みながら、彼らが私に接近し私に関わろうとしたことを知ると、それが気にくわず表情でもって、決してこれからはお前たちを使うつもりはないということをお伝えになったのです。

カステルノー邸について

この邸は、William Boulting, *Giordano Bruno* (London, 1914), p. 89 で、テンプル・バーのはずれのストランド街の北側の、ブッチャー・ロウにあるとされている。Gentile, *DI*, p. 17 n. 1, Yates, *Florio*, p. 61, Singer, *Giordano Bruno*, p. 50で、ユリの紋章やその他のシンボルを付けた、棟続きの上品な二邸の図を E. Walford, *London* (1875-80) から引いている。しかし、カステルノー邸はソールズベリー・コートにあると三人の別個の証人が述べているので、これは正しいとは言えない。その三人とは、ウィリアム・ハール、ヘンリー・ハワード卿、エドワード・ドッドウェルである。ハールは、一五七九年八月十四日のレスター伯宛ての手紙 (HMC *Bath*, v. 200) で、テムズ河の方から上ってきた時、客と一緒に自邸の下を歩いているカステルノー伯に出会ったと述べており、ヘンリー・ハワード卿は、11/21-xii-1583 の取調べ (*CSP Scotland 1581-83*, p. 679) で、また、エドワード・ドッドウェルは、ドーバーでジローの船を下された若者の一人である、15/25-ix-1585 の審問 (PRO SP 12/182, n. 18) で、そのように述べている。ブッチャー・ロウの邸は、一六〇二年から一六〇五年まで大使を勤めたボーモン伯クリストフ・ド・アーレーの住居のように思われる。H. B. Wheatley, *The Story of London* (London, 1904), p. 392.

ソールズベリー・コートでのカステルノー邸の正確な位置については、リチャード・ニューコートとウィリアム・フェイソーンによるロンドンの地図 (出版は一六五八年であるが、描かれたのはそれよりかなり以前) が、*A Collection of Early Maps of London* (Harry Margary, Lympne, Kent/Guildhall Library, London, 1981) の図版11―18に収録されており、ジョン・フィッシャーによるその本の序文で議論されている。図9は、図版13の一部を拡大したものである。正確な位置は、ジョン・リークの一六六六年の 'Exact Surveigh' で明らかにされている。同書、図版21、索引 no. 159 ('Salsbury Court and Dorset House' ('ソールズベリー・コートとドーセット・ハウス'))。バックハースト・ハウスは、一六〇四年にバックハースト卿がドーセット伯になったのにともない、ドーセット・ハウスとなった。この索引は、建物をさしているにすぎ

ないので、「ソールズベリー・コート」は邸のことであって、コートそれ自体のことを言っているのではない(**図10**)。ニューコート以外のどの地図にも、コート北側にある問題の邸に似た建物が記載されていないし、それのためのスペースが割かれてもいない。一五六〇年頃のブラウン＝ホーゲンバーグや「アガス」の地図は、改築以前の、城のような形のバックハースト・ハウスに隣接する正確な場所に、やや背の高い邸と庭園を描いている。同書、図版3と6(**図1**)。ニューコートの地図では、ドーセット・ハウスはコートの南側全面を占めているが、これは誤りに違いない。ソールズベリー・ハウスはコートとその庭園のためのスペースが残らなかったかのように私には思われる。これは私の直感だが、彼は庭園側から見た邸についてはそれなりに正確な景観を描いていると思う。私は、一五六六年以降に邸が増築された可能性があると考えるのだが、その理由はブラウン＝ホーゲンバーグや「アガス」の地図を深読みしすぎているのかもしれないし、邸の古さについてのカステルノーの言葉と矛盾するようでもある (to Walsingham, 10/20-viii-1584; CSP Foreign 1584-85, p. 15)。後任のシャトーヌフは、この邸は狭くて悪臭がすると言った (to Walsingham, 18/28-ii-1586; CSP Foreign,1585-86, pp. 384 f) が、彼は大使官邸は立派なものだという幻影を抱いていたのかもしれない。

この所有地の歴史は、*DNB* の、Sackville, Sir Richard, 及び Paulet, William, 1st Marquis of Winchester からと、A. Prockter and R. Taylor, *The A to Z of Elizabethan London* (Harry Margary, Lympne, Kent/Guildhall Library, London, 1979), p. 52 (サックヴィルは、一五六四年にソールズベリー・ハウスを購入した) からと、一五八四年八月の騒動に関するカステルノーの手紙から (本書、八九―九〇頁) 纏め上げることが出来る。これらの資料には、邸とその近辺についての情報がたくさん書かれている。

図11には、一九八九年十月二日時点でのその近辺の様子が示されている。カステルノー邸は、現在のソールズベリー・スクェアの南面の大半、すなわち石段(ウォーター・レインに通じる元の出口に取って代わった)の角からドーセット・ライズ(ドーセット・ハウスの敷地を通り抜ける)の角の間の大半を占めていたのであろう。また、その庭園は、現在の

ソールズベリー・ハウスの建つスペースの大部分と、更に河に向かってもう少し広がっていたと思われる。河の土手は、現在のチューダー・ストリートの南の方にあったのだろう。邸は急勾配を登り切った所に建っており、その傾斜地の大部分は庭園となっていたので、土手沿いに建物があったにもかかわらず、邸からの河の見晴らしは素晴らしかったと思われる。ブルーノは、『晩餐』で (DI, p. 159)、ロンドンで採れたブドウを食べたと言っているので、ひょっとすると、この傾斜地に、ブドウが植わっていたのかもしれない。

図：9。ソールズベリー・コートとその周辺。1647年頃。リチャード・ニューコートとウィリアム・フェイソーンの地図より(拡大)。コートの北側に出っ張って描かれている建物が、カステルノー邸のつもりだろうが、場所的には誤りであるという私の推測については、本書pp. 409-11参照。南側の瀟洒な建物は、新たにドーセット・ハウス（かつてのバックハースト・ハウス）となったものである。

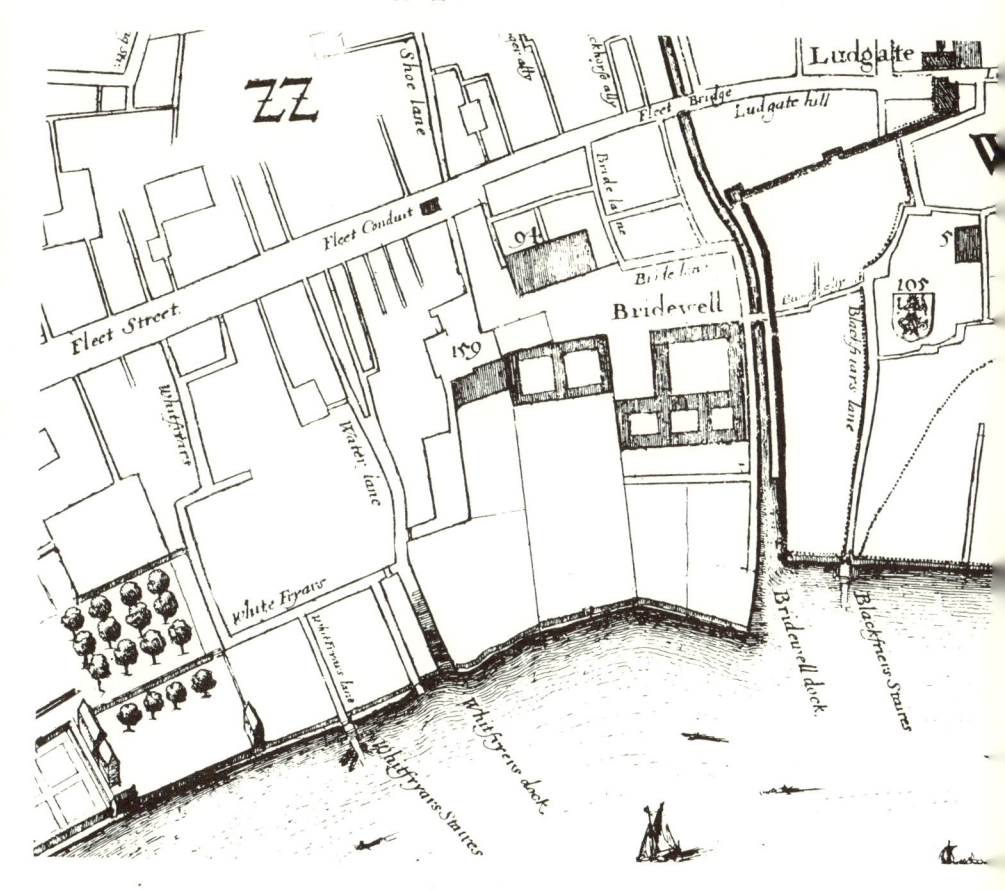

図：10。ソールズベリー・コートとその周辺。1667年。ロンドン大火直後に作成された、ジョン・リーク他による'Exact Surveigh'より（拡大）。全ての建物が焼失したため、この一帯は白紙となっている。この地図はきわめて正確である。No. 159 は、「ソールズベリー・コートとドーセット・ハウス」をさしている。二つの建物は、はっきりと区別出来、互いの位置関係、それぞれの庭園との続き具合い、そしてコートとの位置関係もよく分かる。

414

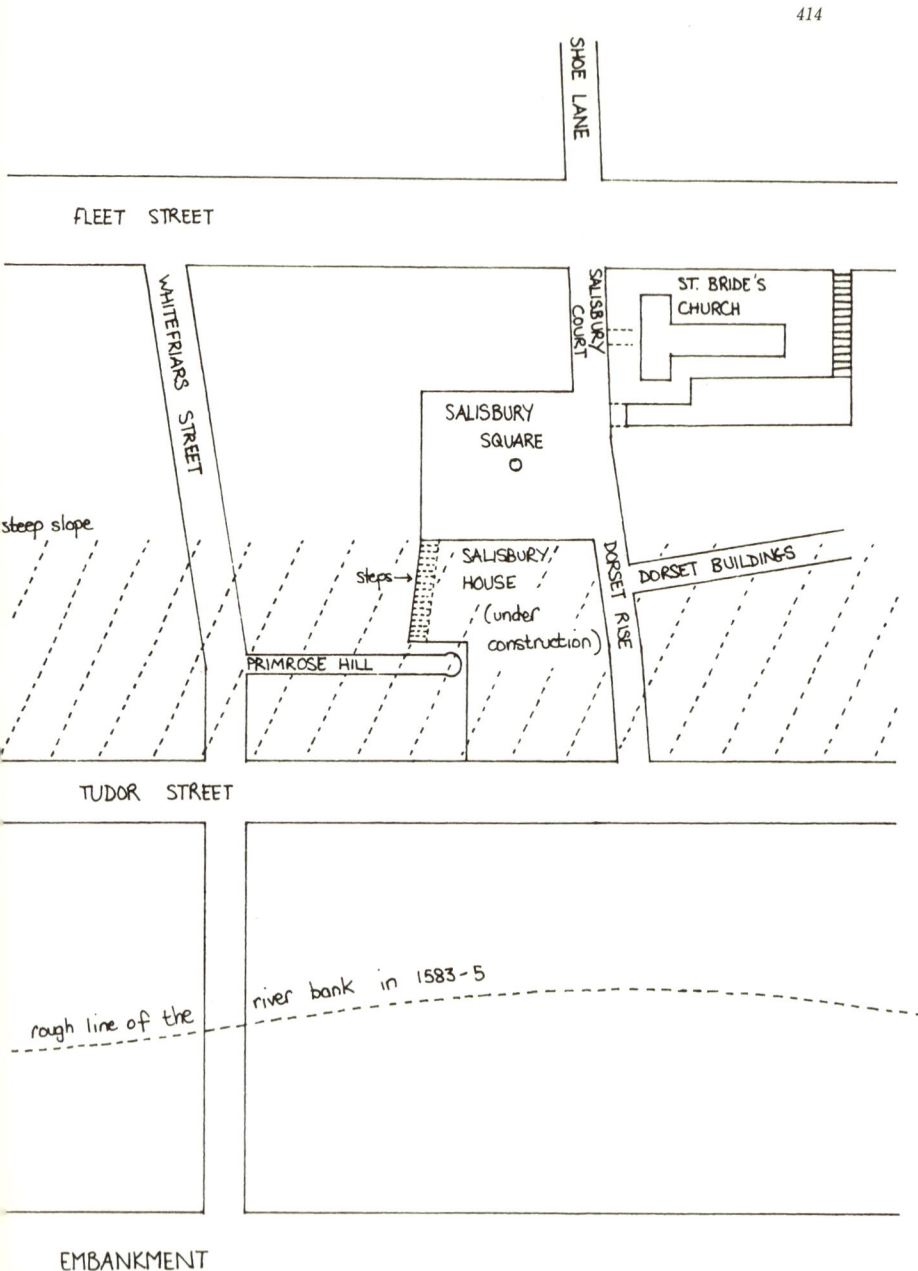

FLEET STREET

SHOE LANE

WHITEFRIARS STREET

SALISBURY COURT

ST. BRIDE'S CHURCH

SALISBURY SQUARE
○

steep slope

steps →

SALISBURY HOUSE (under construction)

DORSET RISE

DORSET BUILDINGS

PRIMROSE HILL

TUDOR STREET

rough line of the river bank in 1583-5

EMBANKMENT

THAMES

: 11。ソールズベリー・スクエア、1989年。

ジョヴァンニ・カヴァルカンティとそのローマ便りについて

ジョヴァンニ・カヴァルカンティは、カルデリーニ・デ＝マーキにより、同書、pp. 237 f に印刷されている (15-viii-1572) の中で、コルビネッリが彼のローマの友人であると確定出来る。これらの手紙のうちで最初のもの「私が要求せねばならぬ、あの僅かのものの共有者で執行人」と述べている。

カヴァルカンティ家は、十三世紀の詩人、グイードにまで遡るフィレンツェの一族である。ルクレツィアの母親はゴンディ家の人で、アルビッツォ・デルベーネとフランスで結婚したが、夫は、一五六三年に死去した。彼女にはゴンディ家の者たちと共に、税金の取立てを請負い、財をなした。彼女には、成人した息子が二人いたが、その一人はピエロ・デ・メディチとエリザベス女王双方に仕えたかなり名を知られた召し使いのグイード・カヴァルカンティと称する者の兄書に登場するピエロ・デルベーネ）、もう一人はアレッサンドロで、こちらはパリ司教ピエール・ディ・ゴンディの秘弟であり、しかもマダム・デルベーネには兄弟は一人しかいなかったのである (DBI)。ウォルシンガムの書類から分かる限りでは、手紙の順序は以下のとおりである。

の父親——クリスチャン・ネームは書かれていない——はパリにいて、明らかにローマ教皇大使のために働いていたが (Corbinelli, in BA T 167 sup. f.106; Stafford, in CSP Foreign 1583-84, no. 311)、マダム・デルベーネの兄弟なら、こうしてパリにいてもおかしくないと思われる。ところが、スタフォードが言うには、このカヴァルカンティは、カトリーヌ・ド・メディチとエリザベス女王双方に仕えたかなり名を知られた召し使いのグイード・カヴァルカンティと称する者の兄弟であり、しかもマダム・デルベーネには兄弟は一人しかいなかったのである (DBI)。ウォルシンガムの書類から分かる限りでは、手紙の順序は以下のとおりである。

1. 18/28-ii-1586. ラテン語での要約で、2a と同じ用紙に書かれている。2a には、十月に書かれたとの、不正確な日付が付されている (CSP Foreign 1586-88, p. 123; PRO SP 101/72, f. 55 (no. 28))。

2. 一五八六年三月か四月に、私の推測では、ピエロ・デルベーネにより作成されたラテン語の要約で、一部がイタリア語のままである（テキスト17、BL Cottonian Nero B vi, f. 389）。ローマ教皇大使は、一五八六年四月十二／二十二日には

すでにプラハに到着していたが、この要約の中に、大使のローマ出発の日時に言及した箇所があり、それとの関連から、この要約の作成された日付を定めた(*CSP Foreign 1585–86*, p. 622)。

2a. 2を切りつめた写し。1を参照。

3. 12/22–iv–1586. イタリア語で書かれた原文の写し(*CSP Foreign 1585–86*, p. 545; PRO SP 101/72, f. 54 (no. 27))。「あなたの所の神聖同盟」——2のラテン語の要約では'nostri foederati'(「我々の盟友」)と訳されている——への言及から、イタリア語の方の受取人がフランスにいたことが明白となる。

4. 25–iv/5–v 1586頃。イタリア語で書かれた原文の写しで、'de Cavalcanti di Roma'(「ローマのカヴァルカンティから」)と述べられており、フランジパニが同じ日にコルビネッリに宛てた手紙の写しと共に送られた(*CSP Foreign 1585–86*, p. 582; PRO SP 85/1, f. 47 (no. 14))。語尾の'e'の独特の形(𝒆)により、それには庇状のものが付いているということが示唆される。この特徴ある字形は、デルベーネ自らがスタフォードのために作成したということを示す。この手紙の写しと同封物はデルベーネ自らがスタフォードのために作成したということが示唆される。この特徴ある字形は、印刷では一般的になったが、手書きではラテン語のきわめて正式な書法を除いては珍しいように思われる。デルベーネの筆跡によく見られるからである。この字形は、印刷では一般的になったが、手書きではラテン語のきわめて正式な書法を除いては珍しいように思われる。デルベーネの三通の手紙(to Lipsius, 3/13–iii–1587; to Walsingham, 6/16–ix–1587; to Bellièvre, 19/29–ix–1588: Colliard, *Pierre d'Elbène*, facsimile facing p. 336; PRO SP 78/17, f. 260 (no. 18); BN ff 15909, f. 180)を引き合いに出せば、二通目のサインやそれに類するものの中でのかなりよく使っていることが分かる。しかし、私には、全般的な筆跡についても同じだとは証明出来ないので、彼がこの形をかならがこの一通を書いたと言い切ることは不可能である。それでも、私の考えでは、外的な証拠が十分強力なのだから、デルベーネ自らが彼から来たか、または彼から来たとみなしても構わない程彼と近い者から来たとすることが出来る。

5. 30–iv/10–v–1586. ローマからのラテン語の手紙で、先のものの続きのように思われる(*CSP Foreign 1585–86*, p. 609; PRO SP 101/95, f. 73 (no. 30))。しかし、この手紙はヴェネツィア経由で送られているが、他はそうではなかったようなので、これはここで問題になっている一連の手紙とは別にやり取りされたものの一通かもしれない。

ローマ便りの内容は、この時期にフランスの枢機卿摂政を勤めたデステ枢機卿が、フランス宮廷に知らせていたものと

非常に近い。BN ff 16042 (d'Este) と 16045 (Saint-Goard, the ambassador)、カヴァルカンティが枢機卿に取り入っていた兆候は見られないが、枢機卿に近づく手段はあったように思われる。

カヴァルカンティの情報の主な宛て先は、フランスの顧問官ベリエーヴルだった。このように考える理由は、以下のとおりである。一、コルビネッリはベリエーヴルの配下の者で、パドゥア宛ての通信の中で、彼のことをただ単に「顧問官」と述べている (Calderini De-Marchi, Corbinelli, p. 219 n; Yates, 'New Documents', p. 185. ただし、後者については「顧問官」がベリエーヴルだと解釈すれば、ではあるが。BA T 167 sup, f. 146)。二、コルビネッリは、少なくとも一五八〇年以来、ローマからベリエーヴルに情報をずっと送り続けていた (to Bellièvre, 20-x-1580: BN ff 15905, f. 496)。そして、三、フランジパニがベリエーヴル宛ての手紙、23-i/2-ii-1586 (BN ff. 15908, f. 93; 本書、一五五頁と同頁、注26) で、自分たちは「シニョール・ジャコミーノ」(Signor Jacomino') を通して手紙をやり取りしてきたが、このジャコミーノは、文字に書き表わしてはまずいことをたくさんベリエーヴルに教えてくれるだろうと言っている。これらの理由から、情報の宛て先がベリエーヴルだということが決定的になると私には思われる。

ローマ発の情報の大部分がデステ枢機卿から得られたもののようなのに、なぜベリエーヴルがローマからの特別な情報源を必要としたのかと、読者の皆さんは問われるかもしれない。いずれにせよ、デステの宛て先は、ローマ関係の問題に責務を負う国務卿ヴィルロワであり、に情報を送っていたのだから。その答えは、デステ枢機卿は、定期的にフランス宮廷ベリエーヴルは、フランスとローマの正常な関係について、ヴィルロワとは見解が異なっていたということである。E. H. Dickerman, Bellièvre and Villeroy (Providence, RI, 1971), p. 9.

ファゴットの筆跡とブルーノの筆跡について

私は、この問題については、本書、一四一—五頁で論じた。私としては、その際の説明で、当座の目的には十分であるし、また本文に盛り込める最大限のものを盛り込んでいるのだが、読者の皆さんは、ひょっとすると物足りないかもしれない。そこで、私はここで、本文に書けなかった詳しい説明をし、ファゴット、ブルーノ両者の筆跡の分析を付け加えることにするが、それは、本文に書けなかった手持ちの資料の許す限り、ファゴット、ブルーノ、この二人の相互関係について、純粋に筆跡という根拠のみに基づいて何が言えるか見つけ出すことをその目的とするものである。分析の対象は、全般的なスタイルと文字の形とした。それ以上に難解なものを識別する能力が私にはないからである。読者の皆さんは、図版Ⅰ—Ⅹを御覧になってから分析を読んでいただきたい。

ファゴット

私がこれまでFAと述べてきた書体は、フレンチ・セクレタリー書体（French secretary hand）である。それには、テキスト11（図版Ⅳ）のように、かなりきちんとした筆致のものがあるが、書きなぐった時には、雑で、筆運びが速くなり、文字が不揃いになる。それは字が細かく、各行の幅が均一だが、字が徐々に右上りになっている傾向があり、二例においては、ファゴットの報告書の最後の部分とサインで、字が大きくなり、行が広がる傾向がある。その文字はセクレタリー書体(secretary hand)の文字だが (eには ʃ 、cには ς 、yには ɣ 、など)、時には語中に、イタリック体の s (ʃ) や f (ʃ) を使った。また、文頭の r や、時にはその他のものにも、大文字を矮小化して使った。それは、プロの書き手ではないものの大量に書き物をする多くのフランス人の、当時の続け書き書体に似ていた。それはかなりの続け書きで、明らかに筆運びが非常に速い。

現在残っているものを、ファゴットが最初にそれを使ったのは、テキスト3で、旧暦の一五八三年四月にかけて書かれている（図版Ⅰ）。それより数日前に書かれた最初のテキスト2でも、おそらく同じ書体を使っていただろうが、それについ

は写ししか残っていない。ファゴットは、テキスト11、11a、15、16、そして、実際には、サインをしたあらゆる報告書にそれと同じ書体を使ったが、テキスト4と9では、それを変形した書体を試している。一五八三年五月下旬あたりに書かれたテキスト4（**図版Ⅱ**）では、ファゴットはフレンチ・オフィシャル書体（French official hand）を試したが、その頃にはもうソールズベリー・コートで、おおいにその書体を目にしていたに違いない。彼の目指していたものは、きちんとした、形の整った書体で、通常の形よりイタリック化されていたが、文字に書き表わせば、通常の形と同様に見栄えの良い結果が得られたであろう。テキスト4の報告書の最初のページの大部分で、彼はある程度この書き方を通して続けることが出来ず、第二面の中程ではテキスト3の走り書きに戻っている。語尾のsとyを基にして、彼の筆跡を調べることが出来る。先に述べたが、FAでの語尾のsは、ほぼ常に〆で、テキスト3に例外はないし、またその後でも例外は多くない。テキスト4では、ファゴットは、語尾に、四八個の〆に対し、二二個のイタリック体のsを使った。この後にかし、これらのイタリック体のうちの二〇個は第一面に集中している。セクレタリー書体や通常のFAでは、尾は最初の一〇行の中に出てきて、右曲りが一三個、右曲りが一九個存在する。テキスト4では、左曲りがのうちの八個は、報告書の第一、第二各面の最初の一〇行の中に出てきて、右曲りは、〆が再び大勢を占める。yについての問題点は、尾の方向である。報告書の第一、第二各面からは、全体としてそこそこの出来という印象は、次の文字と繋がっているが、イタリック体や改良されたFAでは、尾は左に曲がり、となりの文字と繋がっていない。テキスト3、11、11a、15、16では、左曲がりのyは非常に稀だが、テキスト4では、左曲がりが一三個、右曲りが、いずれの面でも一〇行目より後にしか出てこない。この報告書の第一面では、尚いっそうの努力をしようと考えた可能性もあるが、使お受けるので、それに勇気を得て、その方面で、うとしている特定の書体と、創造性に富む習字の全般的な技術の両方で、もっと研鑽を積む必要があったかのようである。テキスト9（一五八四年一月：**図版Ⅲ**）では、彼はまた違った書き方を試しているが、それはこれまでと比べて意欲に欠けるものである。書体は、テキスト3のものを太書きにし、角ばらせたもので、右に傾いている。二度の vous ——その一つは一行目にある——を除けば、語尾のsは、常に〆であるが、yの大部分は左曲がりで、尾が長くまっすぐのものもある。その結果は、ひどく見苦しいものとなった。テキスト11と11aでは、ファゴットは、ただ単に、普通の書体を通常よりもきちんと書いただけで、イタリック体のsが語尾に使われていることも、左曲がりのyもほとんどない。両方

とも、ウォルシンガム宛て版（テキスト11a）での方が数が多いが——奇妙なことに、ウォルシンガム宛て版の方がエリザベス宛て版よりもずっと整然としている——それらのほとんど全てが、最初の数行か、ラテン語の引用の中にあるので、スタイルには影響がない。[4]

テキスト11から13の間（一五八四年三月から一五八五年二月）に、ファゴットは、フランス語の書法を懸命に練習したに違いない。さもなければ、後の報告書、テキスト13（**図版V**）のような見事な成功を納めることはなかったであろう。[5] スタイルは、最初から最後まで見事な出来栄えで、それ自体きわめて魅力的でもあり、現存する彼のこれまでの努力の成果のいずれともまったく異なってもいる。細部が全体的な出来栄えに影響するというわけではないのだが、細かい所を見れば完全無欠とは言えない所が、注意深く、細かい点をチェックする必要がある。大半の場合、語尾のsはイタリック体で、僅かではあるがそうでない場合の大部分は、ﾀ の形をとっており、これはフレンチ・オフィシャル書体の特徴である。実を言えば、この形は、イタリック体の本体にフランス風の飾りを付けた書体の中で用いるには不適切で、何度か彼を困らせた。しかし、三度は、語尾にﾀも使われているし（第二面の一四行目のlibresとlettres、三一行目のcoffres、本書、三七四頁、最終行と三七五頁、一四行目）、語中にセクレタリー書体のsが、二度は連続で、一度は単独で、優美な形だが、また、セクレタリー書体のfも一度連続で使われている。これら全ては皆第二面に存在する。yは左曲がりで、一度は単独で、優美な形だが、また、例外が五度ある。第一面の最下行のpromys、第二面の下方にかけてのmuysとny（二度）、そしてサインの直前のvye、ある（本書、三七四頁、一一行目、同、三七五頁、一三、一四、そして一九行目）これらのミスのほとんどは、のセクレタリー書体の字形に繋がっている。三度のﾀ は、セクレタリー書体のeの後に来る。yの二度は、フレンチ・セクレタリー書体のsの前に、一度は、セクレタリー書体のeの前に来る。rについても同様である。ここで用いられているrは、いくつかの ﾀ を除いて全て、イタリック・セクレタリー書体のrだが、ﾀ と同様、フレンチ・セクレタリー書体から来ている。しかし、FAに由来する、大文字を矮小化した例が四つある。残りの一例は、libresの語尾のerの語尾のセクレタリー書体のsになっている。eがセクレタリー書体のsが散見されるが、全部で一八個数えられる。その三例のうち二例で、eがセクレタリー書体の例外として、セクレタリー書体のsの前例のものと同様、セクレタリー書体のsの前である。最後に、既述のものと同様、ファゴットがこのテキスト13の報告書を書いたとしてよいので、彼がここでしたミスの解釈にその内容から判断して、

は少々自信がある。いかにも練習は重ねたのだが、意識せず楽々とテキスト13を書いているとは言えず、時折、その背後に通常のセクレタリー書体の走り書きが顔を出し、疲れた時にはそれがますます多くなる。短く言えば、ここにあるのは、彼が最初に流麗な書法を試みたテキスト4と同じことが生じた、すなわち、セクレタリー書体とオフィシャル書体が混じり合ったものなのだ。思うに、彼はおそらくFAで書かれた原稿を写していたのだ。このことで、彼が成功を納めた理由が説明しやすくなるだろう。
(6)

私はテキスト14を無視するが、そこにはミスが一切存在しないからである。テキスト15と16はFAで、他の書体は混ざっていない。テキスト17 **(図版Ⅵ)** では、テキスト13と同系統らしきものにまで戻る。書体はほぼ全体的に、続け字ではない、傾斜したイタリック体で、セクレタリー書体風のかなり華美な大文字をいくつか使って、変化を与えている。それは、人目を引き、読みやすく、三カ国語で首尾一貫しており、テキスト13とはまったく異なっている。語尾の s にはミスは一つしかなく、y については皆無である。実を言えば、それには新しい y (ӯ) が見られ、通常の左曲がりのものと交代で用いられている。一生懸命に探さなければ、彼の尻尾をつかむことの出来ないミスは見つけられないが、それでも探せばいくつかは出てくる。テキスト13におけると同様、長いイタリック体の連続に、それさえなければ完全無欠となるように、いくつかのセクレタリー書体の s と f が語中や語頭に紛れ込んでいる。第二面の下方にかけて、セクレタリー書体の f が、語頭に潜んでいる (faizant. 本書、四〇〇頁、一四行目)。オランダに関する助言のイタリア語訳では、連続した s が使われた possono が二例あるし、おそらくは n を訂正したと思われる (正確に言えば、訂正すべきでないものを訂正している) 箇所では、一度単独のものが見られる (sforsato)。デルベーネのラテン語の手紙では、更に二度、単独の s が見られる。そのイタリア語訳では、右曲がりの尾を付けてまっすぐの尾を付けた q や p を、他と同じになるよう訂正しなければならなかった (本書、三九九頁、一三、一八、二〇、そして二一行目、同、四〇一頁、一七行目 (summa)、四〇二頁、二行目 (Episcopus))。作成のこの時点で、彼は即席でスペイン語風イタリア語に翻訳しているが、彼の使った書体が、無意識に使う書体ではないという最強の印は、何か他に気にかかることがあってのことと考えられよう。しかし、ここでは登場しない。それは二つあるが、別の所にあるのだ。テキスト17の報告書の第二面の一番下の余白に「注記」(本書、四〇〇頁、二〇行目から四〇一頁、三行目。**図版Ⅵ**

があることを指標の一つとして、これをファゴットが書いたものだと決定した。また筆跡も、どちらかといえばこれの確証となる。この注記は、たぶん本文よりも急いで書かれており、書かれたのはそれの近くにある一節の後か、報告書全体を書き終えた後である。〈注記〉原文の〉四行目で、彼は、フェリペⅡ世がフランドルに送るつもりだった守備隊を少し引き上げているという情報を伝えているのだが、envoyoit（/les/chevauls qu'il envoyoit 中の）の語頭の en がセクレタリー書体になってしまい、他の所にも訂正例がある。〈注記〉の原文の九行にも、セクレタリー書体の n があるのに、それについては、消さねばならなかった。

また、セクレタリー書体の c（ C ）は、イタリア語訳中の三例、終り直前の papistic に加えて、二例ある。それらの中には、faicte 中の、ct の組み合わせも含まれているが、faicte 自体が誤りで、最初書こうとしたのがセクレタリー書体だったことがほぼ確実である。最後のミスは、デルベーネの手紙の写しの中にある。その中で、ファゴットは、partes と書いているが（本書、四〇二頁、五行目）、その r と es がうっかり大文字になってしまい、その後に出てくる r もそれに倣ってしまったのである。おそらく、彼は自分のミスに気づいていなかったし、たとえ気づいていたとしても、「注記」でのようにかなり目立つ訂正をするよりも、その単語をそのままにしておいたほうがよいと考えたのにほぼ間違いなさそうだ。テキスト17はこれぐらいにしよう。この調査の結果、一組の足跡と同じく、目立ちはしないがファゴットに特徴的なミスを集めることが出来た。

以上は、ファゴットの書いたものの筆跡に関して、細心の注意を払った解説である。私がそれから引き出した結論は、二種類で、その一つは、この書物の議論にもろ手をあげて賛成するもの、もう一つは、どちらかといえば、問題となるものである。初めのほうは、ファゴットについての結論で、三つある。

一、ファゴットは、テキスト3、11、11a、15、16を彼独自の書体で書いており、テキスト11と特に11aで、それを完成させようとして努力した以外は、ほとんど変化はしていない。彼はまた、テキスト4の後半をその書体で書き、テキスト2の全体についても同じだと仮定してよかろう。これこそまさに私が FA と称してきたもので、それゆえ、その例は、一五八三年四月から一五八六年一、二月の間に生じている。

二、テキスト4と9で、ファゴットは、違ったスタイルで書くことを試みている。テキスト9では、彼は目標をかなり低く定めたため、目指すものを達成した。ただし、結果は、通常のFAが堅苦しく変わったにしかすぎなかった。テキスト4では、彼は、はるかにずっと意欲的で、クラシック・フレンチ・セクレタリー書体を試してみた。しかし手に負えず、報告書の中端で断念した。

三、テキスト13と17は、フランスにいるスタフォード宛てに書かれた二通だが、ファゴットはテキスト4で出来なかったことをやり遂げ、かなり華々しい成功を納めた。ファゴットが実際にテキスト17を書いたのだと立証するために、私が苦心惨憺したのを考慮に入れれば、三番目の結論を弁護する必要がある。私の弁護は以下のとおりである。

テキスト13と17は異なる書体で書かれているので、筆跡に基づく証拠からは、一見したところではそれらが異なる人物によって書かれたと考えられる。しかしながら、綿密に検討を加えると、それらは、形式、内容共によく似た、筆跡上の一群のミス、または特異性を示す。この類似により、それらが異なる人物によって書かれたのではないとする論が組み立てられる。私がお薦めしたいのは、テキスト17のミスであるpartesを、テキスト13のミスのlibresやcoffres（本書、四二〇頁）と比較すること、テキスト17の削除されたenを、eがセクレタリー書体になっているテキスト13の二例のlieu（本書、三七四頁、一八行目、二四行目）と比較すること、そして、テキスト17の二例のpossonoを、テキスト13の二例のpasser（本書、四二二頁、同、一八行目と二〇行目、同、三七五頁、七行目）と比較することの三つである。これらの例の大部分において、不正確な用例は、単語が正確に書かれているその他の用例と似ているので、純粋な書き間違いのように見えよう。でも私は、このように互いに似ているからといって、そのことだけでテキスト13と17が同一人物によって書かれたと確証出来ると主張するのではない。こうした類似は、この二種のテキストの筆者は別人物だとする仮定を無効にするに足る非常に強力な反証となるので、筆者は同一人物だとする仮定を議論するための場が空け渡されることになると思う。

筆跡の証拠自体からは、これら二つのうちの一方が示されるが、それはテキスト4の特徴に根拠を置いている。テキスト4で、ファゴットは、オフィシャル・フレンチ・セクレタリー書体を書こうとして、不本意な出来に終わっているが、このような試行から、どのような理由であれ、ファゴットは、本来の書体であるFA以外のものを試す覚悟があったし、

またそのため躍起になっていたことが我々には分かるのだ。二年近くの間、ファゴットは、テキスト4で失敗した点を正し、テキスト13と17が確実に成功作となるように大いに練習をしたと考えねばなるまい。テキスト13と17でミスを犯した書体——それは同じ書体のように思われる——はまた、テキスト4が陥って行った無意識に使う書体、すなわち通常のFAのようにも思われ、しかも、ミスの割合も似たようなものだということからも裏付けが得られる。私は、連続のsの例をとりあげる。

通常のFAでは、連続のsは、セクレタリー書体（ ）かイタリック体（ か ）のどちらでもよいが、セクレタリー書体の方が普通である。テキスト3では、連続のsは全てセクレタリー書体だし、テキスト11aと15では、例外一つを除いて全てセクレタリー書体なのだが、両方が混在しており、数の上で優位を占めるのはイタリック体——テキスト11では、十二対六か七、テキスト16では、五対四——である。ところが、優美な筆致を試しているテキスト4では、例外が一つあるものの、全ての連続のsがイタリック体、テキスト13でも同様、テキスト17では、例外二つを除いて全てがイタリック体である。どの場合にも、ファゴットにとっての、ある文字が優美か否かの基準は、(11) 三度の挑戦でかなり食い違いなく目標が達成されたちょっとしたミスはあるが、イタリック体の連続したsだったと私は結論する。

この点を明確にしたことで、私の真実味のある話は真実の話となっただろうか？ はっきり言ってそうではない。私の話はこれまでよりもっともだということに賛成しなければならなくなるだろうか？ はっきり言ってそうではない。私の話はこれまでよりもっともらしく、いや、それどころか真実である可能性がかなり高くなるが、真実とまでは言い切れない。これら二種のテキストについて、筆者別人物説を否定する立場が強まりはするが、筆者同一人物説を積極的に証明することにはならない。筆跡のような類のものは、これら二種のテキストで、ミスがされている書体が同じだということは証明出来ようが、筆者に関することまでは証明出来ないのである。ひょっとすると、一定数のミスが同じ形で存在し続けるかもしれないが、ただ、今の時点で証拠として使える数で十分だとは思わない。思うに、私に主張出来るのは、テキスト13の筆者もテキスト17の筆者もフレンチ・セクレタリー書体で無理なく自然に書くことの出来る人だったということだけである。これらの筆者たちがこの書体で書いたものには多くの類似点が存在するし、また彼らは共にその書体では書かないに

第三部　テキストと覚え書き

心掛けていた。これだけは絶対に主張しておきたい。

テキスト17の筆者がファゴットだとする積極的な証拠は、筆跡以外の所に求めねばなるまい。それについてはこの書物の本文で展開したが、再度それを試みるだけの理由がある。テキスト17の筆者について私が述べてきたことの大半は、それ以前に、ファゴットがブルーノと同一人物だとしたことに依拠しているが、我々は、ここではそれを無視すべきだと思う。また、二通の報告書の内容がよく似ていることも、それらが両方ともトマス・モーガンに関連する限りにおいては、無視してよい。パリで活動中のモーガン関係の情報を探していただろうから、我々には、二つの論拠が残る。一つは、スタフォードが、テキスト17の筆者は、これまでにウォルシンガムと自分の両方のために仕事をしたことがあり、ウォルシンガムから自分によく似た欠点を備えた男だと言っていること、もう一つは言語上の問題で、それぞれの筆者たちの書くフランス語にテキスト17に、icellyだとか「注記」を好んで使うといったようなファゴット的特異性が存在することから生じるものである。

テキスト17の筆者がファゴットであると積極的に認めるのに、これら二つの論拠だけで十分だとは考えなかった。それで、本文では、筆跡を直接ブルーノだと認めようとすることで論を進めるよりが、より有望だと思われたのだ。今では、筆跡の分析を続けられるので、再度ファゴットの方からその問題に取掛ることが出来る。考えるべきことが更に三つある。

一、テキスト13と17が異なる書体で書かれていることに基づき、筆者別人物説を支持する仮定が誕生したのだが、筆跡に基づく証拠により、その仮定は力を失い、かつてのような鉄壁の障害ではなくなる。また一方で、筆者同一人物説を打ち立てるために必要な証拠をあげやすくなる。もしかすると、証拠か否かの判定基準が甘くなり、既述の二つの論拠でテキスト十

二、筆跡による証拠は、特に「注記」に関して、二番目の論拠を強化する。「注記」それ自体がファゴット的特徴なのだが、セクレタリー書体について陥ってしまう傾向が強い「注記」は、非常にファゴット的な特徴である。

三、新しい論拠、すなわち筆跡に関する論拠そのものが加わる。つまり、ミスや訂正の類似から生じるものと、最初の頃、ファゴットが、同じ、普通の——すなわち筆記体の——タイプの、別の書体を書こうとした努力（テキスト4）から

生じるものである。

こうして、テキスト17の筆者は、以前はウォルシンガムのために働いていたが、鞍替えしてスタフォードに仕えるようになった男で、十中八九はイタリア人で、ファゴットのようなフランス語を書き、「注記」をフレンチ・セクレタリー書体になるのだが、テキスト4とテキスト13でのファゴットのように、それを使わないように心掛けていたと述べることが出来る。私の考えでは、テキスト17の筆者をファゴットだとすることに反対の論拠は今ではほぼ消滅寸前で、これまで以上にはっきりとファゴットがそれを書いたのだと断言してよい。これが私の最初の結論である。

ブルーノ

二番目の結論は否定的なもので、ブルーノその人自身に関わりがある。ブルーノとファゴットが同一人物だと立証した限りにおいては、今では私には、ブルーノがテキスト17を書いたことを支持するもう一つの決定的な論拠がある。しかし、これまで追求してきた筆跡からの論拠では、このことを立証する直接の助けにならないどころか、反証になるものだと分かる。この筆跡から得た論拠とは、ファゴット、ゆえにブルーノの「地の」、すなわち意識せずに書く時の書体はフレンチ・セクレタリー書体であり、別のスタイルで書こうとしている時にも、その書体になってしまう傾向があったというもので、このことから、通常のFAの影響力が非常に強かったということが暗に示される。結局、これは、ブルーノの地の書体、またはそれを案出したはずはないし、更には一五八三年から一五八六年までの地の書体だったということになる。従って、ブルーノはそれが本文で述べたように、ファゴットという偽名を使うことに決めた際にFAを「使うことに決めた」はずもない。彼がイングランドに到着した時には、その書体の使用経験をすでに積んでいたに違いない。それはフランス式の書体であり、ブルーノがその書体をフランス語で覚え、フランス語を書くためにそこでそれを使ったと結論を下しても、彼がファゴットの報告書以外のものをフランス語で書かれているので、彼がそれをフランス式の書体で書くためにそこでそれを使っているものの全てが、フランス語で書かれているので、彼がそれをフランス語以外のものを書くために、イングランドでもそれを使い続けたともほとんど結論せざるを得ない。と言うのは、FAを使う腕が、一五八三年から一五八六年の間に鈍らなかっ

第三部 テキストと覚え書き

たからである。

これについては三つの難点がある。

一、周知のように、ブルーノの「地の」、すなわち無意識に使う書体は、この書体とはまったく異なっていた。

二、イングランド到着以前のブルーノの筆跡で我々の手持ちの一つと、イングランド滞在中に彼自身が書いた現存する一文から、この、一が彼本来の書体であり、我々の手持ちの文書には、FAに流れ勝ちな兆候は一切ないし、事実上その逆の兆候も一切ない。

三、ブルーノ本来の書体で書かれている我々の手持ちの文書には、イングランド及びフランスで使った書体だということが示される。

もしブルーノが、彼自身の筆跡とファゴットの筆跡を使い分けて、我々の手持ちのものの両方を書いたのだとしたら、彼には無意識に使う書体が二種類あり、まったく異なる二種類の筆跡を残したことになる。単に筆跡だけの根拠に基づけば、現代の読者が想像するかもしれないように、このことは十六世紀の作家にはあり得ないことではない。しかし、それを示すには、我々は強力な擁護論を提示する必要がある。

私は先に、ブルーノのものとして知られた筆跡を解説してきた(一四一-五頁)。更に検討を加えたが、以前述べたことに追加するものはほとんどなかった。こうして、来客人名簿に書かれた詩行(ヴィッテンベルク、一五八七年九月)——ここでブルーノは、新しい書体を試しているように思われる——には、奇妙な形の e があるが、これはイタリック体の e とセクレタリー書体の s を連続させて、その他を & や ẽ のように表記したものの一例である。これは、モスクワ手稿でも継続して使われており、それゆえに、ブルーノの通常の書き方だと解釈しなければならない。ジュネーブでのサインは、ヘルムシュテットのものとは大幅に違っているが、(「ジョルダーヌス」(Jordanus)の代わりに「フィリップス」(Philippus)という名を用いていることは別として)、来客人名簿に書かれた詩行、これと同じ詩行の別の訳でノラの印刷物に書かれたもの、献辞、ヘルムシュテットの手紙の文面におおよそ再現されている。我々は、様々な文字形を以下のように分類し直すことが出来る。

一、根幹となる書体は、モスクワ手稿、ff. 1-5 (*De vinculo spiritus* の原稿、**図版Ⅸ**) と 162-8 (『ルルスの医学』、**図版Ⅹ**) の続け書きのイタリアン・イタリック体である。ヘルムシュテットの手紙は **(図版Ⅷ)**、筆運びを速くして書いた

ものには普通に見られるセクレタリー書体のsとfを取り除いて——たまに除去されずそのままになっているものは別として——この書体を優美に変形したものだと解釈出来る。

二、そうではなくて、何かもっと堂々としたものを書きたかった時には（ジュネーブでのサイン、献辞、ノラの印刷物に書かれた詩行、『ルルスの医学』の小見出しの大半）、彼はローマン体を使うか、イタリック体を直立させて使ったが、これはジュネーブでのサインを除いては、続け書きではなく活字体だった（図版Ⅶa、Ⅶb、Ⅹ）。これをBBと呼ぶことにする。

三、この型から、やや外れるように思われる唯一のものは、来客人名簿に書かれた詩（図版Ⅶc）だが、私が先に述べたように、それには他のブルーノ風の特徴が備わっている。それに名称を与える理由がない。これら三種には、かなりの差異があるので、異なる書体と称することが適切だと思う。しかし、それらのどれをとっても、ファゴットが速い筆運びで書いたものにも優雅な書き方をしたものにも繋がらず、我々はファゴットに近づくことが出来ない。例えば、ファゴットにおいては、ちょうど述べたばかりのestやesseのような用例はまったく見られないし、中世コート書体（mediaeval court hand）のa（𝖆）も見られない。なお、この𝖆もBBの風変わりな特徴である。ファゴットが、誤ってつい使ってしまうのは、ファゴットのセクレタリー書体のFAであり、ブルーノのイタリック体のBAではない。ファゴットは、何か他の書体で書こうとしている時にでも、無意識のうちにセクレタリー書体のいくつかの文字を使ってしまうのだが、これらの文字はブルーノ自身の使ったいくつかの書体に見られるセクレタリー書体の特徴でもある。これは、私がファゴットのミスを押さえるために使った基準のうちの二つ、すなわち、セクレタリー書体の連続したs（∫）と大文字を矮小化したrについても当てはまる。

それ以外のブルーノ自筆の筆跡にも、いくつか存在する。

先に説明したように、セクレタリー書体の連続したsは、ファゴットが、何か特別なものを試している所を除いては、普段使ったものだ。それは、また、ブルーノが普段使った形でもあり、ジュネーブでのサインにも、献辞の一つにも姿を見せているし、モスクワ手稿では、イタリック体の一〇例に対し、五四例存在する。ファゴットの場合と同様、いくらか優美な筆致に見せようとしている箇所で、イタリック体が多数を占める。モスクワ手稿のf.6の図表では、図表それ自体

にイタリック体の形が使われ（二度）、それに付けられた余白のメモにはセクレタリー書体の形が使われている（三度）。ヘルムシュテットの手紙では、優美な書きぶりを目指した挑戦がなされており、この点で、ファゴットのテキスト13、17と似ていなくもないのだが、この手紙では、*s*と連続の*ss*は、概して抜かりなくイタリック体になっている。しかし、その滑らかな印象にもかかわらず、実際にはかなり筆運びを速くして書かれており、(一二例のうち) 二例のセクレタリー書体の*st*もそうだが、(五例のうち) 二例で、セクレタリー書体の*ss*をついうっかり使ってしまっている。

ブルーノが、通常は続け書きのイタリック体の形（ℭ）を使うか、別問題である。しかし、大文字を矮小化したイタリック体の形（ℭ）を使うか、別問題である。しかし、大文字を矮小化したイタリック体の例は、モスクワ手稿中にきわめて頻繁に見られる。たとえば、*De vinculo spiritus*の二九例、『ルルスの医学』の (私の考えでは) 五例、そして f. 6 の図表の一例である。ヘルムシュテットの手紙には、一例ある。ブルーノの場合、*r*はファゴット程も磨きがかかっていないし、それ程角張ってもいない。また、丸みを帯びた ℛ から線書きの 𝒦 まで広範囲にわたる。しかし、続け書きのイタリック体の中では、これはたいして意味がないかもしれない。

これまでに、ファゴットがテキスト13や17で隠し通せなかったものが FA ではなく、ブルーノの粗雑な書体、BA だったということを論じてもよかったのかもしれないが、実際には、それは無益であろう。FA と BA では、特に子音中に、共通した文字形が相当数存在するので、最初からこの方針では行かないと決めていたのだ。このため時々、双方が互いに非常によく似ていると感じられる。*De vinculo spiritus* f. 3r, 三四行目の *dissimulatione* とテキスト15、三頁、一七行目（本書、三八七頁、五行目）の *dissimulateur* を比較すればよい。しかし、実際には、イタリック体でない形が使われた用例で、他の用例から独立しており、中世の形の *a* が含まれる。私がこの議論で引用した主な文字形は、手持ちのブルーノの書体には例は一切見られない。ファゴットが、ついうっかり使っている同書体で語尾の *s* については、散発的なセクレタリー書体の文字ではなく、全体としてのセクレタリー書体なのだ。

このことは、テキスト4では一目瞭然だし、テキスト13では、他のセクレタリー書体の文字に加えて、セクレタリー書体の *e* と同書体の語尾の *s* が散見されるので、非常に明白である。それは、テキスト17では、明らかではないが、綿密に

検討を加えれば、はっきりとするはずだ。我々は、根幹をなす書体はFAだとは主張出来るが、それがBAだとは主張出来ない。先だってのテキスト17についての解説を、訂正、未訂正、合計一二個の異種のミスを、私は数えた。これらのうち六つ (p, q, 大文字を矮小化したr, 語中のs, 二つ連続のsとx) は、FA, BAのいずれからだとしても、同様に支障はない。二つ (セクレタリー書体のcと同f) は、どちらからとも考えられるが、FAからだと考えてほぼ間違いはない。しかし、四つ (セクレタリー書体のe, n, 語尾のs, ct) は、FAからの可能性はあるが、BAからということはあり得ない。テキスト17とブルーノのヘルムシュテットの手紙 (図版Ⅵ、Ⅷ) を比較すれば、その違いが分かる。後者では、ミスはss, st, 大文字を矮小化したrにおいてであり、テキスト17のミスとは違って、イタリック体で書かれ、BAに由来するか、BAになってしまったctの形もある。従って、ここで根幹となる書体は、明らかにBAである。我々は、テキスト17中に、明らかにBAに由来する文字形を一つも見つけられなかったが、注目に価する程顕著で、ブルーノにおいては他の所でも繰り返されている綴りの形があるという点で、BAの文字形を見つけられなかったことのほうがひょっとするとかえっていっそう興味深い。それらの綴りとは、テキスト17のフランス語のexequter, ラテン語のexequtorem と exequtionem,『聖灰日の晩餐』のイタリア語のesequtione である。先の判断に戻り、締め括らねばなるまい。ファゴットがテキスト13と17で、無意識に使ってしまったのは、系統的なセクレタリー書体だった。従って、以上の分析は、し、ファゴット以外から分かる限りでは、ブルーノは系統的なセクレタリー書体を使わなかった。

この問題についてはたいした効果がなかった。

我々は、こうした齟齬を我慢して受け入れねばならないのだろう。ただ、その最も有望な解決策として、ブルーノはフランス語で普通一般の書き物をしている時にはセクレタリー書体を使い、ジュネーブ滞在とイングランド到着の間に、これを発展させ、練習していた、という考え方もある。彼は、ファゴットとしては、フランス人のふりをしていたので、書く時にその書体を使って当然だった。彼はフランス語を大体音韻に基づいて表記したので、例えばセクレタリー書体のestを、ラテン語を書く際に使っていたセクレタリー書体とイタリック体の混ざったestに書き誤る可能性が少なかったであろう。これは魅力的な考えで、もし我々がすでに、ブルーノとファゴットが同一人物だったと納得しているのならば、これこそ理の当然の考え方だと思う。しかし、ブルーノがフランス語で書いた (他の) 何かが見つかるまでは、

――それはFAか、何かそれと類似した書体で書かれているということになるだろうが――推察の域を越えることは出来ないだろう。

それについては、もう一つ難点がある。私は、ブルーノがスパイ活動の報告書をFAで書いたのを当然のことと考えてきた。なぜかと言えば、報告書を書いたのは自分だということを隠すために、ブルーノが「ファゴット」というサインをしているからである。しかし、もしフランス語で書く時には普通FAの書体を使ったのならば、そして、先の議論から導かれるように、もしソールズベリー・コートの客人となった後も、その書体で書き続けたのなら、その偽装は非常に際どいものだったであろう。自室にFAで書かれた文書でもあろうものなら、エリザベスの宮廷にメアリー側の秘密が漏洩していることと、大使館の詮索好きな召し使いか訪問客とが結びつく可能性が高そうだし、そうなれば簡単に彼が挙がったかもしれないのだ。ロンドン滞在中は、フランス語で書く機会があまりなかったと考えてほぼ間違いはなかろう。しかし、この論旨からすれば、ロンドン滞在中もずっと、その書体をいつでも使える状態にしておくに十分な機会があったし、またそうした機会を作ったということが必要となる。腕が鈍らないようにするために、その書体を使ってかなりの量の書き物をしたが、ファゴットの報告書の一つが明るみに出たとしても、カステルノーがそれをブルーノの筆跡だと認識出来る程大量には書かなかった、と主張するのは、綱渡りをしているようなものだ。

実を言えば、私にはこれに対する解答はない。そのようなことが起きたに違いないと言えるだけなのだ。私の考えを支持する証拠として、ブルーノがFAは絶対安全だとは言えないと考えていたということがある。彼のこうした考えのせいで、早くもテキスト4から始まった、異なる書体を試そうという彼の努力がテキスト13と17まで続き、実を結んだのである。しかし、これには、テキスト13で完成された優美なスタイルを学ぶ際に、絶対に何らかの手助けを受けたに違いないのだから(私はフェロンからだと思う)、彼がフランス語習字を練習していることはソールズベリー・コートでは周知のことだっただろう、という難点がある。しかし、テキスト4以降は、ウォルシンガムの執務室で彼の初期の通信文の写しがのようなものを試みることはなかった。ひょっとすると我々には、ロンドンでファゴットとして書いている時には、このようなものを試みることはなかった。ひょっとすると我々には、FAが危険だったと推測出来るかもしれない。実際、テキスト11、11a、15、16以外では、より徹底的な書体隠蔽が試みられている。テ

キスト15を書いた時には、彼は離英を目前に控えていたので、予防措置を重ねる必要はないと考えたのかもしれない（しかし、彼はフランスでも仕事を続ける計画だったのだ）。テキスト16は、フランスから書かれ、サインされていない。テキスト11を書いた時には、彼のロンドンでの通信文が漏洩していたことはおおよそ確実だが、彼は非常に幸福でそのようなことを気にも留めなかったのだろう。テキスト11を読める人ならほとんど誰でも、誰がそれを書いたのか即座に分かっただろうから、ウォルシンガムは賢明にも、それを引き出しに保管したのだ。

分析はこれくらいにして、総括に移ろう。ブルーノは、ソールズベリー・コートにやって来た時には、フレンチ・セクレタリー書体を流麗に書くことが出来たが、普段はそれを使わなかった。そこにいた間に時折使うこともあったが、どういう場合にかは、私には不明である。彼は、ウォルシンガムとの通信文のやり取りにフレンチ・セクレタリー書体だったからである。ウォルシンガムが安全を期してとった措置にしかし神経質な信頼を寄せていたにもかかわらず、彼は、フレンチ・セクレタリー書体を試したほうがよいと考えた。その実験の結果、彼はフランス語習字やイタリック体を学ぶようになった。この書体を、パリからの、テキスト17を含むスタフォードへの通信文で利用したが、スタフォードは慎重さに欠けるという評判だったからである。我々が知る限りでのブルーノのスタフォードでの実験——イタリック化したフレンチ・オフィシャル書体、続け書きのガロ＝ローマン書体、そして続け書きでないイタリック体と献辞の続け書きのイタリック体——は、彼本人が使った二種類の優美な書体、すなわち、ヘルムシュテットの手紙の続け書きでないローマン体を、用心深く避けているように思われるということを付け加えておく。

これは単純な話ではない。ひょっとすると現実味がよりいっそう増すのだろうが。もし、この話が正しいとすれば、シェイクスピア時代の作家たちの多くは、少なくともイングランドの作家たちの、無意識のうちに様々な書体を使って書いたという知識と一致する。そして、フランシス・スロックモートンと彼の陰謀を綴った文書の物語の核心に肉薄する点に立ち至った。ブルーノならば、百の手を持つ「巨人ブリアレオスという詩的なフィクション」の例証となる者たちの仲間に加わるのにふさわしかろう[15]。これも一つの考え方ではあるが、我々が探し求めてきた強力な擁護論とは似

第三部　テキストと覚え書き

も似つかない。私は、自分の筆跡の話だけでは、それ相応に意志強固な懐疑主義者を論破する程の説得力があると主張出来ないし、またここで、より徹底した筆跡分析をしたことで、ある観点から見れば本書の議論が確証されはしたが、別の観点から見れば、明らかにそれを錯綜させていることを認めねばならぬ。ファゴットとブルーノが同一人物だったという私の主張は、彼らの筆跡を基にしたのではないと言ってもまったく差し支えない。

悲観的な終わり方にならないように、私はここに、この調査の途中で出現したのだが、筆跡とは何の関係もない、ある一つの知識を差し挟んでおく。『ルルスの医学』の三一ページ(ff. 162v–163v)にわたり、ブルーノは、我々にファゴットを思い出させる言回しを四度使っている。それらは、'Ulterius est notandum quod...'、'Et notandum...'、'Est tum notandum quod...'、'Et nota...' である。これらにより、我々は、テキスト2、3、9、11、17の余白と本文、中でも特に、告解を報告するエリザベス女王への手紙のテキスト11に引き戻される。'Notez cest quil...' は、明らかに、'Est notandum quod...' を翻訳しようという努力の跡である (図版Ⅳ、Ⅹ)。これを、ブルーノ特有の用法と解釈すれば、ブルーノ特有の用法だと解釈すれば、私は究めつけの愚か者ということになろう。しかし、それをブルーノの用法でもあるファゴット特有の用法だと解釈すれば、「注記」に価する。

注

(1) セクレタリー書体に関しては、G. E. Dawson and L. Kennedy-Skipton, *Elizabethan Handwriting, 1500–1650* (London, 1968) と A. G. Petti, *English Literary Hands from Chaucer to Dryden* (London, 1977) を参照すること。フレンチ・セクレタリー書体に関しては、A. de Boüard, *Manuel de diplomatique française et pontificale* (Paris, 1929) の図版巻、nos. vi, xiv, xl, xlix を参照せよ。図版 vi (1584) は、小振りの、ノン・オフィシャル・フレンチ・セクレタリー書体の格好の見本であり、ここでは FA のモデルに最も近似するものである。十六世紀イングランドの用法では、現在ではイタリック書体と称されるヒューマニスティック書体と直立するローマン体の区別はされていない。私は、その書体をイタリック体と総称し、直立し(かつ、活字体の)書法を表わす言葉が必要な箇所のみで「ローマン体」を使うことにする。例えば、後述のブルーノの書体、BB 関

(2) テキスト 11 と 16。

(3) これらの例は、de Boüard, *Manuel*, 図版 xiv, xl, xlix (1566-7), BL Harleian 1582, ff. 363, 365, 367 に見ることが出来る。——後者については、これら全てが大使館員のローラン・フェロンによるものだと思う。フェロンについては、本書、一二一頁、注33を参照せよ。

(4) テキスト 11 では、s が四例に対して y が一例に対して右曲がりの y は三九例である。テキスト 11 a では、同じく、七対三〇、九対二三である。

(5) ファゴットは、フェロンから、少々教示を受けたと考えたい。BL Harleian 1582, f. 338 (この巻で、ff. と番号が振られている二つのうちの最初の方) で、フェロンがイタリック体の文字、例えば、堂に入ったサイン、'Henry' に磨きをかけているのが認められる。

(6) 後に、フランクフルトの有力者に宛てた優美な手紙に変わったであろうものの、ブルーノによる下書きについては、本書、四三八頁、(Moscow Ms., f. 5v) を参照。

(7) テキスト 17 については、本書、一〇八―一一頁を参照。

(8) フェロンが、'Henry' と書く際に使用した (本章、注5)。

(9) これらは、「注記」中の *On* の (語尾の) $\jmath$ と (語中の) s ——これは、allentando では a に訂正されている、Nota の大文字の n は、風変わりだ (π)。たぶん、もとは、Je の J を書くつもりだったのだろう。

(10) 本書、四〇一頁、二行目。faicte 中の連続した ct は、ブルーノがヘルムシュテットの手紙で使ったイタリック

第三部 テキストと覚え書き

(11) 体の字形と似ているが（本書、四三七頁）、実際にはセクレタリー書体の形だと私は考える。すぐ前のテキスト（四〇〇頁、九行目）中の faict を参照せよ。そこでは、c はセクレタリー書体だが、t に繋がっていない。テキスト 4 では、イタリック体一五例、セクレタリー書体二例、テキスト 13 では、それぞれ二八例に一例、テキスト 17 では、二〇例に二例である。ミスは全て動詞中のもので、テキスト 4 の feussent, テキスト 13 の passer, テキスト 17 の possono（二例）だった。本書四二八―九頁の、ブルーノの用法と比較せよ。

(12) 本書、一四五―六四頁。

(13) この筆跡分析の最後に、ブルーノの筆跡の資料リストを出典も添えて追記する。

(14) 本書、四〇〇頁、五行目、ヘルムシュテットの手紙、三行目と七行目、『晩餐』（アクイレッキア）、六二頁、八行目。この綴りは、qu と硬音の c を同じものだとみなすので、たぶんフランス語方式だろう。qu は、テキスト 17 の「イタリア語訳」でも、imbarquar, imbarquamente, que（本書、三九八頁、一九行目、三九九頁、一、そして四行目等）で、同じように使用されている。ここでは、それは（意図的な）スペイン語方式だと私は主張してきた。ファゴットは、テキスト 11（本書、三五六頁、一二行目）やテキスト 11 a（三六二頁、九行目）に見られるように、時には qu＝k に苦労したが、それを非常に効率よく使いこなしており、使うのを控えるというよりむしろ使いすぎる傾向が見られる程だ。

(15) Petti, *English Literary Hands*, pp. 19–20; Dawson and Kennedy-Skipton, *Elizabethan Handwriting*, p. 9 と図版 16 は、やや慎重に過ぎるが、適切だと思う。ペティの見解は、Jonathan Goldberg, *Writing Matter* (Stanford, Cal., 1990), pp. 239ff, cf. pp. 53f, 234, 273 の中で、ばかげた目的で（意味表記の革命）利用されている。しかし、その本には、ヘレフォードのジョン・デイヴィーズという習字教師についての、本書で借用したトマス・フラーからの引用 (Goldberg, p. 129) も含め、多くの有益な情報が存在する。フランシス・スロックモートンに関しては、本書、一四五頁。

(16) 本書、三五五頁、一五行目。

ブルーノの筆跡の資料

現在ブルーノのものとして知られている筆跡で現存するものは、以下のとおりである。二次的な作品の詳細は、本書、一四二頁、一六五頁、注5、及び、後掲の「参考文献」に見い出せよう。

ジュネーブでのサイン

Livre du Recteur of the Academy of Geneva, 20-v-1579. Bibliothèque publique et universitaire de la Ville de Genève (ジュネーブ大学公文図書館)、Ms. fr. 151, under date. *Documenti*, p. 36.

図版 Ⅶ a。

献辞

i アレクサンダー・ディクソンへの『イデアの影』の献辞、おそらく一五八三年遅く。
Sturlese, 'Un nuovo autografo del Bruno' (facsimile at p. 390).
図版 Ⅶ b。

ii 右記以外の三つ、それぞれの対象は、a. Jacob Cuno, b. Tycho Brahe, c. Caspar Kegler, 1587-8. Gotha, Prague, そして University College, London より。
Sturlese, *Bibliografia*, nos. 17, 8, 20, 45 and 20, 25; Salvestrini, *Bibliografia*, nos. 225 and 226 bis (facsimiles of a. and c.); University College Library, London: Ogden A 50.
Sturlese, 'Su Bruno e Tycho Brahe'; Aquilecchia, 'Un autografo sconosciuto' (facsimile of c.). 私は b. をまだ見るに至っていない。

韻文

「伝道の書」、一の九—一〇の二種の訳で（'Quid est quod est? ... Nihil sub sole novum'）、*Salomon et Pythagoras* というタイトルが付けられ、ヴィッテンベルクの友人たちのために書かれた。18/28-ix-1587 と 8/18-iii-1588, Stuttgart 及び Florence より。

Salvestrini, *Bibliografia*, nos. 224 and 226, with facsimiles.

図版Ⅶ c は、これらのうち最初のもののコピーで、Württembergische Landesbibliothek（ヴュルテンベルク地区図書館）、Stuttgart, Cod. hist. 8° 10, f. 117r からのものである。

ヘルムシュテットの手紙

Bruno to the Pro-rector of the University of Helmstedt, 6/16-x-1589. 自筆。モスクワ手稿（後述）中の草稿を別とすれば、現存するブルーノの手紙で、唯一正当性を有するもの。Herzog-August-Bibliothek, Wolfenbüttel（アウグスト公図書館、ヴォルフェンヴュッテル）: Cod. Guelf. 360 Novorum 2°, f. 49.

本書、一四三頁、一六六頁、注6、*Documenti*, p. 52 の本文。私の知るもので、ファクシミリ版として出版されたものはない。

図版Ⅷ。

モスクワ手稿

ヘルムシュテット、フランクフルト、パドゥアで、ブルーノ自身や彼の秘書の Jerome Besler、そしてもう一人の手により、一五八九―一五九一年間に書かれた様々なオリジナル原稿を含むノート。これよりもう少し後になって、纏め上げられた。Lenin State Library of the USSR（レーニン国立図書館）Moscow: Ms. Φ 201, no. 36. それを手に入れた十九世紀の収集家の A. S. Norov にちなんで、しばしば 'Noroff Ms.'（ノロフ手稿］）と呼ばれる。*OL* iii に印刷されている。

これらのうち、ブルーノ自身の手になるものは、

ff. 1r–5r　*De vinculo spiritus* の原稿 (OL iii, pp. 637–52)
f. 5v　フランクフルトの評議員会宛ての手紙の下書き、2/12–vii–1590 直前
f. 6r　人体への影響の概略図
ff. 162r–168r　『ルルスの医学』の冒頭

他にも可能性のあるものとしては、

f. 161 ??　box-cipher（本書、一六六頁、注7）のための図表。その一つが、OL iii, p. xx に印刷されている。私はオリジナルを見ていない。
f. 180　OL iii, p. xvii で、遺失と述べられているもの。ラテン語の処方箋、または秘法で、セクレタリー書体の文字で書かれているので興味深いが、ブルーノが書いたということはありそうにない。ff. 167v–168r のファクシミリについては、同書、p. 706 以降で論じられている。
OL iii, pp. xvii–xxix で論議されている、ブルーノの書いた原稿の、関連部分の写真を使ったが、これらは、レーニン国立図書館から提供していただいた。
図版IX (f. 2v) と図版X (f. 163r)。OL iii, pp. 642–44 と x–xi の写本。

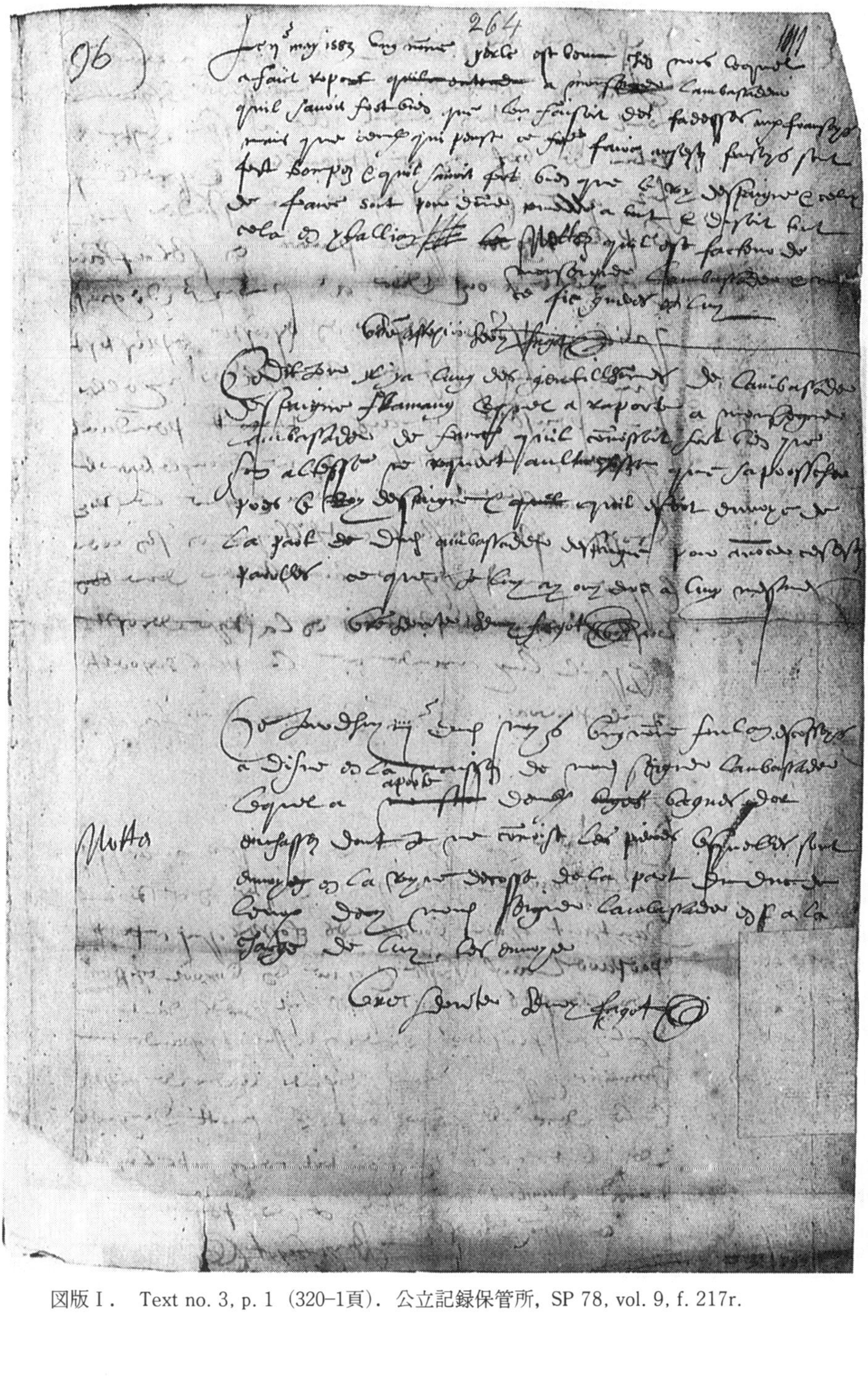

図版 I． Text no. 3, p. 1 (320–1頁). 公立記録保管所, SP 78, vol. 9, f. 217r.

Monseigneur Je ay esté longtemps sans vous escripre la cause
pourquoy estoit que je ne sçavois pas chose qui valust
vous escripre, mais mon seigneur ayant heure maintenant
chose qui est mentiné Je vous ä voulu fayre entendre est
que le ya deux maneges de fauvlx papistes en la maison de
monseigneur lambassadeur dont l'ung est ensuivid & lautre
est sy subtile tellement que de long temps ij deulx mois
ne faillent a faire ferme leur lieu d'assemblée pour faire
les trafficz tant pour aller respondre des personnes desglise
qui assistent en ce Royaume que pour sauver liniv papistes
pour laider Il y a ung certain cordonnier pour Jenne
qui est ferme pieces sur franczois & messaige ordinaire
Chyualler qui aide a perdre des bons ...... messes
...... l'autre qui donne de ouvrier & qui et bonne a
...... qui son nom est ...... ffsuj feit de ...... & franczoys
& le patron de n'ouvrir maison qui est anglois marié
en ce Royaume a une angloise qui est devant le pere de
tous Monseigneur Je vous advise qu'ils sont maintenant en grand
voyage & a sçavoir que par quelques respoons qui sont allez en
flandres .... se designe de confesser dont est le chef ou
chefs liniv dichent de chacun mais conseille n'est comme il
pourroit dont il en sont fort actif & ont donné grand
denier au maistre Juif cousant pour en sauoir & le
puis tres bonner pour luiov a oy dire ils prendroient lui
qui en est le marchant & quant ils sont les brebis lives
...... sont aux legis du naffz coussant & sauvdent no ...... denier
.... & auoir deuvt ...... & disent quil voulsoent
qui leur eust cousté cinq cent cinquante livres sterlins &
qui et ce dit casser ont sont dictz lives sousbout
encore a Paris / En considérant monseigneur il me
semble quil est très ...... faire bonne venificacion

図版Ⅲ. Text no. 9, p. 1 (347-9頁). 公立記録保管所, SP 12, vol. 167, f. 155.

図版Ⅳ． Text no. 11, p. 2（356-7頁）．英国図書館, Harleian Mss., 1582, f. 390v.

Monsieur Je vous prie Receuoir le present advertissement, pour tout
certain, et ne le mesprisez, Attandu quil Importe beaulcoup. a la
Conseruation de lestat dangleterre, Comme lon a Cogneu par lexperiance
par les aduertissements quy vous en ont esté cideuant donnez, sur
mesme subiect ou lon a descouuert le malheureux & perfide dessein
des ennemys de lestat, qui ne desirent que la perdition totalle
dicelluy, et par vne guerre Ciuille, esmouloir et esmouoir le peuple
dangleterre Contre leur princesse, par le moyen des mauuais bruicts
& libres papalz diffamatoires, et contraires a la religion
quy y sont transportez de france, a la suscitation de ceulx quy
sont en fuite dud pais, et de lembassadeur despaigne et
aultres leurs adherans, Comme des libres a dire messe, aultres
libres diffamatoires composés par les Jesuistes, heures, et
aultres libres seruans a leur Jntantion. Lesquelz libres
sont transportez de ce pais, au pais dangleterre, par les seruiteurs
domesticques de monsieur de mauuissiere embassadeur pour
le roy aud pais & dud pais Ilz rapportent en france
des chappes & ornemens de leglise papalle quilz acaptent
depar dela a peu de pris pour apres les reuendre en ce
bien cherement & aussi des bas destame, lesquelz se trafficquent
vm, qui est le principal dud traffic, Sçavoir de la
Campaigne sommellier ordinaire dud sr de mauuissiere,
faulse Rene ledud son cuyssinier, Lesquelz s'en sont
enrechis: et s'enrechissent tous les Jours dud Commerce
detriment de lestat, duquel Ilz desirent la subuersion
et mesmes vendent lesdictz liures au logis dud sr embassadeur
Ledict de la campaigne sommellier, est tous les Jours entretenu
Conseillé par vng anglois naturel, qui se tient auprès le sr
Saint ylaire dumont, et aussi par vng aultre gentilhomme q
dit estre parent de la Reyne, Lesquelz leur donnent moyen
de faire tenyr lesdictz liures, et principallement ledict m
lequel faict estat, tous les Jours de banquier: pour faire
demers quilz soient estre besoing pour la perfection de
monopoles, et se sert les monnoy: ordinairement pour
tenyr ses lres, plus seurement d'ung des principaux
de monsieur de villeroy, Lequel les enuoye, & enclost dans
parquetz du Roy qui sont enuoyés a son embassadeur au
pais dangleterre, lesquelles lres les embassadeurs, rendent
aultres traistres, depar dela, affin quelles ne puissent
descouuertes, Ilz ont promis aussi de la campaigne et
sommeller et cuyssinier, que s'ilz peuent venyr a bout

Non è dubio que l'inimico auendo inteso aqueste imbarquamente, et
sapendo que gli Anglesi sono descendute al paese de l'Escaut, et
que guastano el tritico, si subito pillara one tota l'armata, one la meglior
parte per opponersi al campo Volante. In medesimo tempo bisogna
hauere quatre one cinque altri mille huomini apparecchiate de la banda
de Berghes, one intorno, liquali subito que l'inimico sara partito per
opponersi a gli supr sopradith, comminciarano medesimamente de
guastar el paese di Campigna, abbrugiando gli frumenti, et altre
munitione.

L'inimico vedendo el guastamente de drieto, et dinanzi, sara
sforsato d'assaltar el piu vicino, et quello que pensara piu
facilmente incommodar.

Si vene assaltar aquele d'Ostanda, et Vedano non assai, possono
con securita retirarsi a le naue, auendo ia abbrugiato gli
frumenti.

Si l'inimico non hardisce d'assaltar l'armata Inglese, loro,
possono continuar el guastamente, et retirarsi, alle sue naue.
Si l'inimico ritorna per assaltar quelli que sono in Campigna,
possono medesimamente retirarsi, et nondimeno intretenir lo
da quella parte. In tanto gli altri que si serano retirati a Ostanda
et l'Escluse, Vedendo l'inimico occupato in la Campigna,
furano el medesimo al paese de Tournay, Aynaut, l'Isle, et
Artois, guastando, abbrugiando ogni bene, et dapo ritornarsi alle sue
naue con securita, nessuno inimico potendo opponersi.

Pource qu'on tasche de nuire et affoiblir son ennemi en
toutes sortes qu'on peut, il y a deux autres moyens, par lesquels
ont le peut beaucoup endommager.

Le premier est de mettre le feu dans l'Arsenal d'Enuers. Ce
que promet exequuter Vn gentilhomme francois de la religion, Lequel
a faict beaucoup de Voyages en ce pais la:

On sçait pour certain que le Roy d'Espagne a contremandé quinze cents cheuaulx qu'il enuoyoit en flandres, et les a rappellé depuis Nice pour aller contre monsr Drack. Le qui monstre la faute qu'il a de soldats. La que aussi qui a faict luy Renuoyer auec coup de Germanie monstre le mesme.

Le second est d'assaillir l'estat d'Italie. Ce qu'est plus facile qu'il ne semble. Premierement pource qu'il est presques tout denué de garnisons lesquelles ont este employees a l'expedition qu'a faict l'Espagnol tant contre monsr Drack, que contre les flamans. Le moyen de l'assaillir est facile sans y employer beaucoup d'argent, ni de temps. C'est qu'on mesme temps qu'on leuera Vne armee en Alemagne pour france en faudra leuer Vne pour l'Italie, faisant semblant que toute ceste armee doyue fondre sur la france. Car iamais l'Italien ne fen douhiera l'attant faerse facile d'assaillir ceux qui n'y pensent point, de gaigner ceux qui sont tyrannizez, gehennez et en leur biens, et leur consciences y a Vn grand seigneur en france qui depuis naguerres a Visité tout ce pais la. Lequel conduira tout l'affaire.

図版Ⅶa.　ジュネーブ・アカデミーの来客者名簿の1579年5月20日のサイン。
　　　　ジュネーブ大学公文図書館, Ms. fr. 151, under date.

図版Ⅶb.　アレクサンダー・ディクソンへの『イデアの影』の献辞、おそらく1583
　　　　年遅く。ユニバーシティー・コレッジ・ロンドン・ライブラリー, Ogden A 50.

Salomon. et Prtbas
Q.uid est qp est? Ipsum qp fuit
Quid est qp fuit? Ipsum qp est.
Nihil sub sole nouum
SALVS.
✝

Jordanus Brun[us]
Nolanus Witeb[ergae]
18 7bris

図版Ⅶc. The Album of Hans von Warnsdorf, Wittenberg, 18/28 September 1587 に書かれた韻文。ヴュルテンベルク地区図書館, シュツトガルト, Cod. hist. 8° 10, f. 117r.

図版VIII. ブルーノのヘルムシュテットの手紙。Bruno to the Prorector of the University of Helmstedt, 6/16 October 1589. アウグスト公図書館, ヴォルフェンヴュッテル, Cod. Guelf. 360 Novorum 2°, f. 49.

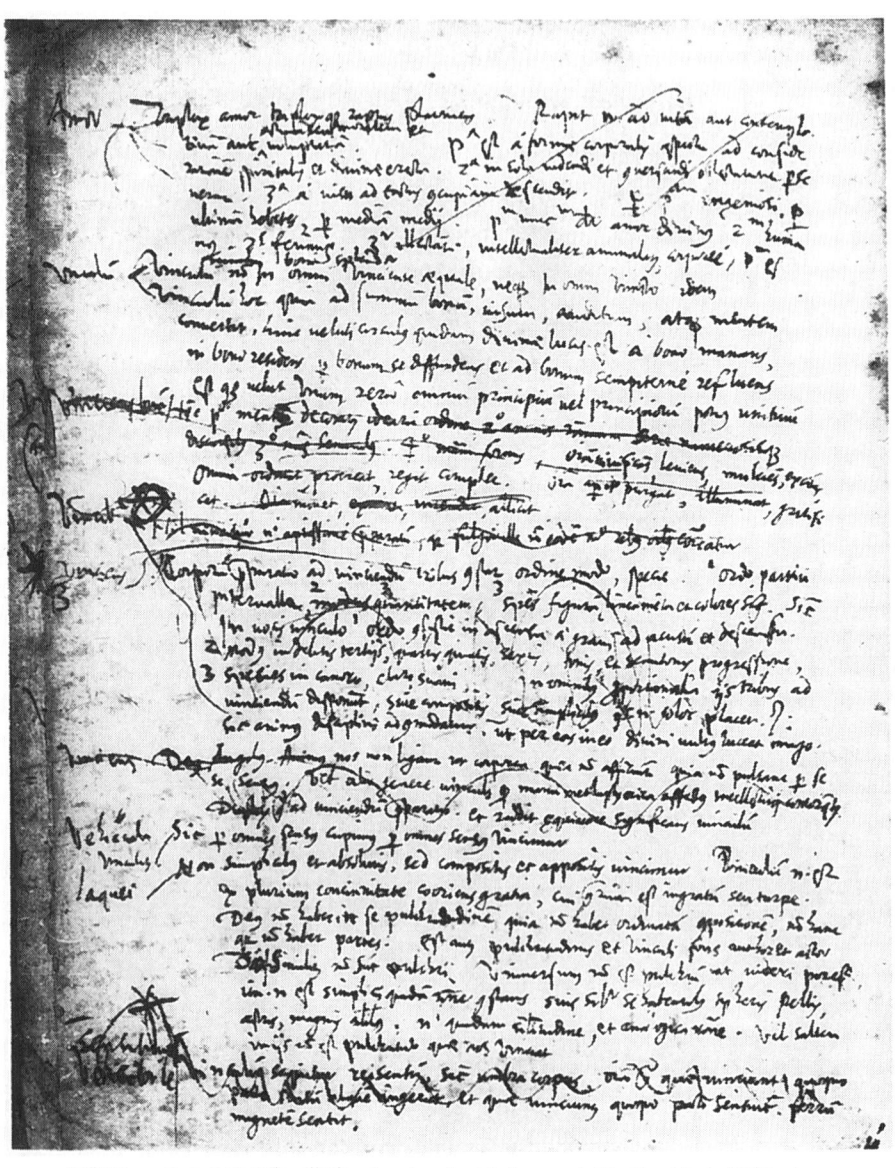

図版IX. モスクワ手稿、草稿。*De vinculo spiritus*, probably Frankfurt, 1590. レーニン国立図書館, モスクワ, Ms Φ 201, no. 36, f. 2v.

図版 X．モスクワ手稿、清書。『ルルスの医学』, probably Padua, 1591. レーニン国立図書館, モスクワ, Ms Φ 201, no. 36, f. 163r.

訳者解説

I

　ジョルダーノ・ブルーノ（一五四八—一六〇〇）は「ルネサンス最後の哲学者」と言われている。彼はギリシアの自然哲学の思想を受け継ぎ、宇宙が無限であり、かつ統一性を持ち、その中で全てのものが生成流転を繰り返すと主張した。それはアリストテレス的世界観の最後の崩壊過程を表すとも言われている。

　しかしここに訳出した『ジョルダーノ・ブルーノと大使館のミステリー』は、そういう思想家としてのブルーノに関する書物ではない。そうではなくて一五八三年から八五年まで、ブルーノがイングランドに滞在していた間に、密かに行なっていた政治活動についての研究である。従ってこの解説ではブルーノの思想の内容にはふれず、彼の経歴と当時の政治状況について述べておくこととしたい。

　ブルーノは一五四八年にイタリアのナポリ近郊の町ノラで生まれた。ノラはヴェスヴィオ火山の裾野の町で、カンパニア地方の主要都市として古くから栄えていた（ブルーノが「ノラびと」と呼ばれるのはこのためである）。幼名をフィリポと言い、父の職業は兵士であったと伝えられている。その地で一四歳ぐらいまで育ち、更に教育を受けるためにナポリにある高等公学校に進学した。そして一七歳の時にドミニコ会の修道院に入り聖職

者になろうと決意するに至った。しかしながら、ブルーノがどういった理由、動機をもって宗教者としての人生を選ぼうとしたのかまったく不明である。その後、一年余りの見習い期間を経て本格的な修道生活を開始するが、最初はきわめて順調で、一五七一年にはローマ教皇の招きでローマに行き、教皇に詩集『ノアの方舟』(Arca di Noe) を献上した程であった。しかし彼の心の奥底では次第に異端思想が形成されて行き、一五七六年には異端嫌疑によって審問所から召喚を命じられる程まで肥大したのである。

彼が異端思想を持つに至った背景を日本のブルーノ研究の第一人者である清水純一氏の『ジョルダーノ・ブルーノ研究』(創文社、一九七〇年) を参考にしながら纏めておこう。清水氏は彼の異端思想の萌芽を一四歳でナポリに来た時点にまで遡り、ナポリの社会的状況とブルーノの置かれた宗教的環境によって徐々に醸されたと説明しておられる。

ナポリは古くから地中海交易の中心地として繁栄を誇ってきた町で、文化的に自由な空気に満ち溢れ、思想的・宗教的に寛容な土地柄であった。しかし一四九二年のフランス国王シャルルⅧ世のナポリ侵攻を機に様相は一変する。フランスとスペインがナポリの領主権を巡って争いを繰り広げ、結局ナポリはスペインの手に落ちてしまう。そのため、ナポリはスペインの海軍本拠地へと変貌し、軍人を始めとした大量のスペイン人が流入して町は大混乱に陥ったのである。更に、自由な町の雰囲気を求めて崩れ込んで来たのがスペインを追われた異端思想の持ち主たちだった。しかし、自由なナポリであっても一五四二年にはローマと並んでいち早く異端審問所が設けられ、反宗教改革の先頭に立つイエズス会はスペイン系でもあったので、異端取締りはますます厳しさを増していた。加えて、一五七一年のレパントの海戦でのキリスト教徒の勝利もそういった動静に大いに拍車をかけ、ナポリでは異端者の処刑は日常的風景とさえなっていたのである。ブルーノが修道者の道を順調に歩み始め

ていた頃、すでに町は末期的症状を呈していたと言っても過言ではなかった。そうであってもナポリ人本来の寛容な精神は決して失われることなく、反スペイン感情とも結びついて、それは数回にわたる市民叛乱という形をとって現れてもいたのである。更に、修道院内部と言えども社会的状況とまったく無縁だとは言い切れず、異端思想にふれる機会はいくらでもあった。ブルーノはナポリの高等公学校時代、アヴェロイズム、ネオ・プラトニズム、記憶術など広範な知識を蓄えた。修道院での初期の時代にこそ、教団にゆかりのあるトマス・アクィナスを専門的に学んではいたが、修道院の図書館には多種多様の書物があり、種々の思想にふれ、一段と知識を増やすには絶好の場所であった。その中には後に禁書となる書物も多数含まれていた。また人的交流によって、外部ばかりでなく教団や修道院内の異端思想の持ち主との接触も不可能ではなかったのである。以上のような状況でブルーノの中で異端思想が醸成されていったであろうことは容易に想像がつく。そして何らかの出来事を機にそれが暴露され、一五七六年、審問所から呼び出しがかかったのである。

異端者への狂気じみた取り締まりのため、ひとたび召喚に応じれば処刑されると察知したブルーノは、修道院からの逃亡を決意する。こうして一五九二年まで続くヨーロッパ各地への放浪の旅が始まったのである。まずはローマを目指したが、すでにローマには手配が回っていたため、すぐさま僧衣を脱ぎ北に向かうことにした。その後サヴォナ、トリノを経てヴェネツィアに行き一カ月半程滞在して『時代の兆候』(*De' segni de' tempi*) を書き上げている。続いてベルガモに移るが、その地の状況から自分の居場所がないと悟り、アルプスを越えジュネーブに向かおうと決意した。

ジュネーブは宗教改革の中心地であったが、カルヴィンの死からすでに一五年経っていた一五七九年、町の厳し

い雰囲気もかなり和らぎ、ブルーノでもどうにか滞在出来るまでになっていた。ブルーノはその地に住む同郷人マルケーゼ・デ・ヴィーコの世話になりながら著作に励んだり、ジュネーブ大学で講義をするなどして、比較的穏やかな日々を過ごしたが、神学の大家であったジュネーブ大学教授ド・ラ・フェイと論争し、フェイ批判を印刷業者と結託して公表したかどで捕らえられるという失態を演じてしまう。そして命からがらジュネーブを離れたのである。

一五七九年の秋、ブルーノはフランスを目指す。まずリヨンで約一ヵ月過ごし、最終的にはトゥールーズに到着する。当時のトゥールーズでは新旧両派の争いは小康状態を保っており、ブルーノは幸いにもトゥールーズ大学で専任講師職を得る機会に恵まれる。大学ではアリストテレスの『霊魂論』の講読註解を行ったらしいが、町が再び動乱に陥ったためこの町も去ることになった。

一五八一年の末、ブルーノはついにパリに現れる。パリとて旧教徒とユグノーの対立抗争が悪化し緊迫状態であるのに変わりはなかったが、パリの町はブルーノに優しく、実り多い日々をもたらした。翌年からパリ大学で記憶術についての講義を受け持ったりするうちに、当時の国王アンリⅢ世の目に留まり、国王に謁見しお抱え学者のような地位を得たのである。それと同時に著作にも専念し一五八二年には記憶術に関する二冊、『イデアの影』(De umbris idearum) と『キルケの歌』(Cantus Circaeus) を、そしてナポリの世相を風刺した喜劇『燈火を掲げる者』(Candelaio) などを書き上げている。清水氏によると特に『燈火を掲げる者』の献辞にある「時は全てを奪い、全てを与える。万物は変化する。ただ一つのみ変わらぬもの、永遠なるものがある。永遠に一にして同一なるものとしてとどまるものがある。この哲学によって私の心は大きくなり、知性は素晴らしいものとなる」というくだりはブルーノの思想の飛躍的発展を暗示し、その後の彼の思想的展開を予兆させるものとして重

要性を帯びているという。こうしてパリで一年半余りの豊かな日々を送った後、一五八三年春、アンリⅢ世直筆の書状を携え海峡を渡り、ロンドンのフランス大使館に到着するのである。

II

ロンドン滞在中のブルーノの行動については本書で詳しく述べられているので省略し、彼がロンドンで刊行した書物をここで纏めておきたい。

『想記術』（Ars reminiscendi）1583
『三十の印の解明』（Explicatio triginta sigillorum）1583
『印の印』（Sigillus sigillorum）1583
『聖灰日の晩餐』（La cena de le Ceneri）1584
『原因、原理、一者について』（De la causa, principio e uno）1584
『無限、宇宙と諸世界について』（De l'infinito, universo e mondi）1584
『傲れる野獣の追放』（Spaccio della bestia trionfante）1584
『天馬のカバラ』（Cabala del cavallo pegaseo）1585
『キッラのろば』（L'asino cillenico）1585
『英雄的狂気』（De gli eroici furori）1585
『アリストテレス自然学』（Figuratio Aristotelici physici auditus）1586

このようにブルーノの主要著作は僅か二年半の間に全てロンドンで刊行されたのであって、この時が彼の最も落ち着いた執筆時期であったと言ってよいであろう。

しかしブルーノをとりまく世界は激しく揺れ動いていた。何よりも問題であったのは宗教的対立で、しかもこれにはフランスやスペインとの外交問題が絡んでいたのである。

イングランドは一五三四年、ヘンリーⅧ世の治世の時に宗教改革を行ない、カトリック教会から分離してイングランド教会（国教会）をつくったが、その子エドワードⅥ世が夭折すると、その異母姉メアリーが即位した。彼女は熱心なカトリック教徒でたちまち宗教改革を覆し、「血まみれのメアリー」とあだ名されるような厳しい弾圧を行なった。しかしメアリーが在位僅か五年で一五五八年に病没すると、彼女の異母妹のエリザベスが即位し、イングランドは再びプロテスタントへ戻り、メアリー時代の亡命者も続々と帰国した。これに対して国内のカトリック貴族らが抵抗し反乱を起こしたのみでなく、フランスとスペインがこれらの反乱を支援し、ローマ教皇も一五七〇年にエリザベスを破門して圧力を加えた。

こういう内外の反対勢力の攻撃にさらされたエリザベスにとって、最大の難問はもう一人のメアリー、スコットランド女王メアリー・スチュワートの処遇であった。彼女はスコットランド王ジェイムズⅤ世を父とし、フランスのカトリック教徒の指導者ギーズ公の妹を母として生まれ、彼女も在位中にフランス王太子フランソワと結婚したので、この時のスコットランドはフランスの属領同然の状態となっていた。これに対してプロテスタントの貴族が反乱を起こし、これはフランスの助けを得てこれを鎮圧しようとするメアリーと、エリザベスの助けを受けてこれを覆えそうとする貴族との戦いに発展したが、一五六〇年、貴族側の勝利のうちにスコットランドの

宗教改革が達成される。窮地に陥ったメアリーは、夫の死後、従兄弟と再婚するが、この従兄弟が暗殺された事件に関連して、六八年に監禁からて脱出してエリザベスへ救いを求めて来たのである。エリザベスはメアリーを軟禁状態に置いたが、メアリーにもイングランド王位継承権があったために、彼女の周辺はカトリック陰謀の巣窟となった。本書の中でファゴットことブルーノが一役演ずるスロックモートンの陰謀もその一つである。エリザベスはこれらの陰謀を乗り切り、ついに一五八七年にメアリー処刑に踏み切るのだが、そのことが一因となって、翌年、スペインの無敵艦隊がイングランド攻撃に出動する。スペインがエリザベス暗殺という誤報に大歓声を上げた話にも、こういう背景があったのである。

他方、イングランドに対抗するフランスも国内事情は複雑であった。メアリー・スチュワートの伯父ギーズ公を中心とするカトリック派はプロテスタントのユグノーに対する攻撃を強め、これは一五七二年の有名なバーソロミューの虐殺で頂点に達する。これに対してユグノーも公然とした抵抗を開始し、神聖同盟と内戦状態に入るが、国王アンリⅢ世はもともとユグノー派のナヴァル家の出身であり、一時、神聖同盟へ接近するが、やがてギーズ公と対決し、八八年にアンリ・ギーズを暗殺し、次のアンリⅣ世の時に「ナントの勅令」を発してユグノーとカトリックとの和解をはかるのである。

こういう複雑な政治状況の中でブルーノがどういう立場にあり、どういう役割を果たしたのかというのが、本書の中心テーマであるが、イギリスのブルーノ研究の第一人者フランセス・イエイツが、ブルーノはアンリⅢ世から反エリザベス工作という政治的密令を帯びていたのではないかと推定しているのに対し、本書ではブルーノはその逆の役割を果たしたと推定されている。本書に対する反論も多いので断定は困難である。

ブルーノはユグノー戦争たけなわのフランスへ一五八五年に戻るが、翌年にはドイツへ向けて旅立ち、ドイツ

各地からプラハまで足をのばした後、九一年にヴェネツィアへ戻り、翌年、そこで逮捕され、後ローマへ移されて審問を受け、一六〇〇年二月、火あぶりの刑に処せられた。審問中、ブルーノは異端という非難に対し、信仰と哲学とは別物であること、哲学上の真理については絶対に譲らないことを主張し続けた。彼の最後の言葉は、「裁かれている自分よりも裁いているあなた方のほうが真理の前におののいているのではないか」ということであったという。

* * *

著者ジョン・ボッシーは、一九三三年にロンドンで生まれ、ケンブリッジ大学で歴史学の修士、博士の学位を取得した。一九七九年より二〇〇一年までヨーク大学歴史学部教授をつとめ現在、名誉教授。一五—一八世紀のイギリスのカトリック主義を中心とした研究を続けている。特に最近では近代ヨーロッパ初期の宗教戦争についての考察を盛んに発表している。主な著書には、*The English Catholic Community, 1570–1850* (1975) や *Christianity in the West, 1400–1700* (1985) があり、特に後者は数ヵ国語に翻訳されている。更に本書の関連として *Under the Molehill: An Elizabethan Spy History* が二〇〇一年に出版された。

シドニー、フィリップ、『ニュー・アーケイディア　第一巻』(1989)、村里好俊訳解、大阪教育図書。
　シドニー、フィリップ、『ニュー・アーケイディア　第二巻』(1997)、村里好俊訳解、大阪教育図書。
　シドニー、サー・フィリップ、『アーケイディア』(1999)、礒部初枝、小塩トシ子、川井万里子、土岐知子、根岸愛子訳、九州大学出版会
　ハミルトン、A.C.、『サー・フィリップ・シドニー　エリザベス朝宮廷文人』(1998)、大塚定徳訳、大阪教育図書。
　フレンチ、ピーター、『ジョン・ディー――エリザベス朝の魔術師』(クリテリオン叢書)(1989)、高橋誠訳、平凡社。
　ベーコン、フランシス、『ベーコン随想集』(1983)、渡辺義雄訳、岩波文庫。

(邦文)
清水純一、『ジョルダーノ・ブルーノ研究』(1970)、創文社。
清水純一、『ルネサンスの偉大と退廃――ブルーノの生涯と思想――』(1972)、岩波新書。
園田坦、『〈無限〉の思惟』(1987)、創文社。
根占献一、伊藤博明、伊藤和行、加藤守道、『イタリア・ルネサンスの霊魂論』(1995)、三元社。

ブルーノの著作（翻訳）

『原因、原理、一者について』（1995）、土門多美子訳、近代文芸社。入手不可。
『原因・原理・一者について』（ジョルダーノ・ブルーノ著作集　3）（1998）加藤守道訳、東信堂。
『無限、宇宙および諸世界について』（1967）、清水純一訳、現代思潮社。（岩波書店から1982年に岩波文庫版が、更には1995年に同文庫版が重版されたが、現在は入手不可）

参考文献

（翻訳）
　アリオスト、ルドヴィコ、『アリオスト　狂えるオルラシド』（2001）、脇功訳、名古屋大学出版会
　イエイツ、フランセス、『世界劇場』（1978）、藤田実訳、晶文社。
　イエイツ、フランセス、『シェイクスピア最後の夢』（1980）、藤田実訳、晶文社。
　イエイツ、フランセス、『星の処女神エリザベス女王　十六世紀における帝国の主題』（1982）、西沢竜生訳、東海大学出版会。入手不可。
　イエイツ、フランセス、『星の処女神とガリアのヘラクレス　16世紀における帝国の主題』（1983）、西沢竜生訳、東海大学出版会。
　イエイツ、フランセス、『魔術的ルネサンス　エリザベス朝のオカルト哲学』（1984）、内藤健二訳、晶文社。
　イエイツ、フランセス、『薔薇十字の覚醒　隠されたヨーロッパ精神史』（1986）、山下知夫訳、工作舎。
　イエイツ、フランセス、『ヴァロワ・タピスリーの謎』（ヴァールブルク・コレタション）（1989）、藤井康生訳、平凡社。入手不可。
　イエイツ、フランセス、『記憶術』（1993）、玉泉八洲男監訳、水声社。
　イエイツ、フランセス、『十六世紀フランスのアカデミー』（ヴァールブルク・コレクション）（1996）、高田勇訳、平凡社。入手不可。
　ウィント、エドガー、『ルネサンスの異教秘儀』（1986）、田中英道他訳、晶文社
　オルディネ、ヌッチョ、『ロバのカバラ——ジョルダーノ・ブルーノにおける文学と哲学』（2002）、加藤守通訳、東信堂。

―――, *The Art of Memory* (1966 ; London, 1969 edn used).

―――, *Collected Essays* : i, *Lull and Bruno* ; ii, *Renaissance and Reform* : *The Italian Contribution* (London, 1982, 1983).

———, 'The Fame of Sir Edward Safford', *American Historical Review,* xx (1915), 292–313.

Rees, Joan, *Samuel Daniel* (Liverpool, 1964).

Rowse, A. L., *Ralegh and the Throckmortons* (London, 1962).

Salvestrini, Virgilio, *Bibliografia di Giordano Bruno, 1582–1950,* 2 edn by Luigi Firpo (Florence, 1958).

Sidney, Sir Philip, *The Countess of Pembroke's Arcadia,* ed. M. Evans (London, 1977).

Singer, D. W., *Giordano Bruno : his Life and Thought* (New York, 1950).

Spampanato, Vincenzo, *Vita di Giordano Bruno* (Messina, 1921).

Stephen, Leslie, and Lee, Sidney (ed.), *Dictionary of National Biography* (1885–1901 ; repr., 22 vols ; London, 1949–50).

Stone, Lawrence, *An Elizabethan : Sir Horatio Palavicino* (Oxford, 1956).

Strong, Roy, *The English Icon : Elizabethan and Jacobean Portraiture* (London/New York, 1969).

Strunk, Oliver, *Readings in Music History : ii, The Renaissance* (London/ Boston,1981 edn).

Sturlese, [M.] Rita [Pagnoni], 'Su Bruno e Tycho Brahe', *Rinascimento²,* xxv (1985), 309–33.

———, *Bibliografia, censimento e storia delle antiche stampe di Giordano Bruno* (Florence, 1987).

———, 'Un nuovo autografo del Bruno', *Rinascimento²,* xxvii (1987), 387–91.

Tilley, M. P., *A Dictionary of the Proverbs in England in the 16th and 17th Centuries* (Ann Arbor, Mich., 1950).

Wernham, R. B., *Before the Armada : the Growth of English Foreign Policy, 1485–1588* (London, 1966).

Williams, Neville, *Thomas Howard Fourth Duke of Norfolk* (London, 1964).

Wilson, Charles, *Queen Elizabeth and the Revolt of the Netherlands* (London, 1970).

Wilson, F. P., *Oxford Dictionary of English Proverbs* (3 edn ; Oxford, 1970).

Wind, Edgar, *Pagan Mysteries in the Renaissance* (London, 1958).

Yates, Frances, *John Florio : the Life of an Italian in Shakespeare's England* (Cambridge, 1934).

———, 'The Religious Policy of Giordano Bruno', *Journal of the Warburg and Courtauld Institutes,* iii (1939–1940), 181–207 ; repr. in *Collected Essays* (below), i, 151–79.

———, *The French Academies of the Sixteenth Century* (London, 1947 ; repr. with introduction by J. B. Trapp, London, 1988).

———, 'Giordano Bruno : Some New Documents', *Revue internationale de philosophie,* xvi (1951), 174–99 ; repr. in *Collected Essays,* ii, 111–30.

———, *Giordano Bruno and the Hermetic Tradition* (London, 1964).

xxii 参考文献

Howard, Henry, *A defensative against the Poyson of supposed Prophecies* (London : John Charlewood, 1583).

Hubault, G., *Michel de Castelnau, ambassadeur en Angleterre, 1575–1585* (Paris, 1856 ; repr. Geneva, 1970).

Hughes, Philip, *The Reformation in England,* iii (London, 1954).

Imbs, P., *Trésor de la langue française,* xii (1986). "Patrie" に関して。

Ingegno, Alfonso, *La sommersa nave della religione : studi sulla polemica anticristiana di Giordano Bruno* (Naples, 1984).

Jensen, De Lamar, *Diplomacy and Dogmatism : Bernardino de Mendoza and the French Catholic League* (Cambridge, Mass., 1964).

Jones, C. P., *The Roman World of Dio Chrysostom* (Cambridge, Mass. / London, 1978).

Kerman, Joseph, *The Masses and Motets of William Byrd* (London, 1981).

Luther, Martin, 'The Babylonian Captivity of the Church', English trans. In John Dillenberger (ed.), *Martin Luther : Selections from his Writings* (Garden City, N. Y., 1961), pp.249–359.

Martin, A. Lynn, *Henri III and the Jesuit Politicians* (Geneva, 1973).

Martin, C. T. (ed.), *Journal of Sir Francis Walsingham from December 1570 to April 1583* (Camden Society, civ part 3, 1871 ; repr. New York/ London, 1968).

Nicolas, Sir Harris, *Memoirs of the Life and Times of Sir Christopher Hatton* (London, 1847).

Ordine, Nuccio, *La cabala dell'Asino : asinità e coscienza in Giordano Bruno* (Naples, 1987).

Pastor, Ludwig von, *The History of the Popes from the Close of the Middle Ages,* English ed. and trans. by F. I. Antrobus and others (40 vols ; London/ St Louis, Mo., 1928–41 ; repr. 1938–61). 19–22巻（1930–3 ; repr. 1952）は1572–90年をカバーしている。

Peck, D.C. *See* Anon.

Peck, Linda Levy, *Northampton : Patronage and Policy at the Court of James I* (London, 1982).

Petrarca, Francesco, *Rime, Trionfi e Poesie latine,* ed. F. Neri and others (Milan/ Naples, 1951).

Petti, Anthony G., *English Literary Hands from Chaucer to Dryden* (London, 1977).

Pollard, A. W., and Redgrave, G. R., *A Short-Title Catalogue of Books Printed in England... 1475–1640,* 2 edn by W. A. Jackson, F. S. Ferguson and K. F. Pantzer (2 vols ; London, 1986).

Pollen, J. H. *See* Butler, E. C.

Prockter, A., and Taylor, R., *The A to Z of Elizabethan London* (Lympne Castle, Kent/ London, 1979).

Read, Conyers, *Mr. Secretary Walsingham and the Policy of Queen Elizabeth* (3 vols ; Oxford, 1925–7 ; repr. 1967).

―――, *Lord Burghley and Queen Elizabeth* (London,1960).

Evans, R. J. W., *Rudolf II and his World* (Oxford, 1973).

Firpo, Luigi, 'Il processo di Giordano Bruno', *Rivista storica italiana,* lx (1948), 542–597 ; lxi (1949), 1–59 ; reprinted as *Quaderni della Rivista storica italiana,* i (Naples, 1949).

Fisher, John, intro., *A Collection of Early Maps of London, 1553–1667* (Lympne Castle, Kent/London, 1981).

Florio, John, trans., *The Essays of Michel de Montaigne* (1603), ed. L. C. Harmer (3 vols ; London, 1965 edn.).

Florio, John, *Queen Anna's New World of Words, or Dictionarie of the Italian and English Tongues* (1611 ; repr. Menston, Yorks., 1968).

French, Peter J., *John Dee : the World of an Elizabethan Magus* (London, 1972).

Gatti, Hilary, 'Giordano Bruno : the Texts in the Library of the 9th Earl of Northumberland', *Journal of the Warburg and Courtauld Institutes,* xlvi (1983), 63–77.

Gentile, Marino, 'Rileggendo il Bruno', *Humanitas* (Brescia), iii (1948), 1154–64. （私はこの論文を目にしていない。これについては「終章」を参照のこと。）

Ghisalberti, A. M. and others (ed.), *Dizionario biografico degli italiani* (36 vols to date ; Rome, 1960–).

Godefroy, F., *Dictionnaire de l'ancienne langue française* (10 vols ; Paris, 1880–1902 ; repr. 1969).

Goldberg, Jonathan, *Writing Matter* (Stanford, Cal., 1990).

Greengrass, Mark, 'Mary, Dowager Queen of France', *The Innes Review,* xxxviii (1987), 171–88.

Halliwell, J. O. (ed.), *The Private Diary of John Dee* (Camden Society, xix, 1842).

Hamilton, A. C., *Sir Philip Sidney : a Study of his Life and Works* (Cambridge, 1977).

Hicks, Leo, 'An Elizabethan Propagandist : the Career of Solomon Aldred', *The Month,* clxxxi (1945), 181–90.

———, 'The Strange Case of Dr. William Parry', *Studies* (Dublin), xxxvii (1948), 343–62.

———, *An Elizabethan Problem : Some Aspects of the Careers of two Exile-Adventurers* (London, 1964).

Hofmeister, P., 'Die Strafen für den Apostata a Religione', *Studia Gratiana,* viii (1962), 423–46.

Holinshed, Ralph, *Chronicles of England, Scotland and Ireland* (6 vols ; London, 1807–8 edn.).

Hollar, Wenceslaus, *A Long View of London from Bankside, 1647* (London Topographical Society, publication no. 112 ; London, 1970).

Holt, Mack P., 'The Household of François, Duke of Anjou', *French Historical Studies,* xiii (1984), 305–22.

Boucher, Jacqueline, *La Cour de Henri III* (n. p., 1986).

Butler, E. C., and Pollen, J. H., 'Dr. William Gifford in 1586', *The Month,* ciii (1904), 243–58, 348–66.

Buxton, John, *Sir Philip Sidney and the English Renaissance* (London, 1954).

Calderini De-Marchi, Rita, *Jacopo Corbinelli et les érudits français* (Milan, 1914).

Cappelli, A., *Cronologia, cronografia e calendario perpetuo* (5 edn ; Milan, 1983).

Champion, Pierre, *Charles IX : la France et le contrôle de l'Espagne* (2 vols ; Paris, 1939).

Cheney, C. R., *Handbook of Dates for Students of English History* (London, 1945).

Chéruel, A. セクション2を見よ。

Ciliberto, Michele, *Lessico di Giordano Bruno* (2 vols continuously paginated ; Rome, 1979).

―――――, 'Asini e pedanti', *Rinascimento²,* xxiv (1984), 81–121.

―――――, *La ruota del tempo : interpretazione di Giordano Bruno* (Rome, 1986).

―――――, *Giordano Bruno* (Rome/ Bari, 1990).

Clancy, Thomas H., *Papist Pamphleteers* (Chicago, 1964).

Cloulas, Ivan, 'Les Rapports de Jérôme Ragazzoni. . . avec les ecclésiastiques. . . (1583–1586)', *Mélanges. . . / de l'/ École française de Rome,* lxxii (1960), 509–50.

Cobbett, William (ed.), *State Trials* (2 vols ; London, 1809).

Colliard, Lauro A., *Un dottore dell'Ateneo patavino alla Corte di Francia : Pierre d'Elbène (1550–1590)* (Verona, 1972).

Corsano, Antonio, *Il pensiero di Giordano Bruno nel suo svolgimento storico* (Florence, 1940).

Cross, F. L., and Livingstone, E. A., *Oxford Dictionary of the Christian Church* (2 edn ; London,1974).

Daniel, Samuel, *The Complete Works in Verse and Prose,* ed. A. B. Grosart (5 vols ; 1896, repr. New York, 1963).

Dawson, Giles E., and Kennedy-Skipton, L., *Elizabethan Handwriting, 1500–1650* (London, 1968).

Devlin, Christopher, *Robert Southwell* (London, 1956).

Devoto, G., and Oli, G. C., *Dizionario della lingua italiana* (Florence, 1971).

Dickerman, E. H., *Bellièvre and Villeroy* (Providence, R. I., 1971).

Dio Chrysostom, ed. and trans. J.W. Cohoon (5 vols ; London, 1932–51, repr. 1961–4).

Ditchfield, Simon, 'Brunomania in Italy, 1886–1890' (unpublished essay, Warburg Institute, London, 1986).

Durkan, John, 'Alexander Dickson and S. T. C. 6823', *The Bibliotheck* (Glasgow), iii (1962), 183–90.

Il Candelaio : I. Guerrini Angrisani (Milan, 1976)によるハンディ版を使用した。

4. 研究書および参考書

Anon., *A Discovery of the Treasons practised and attempted... by Francis Throckmorton* (1584), in *Harleian Miscellany* (10 vols ; London,1808–13), iii, 190–200.

Anon., possibly Arundell, Charles, Parsons, Robert and others, *Leicester's Commonwealth : The Copy of a Letter Written by a Master of Art of Cambridge* (1584), ed. D. C. Peck (Athens, Ohio, 1985).

Aquilecchia, Giovanni, 'La lezione definitiva della "Cena de le Ceneri" di Giordano Bruno', *Atti dell'Accademia nazionale dei Lincei : Memorie, Classe di scienze morali, etc.⁸,* iii, no. 4 (1950), 209–43.

―――, 'Un autografo sconosciuto di Giordano Bruno', *Giornale storico della letteratura italiana,* cxxxiv (1957), 333–8 ; also ibid. cxl (1963), 148–51.

―――, Lo stampatore londinese di Giordano Bruno', *Studi di filologia italiana,* xviii (1960), 102–28.

Ariosto, Ludovico, *Orlando furioso,* ed. L. Caretti (Milan / Naples, 1954).

Aston, Margaret, *England's Iconoclasts, i : Laws against Images* (Oxford, 1988).

Aubrey, John, *Brief Lives,* ed. R. Barber (Woodbridge, Suffolk, 1982).

Bacon, Francis, *Essays,* ed. M. J. Hawkins (London/ Melbourne, 1972).

Baguenault de Puchesse, G., *Jean de Morvillier* (Paris, 1870).

Barbera, M. L., 'La Brunomania', *Giornale critico della filosofia italiana,* lix (1980), 103–40.

Barnavi, Élie, *Le Parti de Dieu : étude sociale et politique des chefs de la Ligue parisienne, 1585–1594* (Brussels/ Louvain, ?1980).

Battaglia, S., Barberi Squarotti, G. and others, *Grande dizionario della lingua italiana* (14 vols to date ; Turin, 1961–).

Battista, C., and Alessio, G., *Dizionario etimologico italiano* (5 vols ; Florencc, 1950–7).

Bodin, Jean, *Six livres de la République* (1583) ; abridged trans. by M. J. Tooley, *Six Books of the Commonwealth* (Oxford, n. d.).

Bossy, John, 'English Catholics and the French Marriage, 1577–1581', *Recusant History,* v (1959), 2–16.

―――,'The Character of Elizabethan Catholicism', in T. Aston (ed.), *Crisis in Europe, 1550–1660* (London, 1965), pp. 223–46.

Boüard, A. de, *Manuel de diplomatique française et pontificale* (Album of Plates : Paris, 1929). 私はそのテキストを見ていない。

参考文献

ーネへの献呈

ii, part 1, ed. V. Imbriani and C. M. Tallarigo : *De umbris idearum*.

ii, part 2, ed. F. Tocco and H. Vitelli : *Ars reminiscendi, Triginta sigilli et triginta sigillorum explicatio, Sigillus sigillorum ; De lampade combinatoria lulliana*, 序文。*Animadversiones circa Lampadem lullianam*.

ii, part 3, ed. F. Tocco and H. Vitelli : *De comparatione imaginum*.

iii, ed. F. Tocco and H. Vitelli. ブルーノの手稿、筆跡、ファクシミリについての編集者のイントロダクション。*De vinculo spiritus ; De vinculis in genere*.

Due dialoghi sconosciuti e due dialoghi noti, ed. G. Aquilecchia (Rome, 1957), 1586年にパリで出版されたファブリジィオ・モルデンテについての対話を含む。

《イタリア語著作集》

Dialoghi italiani, 3 edn by Giovanni Aquilecchia (2 vols continuously paginated ; Florence, 1958) of the first two volumes of the *Opere italiane*, ed. Giovanni Gentile (Bari, 1907–8). 必須。

Scritti scelti di Giordano Bruno e di Tommaso Campanella, ed. Luigi Firpo (2 edn ; Turin, 1968) は『晩餐』、『狂気』の一部、ブルーノの「自伝」(Documenti, pp. 76–87)とブルーノの生涯についての年表を含む。

《著作》

La cena de le Ceneri, ed. Giovanni Aquilecchia (Turin, 1955).

English trans. by A. Gosselin and L. S. Lerner, *The Ash Wednesday Supper* (Hamden, Conn., 1977).

De la causa, principio e uno, ed. Giovanni Aquilecchia (Turin, 1973).

French trans. by Émile Namer, *Cause, principe et unité* (Paris, 1930).

English trans. by Sidney Greenberg, in *The Infinite in Giordano Bruno* (New York, 1950), pp. 76–173.

De l'infinito universo e mondi : English trans. by D. W. Singer, in *Giordano Bruno : his Life and Thought* (New York, 1950), pp. 225–378.

Spaccio della bestia trionfante, ed. Michele Ciliberto (Milan, 1985) は論議をかもしたイントロダクションを納める。

English trans. by Arthur D. Imerti, *The Expulsion of the Triumphant Beast* (New Brunswick, N. J., 1964).

De gli eroici furori : English trans. by P. E. Memmo, *The Heroic Frenzies* (Chapel Hill, N. C., 1964).

1731).

Murdin, W. (ed.), *A Collection of State Papers relating to the Affairs of Queen Elizabeth/from the papers of / William Cecill Lord Burghley* (1571–96) (London, 1759).

Ogle, A. (ed.), *A Copy-book of Sir Amyas Paulet's Letters* (?London, 1866).

Pollen, J. H. and MacMahon, W. (ed.), *The Venerable Philip Howard, Earl of Arundel* (Catholic Record Society, xxi, 1919).

Pollen, J. H. (ed.), *Mary Queen of Scots and the Babington Plot* (Scottish History Society³, iii; Edinburgh, 1922).

Teulet, A. (ed.), *Relations politiques de la France et de l'Espagne avec l'Écosse au XVIe siècle* (5 vols; Paris, 1862).

3. ブルーノに関する資料

生涯

ブルーノの生涯については、その時点で認められていた著作以外を典拠とするものをヴィットーレ・スパムパナートが収集し *Vita di Giordano Bruno* (Messina, 1921)の599—786ページで発表した。この研究はジョヴァンニ・ジェンティーレの *Documenti della vita di Giordano Bruno* (Florence, 1933)にも再録されたが、私が使用したのもこの本である。その中で最重要なものはヴェネツィアの（1592年までの）「審問記録」であり、同書 p. 59-136 に納められている。それ以後に加えられた主な文献は、アンジェロ・メルカーティ枢機卿による *Il sommario del processo di Giordano Bruno* (Studi e Testi, ci; Vatican City, 1942) で、1597年末まで続いたブルーノの裁判の全過程の摘要である。加えてイエイツが使用したコルビネッリの手紙だが、これはセクション1に記した。

作品

《ラテン語著作集》

Jordani Bruni Nolani opera latine conscripta, ed. F. Fiorentino and others (3 vols in 8 parts; Naples and Florence, 1879–91). 私が使用したのは以下の通りである。

   i, part 1, ed. F. Fiorentino : *Oratio valedictoria ; Oratio consolatoria ; Camoeracensis acrotismus ; De immenso et innumerabilibus,* book 1.

   i, part 3, ed. F. Tocco and H. Vitelli : *Articuli adversus mathematicos,* ルドルフⅡ世への献呈

   i, part 4, ed. F. Tocco and H. Vitelli : *Figuratio aristotelici physici auditus,* ピエロ・デルベ

アンブロジオ図書館、ミラノ

Manuscripts: T 167 sup (Corbinelli). インディアナ州ノートルダム大学中世研究所の尽力によるマイクロフィルムを利用した。Calderini De-Marchi; Yates 'New Documents', section 4.

2. 公刊文書および出版物

Blet, P. (ed.), *Girolamo Ragazzoni, évêque de Bergame, nonce en France... 1583–1586* (Acta nuntiaturae gallicae, ii; Rome/Paris, 1962).
Calendar of State Papers, Domestic, 1581–1590, ed. R. Lemon (London, 1865).
Calendar of State Papers, Domestic: Addenda, 1580–1625, ed. M. A. E. Green (London, 1872).
Calendar of State Papers, Foreign: 1581–1582, ed. A. J. Butler (London, 1907); *1583–1584; 1584–1585; 1585–1586; 1586–1588,* ed. S. C. Lomas (London, 1914, 1916, 1921, 1927); *1586–1587 (Holland and Flanders),* ed. S.C. Lomas and A. B. Hinds (London,1927); *January –July 1589,* ed. R. B. Wernham (London, 1950).
Calendar of State Papers, Scotland and Mary, Queen of Scots: 1581–1583; 1584–1585; 1585–1586, ed. W. K. Boyd (Edinburgh, 1910, 1913, 1914).
Calendar of State Papers, Spanish, Elizabeth: 1580–1586, ed. M. A. S. Hume (London, 1896).
Chéruel, A., *Marie Stuart et Catherine de Médicis* (Paris, 1858). 1585-84年のカステルノーの通信文が同書226-355ページに所収。デスヌヴァル家の古文書（現在はノルマンディ、パヴィイ城に住むドブロイ家の所蔵だが）の手稿から印刷した。所有者の方々とルーアンにあるセーヌ・マリティーム県立古文書館の主任学芸員M・フランソワ・ビュカール氏のご好意により私はチェルエルの仕事とオリジナルのマイクロフィルムをつき合わせ、完璧であると確認した。
Dasent, J. R. (ed.), *Acts of the Privy Council: new series,* xii (London, 1896).
Historical Manuscripts Commission, *Calendar of the Manuscripts of the Marquis of Salisbury at Hatfield House,* ii–iii (London, 1888–9), for the years 1572–89.
Historical Manuscripts Commission, *Calendar of the Manuscripts of the Marquess of Bath,* v (London, 1980).
Hughes, P. L. and Larkin, J. F. (ed.), *Tudor Royal Proclamations* (3 vols; New Haven/ London, 1964–9).
Labanoff, A. (ed.), *Lettres, instructions et mémoires de Marie Stuart, reine d'Écosse* (7 vols; London, 1844).
Le Laboureur, J. (ed.), *Mémoires de Michel de Castelnau,* 3 edn by J. Godefroy (3 vols; Brussels,

参考文献

1. 手稿

機械的になろうが、以下のように分けて列挙すると扱いやすい。各シリーズ、コレクションの巻数を記した後に、関連する年次目録、出版物のタイトルを記した。ただし、言明されていない限りセクション2にも記した。アラビア数字は全て巻数を示す。そして、分かっているものについては巻、コレクションの出所を記した。ファゴットによる通信文は公立記録保管所や英国図書館に散逸しているが、確認出来たものについてはそれが納められている巻数をイタリックで記した。不要と思われる事項は省略した。

公立記録保管所、ロンドン

公文書、エリザベス宛て。以下の巻全てはサー・フランシス・ウォルシンガムの文書からである。

SP 12 (Domestic)：92, 147, 151, 155, 163, 164, *167,* 168, 176, 182, *206. CSP Domestic.*
SP 53 (Mary, Queen of Scots)：*12, 13. CSP Scotland.*
SP 78 (France)：*9, 13, 14,* 16, 17, 19, 20.
SP 85 (Italian States)：1.
SP 101 (Newsletters)：72, 95. 以下3点は *CSP Foreign* より。

英国図書館、手稿部

Cottonian Mss.：*Caligula C vii, Caligula C viii, Nero B vi* (Walsingham)；Titus C vi (Henry Howard). *CSP Scotland* for the Caligula volumes.
Harleian Mss.：*1582* (Walsingham, probably via Thomas Phellippes).
Lansdowne Mss.：29, 31, *39* (Burghley).

国立図書館、パリ、手稿部

Fonds français：3305, 4736, 15973 (Castelnau)；15571 (Villeroy)；15892, 15905, 15908, 15909 (Bellièvre)；16042, 16045 (Cardinal d'Este and Saint-Goard).
Cinq Cents de Colbert：337, 472, 473 (Castelnau).

ルドルフⅡ世　Rudolf II　神聖ローマ帝国皇帝　110, 218以下, 267
ル・ブルーメン、ジョフロワ　Le Brumen, Geoffroy　医者　101, 136, 184

レ

『レスターズ・コモンウェルス』　'Leicester's Commonwealth'　211, 214, 260
レスター伯　Earl of Leicester　→ダドレーを見よ
レノックス公　Duke of Lennox　→スチュアートを見よ

ロ

ロベピーヌ、ギョーム、ドゥ　L'Aubépine, Guillaume de　シャトーヌフ男爵　104, 107, 134以下, 141, 186, 216以下, 246-7, 384注
　　→カステルノー、ファゴット、ブルーノを見よ
ロレーヌ家　Lorraine, House of　26, 38, 270
　　アンリ・ドゥ・ロレーヌ（ギーズ公）　25, 41以下, 60-1, 111, 216, 270, 272, 316以下
　　施物分配係長（姓名不明）　213, 247, 282
ロンサール、ピエール・ドゥ　Ronsard, Pierre de　33, 272注78

158, 160, 217
メルカーティ、アンジェロ　*Mercati, Angelo*　枢機卿　235, 249注30, 303
メンドーサ、ベルナルディーノ・デ　*Mendoza, Bernardino de*　大使　48-9, 59, 68以下, 107, 150, 177, 182以下, 266注67, 351注2
　→カステルノー、ブルーノを見よ

モ

モーガン、トマス　*Morgan, Thomas*　陰謀者　67注33, 72, 110以下, 156, 159
　→ウォルシンガム、エリザベス（陰謀）、カステルノー（イングランドにおけるカトリック側の動きなど）、スタフォード、ファゴット、ブルーノを見よ
モチェニゴ、ジョヴァンニ　*Mocenigo, Giovanni*　ヴェネツィアの貴族　256以下, 300
モートレイク　*Mortlake*　53, 56, 173, 287
モリス、エドワード　*Morris, Edward*　サー・ジェイムズ・クロフトの使用人　67, 183
モルデンテ、ファブリジィオ　*Mordente, Fabrizio*　数学家　104, 215-6
モンパンシェール公　*Montpensier*　→ブルボンを見よ

ラ

ラガッツォーニ、ジロラモ　*Ragazzoni, Girolamo*　ベルガモの司教、ローマ教皇使節　217以下
ラ・シャサーニュ、ジロー・ドゥ　*La Chassaigne, Girault de*　カステルノーの使用人　47-8, 67, 90, 102以下, 107, 136, 187, 214, 380注
　→ファゴット、ブルーノを見よ
ラスキ卿、アルベルト　*Laski*　51-2, 56
　→アンリⅢ世、エリザベス、カステルノー、ブルーノを見よ
ラッセル、フランシス　*Russel, Francis*　ベッドフォード伯　332
ラムス、ピーター　*Ramus Pierre*　86以下, 195

ル

ルクレール、ニコラ　*Leclerc, Nicolas*　クルセル侯、カステルノーの秘書　48以下, 57, 64以下, 68, 90, 95, 173, 177以下, 188, 221, 260, 330
ルター、マルティン　*Luther, Martin*　248以下, 259, 369注10
ルデュック、ルネ　*Leduc, René*　47, 94

xii 索引

プロテスタント主義　Protestantism　24以下, 210以下, 215
　　　フランスのプロテスタント　24-5, 251以下, 268以下
　　　→ブルーノ（所見）を見よ
フロリオ, ジョン　Florio, John　翻訳家、カステルノーの使用人　53, 90, 101以下,
　　　136-7, 176, 184, 188-90, 191, 203, 213, 215, 221, 239, 384
　　　→ブルーノを見よ

ヘ

ヘイウッド、ジャスパー　Heywood, Jasper　イエズス会士　180注15
ベクス、ジャン・ドゥ　Bex, Jean du　アンジュー公の使者　42
ヘッセ　Hesse　106
ベッドフォード伯　Earl of Bedford　→ラッセルを見よ
ベリエーブル、ポンポーネ・ドゥ　Bellièvre, Pompone de　アンリⅢ世の顧問官
　　　112, 136, 155注26, 212, 417

ホ

ボシュテル、マリー　Bochetel, Marie　→カステルノーを見よ
ボダン、ジャン　Bodin, Jean　249注32
ボテロ、ジョヴァンニ　Botero, Giovanni　215
ホール、ヒュー　Hall, Hugh　聖職者　341以下
ホワイトホール宮殿　Whitehall Palace　76, 80, 84, 182, 184, 189, 205

マ

マキャヴェリ、ニッコロ　Machiavelli, Niccolò　257
マダム・デルベーネ　Madame Delbene　→カヴァルカンティを見よ
マニャーヌ　Magnane, Comte de la　ユグノー徒　111

メ

メアリー　Mary　スコットランド女王　25以下, 48以下, 60-1, 64-5, 110以下, 173,
　　　178, 217, 221以下, 272-3, 275
　　　→エリザベス（陰謀）、カステルノー（イングランドにおけるカトリック側の
　　　動きなど）、カトリシズム、フランシス・スロックモートン、ヘンリー・ハワ
　　　ード、モーガンを見よ
メディチ, カトリーヌ・ド　Médicis, Catherine de　フランスの王太后　33, 136, 152,

デルベーネ　105, 114以下, 146-7, 151, 212以下, 220以下

フランシス・スロックモートン　88, 177以下, 181, 193, 208, 242, 260以下, 275, 286, 302

フロリオ　53, 76, 80, 87, 89, 182, 184, 189, 191, 195, 201, 287

ヘンリー・ハワード　174以下, 178以下, 197-207, 241, 257, 261-2, 275, 286

メンドーサ　216以下, 240, 247, 267

モーガン　145, 164, 186, 214, 220-1, 247, 260, 275

ラスキ　52以下, 57-8, 173以下, 287

所見

 イングランドにおけるカトリック側の動きなど　145, 177-87, 205以下, 212以下, 237, 260以下, 268-9, 276　→ジロー、スビアウル、スロックモートン、メンドーサ、モーガンを見よ

 王権　285以下

 カトリシズム　176, 247以下, 256-7, 259-60, 280以下

 記憶　39, 55, 311-2

 偽善（偽装も含む）　207以下, 238-48, 254, 302-6

 教皇制度と教皇絶対主義者　91, 100, 218, 221, 245以下, 254-60, 263以下, 270以下, 275, 278以下, 286, 301-6

 キリスト教　91, 247-8, 259-60, 280-6, 306注8

 衒学者　56, 177以下, 270

 女性　98, 196, 199, 263, 266

 哲学　55-6, 77-9, 85, 91, 175, 188, 191, 195, 206, 234, 255 以下, 261-2, 284以下

 反乱　265-8, 286-7

 不平家　192以下, 202以下, 286以下

 プロテスタント主義　86以下, 145, 221, 251, 253-4, 257, 270以下, 276

 プロテスタント神学　87-8, 210以下, 248以下, 259-60, 270以下

 ユダヤ人　263, 266, 283

 預言者と預言（「予言者」と「予言」も含む）　175, 257, 261, 278以下, 284

 霊魂輪廻　93, 287注117, 306

 ローマ人の美徳　91, 249, 285

ブルズ・ヘッド亭　Bull's Head　60, 184

ブルボン、フランソワ・ドゥ　Bourbon, François de　モンパンシェール公　106, 107, 115, 155, 213以下

x 索引

　　　　　テキスト17　145-51, 156以下, 160以下, 163-4, 219
　　　　　テムズ河　88, 99, 200, 221, 287以下
　　　　　ドイツ滞在　105以下, 114, 160-1, 219, 251
　　　　　ドミニコ会修道会　105以下, 214以下, 217
　　　　　パリ滞在　104以下, 114以下, 163-4, 212-21, 239
　　　　　ロンドン滞在　51-8, 74-93, 172-87
　　著作　『印の印』　55, 174, 177
　　　　　『英雄的狂気』　98以下, 186, 201, 209, 275, 278, 282
　　　　　『傲れる野獣の追放』　90以下, 188, 206-12, 238, 242以下, 251-74, 284以下, 302
　　　　　『キッラのろば』　92注69, 186
　　　　　『原因・原理・一者について』　85-8, 187-212, 240, 246, 261以下, 275, 281
　　　　　『聖灰日の晩餐』　74以下, 76以下, 83-8, 91以下, 177, 181, 188-92, 195, 202-6, 209, 211, 238-9, 248, 281以下, 304
　　　　　　　その経過表　79-84, 181-5
　　　　　『天馬のカバラ』　92以下, 186, 209, 255, 306
　　　　　『燈火を掲げる者』　203注53, 263, 306
　　　　　『万物の絆』　256, 427-38
　　　　　『無限、宇宙と諸世界について』　85以下, 88, 188, 209, 249以下
　　他の人物との関係
　　　　　アンリⅢ世　39-40, 75, 92, 136-7, 186, 209, 214, 217-8, 244, 252以下, 267-73, 282, 285
　　　　　ウォルシンガム　172, 178以下, 186以下, 212-3, 215-21, 242-4, 262, 269, 277以下, 283
　　　　　エリザベス女王　52, 76, 88, 99, 173, 180以下, 185以下, 198以下, 209以下, 221, 268以下, 273-81, 285以下, 305
　　　　　カステルノー　40, 55以下, 74以下, 85以下, 104, 114, 172以下, 186以下, 191, 208以下, 213, 242, 244, 249, 272, 281, 287, 306
　　　　　シドニー　52以下, 76, 84-5, 87, 91, 98, 173以下, 191, 201, 209, 258, 264
　　　　　シャトーヌフ　135-7, 185, 208, 215, 238, 268
　　　　　ジロー　239, 246-7
　　　　　スタフォード　146-7, 162-3, 186, 212-21, 244以下, 257
　　　　　スビアウル　181, 185, 189以下, 208, 260, 262, 281
　　　　　ディー　53, 173以下, 175-6, 257-8, 287

正体　43以下
　　41以下, 50-73, 90, 94-103, 106-14, 135-42, 147-306
筆跡　143以下, 418-26
ウォルシンガム　41, 46以下, 57以下, 71以下, 96以下, 102-3, 106-7, 136
エリザベス女王　68以下, 103
カステルノー　42-4, 59-60, 103, 106
教皇制度と教皇絶対主義者　45-6, 113, 245
コミュニケーション　41以下, 45以下, 66-71, 94-103, 106-14, 137-8, 146-7
シャトーヌフ　95, 100-2, 134以下
ジロー　47, 94-5, 102
スタフォード　94以下, 106以下, 146-7
ハール　46, 56-64, 67-8
フランシス・スロックモートン　48, 62-4
ヘンリー・ハワード　46, 48, 61以下, 207
モーガン　72, 96, 113-4
ファルネーゼ、アレッサンドロ　Farnese, Alessandro　王子、後のパルマ公　63, 183, 266
フィルポ、ルイジ　*Firpo, Luigi*　141, 256注43, 259, 303以下
フェリペII世　Philip II　スペイン国王　42, 65, 216, 270
フェロン、ローラン　Feron, Laurent　おそらくカステルノーの書記　67, 101, 102注82, 136, 144, 419以下
ブラーエ、ティコ　Brahe, Tycho　234
フラカストロ、ジロラモ　Fracastoro, Girolamo　249
ブランカレオーヌ　Brancaleone　シャトーヌフの使用人　101, 137
フランジパニ、ファビオ・ミルト　Frangipani, Fabio Mirto　ナザレス大司教、ローマ教皇大使　154, 155, 220, 415-7
ブルーノ、ジョルダーノ（フィリポ）　Bruno, Giordano（Filippo）
　　概略　39以下, 51-8, 74-93, 98以下, 104以下, 133-51, 163-4, 187-212, 234-306
　　筆跡　141以下, 426-33, 436-8
　　生涯　司祭職　140-1, 183以下, 246, 278-85
　　　　イタリア統一運動　235, 259, 266, 303
　　　　異端審問　82, 140-1, 208, 235以下, 239-40, 278以下, 300-6
　　　　オックスフォード滞在　52-4, 77, 88, 173-4, 176
　　　　冗談　93, 107, 239以下, 254-5, 259, 263, 282以下, 304, 306注10

バード、ウィリアム　Byrd, William　201
「ハトン」 'Huton' (?Hutton)　アイルランド紳士　67, 262, 317-8, 349-50
バビントン, アンソニー　Babington, Anthony　陰謀者　67, 68, 112
ハーフ・ムーン亭　Half Moon　宿屋　47-8, 288, 329注1
パラヴィッチーノ, ホレーシオ　Pallavicino, Horatio　商人兼大使　105, 109, 160, 218-9, 245, 264
パリー、ドクター・ウィリアム　Parry, Dr. William　68, 72, 94, 96, 182, 241-2
パリソン、トマス　Pullison, Thomas　ロンドン市長　103, 187
ハール、ウィリアム　Herle, William　政治スパイ　41-2, 56-8, 60-1, 66, 69, 153以下, 176-80, 184
　　報告　60-8
　　→ウォルシンガム、セシル、ファゴットを見よ
パルマ公　Prince or Duke of Parma　→ファルネーゼを見よ
バーリー卿　Lord Burghley　→セシルを見よ
「パレオロゴ」 'Paleologo'　逃亡のドミニコ会士　218以下, 240, 264, 267
パレオロゴ、アルフォンソ　Palleologo, Alfonso　ドミニコ会士　218以下, 240
ハワード、トマス　Howard, Thomas　ノフォーク公　61, 198
ハワード、フィリップ　Howard, Philip　アランデル伯　62, 65以下, 174, 180以下, 180注15, 182, 203以下
　　アンヌ・ダクレ（アランデル伯夫人）180
ハワード、ヘンリー卿　Howard Lord Henry　後のノーサンプトン伯　43, 61以下, 74, 174-80, 182, 197-207, 262
　　→エリザベス、カステルノー、ファゴット、ブルーノを見よ

ヒ

ヒックス、レオ　Hicks, Leo, S. J.,　96注74
ピトゥ、ピエール　Pithou, Pierre　カステルノーの使用人　47, 67
ビートン、ジェイムズ　Beaton, James　グラスゴウ大司教　96, 111
ピネリ、ジャンヴィンチェンツォ　Pinelli, Gianvincenzo　学者　152以下

フ

ファウラー、ウィリアム　Fowler, William　41以下, 46, 49, 314以下
　　→ウォルシンガムを見よ
「ファゴット」、「ヘンリー」 'Fagot', 'Henry'

ディー、ドクター・ジョン　Dee, Dr. John　学者　56以下, 82, 174
　→ブルーノを見よ
ディクソン、アレクサンダー　Dickson, Alexander　86以下, 174, 177, 195, 201
デステ・ルイジ　Este, Luigi d'　枢機卿　416以下
デルベーネ、ピエロ　Delbene, Piero　修道院から得る収入で裕福な人物　105, 108, 146, 151-60, 164, 212以下, 415以下
　→スタフォードとブルーノを見よ
デルベーネ、マジーノ　Delbene, Masino　兵士　158以下, 160, 164, 220
デルベーネ、マダム　Delbene, Madame　→カヴァルカンティを見よ

ト

ドレイク、サー・フランシス　Drake, Sir Francis　24, 99, 110, 245

ヌ

ヌヴェール公　Duke of Nevers　→ゴンザガを見よ
ヌフヴィユ、ニコラ・ドゥ　Neufville, Nicholas de　ヴィルロワ侯、アンリⅢ世の国務卿　135以下, 268, 417

ノ

ノエル、ヘンリー　Noel, Henry　宮廷人　67, 352
ノーサンバランド伯　Earls of Northumberland　→パーシーを見よ

ハ

パーキンズ、ドクター・ウィリアム　Perkins, Dr. William　86注55, 200
パーシー、ヘンリー　Percy, Henry　第八代ノーサンバランド伯　65以下, 180, 182, 200
パーシー、ロード・ヘンリー　Percy, Lord Henry　後の第九代ノーサンバランド伯　342
パジェット、チャールズ　Paget, Charles　221注90
パーソンズ、ロバート　Parsons, Robert　イエズス会士　260注55
バックハースト桟橋　Buckhurst Stairs　35, 76, 203
バックハースト・ハウス　Buckhurst House　35以下
ハットン、サー・クリストファー　Hatton, Sir Christopher　エリザベス女王の顧問官　56以下, 341注3

スロックモートン、トマス　Throckmorton, Thomas　63, 178, 180
スロックモートン、フランシス　Throckmorton, Francis　41以下, 50, 59–64, 145, 174, 176以下, 183以下, 261以下
　→エリザベス（陰謀）、カステルノー、ファゴット、ブルーノ（との関係）を見よ
スロックモートン、レディ・マージェリー　Throckmorton, Lady Margery　178注10

セ

セシル、ウィリアム、バーリー卿　Cecil, William　エリザベス女王の大蔵卿　56以下, 111以下, 115以下, 149以下, 153, 159–60, 176, 183以下, 218, 276以下, 332

ソ

ソールズベリー・コート　Salisbury Court　カステルノー邸
　状況　35以下, 409以下
　邸への出入り　40以下, 47以下, 63–8, 72, 95, 114, 137以下, 172–3, 176以下, 179以下, 183以下, 188–9, 191, 211, 236–7
　邸での騒動　89以下, 190

タ

ダグラス、アーチボルド　Douglas, Archibald　60以下, 64–5, 67, 100, 136, 332–3
ダグラス、アレクサンダー　Douglas, Alexander　アンガス伯　341
ダドレー、ジョン　Dudley, John　ノーサンバランド公　204以下
ダドレー、ロバート　Dudley, Robert　レスター伯　65以下, 86以下, 90, 176, 179, 183, 204以下, 210以下, 253, 276以下, 345
　レティス・ノリス（レスター伯夫人）　276
ダニエル、サミュエル　Daniel, Samuel　53, 215, 241
タンスィッロ、ルイジ　Tansillo, Luigi　詩人　202

チ

チャールウッド、ジョン　Charlewood, John　印刷業者　74, 175
チリベルト、ミケーレ　*Ciliberto, Michele*　39注4, 91と91注66, 196注42, 207注61, 211注69, 249注31, 注33, 253注38, 270注75, 286注113

テ

シェレル　Chérelles　→アルノーを見よ
ジェンティリ、アルベリコ　Gentili, Alberico　53, 106, 160, 219
ジェンティーレ、ジョヴァンニ　*Gentile, Giovanni*　85注52, 99注79, 151注17, 265
ジェンティーレ、マリノ　*Gentile, Marino*　303以下
シクスツスⅤ世　Sixtus V　教皇　110, 154
シドニー、サー・フィリップ　Sidney, Sir Philip　52-3, 76, 84, 87, 90以下, 99, 173以下, 211, 245, 251以下, 258, 270, 276以下, 278注91
　　→フランシス・ウォルシンガム、ブルーノを見よ
　　レディ・シドニー（妻）　90
シミエ、ジャン　Simier, Jean　アンジュー公のスパイ　62, 213注73
シャトーヌフ　Châteauneuf　→ロベピーヌを見よ
ジロー　Girault　→ラ・シャサーニュを見よ
神聖同盟（またはカトリック同盟、神聖連合）　Catholic League, Holy Union　→カトリシズムを見よ

ス

スコーリー、シルヴァーヌス　Scory, Sylvanus　レスターの使用人　67-8, 183, 184以下
スタフォード、サー・エドワード　Stafford, Sir Edward　大使　96, 107-17, 144以下, 148以下, 155以下, 162以下, 212以下, 219以下, 220
　　アンリⅢ世　108, 214
　　ウォルシンガム　97, 113, 115, 162以下
　　デルベーネ（ローマとのやり取り）　108, 114以下, 146, 152-7, 159-60, 161-2, 214-5
　　モーガン　97, 111以下, 146, 220-1
スチュアート　オウビーニュイ、エズメ、レノックス公　Stuart d'Aubigny, Esmé, Duke of Lennox　41以下, 343注2
ストゥアレーゼ、リタ　*Sturlese, Rita*　161注41
ストロッツィ、ピエロ　Strozzi, Piero　27, 159-60, 271
スビアウル、ペドロ・デ　Zubiaur, Pedro de　商人　68-72, 183以下, 216
　　→ブルーノを見よ
スピノーラ、ガストン・デ　Spinola, Gaston de　パルマ公の使用人　63, 183, 266, 338
スロックモートン、アーサー　Throckmorton, Arthur　63

iv 索引

ギーズ公　Duke of Guise　→ロレーヌを見よ
ギフォード、ギルバート　Gifford, Gilbert　聖職者　109注93, 58注33, 221
ギルピン、ジョン　Gilpin, John　第八代ノーサンバランド伯の使用人　342

ク

グウィン、マシュー　Gwynne, Matthew　医者で音楽家　76, 80, 182以下
グライス、ウィリアム　Gryce, William　エリザベス女王殿舎の書記　89以下
クルセル　Courcelles　→ルクレールを見よ
クルトワ、フィリップ　Courtois, Philip　商人　69-70, 184-5, 351
グレヴィル、フルク　Greville, Fulke　76, 80以下, 182, 184
グレゴリウスXIII世　Gregory XIII　教皇　66, 72, 111
グレートリー・エドワード　Grately, Edward　聖職者　158注33
クレメンスVIII世　Clement VIII　教皇　256, 274, 300
クロフト、サー・ジェイムズ　Croft, Sir James　王室財務顧問官　67, 183

コ

コルサーノ、アントニオ　Corsano, Antonio　256
コルビネッリ、ジャコポ　Corbinelli, Jacopo　学者　105, 114, 152-6, 160, 212, 215, 220, 268, 416-7
ゴンザガ、ルイ・ドゥ　Gonzague, Louis de　ヌヴェール公　109
ゴンディ、ジェローム　Gondi, Jérôme　213

サ

サヴェリ、ジャコポ　Savelli, Jacopo　枢機卿　115以下, 146, 151, 153, 155-6, 158, 241
サヴォイ　Savoy　110, 160
サヴォナローラ、ジロラモ　Savonarola, Girolamo　257
サウスウェル、ロバート　Southwell, Robert　イエズス会士　62注28
ザクセン　Saxony　106, 219
サマーヴィル、ジョン　Somerville, John　341
サムリ、アンリ・ドゥ　Samerie, Henri de　イエズス会士　281
サレット（またはラ・サレット）　Salettes (La Sallette)　ユグノー徒　159注36

シ

ジェイムズVI世　James VI　スコットランド国王　25, 41, 176, 332注1, 333, 341以下

カヴァルカンティ、ルクレツィア　Cavalcanti, Lucrezia　ピエロ・デルベーネの母　152, 213, 220, 415

カステルノー、ミシェル・ドゥ（セニョール・ドゥ・モヴィスィエール）Castelnau, Michel de（Seigneur de Mauvissière）大使
　概略　33-4, 37-8
　マリー・ボシュテル（妻）　34-5, 42, 53, 59, 86, 90, 176, 178注10, 192
　キャサリン・マリー（娘）　34, 53, 86
　アンリⅢ世　33-4, 56, 172, 268
　イングランドにおけるカトリック側の動きなど　38以下, 41以下, 47以下, 51, 54、59以下, 64以下, 94-5, 179以下, 210, 254, 268-9
　ウォルシンガム　38, 43, 64-5, 89-90, 180
　エリザベス女王　33-4, 38, 65以下, 90, 181以下, 210以下, 273
　シャトーヌフ　95, 99, 134以下, 213
　フランシス・スロックモートン　41, 48, 62以下, 242
　ヘンリー・ハワード　41, 48, 64以下, 198-9
　メンドーサ　42以下, 48-9, 183-4
　ラスキ　51-2, 53, 56以下, 173
　→ハール、ファゴット、ブルーノ（との関係）を見よ

カトリック主義　Catholicism
　イングランドにおけるカトリック側の動きなど　41以下, 47以下, 59-67, 94以下, 106以下, 177以下, 183, 187, 206, 217, 221, 272, 276
　→エリザベス、カステルノー、バビントン、ファゴット、フィリップ・ハワード、フランシス・スロックモートン、ブルーノ、ヘンリー・ハワード、モーガン、ラ・シャサーニュを見よ
　神聖同盟（カトリック同盟、神聖連合）　26, 106以下, 136, 154, 186, 247, 270
　ヨーロッパにおけるカトリック政治　24以下, 108以下, 254, 266以下, 270
　→フェリペⅡ世、メアリー（スコットランド女王）、ロレーヌ家を見よ

カーマン、ジョセフ　Kerman, Joseph　202

カルヴァン、ジョン　Calvin, John　248以下, 271

「ガルナック」、「ジャンヌ」（ジェーン・ガーリック？）　'Garnac', 'Jeanne'（?Jane Garlick）　97, 247, 380以下

キ

キース　Keith　スウェーデンからの使者　332

ii 索 引

　　卿　28, 43, 48, 49, 57, 59-60, 64-5, 71, 87, 89, 90, 102, 103, 112 以下, 146 以下, 157
　　　以下, 162以下, 176以下, 182, 216, 217, 251, 258, 272, 276, 277, 305
ヴァーナム、R.B., Wernham　253注38
ヴァロワ、フランソワ・ドゥ　Valois, François de　アランソン公・アンジュー公
　　42以下, 47, 48, 62, 105, 204, 252, 270
ヴィア、エドワード・ドゥ　Vere, Edward de　オックスフォード伯　175
ヴィクトール　Victor　フランス人僧　67
ヴィルロワ　Villeroy　→ヌフヴィユを見よ
　　ハールとの関係　56以下, 66, 173
　　ファウラーとの関係　43, 49
　　モーガンとの関係　96以下, 111
　　→カステルノー、ファゴット、ブルーノを見よ

エ

エヌカン、ジャン　Hennequin, Jean　216
　　エヌカン一族　247
エリザベスⅠ世　Elizabeth I　イングランド女王
　　アンリⅢ世　96, 252-3, 269 70
　　陰謀　42-3, 59以下, 65以下, 71以下, 96, 110以下, 177, 182, 214, 221, 260, 262
　　結婚　38, 42, 176
　　ヘンリー・ハワード　61以下, 65-6, 175-6, 179以下, 198, 202以下, 262
　　ラスキ　51以下, 56以下
　　→カステルノー、ファゴット、ブルーノを見よ

オ

オックスフォード伯　Earl of Oxford　（Edward de Vere）→ヴィアを見よ。
オラニエ公ウィレム　Orange-Nassau, William　56, 193, 253, 340
オルディーネ・ヌッチョ　Ordine, Nuccio　126
オルドレッド、ソロモン　Aldred, Solomon　仕立て屋　160

カ

カイエ、ラウル　Caillier, Raoul　268
カヴァルカンティ、ジョヴァンニ　Cavalcanti, Giovanni　152-7, 160-1, 160注38, 415
　　以下

索引

第一部、第二部の本文注においてテキストに十分言及したため、テキストに関わる部分は索引には入れなかった。ただし、テキストの本文、日付などの説明、脚注などがこの書の本文にあらわれない事柄を含む場合はその限りではない。研究者名は原語表記をイタリック体とした。

ア

アクイレッキア、ジョヴァンニ　*Aquilecchia, Giovanni*　81, 81注43, 82注45, 84注48, 85, 88注59, 208注61, 212注69, 256注43, 277以下, 307-8注10

アボット　Dr. George Abbot　後のカンタベリー大司教　53-4, 174

アランデル、チャールズ　Arundell, Charles　66, 94, 217, 260注55

アランデル伯　Earl of Arundel　→ハワードを見よ

アリオスト、ルドヴィコ　Ariosto, Ludovico　204以下, 208, 366-7

アルノー、ジャン　Arnault, Jean　シェレル侯、秘書　49, 217, 240

「アレクサンダー」　Alexander　フランドル人　216, 323注2

アレン、ドクター・ウィリアム　Dr. William Allen　後の枢機卿　116

アンガス伯　Earl of Angus　→ダグラスを見よ

アンジュー公　Duke of Anjou　→ヴァロワを見よ

アンリ、ナヴァル王　Henri, King of Navarre　後のフランスのアンリⅣ世　25, 105, 108, 114, 146, 154以下, 212, 219, 256以下, 273, 305

アンリⅢ世　Henri III　フランス国王　25, 39以下, 51, 56, 66, 87, 92, 96, 102注82, 105, 108-15, 136-7, 154, 211以下, 219, 244, 252以下, 267以下, 311以下
　　→エリザベス, カステルノー、ブルーノを見よ

イ

イエイツ、デイム・フランセス　*Dame Frances Yates*　39注4, 88注59, 98注78, 114, 152, 161注39, 175, 203, 203注53, 206注59, 237, 247注27, 248, 253注38, 257注47, 258, 267以下, 273, 274-5, 275注84, 283注103

ウ

ウィンチェスター・ハウス　Winchester House　51, 56以下, 287

ウォルシンガム、サー・フランシス　Walsingham, Sir Francis　エリザベス女王国務

訳者略歴
浜林正夫（はまばやし　まさお）
1925年　小樽生まれ
1948年　東京商大（現一橋大学）卒
1948年より小樽商大、東京教育大学、一橋大学、八千代国際大学で教職につき、
1998年退職

鏡ますみ（かがみ　ますみ）
奈良女子大学院人間文化研究科
博士後期課程比較文化学専攻単位取得退学

葛山初音（かつらやま　はつね）
南山大学大学院文学研究科
英文学専攻博士前期課程修了

ジョルダーノ・ブルーノと大使館のミステリー
二〇〇三年三月三一日　初版第一刷

著者　ジョン・ボッシー
訳者　浜林　正夫
　　　鏡　ますみ
　　　葛山　初音
発行者　松本　昌次
発行所　株式会社　影書房
〒114-0015　東京都北区中里二-三-三
久喜ビル四〇三号
電話　〇三-五九〇七-六七五五
FAX　〇三-五九〇七-六七五六
http://www.kageshobou.co.jp/
E-mail : kageshobou@md.nweb.ne.jp
振替　〇〇一七〇-四-八五〇七八

本文印刷＝新栄堂
装本印刷＝広陵
製本＝美行製本

乱丁・落丁本はおとりかえします。

定価九、五〇〇円＋税

ISBN4-87714-261-4　C0022